美军陆上作战方式变革与转型

——从"空地一体战"到"多域作战"

刘玮琦　著

国防工业出版社

·北京·

内 容 简 介

作战方式变革与转型是一支军队形成对敌优势、赢得未来战争的核心标志。随着智能化战争形态持续演进，为应对"势均力敌"对手的新挑战，美军陆上作战方式从空地一体战、全频谱作战、统一陆上作战向多域作战加速变革。以历史视角，从作战概念、作战条令、力量结构、武器装备、战备管理全维度透析美军陆上作战方式发展脉络，以未来视角，从概念内涵、试验部队、核心思想、能力建设、支撑技术、开发转化全方位审视美军多域作战转型，是体系化研究美军的应有之义，也是把握其战争设计脉搏的重要途径。

图书在版编目（CIP）数据

美军陆上作战方式变革与转型／刘玮琦著. －－ 北京：
国防工业出版社，2025. 6. －－ ISBN 978 - 7 - 118 - 13465 - 0

Ⅰ. E712. 51

中国国家版本馆 CIP 数据核字第 2025WN7946 号

※

*国防工业出版社*出版发行

（北京市海淀区紫竹院南路 23 号　邮政编码 100048）
雅迪云印（天津）科技有限公司印刷
新华书店经售

*

开本 710×1000　1/16　　插页 4　　印张 20¼　　字数 361 千字
2025 年 6 月第 1 版第 1 次印刷　　印数 1—2000 册　　定价 158.00 元

（本书如有印装错误，我社负责调换）

国防书店：(010) 88540777　　　书店传真：(010) 88540776
发行业务：(010) 88540717　　　发行传真：(010) 88540762

　　当今时代，美国作为世界军事强国，其军事实力、作战理论、武器装备、军队建设、军事文化等方面面均位居世界前列。与此同时，美军建军200余年来，为维护与拓展其国家利益，几乎平均每年都在打仗，战争实践经验丰富。尤其是第二次世界大战以后，美军抢抓信息革命机遇，作为世界新军事革命的领头羊，推动了作战方式变革，催生了战斗力的持续攀升。一流军队设计战争，作战方式变革是战争设计的应有之义，也是战争设计的核心内容，更是战斗力生成的重要驱动，因此，作战方式变革是中外军队聚力关注的焦点。在我军作战理论中，作战方式泛指作战形式、样式和方法，主要包括战役战斗的表现形式、基本样式和组织实施战役战斗所涉及的指挥保障等各方面的方式方法。①

　　美军没有作战方式的明确定义，与我军对照，通常"operational approaches"可译为作战方式或作战方法。但从其作战概念、作战条令、武器装备和战争实践来看，第二次世界大战以来尤其是信息时代以来，其作战方式经历了一系列变革，已经实现了从机械化时代"平台＋常规弹药"的"技术－组织"模式向信息时代"作战网络＋精确制导武器"的"技术－组织"模式转型，从"平台中心战"向"网络中心战"转型。当前，随着智能化战争形态的加速演进，美军正在由"网络中心战"向智能时代的"有人－无人协同作战"模式转型，向"决策中心战"演进。对于美军陆上作战而言，其作战方式同样随着战争形态演进发生了深刻变革与转型，经历了空地一体战、全频谱作战、统一陆上作战，当前正向多域作战演进。在2018年版《国家军事战略》的驱动下，美军向打赢未来同中国、俄罗斯的高端战争全面转型，其陆上作战理论、作战方式相应发生深刻变革。研究分析第二次世界大战以来美军陆上作战方式变革与转型，对于理解美军陆上作战演进脉络、武器装备发展、组织形态变革和作战理论创新，审视其未来发展具有重大意义。

　　在不同的安全威胁下，美国陆军通过开发新概念、制定新编制、发展新装备、研究新战法、发布新条令进行转型，以期成为可遂行快速灵活远征行

---

　　① 许和震. 作战方式的革命性变化［M］. 北京：解放军出版社，2004：1.

动的全球化作战部队，具有全谱作战能力以求立于不败之地。美军认为，陆军真正具有革命性的变革当属第二次世界大战装甲师和空中突击师，除了五群制师和高技术试验床未被采纳，其他历次改编均属于演化型而非革命型。然而，"多域作战"概念的提出，拉开了美国陆军第三次革命性变革的序幕，成为美军陆上作战的重要转折点。其发展趋势主要体现在以下几个方面。

一是作战理论上以"多域作战"概念为牵引，多域作战成为美军未来陆上作战主要方式。从 2018 年 12 月《美国陆军多域作战 2028》核心概念确立，至 2021 年 4 月美国陆军发布《陆军多域作战转型：准备在竞争和冲突中获胜》《军事竞争中的陆军》两份参谋长转型文件，规定了如何转型为一支多域作战部队，明确在 2028 年形成多域作战能力，保证在 2035 年之前大规模作战行动中赢得胜利。2022 年 10 月 11 日，美国陆军发布新版条令《作战纲要》，"多域作战"全面进入条令，成为美国陆军史上的一个里程碑事件。这一系列文件对陆上作战理论、陆战场划分、新型力量建设、作战力量运用进行了设计，推动陆上作战向第三次革命性变革演进。

二是力量结构上以师为中心进行兵力设计，5 种新型师成为打赢未来高端战争的核心作战力量。针对未来与中国、俄罗斯可能的大规模地面作战，美国陆军启动"航路点 2028"转型目标，计划到 2028 年，组织编制由当前以旅战斗队（Brigade Combat Team，BCT）为核心向以师为核心转型，"航路点 2028"部队可在多个战区进行多域作战和全域作战。陆军部队将分成 5 种师：联合强行进入（Joint Forcible Entry，JFE）空降师、联合强行进入空突师、轻型师、重型师和突破师。综合来看，突破师所属装甲旅机器人战车（Robotic Combat Vehicle，RCV）连、炮兵旅"增程火炮"炮兵营等力量，大大提高与中国、俄罗斯对抗的火力和无人化作战能力，同时，防御旅（Protection Brigade，PB）是本次改组中一个新设的单位，所有 5 种陆军师皆编有防御旅，旨在为陆军师提供掩护支援。

三是技术装备上以"六大项目群"为支撑，有人 – 无人协同作战能力推动陆上作战迈入新形态。为推动陆军现代化工作，美国陆军组建未来司令部，负责设计能力需求和制定组织架构，统一指挥协调"六大项目群"研发，通过科技发展为美国陆军提供创新解决方案。"六大项目群"分别为："远程精确火力"，开发武器平台、弹药和部队编制，确保陆军在射程、杀伤力、机动性、精度和目标获取等方面的优势；"下一代战车"，开发集成有人、无人、可选有人战车，利用半自主和自主平台，实现火力、防护力和机动力进一步提升；"未来垂直起降飞行器"，开发一系列有人、无人、可选有人飞机平台，实现作战半径更大、飞行升限更高、杀伤力更强、有效载荷更多；"机动通信指挥网络"，开发集成硬件、软件和基础设施的一体化系统，实现更强的机动性、可靠性、可操作性和远征能力；"一体化防空反导"，开发集成一系列机动平台、弹药和部队编制，实现有效防御对手现代化的先进飞机、导弹和无人机等；"士兵杀伤力"，开发下一代单兵和班组武器、防弹衣、传感器、无线电和外骨骼等，实现能力、武器和训练的整体式集成，确保士兵更具杀伤力和生存力。

四是作战能力上瞄准大国高端战争，在"多域作战""远征前进基地"概念牵引下，美国陆军通过"融合工程"联合推演提升联合全域指控能力。美国陆军新设战区火力司令部和多域特遣部队两个直属力量，战区火力司令部协调中远程联合火力，多域特遣部队将列装精确打击导弹、陆基中程导弹、远程高超声速导弹，与海军陆战队濒海战斗团列装的"海马斯"系统密切协同，位一、二岛链分布式部署、快速机动，力求"发生冲突时可以为海军和空军打开一个洞口"。多域特遣部队的情报网络电子战太空营具备电子战、网络战和太空战能力，与远程精确火力打击、特种作战渗透密切配合，能够在竞争阶段和武装冲突阶段聚合多域优势，给大国高端对手制造"多重困境"。

作者
2025 年 5 月

目 录

第一篇 从"空地一体战"到"多域作战"
——美军陆上作战方式演进历程

第一篇

从"空地一体战"到"多域作战"

——美军陆上作战方式演进历程

第一章
美军陆上作战方式变革与转型的影响因素

　　一旦技术的进步可以用于军事目的并且已经用于军事目的，它们便立刻几乎强制地，而且往往是违反指挥官的意志而引起作战方式上的改变甚至变革。

——恩格斯

　　海湾战争、科索沃战争以来，"陆战无用论"的论断纷至沓来，当人们质疑陆上作战这个最古老作战样式的地位作用时，美军最新版野战条令《作战纲要》再次重申了海军少将韦利的名言："战争的最终决定因素是将战靴踏上敌国的拿着枪的士兵，他们掌控一切、决定输赢。尽管其他方式可能严重影响今天的战争，但如果战略家被迫争取最后和最终的控制，他就必须建立或提出一个不可避免的观点：依靠那些拿着枪的士兵。"这明确告诉我们，陆上作战地位依然重要，陆战场依然是不可或缺的主战场，陆上作战依然是联合作战的主要方式。

　　纵观美国战争史，从南北战争到两次世界大战、朝鲜战争、越南战争再到叙利亚战争，为维护其全球利益，陆上作战实现了由国土防卫型向全球干预型的转变，全球干预作战是研究美军陆上作战的逻辑起点，围绕达成全球干预作战的目的、任务和形式，美军陆上作战力量、指挥与控制、行动和保障在不断发展，陆上作战理论也在持续演进。尤其是在反思朝鲜战争、越南战争失利原因后，美军创新性地提出了空地一体战（1982 年）、全维作战（1993 年）、全频谱作战（2001 年）、统一陆上作战（2011 年）理论，并向多域作战（2017 年）发展，取得了海湾战争、阿富汗战争、伊拉克战争的胜利，推动了信息时代陆上作战方式的变革。

　　当前，在向打赢同中国、俄罗斯大国高端战争转型的大背景下，陆上作战又将扮演什么角色呢？美军 2021 年 11 月 16 日发布的第 3－31 号联合出版物《联合陆上作战》指出："联合陆上作战，是为达成联合部队指挥官的作战或战役目标，或者为支援联合部队的其他所属部队，运用诸军种陆上作战力量在竞争连续体中实施的一系列作战行动。"① 同时明确，陆上作战作为联合作战的一部分，既可以通过实施决定性行动遂行主体任务，也可以实施支援行动。例如，运用地面力量压制敌地面防空力量的行动就是对空中作战的支援。联合陆上作战包括单一军种或联军实施的多种形式的联合军事行动，联合陆上作战要求整合和协调所有国家力量来实现战略和战役目标。因此，美军陆上作战方式变革出现了新拐点、新风标，值得我们深入研究。

那么，影响美军陆上作战方式变革的主要因素是什么？为准确探究其本质和趋势，我们以战争和作战内在的决定性因素为基本依据进行作战方式研究，从战争形态演进、作战理论发展、科技革命最新成果推动、军事战略指导和武器装备发展 5 个方面进行深入解析，分析其陆上作战方式演进脉络，形成当前和今后陆上作战方式的基本结论。

第一节　战争形态演进驱动美军陆上作战方式变革

每一场战争都是下一场战争的母体。战争形态按照自身的发展规律不断地发展变化着，当主客观条件趋于成熟时，旧的战争形态必然被新的战争形态所取代②。如今，智能化战争形态已初露端倪。自 2011 年叙利亚内战以来，美国以混合战争形式在叙利亚发动颜色革命和代理人战争，2018 年 4 月，美英法联军空袭叙利亚的军事行动中，分布在红海、地中海和阿拉伯海的军舰和潜艇依托"作战云"以"分布式杀伤"的方式对叙利亚化学武器目标进行了精确打击，称为"史上最精确的轰炸"，混合战争和智能化作战方式运用日益广泛。同样是叙利亚战场，俄军机器人部队首次以连级规模执行阵地攻坚任务并取得战斗胜利，展现了俄军智能化作战水平的跃升。俄军以俄罗斯特色的混合战争方式赢得了叙利亚战争的主导权，可谓技高一筹。俄乌冲突中，无人机、无人艇、无人车频繁登场，"凝视打击""派单打击"等新方式层出不穷。透视叙利亚战争、俄乌冲突的鲜活实践可以发现，智能化战争已经来临，侦察－打击一体模式、"有人－无人协同"编组模式和导航战、生物战等新兴样式将陆续登场并逐步占据主体地位，引发作战方式的革命性变化，为我们认知现代战争、把握未来作战方式研究提供了基本参照。

美军认为，高新技术迅猛发展已促使战争形态出现颠覆性变化。新技术是战争形态的催化剂，一旦与条令和编制创新相结合，将引发战争形态的"范式转移"（paradigm shift）。因此，为准确应对改变，探究引发改变的原因

---

① JP3－31《联合陆上作战》. 2021. 11. 16.
② 许和震. 作战方式的革命性变化［M］. 北京：解放军出版社，2004：10.

至关重要。推动战争形态发生变化的原因有以下两个方面。

（1）已有高新技术的广泛扩散。美军作为信息革命的先行者，在海湾战争中利用由传感器、通信链路和精确制导武器组成的战场网络，给伊拉克军队以致命的打击。但目前，由于先进技术的广泛扩散，美国的对手国家已具备越来越强的"反介入/区域拒止"（Anti - Access/Area Denial，A2/AD）能力。这些拥有精确制导武器的对手，可以对美军军舰、飞机及基地等进行精确打击，极大地降低了美军的作战能力。对此，美军转变了一味追求增加先进军舰和战机数量及加强平台系统能力的做法，转而提出分散作战、分布式作战及无人机蜂群作战等新概念，认为战争形态已从当前数量少、成本高的平台网络式作战转变为数量多、成本低、协调一体的蜂群式作战。随着技术的不断扩散，更多行为体将能够在海底、电磁频谱、太空、网络空间等多个域与美军抗衡，美军在调整作战概念应对变化的同时也必须清楚，更剧烈的变动即将来临。

（2）不断发展成熟的信息革命。信息革命加速了先进传感器、通信网络和制导武器的出现和发展，推动战争形态变化。随着信息革命的发展成熟，研发资金巨额投入，计算能力成指数级增长，信息技术所引发颠覆性变革已成必然。信息技术发展基本趋势主要有三个：大量数字化数据的不断生成，数据信息复制和分享更加便利，使信息流动更为自由，世界透明度不断增加；信息技术的发展，将不断提高网络互通互联的范围和速度，更多的人和物紧密相连，在实现远程获取和信息分享的同时，也增加了黑客攻击的脆弱性；先进的算法促使计算能力快速发展，提高了对于海量数据的处理能力，加速了机器自主化、智能化发展。美军必须针对上述趋势，判定下一步关注重点。

新美国安全中心技术与国家安全项目主任保罗·斯查瑞 2015 年发布的《决定未来战争形态的六对竞争关系》一文中提出："由于高新技术的广泛扩散，以及信息革命的不断发展成熟，未来战争形态将发生颠覆性变化。美军认为，未来战争形态中有隐蔽与发现、认知与迷惑、网络弹性与网络失能、攻击与拦截、行动速度与决策速度，以及争取民心与动摇士气在内的六对决定性竞争关系。美军需要在这些竞争中，获取对敌优势的同时发展对抗手段，利用优势并阻止对手获取优势，以掌握 21 世纪的战场主动权。"随着制导武器、传感器、网络扩散及信息技术的进一步发展，美军认为以上六对竞争关系将决定未来的战争形态，并引发陆上作战方式的变革与转型。对此，美军需要在获取对敌优势的同时，发展对抗手段，把握信息革命中透明度加大、互通互联加强、机器智能加快等趋势，利用优势并阻止对手获取优势，以掌握 21 世纪的战场主动权。

一、"隐蔽与发现"的竞争关系

随着精确制导武器的发展，在信息赋能下其已具备远距离攻击敌方舰船、飞机和基地的能力。从防御上看，这也更加有利于隐蔽。非国家行为体力图混迹于平民之中，而国家行为体则更多地依赖包括机动防空系统、导弹机动发射装备在内的机动系统。由于隐蔽手段的创新，攻击行动将更多受限于情报、监视和侦察（Intelligence, Surveillance and Reconnaissance, ISR）能力。在过去 20 年里，美国一直不断加强其攻击能力。但随着对手远程精确打击能力的发展，正迫使美国更仔细地考虑其隐蔽策略。由于精确制导武器能够携带大容量致命火力直接命中目标，率先发动饱和打击的一方将可能获得胜利。能否做到率先打击，取决于能否展开充分侦察，先敌发现的同时，具备更强的隐蔽能力。"先敌发现、先敌开火、先行毙敌"的准则，不仅适用于超视距的空空作战，也适用于其他所有作战域。

（一）全源侦察能力是最重要的影响因素

在隐蔽与发现竞争关系中，最主要的非对称性因素在于，侦察方可利用不断增加的计算机处理能力来筛选噪声以发现目标，并通过多种主动和被动传感器获取合成信息。这使得隐藏变得越发困难，因为隐蔽方必须隐藏信号，同时还需对多个方向的敌人采取积极欺骗并且规避多种潜在侦察。先进的电子战手段能够实现精确干扰和欺骗，但在实施时需要清楚敌方传感器（可能是被动传感器）的具体位置。因此，对于军用资产发现和隐蔽之间的对抗，首要来自发现和隐蔽战场上散布的各类传感器及干扰器的对抗。无论是分布式被动传感器还是分布式精确电子战技术，都与其他几对竞争关系密切相关，且依赖于有效的网络联接和部队间的协作。

由于一些作战域的固有特性，或多或少增加了隐蔽的难度，军队的投资重点也因此改变。水下作战有可能变得更为重要，因为水下环境相对隐蔽，部队借此可以在敌反介入区域内投送力量。同时，能够支撑部队从水下向空中和地面投送力量的跨域能力也越发重要。在其他国家发展反太空能力时，与其相对，美国投资太空的风险不断加大。冷战时期，由于太空能力为先发制人核打击提供了可能，因此美国与苏联心照不宣地将反太空能力视为不稳定因素。但是，美国主张太空保护的时代已经结束，美国卫星面临来自动能和非动能武器的威胁不断增加，同时太空碎片也对美国太空资产造成威胁。卫星在预定的太空轨道间穿行，且消耗大量燃料，其具有固有的脆弱性，易被攻击。这要求美国必须注重发展地基冗余备份设施增强抗打击能力，以削弱对手率先发动太空攻击的意愿。

（二）增强隐蔽与发现能力的技术

（1）增强隐蔽能力的技术。增强隐蔽能力的技术主要包括：适应性和响应式干扰，精确电子攻击，反太空能力（动能和非动能），电磁超材料和音频隐身，网络防御，低成本自主诱饵，水下能力——潜艇、无人水下自主潜航器、水下载荷模块，量子加密技术（当通信链路被干扰时能够察觉）。

（2）增强发现能力的技术。增强发现能力的技术主要包括：传感器融合/数据融合、分布式传感、植被突破雷达、弹性天基监视、低信号无人监视车辆、低成本机器人系统，包括利用商用产品进行秘密监视；长航时电力解决方案（如放射性同位素电力），确保机器人监视系统长时间工作；联网的水下传感器；网络窃密；量子计算（以打破加密）。

二、"认知与迷惑"的竞争关系

随着战场信息容量和流速的增加，将信息内化成为认知理解极为重要。决定战争胜负的关键在于与对手认知系统的较量，包括人工认知系统和人类自身认知系统。谁能够在敌之前处理信息、了解战场、决策行动，谁将有可能获胜。

（一）人机结合的混合体系将成为最好的认知系统

机器智能发展极大提高了人工认知系统以智能化、目标导向的方式认知信息并做出反应的可能，但机器智能仍然很脆弱。尽管在驾驶、国际象棋或回应琐事等一些特定任务中，有可能设计出胜人一筹的机器，但人类智能在对处理更广泛问题的稳定性和适应性方面则远超机器。在可预见的未来，最好的认知系统将是人机结合、发挥双方长处的混合体系。

人机结合认知体系也可能带来潜在的新漏洞，因为各国军队都试图通过拒止正确信息、植入错误信息，以及让对手对任何已获取的信息产生怀疑，来削弱对手认知作战环境的能力。欺骗一直是几千年来军事行动的关键组成部分，并且未来依然如此，而人机结合认知技术将为日益渐增的迷惑提供更多可能。

（二）影响认知与迷惑的相关技术

（1）影响认知能力的技术。影响认知能力的技术主要包括：①人工认知系统，主要包括先进的微处理器设计，数据处理和"大数据"分析，人工智能、神经网络和"深度学习"。②人类认知能力增强，主要包括制药能力提高，如安非他明（治疗注意力缺失/多动症）、莫达非尼（新型精神兴奋剂）；训练方法，如经颅直流电刺激；合成生物学。③人机合成，主要包括人因工程学、人机交互接口、脑机接口、人工心灵感应。

（2）影响迷惑能力的技术。影响迷惑能力的技术主要包括：网络窃密与破坏；信息误导、欺骗和电子欺骗攻击；人体机能退化；定制生物武器。

美国与潜在对手间存在一对重要的非对称关系，美国对于其所看到的人类增强技术表示担心。虽然人类增强技术本身并没有违反法律和道德，但是由它引发的诸多法律和道德问题需要认真处理。一些军队实验室，在满足严格的法律和道德要求下，能够并且已经开展了对于认知增强的药物和训练技巧的实验。但是，即使所开展的临床治疗已被证明是安全并且有效的，一些军事部门仍然因为文化偏见而反对人类增强技术的发展。目前，美国国防部还未出台用于指导各军种明确人类增强技术发展路径的顶层政策指南。

三、"网络弹性与网络失能"的竞争关系

网络使军队摆脱单独或分散的行动，而能够形成合力作战。在过去20年里，美军已经能够利用网络化部队力量，并且在太空和电磁频谱领域享有了较大的行动自由。但是，军事网络的通信节点也正更多地受到信号干扰、网络攻击和物理攻击的挑战。建设面对攻击具备灵活性和适应性的弹性网络，以及出台能够适应在网络失能情况下行动的作战条令，是部队在遭遇网络攻击时确保战斗力的关键。它包括可以为分散部署的部队提供有限通信的"细线"网络冗余备份，以及离线网络处理方案。虽然出台条令应对网络失能并开展训练是建设弹性网络的解决方案，但是通过技术确保在压力下维持网络能力也非常重要。这不仅包括网络通信，还包括对于开展同步和精确的全球军事行动至关重要的导航和定时数据。

（一）影响网络弹性的技术

影响网络弹性的技术主要包括：受保护的通信，如拦截和探测概率较低的通信；作为伪卫星（或"伪基站"）的高空长航时飞机或飞艇；基于软件无线电技术的电台（可实现灵活通信）；开放式架构通信系统，其硬件和软件能够快速适应敌人的干扰；网络防御；无人水下自主潜航器（保护海底通信基础设施）；低成本航天发射手段；可补充受损太空体系的快速响应航天发射手段；不依赖GPS的定位、导航和授时。

（二）影响网络失能的技术

影响网络失能的技术主要包括：改进的干扰技术；网络进攻武器；反卫星武器（动能和非动能）；中断或破坏电子系统的高功率微波武器。

四、"攻击与拦截"的竞争关系

发现敌人、掌握数据，并将它们传递到正确的作战单元，是导弹和鱼雷等武器能够有效攻击目标的先决条件。如果说"了解是成功的一半",那么取胜的另一半则依赖于暴力。因为制导武器可以直接给予目标以致命打击,所以,拦截来袭威胁或通过诱饵转移威胁,比通过改进防护装甲抵御直接攻击更为有效。但是,导弹防御是一项艰巨任务。飞行中段的导弹很难被拦截击中,需要多样的拦截器,增加了防御成本,作战成本交换率向攻方倾斜。

(一) 影响攻击的技术

影响攻击的技术主要包括:联网的合成武器弹药,包括合成诱饵和干扰器;高超声速武器;先进的隐身武器,包括导弹和飞机;可以饱和攻击敌方防御阵线的低成本、蜂群式导弹或无人系统;可以更有效、经济地把导弹运输到战场的空中、海底或水面的武库舰或"导弹卡车";增加防御成本的高仿真诱饵;支持远程飞行和远程打击的长航时无人机。

(二) 影响拦截的技术

影响拦截的技术主要包括:单发发射成本低廉的电子武器,如高能激光武器和电磁轨道炮;跟踪来袭炮弹和引导拦截弹的先进雷达;用于前端弹道导弹拦截的长航时无人机,可用于探测导弹发射和助推段拦截;利用太空资产、隐身无人机或无人值守的地面传感器开展持续秘密监视,早期预警弹道导弹发射和发射前准备。

为扭转导弹攻防作战的成本比,美军一直在寻求发展如高能激光武器、电磁轨道炮等单发成本低的武器。高能激光武器已经展现出对于低成本无人机或迫击炮等移动速度慢、防护能力差的目标的打击能力。目前实战部署的激光武器功率只有几十千瓦,而要达到具备拦截弹道导弹的能力,需要的是兆瓦级的功率,而不是一个量级的改进。对于计算机技术,一个量级的提高十分常见,但对于激光,其关键的冷却和能量存储技术却无法得到如此迅速的提升。但是,电磁轨道炮在防御弹道导弹方面已经显示出巨大的潜力。然而,它们的输出功率需要达到数十兆焦,这使得发展更为先进的、类似DDG-1000驱逐舰上装备的能量管理系统甚有必要。

五、"行动速度与决策速度"的竞争关系

速度始终是战争的关键。掌握战场局势、先敌快速反应,有利于获得对敌的绝对优势,迫使敌面对变化莫测、混乱不清的战场环境。近年来,快速反应理念已经融入美军军事概念。美军提出了观察、判断、决策、行动(Observation, Orientation, Decision, Action, OODA)环。对抗双方需要争先完成OODA的环节,以在敌方了解战场局势和有效应对之前使战场局势发生变化。快速反应理念由来已久，中国古代军事家孙子就曾提及"兵贵神速"的说法。

许多新兴技术都有可能进一步加快作战速度，如高超声速武器、定向能武器、网络武器、自主系统。各国军方都将寻求利用这些技术，并在培训、条令、组织等方面加以创新，以实现料敌在前、制敌在先。然而，上述领域的新进展，也给各级指挥官带来了如何管控战场上己方力量的巨大挑战。

战场上的行动速度和指挥官的决策速度之间的竞争关系将是未来战争的一个重要方面。能力分散、部署分散的蜂群战术能够有效应对"反介入/区域拒止"环境，分散控制促使指挥官做出有利于获取战场优势决策的同时，也削弱了上级指挥官对下一级作战人员的直接控制。在分散部署的战场环境下，各力量协同行动将能够提高战斗力，但战斗力的提高也取决于网络的弹性以及高效的指挥和控制体系。各国军方采取不同策略来平衡这对紧张关系，有些仍会保留集中控制指挥方式，而有些则将决策权下放给战场指挥员。

指挥控制权的集中或分散的矛盾存在已久，而自主系统的出现给这种两难境地带来了新的挑战。机器人技术、数据处理算法，以及网络空间工具等自主系统，都具备远超于人类的快速执行任务潜能。自主系统将能够改进对于战场环境变化的反应速度，但与此同时，也将带来风险。自主系统非常"脆弱"，如果运行环境不同于预期，有可能出现出乎意料的失败结果。因此，各国军方需要认真考虑自主系统决策过程中的人机平衡关系。即使会造成一定的延时，"人在回路"也将可能是防止自主系统遭遇黑客攻击和失败结果的有效措施。

各国军方在防御火箭、导弹和迫击炮的攻击方面已经遇到了来自自主系统的挑战。目前，至少30个国家拥有自主防御系统，抵御来自陆上基地、海军舰船和车辆的饱和攻击，自主系统操作完胜人类操作。这些系统对于保护军用资产不受制齐射导弹的攻击至关重要，但它们并非没有缺点。2003年，美军的"爱国者"防空导弹系统击落了两架友军飞机，自主系统难辞其咎。

平衡战场上的行动速度和指挥官的决策速度之间的紧张关系，不仅在于具体的技术，而更多在于如何使用这些技术，以及部队运用何种训练方法、交战规则、作战条令和组织架构。在信息不完善和网络失能的条件下开展实战训练，可以帮助指挥官做好准备，以应对需要采取决定性分散行动的实战环境。改进的人机界面和设计同样有助于保持人类对高速自动系统的有效控制。人类认知能力的增强也将发挥作用。最终，军方将不得不权衡权力收放的风险：不管是对于操作员还是自主系统的过多放权，都可能导致战场上出现意外情况；但揽权过重，又可能无法及时应对敌方行动。解决此问题并不容易，并且由于技术发展不断加快作战速度，解决这个两难问题对于未来战争更加重要。

六、"争取民心与动摇士气"的竞争关系

技术有助于作战，而作战还需依靠人来完成。得民心者，赢得战争。在游击战和反叛乱行动中，影响民众成为作战双方的直接目标，即使是应对非国家间的冲突，获得国内支持对于持续作战也至关重要。例如，第二次世界大战时期交战双方所为，各国军队都在寻求以思想宣传或者直接进攻的方式动摇对方部队的士气。

社交媒体、互联网、博客以及无处不在的智能手机带来了信息传播的激进民主化，信息内容更加多元，信息交换的容量和速度都大为增加，从而改变了施政者影响人心的方式。在互联网时代之前，大众传播只掌握在政府和主流媒体组织等少数机构手中。即使在民主国家，也只有少数几家主要报纸和电视媒体。但是，随着信息技术的发展以及多对多通信的实现，媒体版图已被改变。现在，任何人都可以在视频网站（如 YouTube）、微博客（如 Twitter）或其他社交媒体上获得全国性或国际性的关注。政府和非政府组织都在利用这些工具为自身利益服务。"圣战"分子利用推特发布用于宣传和教唆目的的暴力视频。俄罗斯部署了一支部队作为推特机器人开展思想宣传。"伊斯兰国"也运用类似于推特的复杂用户网络传播信息。

冲突各方，无论是国家还是非国家行为体，都将寻求利用新旧媒体工具加强自身宣传。虽然国家掌握更多可支配的资源，但社交媒体广泛可用性的净效应相对增加了非国家行为体的力量，这些组织的信息工具相较 20 年前具有更强的能力。这意味着，即使在国家间冲突中，向包括敌方、己方和第三方的不同群体直接传播信息，也可能成为影响对战争合法性、胜利和决心等看法的关键因素。

第二节　作战理论发展牵引美军陆上作战方式变革

美国陆军条令的中心思想是夺取、保持并利用主动权以在持久的地面作战中获取并维持优势地位。陆军作战概念"统一陆上作战"重新回归到这样的主旨，并适用于所有陆军行动。夺取、保持并利用主动权以获取并维持优势地位既是一种战场逻辑和总体要求，以便将统一陆上作战置于联合作战理论框架之中；同时它也是一种架构，使各级指挥官能有效并准确地描述其作战时间、空间、目的和优先任务。该条令使领导者运筹帷幄，逐步通过多种

战术任务、战斗及交战来达到战略目标。

一、空地一体战（1982—1993 年）

1982 年，美国陆军提出"空地一体战"作战概念，部分原因是为了弥补之前的"积极防御"作战概念的不足。积极防御的中心思想是：在中欧面对数量上占绝对优势的苏联时，首战要打赢一场防御性战斗。而"空地一体战"则侧重进攻性，提出"战争的战役层面"这一陆军术语，并将制订战役计划作为一项最基本的要求。战役计划是指在一系列战斗和交战中将联合部队一体化，以取得某一战略目标。

1986 年版 FM 100 - 5 号陆军野战条令保持并加强了"空地一体战"的中心思想——强调战争战役层面的重要性，强调夺取并保持主动权，坚持多军种合作。1991 年的"沙漠风暴"行动中，沙特阿拉伯、科威特和伊拉克的沙漠成了"空地一体战"理论的试金石。作为盟军联合部队的一部分，陆军以绝对性优势制服并摧毁了敌人。"沙漠风暴"行动成为检验陆军条令和部队结构的难得机会，使部队能以最优化的方式来应对威胁。1986 版 FM 100 - 5 号陆军野战条令对威胁和作战环境的描述展现出对敌情和战场情况的细致认识。在 1991 年的"沙漠风暴"行动中，陆军成功应用了"空地一体战"所强调的重点，即夺取主动权、强调战役法、在联合背景下遂行作战。

二、全维作战（1993—2001 年）

苏联威胁的烟消云散以及美国陆军在"沙漠风暴"行动中压倒性的胜利，在 20 世纪 90 年代早期产生了削减军事预算、分享"和平红利"的期待。这样，陆军就开始研究新的顶层条令，以适应自己在新战略背景下（即美国成为世界唯一超级大国）的地位。

1993 年版野战条令没能为陆军提出新的作战概念，或者说，使陆军作战概念模糊不清。但这也为 21 世纪陆军新作战条令的诞生埋下了思想的种子。这些新思想后来成为陆军新作战条令的主要思想。新的作战思想包括"全维作战""作战功能"（包括"战斗指挥"）等，都旨在协助指挥官同步协调战场效果。1993 年版野战条令增加了有关冲突解决的章节，并用"非战争军事行动"替代了"低强度冲突"。

正如"全维作战"影响了陆军下一个作战概念"全频谱作战"最终的形成，"作战功能"一词如今在陆军仍时常被提起。1993 年提出的"作战功能"包括情报、机动、火力保障、防空、机动与生存、后勤及战斗指挥，是战役层面的"战场作战系统"。2001 年及之后的 FM 100 - 5 号陆军野战条令将作战功能与战场作战系统相结合，演进为陆军的"战斗功能"。将相类似的战场行动编组到恰当的系统或功能之中，可以协助指挥官和参谋人员"整合、协同、准备并成功执行兵种合同作战"，这一点现在看来是理所当然的，但在当时却是对条令思想的重大贡献。将"战斗指挥"引入作战功能，极大地丰富了陆军术语。该术语后来成为作战指挥官职能的同义词。

1993 年版 FM 3 - 0 号野战条令的最后一项重大改变是将"低强度冲突"改为"非战争军事行动"。乍一看，这似乎只是文字游戏，但条令明确描绘出陆军在作战行动中的作用与 1993 年版条令中描述的其在"冲突"与"和平"时期的作用有所不同，这也预示了未来在稳定行动和主要作战行动中哪些是陆军的优先任务，必有激烈的争论。1993 年的条令没有明确定义适用于陆军所有行动的作战概念，这样陆军的各种任务就显得更加相对独立、相互竞争。

三、全频谱作战（2001—2011 年）

2001 年版 FM 3 - 0 号野战条令对全频谱作战的定义是"陆军在战争和非战争军事行动中执行的所有行动"。该术语尽管不是一个作战概念，但总结了以往陆军的行动，而且整个章节都清楚地指出陆军如何运用全频谱作战来完成任务。的确，2001 年版野战条令目的是建立"全频谱作战的顶层条令"，使全频谱作战成为"事实上的"作战概念。2008 年版 FM 3 - 0 号野战条令明确将全频谱作战认定为陆军的作战概念，并将其定义扩充为如下内容："陆军部队作为相互依赖的联合部队的一部分，综合运用进攻、防御、稳定或民事保障行动来夺取、保持并利用主动权，谨慎冒险，为获取决定性战果创造条件。根据任务的具体情况，并获取作战环境所有变量的详细数据后，陆军恰当、同步运用杀伤性和非杀伤性行动。任务式指挥传达作战意图及对态势的全方位理解，引导陆军兵力的灵活运用。"

这个定义反映了在阿富汗和伊拉克 7 年作战的现实。一些术语，如"谨慎冒险""恰当""获取作战环境所有变量的数据"，都认识到作战环境的复杂性以及陆军可能面临的威胁。

在全频谱作战成为陆军唯一作战概念的 10 年间，陆军提出、改进或扩展了一些重要的思想，也变革或抛弃了另一些思想，保留了"主动权"在陆军作战中的重要性；扩展并改进了"战斗指挥"的定义，但最终于 2011 年摒弃了该术语（尽管保留了其精华）；删除了描述战场框架的"纵深 - 近距离 - 后方"等术语，也删除了区别优先任务的"保障性工作"；将"稳定行动"提升到与"作战行动"同等重要的地位；引发了陆军关于平衡与优先任务的长期争论；扩展并修改了"战役法"的定义。

条令指出的陆军部队五大原则是：以攻取胜；掌握主动，发起战斗（而非被动迎敌）；取得并保持主动权；快速建立锐势；赢得决定性胜利。

2001 年版条令对"战斗指挥"的定义是"在作战中行使指挥来打击敌对的、灵活的敌人"，有关章节使用"预想、描述、指导和领导"等术语来描述战斗指挥。在 2001 年版条令中，指挥与控制从属于战斗指挥，但 2008 年版 FM 3 - 0 号野战条令逆转了该从属关系。指挥与控制提升到重要地位，而战斗指挥从属其下。2008 年版条令在"预想"前增加了"理解"，而且把"任务式指挥"定义为"战斗指挥首选方式"。到 2011 年版条令，任务式指挥作为一种战斗功能，囊括了战斗指挥并替代了指挥与控制。在这样的新功能下，任务式指挥既是一种作战功能，也是首选指挥方法。该条令强调使用"任务式命令来实现指挥官意图，按部就班取得主动"。条令解释这一变化为哲学体系上的转变，即有必要把重点放在指挥官身上，而不是系统之上。

四、快速决定性作战

当美军"转型"从计划走向实际操作之际，美英联军发动了伊拉克战争。这场战争比较全面地检验了美国近年来军事"转型"的最新成果，同时也暴露了其不足。战争是军事变革的"催化剂"，伊拉克战争结束后，美国开始重新审视其全球战略，大幅度调整军事部署；进一步完善体制编制；大力革新武器装备；全面加强作战理论研究。其军事"转型"的步伐骤然加快，但伊拉克战争美军运用"快速决定性"作战概念，历时 27 天结束了大规模作战，达成了推翻萨达姆政权的目的，成为真正意义上的信息化局部战争陆上作战方式。

（一）快速决定性作战概念

1. 演进脉络

美军联合部队司令部根据 1999 年美国国防部《防务计划指南》和 1997 年参谋长联席会议颁发的《2010 年联合构想》精神，在总结"沙漠之狐"行动和"联盟力量"行动经验教训基础上，于 1999 年 10 月推出《快速决定性作战》0.5 版白皮书，正式提出"快速决定性作战"概念。2001 年 5 月，联合部队司令部根据参谋长联席会议 2000 年颁发的《2020 年联合构想》，提出《快速决定性作战》1.0 版白皮书。为贯彻国防部长拉姆斯菲尔德一系列部队转型的思想，联合部队司令部又推出《快速决定性作战》2.0 版白皮书。该理论打破了传统的"剥洋葱"式的顺序作战样式，力求以"直达重心"的全纵深整体作战达成作战目的。

2. 核心思想

"快速决定性"作战概念的核心思想是强调"快"和"先"，通过先敌决策、先敌展开和先敌打击，实施"快速性"和"决定性"作战行动，力求在短时间内对敌造成最大限度的震慑，摧毁其作战意志和作战能力，达到速战速决的目的。

3. 基本内容

"快速决定性"作战概念的基本内容主要包括：一是作战目标围绕"一个中心"，即始终围绕达成战略目标为中心，以达成预期的战略和战役效果作为判断作战成功与否的标志；二是作战指导聚焦"两个要素"，即"快速性"和"决定性"；三是作战实施围绕"三个组件"，即知识、指挥与控制、基于效果作战；四是作战运用通过"四个途径"，即确保进入、快速部署、灵敏支援和全维防护；五是作战指标需要"九种能力"，即实时的战场感知能力、统一行动能力、战场空间控制能力、创造压倒优势的致命与非致命效果的能力、综合使用部队达成预期效果的能力、召之即来的全球机动与攻击能力、全维防护能力、干扰与破坏敌观察战场空间的能力、干扰和破坏敌指挥与控制部队的能力。

该理论经过"千年挑战－2002"实兵演习检验渐趋成熟，并在伊拉克战争中表现突出。但该理论由于对情报要求过高且行动效果难以控制，因此被批评为"现代作战的皇帝新装"，只能应用于"理想的战场、理想的对手、拥有理想基地和联盟"的情况，其关键概念之一"基于效果作战"已被美军废止。

（二）快速决定性作战概念在伊拉克战争中的运用

在伊拉克战争中，美国陆军第5军在中央司令部（中央战区、中央总部）联合地面部队编成内，作为主攻部队参与实施了从科威特到巴格达的陆上进攻作战。这是海湾战争后美军首次进行的军以上规模的地面进攻行动，也是迄今为止最大规模的陆上作战行动。这次陆上进攻作战是推翻萨达姆政权的关键之战，是第一次真正意义上的信息化条件下的陆空联合进攻作战行动，是陆、海、空、天、网、电全维联合作战。

战争中，美军以先进作战理论指导战争实践，活用战法，巧用谋略，灵活指挥，以多种手段巧妙调动伊军，为我们研究现代条件下的作战概念运用和战法设计问题提供了一个经典范例。

伊拉克战争是一场带有决战性质的战争，要彻底推翻萨达姆政权。为确保达成这一战略目的，美军把快速击败伊拉克军队（共和国卫队和正规军）、迅速攻占伊拉克首都巴格达，确定为整场战争的关键和枢纽、作为陆上作战的基本任务，并按照"快速决定性作战思想"确立了"震慑闪击，直取要害"的战法。

1. "震慑闪击，直取要害"战法

该战法核心要诀，突出地体现为一个"快"字。不仅是在作战筹划、力量运用、行动衔接、作战转换等方面使自己"快"起来，而且还要让对方"慢"下来。就是要以速度上的巨大优势来战胜对手，是要通过高速机动，达成快速主导。正如费兰克斯在《美国一兵》中指出的那样，"通过在关键部位同时用兵，我们可以打他一个出其不意。这就形成了一种'势'。我们直插进敌方领土的心脏地带，快速前进，让伊拉克人来不及反应。等他们最后反应过来开始行动时，他们就会成为我方空中力量和精确弹药的靶子。速度和气势是行动的关键"。就是要结合运用地面快速突进、空中精确打击两种手段，空地一体、震慑闪击，以速度和气势压倒伊军，确保快速取得决定性胜利。

费兰克斯在回忆录中专门讲道，"进攻部队的规模远不如其机动的速度和灵活性重要，机动速度将是我们最宝贵的财富，速度本身完全代表了规模"，鲜明提出了"速度也是战斗力"的崭新理念。

2. "空地一体，直达突击"战法

战争中，美军在绝对信息优势和空中优势的支援下，突破了以往进攻通常三倍于敌的准则，大胆运用机械化步兵强大的战场机动力，长驱直入，对敌方心脏地带实施精确闪击。

在闪击巴格达的过程中，美国陆军第 5 军主力不以歼灭伊军有生力量为重点，不以攻城略地为目标，绕过沿途伊军要点，高速向前推进。第 3 机步师第一天推进距离为 160km，第二天为 90km，第三天为 40km（纳杰夫）。越点攻击，直捣纵深。不攻城，不恋战，能打下则打下，不能打下就进行牵制和围困，以高速进攻打乱伊军部署。不仅使伊军依托要点城镇设防、牵制阻击美军进攻的企图落空，使伊军整体防御体系陷入分崩离析的状态，而且对伊军官兵造成了强烈的心理震慑。美军迅速兵临巴格达城下，实现速战速决的作战企图。伊拉克军政高官仓惶逃跑，丢弃大量贵重物品。最后，整个伊拉克政权只剩下萨哈夫一人，他以雄辩之才，独自抵抗美英联军的进攻。

总的来看，美军在快速决定性作战概念牵引下，通过保持进攻的高强度和快节奏，震慑、瓦解对手的抵抗意志，迅速取得决定性战果，可以说是这次战役筹划、战法设计和作战指挥的突出亮点，是现代条件下遂行陆上机动战的典型代表。

五、统一陆上作战

最新陆军作战条令是以 1993 年版 FM 100 - 5 号陆军野战条令中"空地一体战"及陆军近期作战概念"全频谱作战"的关键思想为基础。"空地一体战"

强调主动权、战役法及在联合作战背景下遂行作战行动。1993 年版 FM 100 – 5 号陆军野战条令提出战斗指挥和全维作战的思想，引发了关于冲突解决条件的讨论，并将非战争军事行动提升到作战层面。在全频谱作战作为陆军作战概念的 10 年间，陆军扩展了战斗指挥的含义，并将其融入任务式指挥。陆军删除或更改了"作战框架"和"战役法"。非战争军事行动演变为稳定行动，并提升到与主要作战行动同等重要的地位。

陆军作战概念"统一陆上作战"在很大程度上承传了这些思想的精华。统一陆上作战的定义是"通过同时实施进攻、防御和稳定行动夺取、保持并利用主动权，以在持久地面作战中获得和保持相对优势的地位，进而防止或制止冲突、赢得战争，并为解决冲突创造有利条件"。该定义将过去所有条令的精华思想浓缩于一句话，重申了陆军（不管在何种条件、环境或作战背景下）所有作战行动的意图。

此外，联合地面行动强调任务式指挥及战役法的重要性，使用了以前条令中用来描述战场和作战框架的相关术语。"统一陆上作战"的取名暗示出陆军在联合、跨机构或多国部队的背景下执行任务。条令明确指出，在联合行动中陆军需要"将美军作战行动完全融入盟军部队和其他政府机构"。上文已经阐述了这些思想、概念的演变，以及它们被纳入"统一陆上作战"的原因。

2011 年版 ADP 3 – 0 号陆军条令出版物中新增加了两个思想。一个是"杀伤性"，虽然这不是一个新思想，但条令关于杀伤能力是"军事行动最基础的模块"的清晰描述却是新的说法。另一个是提出"诸兵种联合机动"及"广域安全"是陆军的两个核心能力，这两个重要概念的功能和含义都需要进一步探讨。

ADP 3 – 0 号陆军条令出版物的另一项新增内容就是将"诸兵种联合机动"和"广域安全"作为陆军的核心能力。诸兵种联合机动是部队在行动中获得并保持主动权的手段；广域安全是部队阻止敌人获得主动的手段。这两个核心能力有助于陆军部队击败并摧毁敌人，夺取或占领关键地形，保护或保障重要物资和民众的安全，阻止敌人获取有利地位。陆军部队将两者结合，应用在进攻、防御和稳定行动中。比如说，在对付内部和外部重大威胁的反暴乱行动中，一部分陆军兵力或武器系统负责主动进攻，聚焦敌人；与之相配合，另一部分兵力负责通过稳定行动来保持主动权，聚焦民众。但这并不是说部队只执行这些任务；各级部队有不同的优先任务，协同保障更高级别作战更广的目标、结果和战略。

ADP 3 – 0 号陆军条令出版物中对"诸兵种联合机动"的定义是"在联合行动中运用作战力量要素，击败敌人的地面部队，夺取、占领并防守地面地域，在物理、时间和心理上建立相对于敌人的优势，以夺取并利用主动权"。对"广域安全"的定义是"在联合行动中运用作战力量要素，保护民众、部队、基础设施和行动的安全，消除敌人的优势，巩固既得成果，以保持主动权"。这两个定义明确指导作战力量通过进攻、防御和稳定行动达到夺取并利用主动权和阻止敌人获得主动两个相互关联的目的。

需要指出的是，广域安全和诸兵种联合机动并不是要替代进攻、防御和稳定行动，也不是用作战术任务。它给指挥官提供一种手段，来描述如何安排战术行动和（或）运用作战力量取得有利地位。这些核心能力适用于陆军各个层级的所有行动。如果运用得当，能够给指挥官提供一种认知工具，协助他们描述其意图，使部队准确完成其目标。

陆军新作战概念"统一陆上作战"的逻辑演变和采用原因。正如马丁·邓普西上将指出：统一陆上作战"自然"是"空地一体战"和全频谱作战的"智力结晶"。统一陆上作战包含了以前的作战概念。过去30年，这些被统一陆上作战吸纳的概念在巴拿马、科威特、波斯尼亚、阿富汗和伊拉克经受住了战争考验，在当今和未来最有助于取得成功。

陆军对联合行动（对陆军而言即统一陆上作战）的贡献是：作为联合或合成部队的一部分，陆军如何在持续的地面作战中获胜。这也是未来条令发展的基础，使陆军在未来面对不断出现的挑战时能够披荆斩棘、继续前行。

第三节　科技革命成果推动美军陆上作战方式变革

美军向来注重技术对作战方式变革的驱动和引领作用，从建国后至今，美国一方面寻求成为全球先进科技的领头羊，另一方面优先将先进技术用于军事，形成科技革命驱动武器装备发展，进而带动作战方式变革的内驱型发展路子。美军陆上作战方式同样在科技革命驱动下持续演进。

一、科技革命成果是美军陆上作战方式变革的核心驱动

科技革命最新成果和发展趋势是美军陆上作战方式变革的物质基础和根本依据。恩格斯鲜明指出："一旦技术上的进步可以用于军事目的并且已经用于军事目的，它们便立刻几乎强制地，而且往往是违反指挥官的意志而引起作战方式上的改变甚至变革。"[①] 科技革命对作战方式的影响和驱动是自下而上的。因应新一轮科技革命、产业革命和社会变革蓬勃发展，新军事革命

---

① 恩格斯. 反杜林论［G］//中国人民解放军军事科学院. 马克思 恩格斯 列宁 斯大林 军事文选. 北京：军事科学出版社，1991：215.

奇点临近，战争形态加速演进，作战力量、制胜机理和作战方式也将发生质变，人工智能将融入联合作战网络，催生全新的人机协同和作战编组模式，制胜规律由体能制胜、化学能制胜、机械能制胜向信息优势制胜和智能制胜转移。

纯粹依赖科技创新很难取得无可匹敌的军事优势，只有配合战术、组织、训练、领导，以及其他有效的行政资源才能充分发挥新技术发展的潜能。出于这个原因，从 16 世纪到 17 世纪现代民族国家出现之时起，军事力量的变革就与管理的变革密切相关①。技术决定战术，基础互联网、移动互联网和智能互联网的核心技术支撑决定了"空地一体战""网络中心战"和"云作战"的作战方式诞生。战略选择技术同样对作战方式的变革起到了巨大的推动作用。网络化、全球化的发展催生了全球一体化，也孕育了作战一体化，进而出现了技术、战术、战役和战略一体化的格局。技术与战略的距离拉近，战略对技术的影响深远。战略需求对颠覆性技术的判断、选择、孵化、转化尤为重要，促进成熟的颠覆性技术通过工程化手段和"技术 – 组织"概念创新，实现作战方式的革命性变化。

美军依据科技革命最新成果和发展趋势进行战争设计，就是要站在人类社会发展的最前沿，先敌发现、先敌转化和先敌运用科技革命最新成果于作战中，从提出"技术 – 组织"概念入手，构想以此为支撑的作战模式，推动作战方式变革，形成对敌人的非对称优势。科技革命延伸和拓展了人类想象力，对其发展趋势的把握更是作战设计成功与否的关键。恩格斯说过："科学的发展同前一代人遗留下来的知识量成正比，因此在最普通的情况下，科学也是按几何级数发展的。"② 信息革命以来，信息技术、智能技术、生物技术和材料技术给人类社会带来的变化翻天覆地，我们可以基于科技革命发展趋势展开畅想和预测，如新材料的问世必将颠覆当前武器装备和作战模式。可燃冰、核能、太阳能、页岩气等新能源的开发和利用，只需极少量能源就能支撑一个作战平台或系统 5 年、10 年甚至更长时间的持续运转，不存在加注燃料等补给问题，大胆想见，使用这种动力的战略侦察机或轰炸机将实现全寿命周期的轨道运行、侦察监视和察打一体，成为"改变游戏规则"的利器。我们在作战设计过程中需要更新更勇敢的头脑去发掘新技术，拓展新想法，尝试新实验，开发新模式。

---

① 马克斯·布特. 战争的革新：1500 年至今的科技、战争及历史进程 [M]. 北京：军事谊文出版社，2013：19.

② 杨南征. 智能军队 [M]. 北京：解放军出版社，1987：43.

二、科技革命是作战概念创新的原动力

科技革命是作战概念创新的原动力。技术决定战术进而影响战役法，是作战理论发展的规律。人类每一次将技术发展的最新成果引入战争，都会导致战争属性和交战工具发生根本性变化。科技革命及其军事运用是战争的根本物质基础，是战争形态演进的原动力，也是作战设计的"阿基米德支点"。美国国防部于2014年提出了"第三次抵消战略"，明确将自主化和人工智能作为新军事战略的基石，将能否实现该技术的实战化运用视为新战略成功与否的关键。同时，强调重点发展自主学习系统、人机协作决策、机器辅助人员作战、先进有人–无人系统作战、网络赋能自主武器和高速炮弹5个关键领域。以此为指导，美军开发了"作战云""水下作战""全球监视和打击"等作战概念，力求夺取新一轮作战优势。可见，科技革命是作战概念创新的原动力。科技革命对作战概念开发的作用链路为科技革命最新成果和发展趋势—作战域开辟与拓展—作战概念提出—作战场景构设—作战模式开发—作战方式生成。然而，纯粹依赖科技创新很难取得无可匹敌的军事优势，必须与战略需求紧密对接，在战略需求的框架下孵化科技革命成果，实现军事应用与转化。

为推动多域作战概念在美国陆军落地落实，2017年10月美国陆军提出了六大优先装备研发项目群，按重要性依次为远程精确火力、下一代战车、未来垂直起降飞行器、机动通信指挥网络、一体化防空反导和士兵杀伤力项目群，每一项目群都包含若干子项目。2018年8月，美国陆军正式组建未来司令部以全力推进上述六大项目群的研发，进而在多域作战概念统领下，推动多域作战方式变革。

三、科技革命成果自底向上推动美军陆上作战方式变革

科技革命成果和趋势的技术推动模式，是从技术拓荒到技术构想再到"技术–组织"模式生成的自底向上的一体化转型方法。准确发掘和转化科技革命带来的作战方式变革，找到新途径建立军事力量优势，是科技革命成果和趋势的技术推动模式的基本内涵，也是近年来美军实施作战转型的重要内容和普遍做法。科技革命最新成果和趋势通过牵引作战概念、作战模式、组织形态和武器装备的变革，实现驱动作战方式变革的最终目标。

科技革命是战争形态进化的内生动力。科学技术是军事发展中最活跃、最具革命性的因素，每一次重大科技进步和创新都会引起战争形态和作战方式的深刻变革。当前，以"智能、泛在、绿色"为标志的新技术群，特别是

新一代人工智能科技链式突破，正在同时引发社会经济形态和战争形态的变革。

一是科技革命的历史演进步伐加快。火药革命取得成功经历了至少 200 年（约 1500—1700 年）；第一次工业革命经历了 150 年（约 1750—1900 年）；第二次工业革命用了 40 年（约 1900—1940 年）；而信息技术革命发展至今才 40 余年（约 1970—2018 年）。2016 年 3 月，谷歌公司的 AlphaGo 战胜世界围棋冠军李世石，标志着类脑智能技术发展取得新突破，人类即将迈入智能时代。

二是科技革命的理技融合程度显著提升。由美国 50 余名科学家完成的研究报告指出："21 世纪，科技的突破一定会出现在纳米技术、信息科学、生物科学和生命科学、认知和神经科学的交叉领域，这些突破将加快技术进步的步伐，并可能会再一次改变我们的物种，给人类社会带来全方位、革命性的冲击。"[①] 可以预见，方兴未艾的第五次即即将到来的第六次世界科技革命，必将催生大量的新兴科技领域。这些科技领域相互交叉融合，将大幅提高人类认识世界、改造世界的能力，同时将产生重大军事运用价值，导致战争空间不可避免地向这些新兴领域渗透，引发新的战争制胜机理和制胜方式的集中涌现。

三是科技革命的军事应用范围空前增大。战争形态演进的原动力在于科技的变革创新，科技革命及其在军事领域的广泛应用，引发武器装备的跨越式发展，进而从根本上改变军队编成、作战方法及军事理论，从而导致整个战争形态发生质变。从科技革命的军事应用视角设计未来作战，通过溯源作战方式机理来构想未来的变化和制胜之道，抓住了变革的本质。早在 20 世纪西方大国广泛开展以战争计划为标志的作战设计活动中，调动一切科学技术因素强化战争手段、改进作战方法，这是西方大国在科学技术领域的基本表现之一，也是其战争计划从武力战体系发展到总体战体系、再发展到一体化全球战略体系的基本条件之一。[②]

第四节　军事战略规划指导美军陆上作战方式变革

美军战争设计和作战方式变革的一个重要特点就是战略、战役、战术一体贯通，军事战略规划从顶层瞄准未来 10～20 年，提出未来作战环境、主要

---

① 2000 年，美国国家科学基金会和商务部共同资助 50 余名科学家开展了一项题为"聚合四大科技，提高人类能力"的研究计划，目的是弄清楚 21 世纪哪些科学领域会带来革命性影响和需要重点关注，并形成了研究报告。

② 王辉青. 二十世纪西方大国战争计划研究 [M]. 北京：国防大学出版社，1997：182.

作战威胁、未来部队作战能力，指导作战方式变革发展方向。

一、"抵销"战略与陆上作战方式变革

(一)"第二次抵消"战略与"空地一体战"概念

为此，1975年的"长期研发规划项目"，详细研究制导弹药在越南战场和中东地区的使用情况之后，得出结论认为，美国应以"近零误差"为目标，调整常规武器发展策略。在此基础上，1976年的国防科学委员会的研究报告，提出发展以高分辨率综合孔径雷达、目标融合中心以及携带坦克杀伤子母弹的远程导弹为支柱的纵深打击系统，并建议对这些技术进行融合、实验和论证。哈罗德·布朗和威廉·佩里本能地意识到，美国必须制订特殊的管理计划来推进这项工作。为此，佩里授权美国国防高级研究计划局（Defense Advanced Research Projects Agency，DARPA）负责这一项目，并将其命名为"攻击破坏者"。尽管国会最初对此表示怀疑，并拒绝拨款，但DARPA仍利用现有资金继续推进这一项目。"攻击破坏者"项目的论证实验，将移动目标与定位雷达、陆基数据处理站，以及携带子母弹的导弹融为一体，整个项目的核心就是负责传感数据融合的"攻击协调中心"。尽管"攻击破坏者"的末期实验仍存在一些瑕疵，但是最后一次实验，5发导弹成功命中5辆固定坦克目标。DAPAR在这个项目上的全部投入仅为2亿多美元。这次试验论证，对苏联产生了深远影响。正如诺曼·弗里德曼所述，"攻击破坏者"沦为苏联人的灾难，因为他们"相信美国是科学方面的魔术师，而且只要说到，就一定能办到"。

单靠一次试验论证，根本无法改变美国的传统防务思维。实际上，DARPA尽管证明了制导弹药在多兵种协同防御作战网络中的潜在威力，但是美国军界某些人仍对"攻击破坏者"的价值表示怀疑。然而，多恩·斯塔瑞、比尔·克里奇等几位有先见之明的陆军和空军将领，却利用"攻击破坏者"的技术原料，推出了新的技战术概念——"空地一体战"，又称为"后续部队打击"。

"攻击破坏者"并不是单一的一体化系统，其各个组成部分后来分别演变成空军的"联合监视目标攻击雷达系统"、陆军"战术导弹系统"，以及各类坦克杀伤子母弹。此后，"空地一体战"融入了美军作战条令，而"后续部队打击"也成为北约的作战概念。正如历史证明的那样，苏联人很快就发现"攻击破坏者""空地一体战"和"后续部队打击"概念的意义，非常清楚地看到其先进的一面，甚至将其命名为"侦察－打击复合体"。1984年，苏军总参谋长奥加尔科夫元帅提出一个著名论断，认为"侦察－打击复合体"可

能会对苏军战术编队造成毁灭性打击，其毁伤效果绝不亚于核武器。

然而，这还不是"第二次抵消战略"的全部。举例来说，布朗和佩里也发现了隐身技术等其他新兴技术的潜力。然而，由于1989年之前，一直对隐身技术进行严格保密，所以美军当时以制导弹药火力为核心所创建的战役层级防御作战网络，成为"第二次抵消战略"的关键。从历史上看，"第二次抵消战略"的精妙之处就在于，它向苏联决策者的头脑中输入了巨大的不确定因素，迫使他们不得不改变战争考量。此外，"第二次抵消战略"，也使苏军陈旧的作战模式日趋过时，并令其作战领域的投资前景，因自身经济状况的恶化而不具可行性。因此，这就强化了我们和北约的常规威慑力，进而对冷战的结束产生了重大影响。

（二）"沙漠风暴"行动与作战方式变革

"空地一体战"在引发条令革命的同时，训练领域也在酝酿一场新的革命。在越战的刺激下，美国空军借鉴海军战斗机武器学校的经验，认识到飞行员的熟练程度在提升杀伤率方面，就是一种重要的新武器，因此于1975年开始制订自身的"侵略者"计划，也就是后来的"红旗"演习。美国陆军也在埃文堡建立国家训练中心，进而大幅提升了部队训练的实战化效果。

1986年的《戈德华特-尼科尔斯法》强化了作战司令的指挥权，进而实现了武装部队的统一行动。萨达姆采纳错误的建议，决定入侵科威特之际，美军则在人力资本、技术、条令和训练等所有方面都实现了全面跃升。回顾历史，美军运用制导弹药发展战役层级进攻性作战网络，并不是一帆风顺的事。其在引入制导弹药、隐形战机以及其他技术的过程中，遇到了许多必须克服的重大文化障碍。佩里不得不亲自主抓F-117项目，因为空军某些人认为隐身技术毫无用处，而且如果增加F-117项目的资源投入，就等于削减F-15、F-16和A-10的资金。美国空军不愿意全面引入制导弹药，因为欧洲战场时常是多云天气。美国海军的决定则完全是出于经济方面的考虑，因为舰载机载弹量有限，无法携带未消耗的制导弹药返舰着陆。因此，美军通常会在返回之前，将所有未消耗的弹药全部投到海里。在此背景下，从某种程度上说，海军和空军在海湾战争期间，仍认为非制导弹药将会占据主流。

然而，霍纳将军手下"黑洞"规划小组的许多核心人员，却不这么认为。"黑洞"小组的约翰·沃登、戴维·德普图拉以及"将军"小组的重要规划人员，都力主构建一种新型进攻性作战网络，运用精确制导空中火力，对敌军作战空间发动纵深攻击。美国国家太空卫星群原本主要是用于战略性核战争期间，为战略指挥官提供支援，但他们却把这种强大的能力直接连接到各类传感器节点。美军还构建了一个"作战大脑",又称"协同空战中心",来指挥大多数作战火力,同时重新调整 GPS,以协同整个作战网络的时间和空间布局。他们把隐身战机和第一代 GPS 制导弹药融入战役行动,以突破伊军的一体化防空系统,并对其境内战略目标实施精确打击。此外,美军也精明地运用战略宣传手段,着力彰显较少数量精确弹药在战争中所起到的重大作用,从而告诉世人未来作战网络运用制导弹药密集火力的潜在威力。

"沙漠风暴"是否是军事革命的标志,最终将由历史学家来盖棺定论。然而,战争的性质虽然亘古不变,但其特点却在不断发生变化。正如巴里·瓦茨所言,技术、武器、战术、战法、作战概念、组织结构、军事条令等都会随着时间的推移而不断演进,进而导致战争实践发生重大变化。毫无疑问,从霍纳上将的"黑洞"小组再到"将军"小组,这些颇具创新思维的思想家,都改变了"第二次抵消战略"相关能力的运用模式,使其超出了最初基于欧洲战场常规威慑的防御性目的。

回顾过去 25 年,"沙漠风暴"、波黑冲突、科索沃战争、阿富汗战争、伊拉克战争以及今天的叙利亚内战,都见证了这些技术的影响。由于少数有远见卓识的思想家,乐于尝试新技术、新思想和新概念,美国作为第一个全面倡导制导弹药系统的国家,为此获得了巨大的战略红利。

(三)"第三次抵消战略"的缘起

美军认为,"第二次抵消战略"所熟识的传统作战方式,正变得日益过时。安德鲁·马歇尔预言,"侦察-打击复合体将会催生一种新的组织形式。"对手正在迅速发展制导武器和作战网络等"第二次抵消战略"的相关技术,进而削弱了传统优势。无论是应对方圆 1000 海里的"反介入/区域拒止"挑战,还是聚焦步兵冲锋的最后 100 码距离,美军都要确保联合部队能以新的作战方式,做好战备工作。因此,"第三次抵消战略"的提出可谓是恰逢其时。这一次"抵消战略"以人工智能和自动化系统的最新成果为前提,使联合部队能够发展和使用先进的人机协同作战网络,取得更大的战场效能。作为一种具备自主决策能力的新型自动化系统,人工智能将融入联合作战网络,进而催生全新的人机协同和作战编组模式。

这些网络将为特定的军种和联合作战任务提供支持,也将根据不同的作战和组织概念,在各个领域呈现不同的表现形式。然而,正如"第二次抵消战略"一样,"第三次抵消战略"最终并不是以技术,而是以作战概念为基础。"抵消战略"将把新技术、新构想和新的组织概念融为一体,形成压倒性的作战优势,进而强化常规威慑力。"第二次抵消战略"充分激发了各类人员的创造力,将所有这些要素融为一体……利用隐身技术、精确制导弹药、移动目标定位雷达、电子战、精确导航测时系统、系统分析、远程通信和实时后勤，创造了一种新的作战方式，使美军保持了 40 年的军事优势。

为打破新均势，重获新优势，2014 年美国提出了"第三次抵消战略"。"第三次抵消战略"总体构想主要体现在四个方面。锁定中国为主要战略对手，以恢复常规威慑为战略目的，以创新为战略方针，通过设计未来战争为主要战略任务。其终极目的是使美国维持当前及未来相当长一个时期军事领域的绝对优势。"第三次抵消战略"的战略属性，主要表现在以下五个方面。一是非对称性，聚焦在自己最擅长、最有竞争优势和非对称效果的生产战斗力领域，即科技创新；二是成本强加，在这种投资战略中，美国试图让能力提升的速度和效率最大化，并希望将运行和投资压力施加于对手，具有"成本强加"的属性；三是时空运用，"第三次抵消战略"强调时间上对战略突袭或区域进攻进行快速决定性反应和时间上在前沿地区对抗具有远程打击系统的对手；四是话语主导，抢占这一历史阶段的"游戏规则"制定权高地，使其他国家必须按照这一规则与自己进行博弈，从而掌握完全的战略主动权和定义权，即战争话语权；五是间接威慑，历次"抵消战略"的目的都是重塑大国威慑，从目的上看，"抵消战略"是一种威慑战略，是在指导均势的情况下同发展颠覆性技术恢复威慑，通过"非对称"的战略设计完成战斗力跃升，巩固美国的全球霸权；从方法论上看，"抵消战略"是一种间接路线战略，"抵消战略"在作战表述上（也只是表述上）的防御性设定，即遭遇对手精确武器齐射和电磁雷达对抗攻击的生存性恢复与快速决定性反击，没有寻求直接对抗或者直接遏制的意图。

"第三次抵消战略"，无论是从国防部还是军种、战区层面，美军一直着力打造新型作战力量，变革作战体系，在不放弃硬毁伤能力的同时，将"致盲、瘫痪、失能"置于更重要的地位。面对以"制导作战网络"为核心的作战体系难以为继的挑战，美国力求通过创新作战概念、深化军事变革、锻造联合部队等方式生成新的作战能力。在作战概念方面，按照全球一体化作战为顶层概念牵引，陆军开发多域作战，海军开发分布式杀伤，空军开发敏捷作战运用，海军陆战队开发远征前进基地作战概念，并通过开发作战概念，完善国防采购体制，提高技术应用效率，打造一支更加致命的联合理论，以使其他国家按照美国选择的方式进行战争。

总体来看，"第三次抵消战略"从战略属性、创新能力和变革路径等方面推动美军作战方式的总体变革，相应地，陆上作战方式在这一战略的驱动下，通过开发多域作战概念，牵引一系列变革。

二、2018 年版美国《陆军战略》指导多域作战变革

2018 年 10 月 25 日，美国陆军发布《陆军战略》（下称《战略》），从陆军愿景、战略环境、战略途径阐述战略内容提出 4 条战略途径。《战略》是实现陆军愿景，指导陆军未来 10 年建设和发展的纲领性文件，也是指导陆上作战方式变革的规划性文件。

（一）战略概述

美国陆军认为，作为联合部队的一部分，陆军使命是在全谱冲突中提供快速、持续的地面优势。2018 年 6 月 5 日，美国陆军发布《2028 年陆军愿景》，核心内容是：2028 年，美国陆军将依靠卓越的领导人和拥有极强杀伤力的士兵，运用现代化有人和无人驾驶地面车辆、飞机、武器、保障系统，基于现代战争理论的强大合成编队与战术，在联合、多域、高强度冲突中，针对任何对手，在任意时间和地点进行部署、作战与取胜，同时慑止其他对手并维持非常规作战能力。

（二）战略环境

美国陆军认为，政治、经济、社会和技术的变化将为陆军地面优势带来挑战和机遇。战场正扩展到所有领域、地域和非国家行为体。军事决策和反应时间持续压缩。陆军将在持续监视、拥堵和污染的战场环境作战，并将遇到网络、反太空、电子战、机器人和人工智能等先进作战能力。陆军必须做好应对大国竞争对手、区域国家敌手和其他威胁的准备。

中国、俄罗斯大国竞争对手已实施现代化计划来抵消陆军传统优势，正开发反介入和区域防御系统、防空和导弹防御系统、网络、电子战和反太空能力，扰乱美国陆军战区的军事部署。陆军面临均势竞争对手的非武装冲突以及向他国扩散的军事能力。

朝鲜和伊朗区域国家敌人正寻求核武器、区域禁止系统和常规武器，对美国形成重大挑战。朝鲜、伊朗的非对称作战、大规模杀伤性武器和挑衅对区域盟友、美国和其他地区都构成威胁。区域国家敌人正利用他国资助的恐怖活动和代理网络实现区域影响力。

恐怖分子、跨国犯罪组织、网络黑客和其他恶意非国家行为体利用大规模破坏能力已改变了一些全球事务。陆军将长期针对非国家行为体以及区域国家敌人进行非常规作战。区域国家内的持续恐怖主义将导致崩溃、内战和移民泛滥，增加美国国防开支。美国陆军将长期面临财政不确定阻碍陆军实现愿景。国际环境动荡复杂，大国竞争对手正建立替代的经济和安全机构挑战美国国际影响力。

（三）战略途径

《战略》基于以下设想：美国人民和国会将支持战略，大国竞争对手试图匹敌或超越美国，陆军实施改革，预算将得到可预测、充足、持续和及时的投入，技术装备研发将显著提高作战能力，联合部队将重点投资战略运输和联合强行介入能力，将陆军部署到对抗战区，快速转入进攻作战。《战略》通过制定《陆军战役计划》，指定《战略》执行的领导组织、阶段目标、进展和风险评估，战略途径将通过《陆军战役计划》实施，最终实现陆军愿景。《战略》分三个阶段实施：近期 2018—2022 年建立战备部队；中期 2022—2028 年建立现代化部队实现击败对手；远期 2028—2034 年建立多域作战部队保持陆军优势。

1. 战备

2018—2022 年，陆军主要任务是建立战备和提高士兵杀伤力，包括持续性部队生成、任何时间和地点的兵力部署。

（1）部队战备方面，将拥有充足人员配备、作战训练、尖端可靠装备以及卓越领导人。在人员配备上，2020 年 10 月前，陆军常备军兵员达到 50 万以上，同时相应扩大国民警卫队和陆军预备役；全面提高陆军作战人员配备，将作战人员配置率提高至 105%，不可配置率降至 5% 以下，降低军事专业与等级的不匹配；将征兵人员、训练士官和教练员配置率提至 100%，平台教官配备率提至 90%。在训练上，陆军将重点针对高强度冲突开展训练，突出密集城市地形、电子拒止环境和持续监视环境下的作战。训练应严格、逼真、迭代和以作战为核心，将制订新的体能训练方案，2020 年 10 月前实施新版《陆军作战体能测试》。将步兵和装甲兵训练时长延至 22 周。2021 年开始部署"合成训练环境"，集成模拟、构造仿真和军事游戏训练环境于统一平台，增加主战训练次数。在装备配备上，将资产重新分配给重点战备单位，保持 90% 地面装备率和 80% 航空装备率；将现代化士兵服装和装备，调整装备部署。

（2）兵力投送方面，陆军将利用《国防战略》"动态兵力运用"概念，灵活提供全球兵力，发展致命、快速和弹性的兵力态势。在兵力动员和部署上，陆军将提高预备役动员能力，利用大规模兵力投送平台投送兵力，将规划国家级动员、重组作战力量和扩大国防工业基地，应对大规模突发事件。通过紧急部署准备演习提高陆军单位的远征意识。在战区设置方面，设置一个拥有重要补给、部队保护、工程、通信和基础设施的战区，满足美国陆军的国外兵力投送和军事力量支持；实现前方驻扎和轮换部队的平衡，保持兵力灵活性；确保陆军各单位对其他部队的接收、集结、前运和整合行动，随时准备开放战区和提供增援，支持作战指挥官需求。

2. 现代化

现代化作战概念将贯穿陆军的理论、组织架构、训练、领导力和装备发展。2018—2022年研发6个现代化优先事项，2022年进入中期阶段，主要方向转为现代化，获得技术成熟系统。2019年夏季，陆军未来司令部将实现全面作战能力，统一指挥陆军现代化。在概念与理论方面，2019年利用"多域作战"概念推动能力发展和部队设置，根据野战经验更新"多域作战"理论，2019年10月发布"多域作战2.0"，2020年前将"多域作战"纳入陆军各级领导、训练和教育中。在能力发展方面，2018—2022年加速升级现有作战系统，降低风险。2018—2028年进行下一代战车、空中平台和武器系统的创新、原型设计和部署，全面改革现有采办体制，加快创新，寻求与合作伙伴的新技术联合研发机会。6个现代化优先事项如下。

（1）远程精确火力。研发远射程、致命、机动、精确、目标获取的火炮与导弹平台、能力、弹药和编队等。

（2）下一代战车。将近距作战能力集成于有人、无人和人机可选组合，研发具有现代火力、防护、移动和发电能力的战车。

（3）未来垂直起降飞行器。研发一系列有人、无人和人机可选组合的平台，实现现代战场上更远距离、更高高度、更致命和更大载荷的执行攻击、起降和侦察任务。

（4）机动通信指挥网络。研发具有移动性、可靠性、用户友好性、谨慎签名、远征性强，可在电磁拒止或降级环境中作战的软硬件综合系统。

（5）一体化防空反导。研发一系列移动综合平台、能力、弹药和编队，确保陆军空中作战编队的致命性，保护陆军免受先进空中和导弹火力攻击。

（6）士兵杀伤力。研发一整套涵盖所有作战要素的能力、装备、训练和增强装备，确保士兵更具杀伤力，不易受伤，包括下一代个人和分队武器、先进防弹衣、传感器、无线电等提升士兵能力的技术装备。在军力发展方面，针对多域作战调整陆军组织架构，确保作战编队拥有足够步兵、工兵、炮兵和防空装备。旅/团单位必须拥有应对全域战场的持续地空情报监测侦察、电子战和网络战能力。到2020年激活陆军的所有6个安全部队援助旅及司令部。陆军将继续利用多域特遣部队等实验单位，测试作战概念确定最佳兵力组合。陆军将根据作战需要部署各单位装备现代化进程，最终实现所有单位的装备现代化部署。

3. 改革

2018—2019年，陆军将实施改革，为高优先事项腾出时间、财政和人力，提高效率节省开支。在节省时间方面，简化、减少或取消耗时活动，取消或减少非必要的训练、报告、检查等非高强度作战准备，进行权力、责任和资源下放，使下属快速决策和行动。在财政方面，推行财政改革，改善业务流程、组织结构和人资管理；完善项目管理，为原型开发寻求实验演示的低成本商业方案，确保拨款用于战备和杀伤力建设。在人力资源方面，改革现有人事管理制度，使用新的人才管理系统；全面评估人才招募、留用和激励机制以及陆军结构，根据人才的知识、技能、行为和偏好与专业职位匹配。

4. 加强联盟和伙伴关系

陆军将利用军事战略接触行动，实现与盟国和伙伴的互操作性，通过安全合作和安全援助加强联盟和伙伴关系。在安全合作方面，陆军继续与盟友和伙伴进行联合演习与共同训练，通过双边和多边演习与交流，确定联合能力创新领域，提高陆军系统的有效性和兼容性。使用主要领导人会晤、对口访问、军事参谋会谈、人员交流、会议和研讨会等军事接触行动建立伙伴关系，实现互操作性，发展其他安全合作活动。在安全援助方面，利用对外军售、对外军事资助、赠款、贷款等安全援助项目实现与盟友和合作伙伴的共同威胁防御；继续利用国际军事教育和训练活动为盟友和伙伴提供学习机会。

三、2019 年版《美国陆军现代化战略——投资未来》[1] 细化多域作战变革

陆军现代化战略陈述陆军体系（包含正规陆军部队、陆军国民警卫队、陆军预备役与陆军文职）如何在 2035 年转型成多领域部队。除了为美国国防贡献一己之力，善尽身为联合部队之一的重责大任，还要保持其全球地面部队霸主的地位。在 2018 年交付国会的美国陆军现代化战略报告中，陈述了陆军装备现代化的六大优先领域（远程精确火力、下一代战车、未来垂直起降飞行器、机动通信指挥网络、一体化防空反导与士兵杀伤力），确保战时各级单位与官兵具有给敌人迎头痛击的能力进而克敌制胜。2019 年的陆军现代化战略除了扩大六大领域外，不仅擘画出更为完整的现代化进程，而且要承接过去现代化的成效。现代化端依赖全体陆军的通力合作且马不停蹄的过程。因此，当陆军现代化战略列出未来陆军在 2035 年的目标时，陆军现代化将持续地验证与修正其作战构想、着重新兴科技发展与预判作战环境的转变。

（一）陆军现代化架构

2019 年陆军现代化战略的首要目标，承袭了 2018 年版的内涵，即在 2028 年前成为联合部队中的一支现代化陆军，可以于单一战区执行多领域作战，并

---

① 2019 年版《美国陆军现代化战略——投资未来》，译自美国陆军部网站，2019 年 10 月 17 日刊登。

在 2035 年前，成为可以于多重战场与战区中执行多领域作战的现代化陆军。多领域作战概念陈述陆军如何协助联合部队，快速且持续地整合所有领域（地面、海洋、空中、太空与网络空间）的作战，于冲突初期有效吓阻对手，并身处优势地位；倘若吓阻未果，得以于战争中取得胜利。

为了在 2035 年达到此目标，陆军需要在战术战法、科技装备与军种定位上进行现代化。这个过程将整合陆军、联合部队、盟国与其他军事合作伙伴的条令、组织、训练、武器装备、领导教育、人员、设施与政策（DOTMLPF - P）等。战术战法的现代化涵盖了条令、组织与训练等领域。科技装备的现代化包含了依据六大优先事项进行科技发展与装备购置。军种角色定位包含了领导培育、教育与 21 世纪的人才管理。将上述三个要项整合为一体的现代化模式，将能够确保陆军拥有训练精良的官兵、组织完善的单位、现代化的武器装备与具备战无不胜、攻无不克的全球作战能力。在全球军力部署、设施与政策上针对上述要项进行适切调整，可以确保陆军与其他联合部队成员的现代化成效同步。

陆军成功转型后，降低了官僚制度的钝重性，并将预算调整至优先发展项目，促使现代化目标的达成。陆军成立了未来司令部，调整现代化的领域并且统合了未来部队的发展程序。举例说明，陆军未来司令部所属的跨职能团队（Cross - Functional Team，CFT），纳编研发人员、采购专家，以及测评、后勤、科技与其他领域的代表，大幅缩短了各发展阶段（需求提出、原型测试与野战测评）的时间。陆军也展现出其执行现代化决心，将每一分资源都投入在优先项目中。陆军已经调整 2020—2024 年共计 330 亿美元的项目目标预算，确保跨职能团队有足够的资金执行重大工作项目。借由现代化项目与资金的优先级进行重新调整，再搭配部队的意见回馈等方法，将能够贯彻陆军现代化战略。

（二）战略环境：在信息时代中的新一波强权竞逐

2018 年国防策略报告书中提及，美军将与中国和俄罗斯的长期战略竞争列为优先项目，并具备吓阻区域势力与维持非正规作战的能力。政治、经济、社会与科技的改变，将为致力于维系地面作战优势的陆军带来挑战与机会。未来战争在决策程序与反应的时间压缩下，面对的是战场范围与作战领域的扩张，以及敌人种类的增加。

具备核武器威胁能力的俄罗斯，成为美国陆军当前与近期的劲敌。俄罗斯军队现针对现代战争的形态，已完成了改革，并借由其在克里米亚、东乌克兰与叙利亚的作战经验与教训强化其战力发展。俄罗斯借由如代理人战争、无人与机器人系统、精准打击武器与高超的网络作战能力等展现其新兴战力。

此外，俄罗斯仍持续发展其他能力，如空降部队与生物武器。

中国也迅速地进行军队现代化，以其中程与远程发展来看，中国将超越俄罗斯成为最大威胁。中国为科技研究与发展的领先群之一。中国现在致力于研究军事相关的科技，包含人工智能、超声速科技、机器人、蜂群战术、先进材料、生物工程、量子科学、太空科技、生物识别与其他领域。中国致力于发展"反介入/区域拒止"的能力，包含海军、巡弋与弹道导弹和优异的网络与太空作战能力。

美国及其多数盟国与军事伙伴面对相同的挑战。俄罗斯与中国时常运用非军事的国家力量进行竞争，许多国家也开始提高对俄罗斯与中国改变现状作为其关切度。陆军必须持续且密切地与具有长期合作关系的盟国和军事伙伴共同努力，并且广招新的伙伴，进而提供其独特的见解与能力，为现代化的过程挹注新的动力。盟国可以强化军事与政治的合作关系，强化吓阻威胁的能力，提升互操作性与作战效能，因应未来挑战部署军队，并修正作战构想与战术战法。

（三）假定事项

陆军现代化战略基于以下 4 个关键假定事项。任何一个假定事项改变，将会影响策略的执行。

（1）陆军预算恐将难增长，导致购买力日渐下降。

（2）执行陆军现代化战略的同时，对陆军部队仍将维持经常性需求。

（3）到 2035 年，研究与发展能力臻于成熟，使陆军战力显著提升。

（4）对手的现代化的内容与时间轴保持既定的步调。

（四）战略手段：维持优先项目并提供现代化动能

除了陆军现代化的六大优先事项（远程精确火力、下一代战车、未来垂直起降飞行器、机动通信指挥网络、一体化防空反导与士兵杀伤力）不变。此外，陆军将持续改革其作业程序，由工业时代的做法转换为信息时代的做法，并确保陆军拥有足够的资金，针对优先项目完成现代化。美国国会、国防工业与国际合作伙伴针对优先项目的态度不变。陆军透过一个严谨且具完整性的现代化程序，推动战术战法、科技装备与军种定位的现代化，到 2035 年将陆军打造成为一支可以随时执行多领域作战的部队。

现代化是一个持续性的过程，必须仰赖全体陆军与陆军未来司令部共同的努力，使陆军现代化之路一以贯之。陆军未来司令部受陆军部指挥，对未来作战环境进行判断，进而发展与推广适应未来作战的概念、需求与组织架构。陆军未来司令部与陆军现代化的相关单位密切合作，依据条令、组织、训练、武器装备、领导教育、人员、设施与政策等，将所有方法进行整合。

除了陆军未来司令部，其他与现代化有关的重要机关单位如下：

（1）陆军部：提供战略层级的指导与建议、发展相关陆军政策、资源调配与制定陆军战略走向。

（2）陆军采购、技术与后勤次长办公室：与陆军未来司令部密切合作，致力于主导陆军采购事宜。

（3）训练与条令发展司令部：领导下辖的各兵种学校，进行条令发展、组织调整、训练与军官的教育与培训以及人才招募。

（4）陆军装备司令部：组织调整后，并入军事设施管理司令部，负责执行设施（陆军战力投送平台）的现代化，进而满足未来部队的训练、持续作战、兵力投送与维持。

（5）部队司令部：为提供陆军部队来源的重要角色，在为陆军作战部队进行测试、实验与擘画的同时，平衡当前作战与应变作战的战备整备需求。

（五）如何作战

陆军将持续地更新条令、组织架构与训练模式，打造多领域作战部队。陆军持续验证多领域作战概念并且依需求进行滚动式修正。陆军将把握每一个机会，迅速地将多领域作战纳入条令之中。此外，运用验证、推演与分析，将获得打造多领域作战部队所需的组织架构、装备形式与训练标准。各单位将于驻地及基地训练中心，运用新兴的复合型训练环境条件，进行组合训练，进而打造各层级的多领域作战部队。

（六）多域作战

实力接近的竞争对手，如中国与俄罗斯为了达成其目标，将会运用跨越所有领域（地面、海洋、空中、太空与网络空间）的重层对峙能力，借由时间、地理空间与作战效能，分割美军与其盟国之间的合作。中国与俄罗斯将运用长程、中程及短程武器系统、正规部队、整体防空、电子战与电子干扰、网络攻击、太空侦察、导航与通信等拒止能力，以及运用政治与信息手段建立起实质影响范围，来拒止美军的投送能力。

为了应付对手重层对峙的能力，身为联合部队之一的陆军，依据国家战略进行兵力部署，多领域作战概念在不至引发武装冲突前提下，借机突穿敌人远距打击能力，并且扩张战果，进而创造自身有利态势。多领域作战概念包含三大要项：第一项为武力部署精准化，结合前进部署、远征能力以及获取联合、多国与同盟作战的能力；第二项为运用多领域编组，借由各部队的功能、战力与续战力于多领域中发挥统合战力；第三项为聚合力，此能力可以借由运用多重攻击与侦搜手段的搭配，透过完善的任务式指挥模式，迅速、同步且持续聚合多领域打击能力。可以执行多领域作战的部队，将使陆军成为联合部队的要角，进而提供当地政府更多的选择，包括在发生小型武装冲突时，具备有效的吓阻与对抗能力，或者是能够在对手试图运用攻击改变现况时，及时地做出反应。

（七）多域部队架构

陆军必须提供联合部队指挥官用来吓阻对手、与对手竞争或者是武装冲突时全方位的作战能力。此外，陆军必须具备足够的远征能力，进而依据战区需求提供后续的增援部队，这些可以统称为"兵力包"（Force Package）。

2028年的多领域作战部队，其总能将具备现代化的架构进行战略部署，且有效发挥与运用国家层级的战力与权限。多领域作战部队将会结合因任务需求而调整的部队架构，从班到作战区的各层级，全部的有人及无人载具、火力、电子战、网络、情报、监视、侦察、工兵、持续力、通信与防护力。

陆军将会依据时间的进展，依据战略环境的持续性评估，打造、部署与修正多领域作战的部队总能，借由持续的作战验证与分析来推动。这些验证项目包含多领域特遣部队于欧洲与印太战区的实兵验证、推演，以及不断地针对派遣单位进行战力评估。陆军将会运用这些验证获取的经验与教训，修正未来的多领域部队架构。

（八）作战装备

陆军现代化的六大优先事项，将依据多域作战部队的能力取向进行发展。"1＋1＞2"的效益将能够发挥以下各领域战力的统合力量，使陆军可以执行多领域作战。

（1）远程精确火力的发展，使多领域部队突破并瘫痪敌人"反介入/区域拒止"的能力，并且确保各级部队可以超敌胜敌。

（2）下一代战车提升地面部队火力、速度与生存力，与机器化载具的相互搭配下，使地面部队进入战场的有利位置。

（3）未来垂直起降飞行器的载台与科技，将提升陆军航空的机动力、续战力、打击力与存活力，当与敌人作战时，更能提升其作战范围与效能。

（4）陆军网络科技现代化，利于部队在广阔的地形上进行指挥与管制、聚合多领域效能，并于多领域作战中共享情报。

（5）在对手大量的投资曲射火力与导弹能力的前提之下，美军必须针对整体防空进行现代化。新兴科技将会保护地面部队来自空中之威胁。此外，在美军、盟国与其他军事伙伴的重要设施面对敌人空中与导弹威胁时，提供防空能力。

（6）提升单兵战力的现代化作为，单兵武器性能提升，提供其夜视能力，并且可针对当前产生状况迅速进行分析与反应，进而提升其致命力、精准打击能力与存活力。现代化也将结合单兵表现的各项生理与心理指标，包含增强体能、增加营养与提升复原力等，确保单兵不只在装备上进行现代化。

陆军未来司令部的跨职能团队，依据优先领域启动现代化进程。跨职能团队召集各领域（需求、采购、科技、测评与后勤等）成员，在既定的期程内发展多领域作战能力。先期的原型装备测试与作战部队中的官兵访谈，可以确保各项发展的适切性。8 个跨职能团队系结合陆军现代化的六大优先领域，再加上精准定位导航能力与打造先进的复合式训练环境两项。身为现代化陆军的一员，跨职能团队将会依据科技的发展与对手的能力进行调整。此外，陆军部队将会依据现有的计划，循序渐进地完成现代化，使其成为可随时执行多领域作战的部队。各跨职能团队着手进行现代化的同时，部分现有的装备也将进行提升与改良，以提升超敌胜敌的能力。

也许无法在每个装备系统的研发上都顺利成功，但是，陆军将自失败中汲取教训，并且迅速地调整研发内容与概念。发展满足现代化目标的科技关键，在于陆军体系鼓励创新思维，并且能够融合传统与非传统工业、学术机关与其他领域的伙伴。陆军将会运用适切调整采购机制，进而得到国会全面的支持，这些手段包含中段采购（Middle Tier Acquisition），用来加速战力发展、武器生产与发挥整体战力；陆军也将使用新兴的合约模式，如其他交易授权与研发合作契约，孕育创新能力并且鼓励美国中小企业，为官兵在当前与未来的作战需求上贡献一份心力。

除了调整陆军采购程序，美军将从根本改变武器发展的方法。先进的产制方法与材料，将会结合系统设计能力、发展能力、生产能力与持续能力。利用系统的生命周期，结合这些先进的科技，将会使我们快速发展次世代武器系统并且于面对对手时保有优势。

最后，投资数字化转型与陆军网络信息设施现代化是成功的关键。云端科技将是所有现代化的基础。陆军将发展云端计算科技、改良数据存取与分享环境，并且简化软件开发工具与服务。综合上述手段，这些科技投资将会使陆军得以运用新兴科技与人工智能科技，在与对手竞争时，可以早期了解敌人、洞悉战场环境并且快速地下定决心与指导作战。借由云端开放架构，情报单位获得的信息可以迅速地传递给地面作战的官兵，使指挥官在信息环境与实体地理空间中有效地对抗敌人，赢得认知空间的胜利。

（九）军种定位

一直以来陆军都仰赖训练精良的官兵。在新兴的科技、全球安全环境与复杂的多域作战概念的支撑下，更为仰赖这些官兵。在 2019 年陆军人员培育策略中完整地描述过，陆军将修正军官的教育发展体系，进而提升批判性、创新性与系统性思维，才能使次世代的陆军军官面对复杂的多领域作战时，做好万全准备。

运用人才管理原则来改革人事体系，进而使个别的知识、技能、行为与喜好都发挥到极致，使官兵跟文职人员都能够发挥所有潜力。此外，持续地探索更为弹性的天赋管理作为与契机，确保整体陆军面对未来环境时，拥有必要的天赋。最后，新建的班兵评分表，将运用个人表现指标来评估士兵在单兵战斗力的现代化中的成效。

陆军将永远是联合部队的成员，与盟国和军事伙伴并肩作战。伙伴关系为强权竞争的关键，且盟国与军事伙伴提供重要的不对称作战优势。当我们准备或需要并肩作战时所需的知识，将会是对抗潜在敌人时最强而有力的吓阻手段。

与盟国及军事伙伴寻求发展概念与战力的契机，也是陆军现代化的一部分。不仅要强化科技互操作性，也需强化人员与程序的互操作性，进而确保可以共同作战。陆军将运用演习、训练机会以及军官交流来强化互操作性，并且修正身为联合与协同作战之一员，执行多领域作战的作为。

（十）关键能力

2022 年的关键在于陆军将依据多领域作战需求来调整部署，即结合前进部署、远征能力与运用国家层级的武器装备。执行多领域作战前，战略部队应如何部署，需要与这些权责单位的配合与执行。

陆军也将其设备与设施进行现代化，进而搭配新兴科技与武器装备来发挥多领域作战效能，并且协助发展高效率、高效能与高韧性的系统，从驻地的角色来支撑远征部队的机动力、防护力、投送能力与持续战力。陆军针对现代化与远征作战能力的先期准备可以提供多领域作战的战略弹性。再者，我们的设备与建制的军工厂库能依据冲突发生时所需的战备物资、动员需求与医疗需求进行现代化，并借由跨职能团队研发适切的装备，纳入全体陆军的序列。

此外，多领域作战需要针对授权许可、监视与运用三个领域的现行政策与权限进行持续的评估。陆军部队需要经授权进入军方或民间网络，在竞争与武装冲突中来执行监视、欺敌与护卫作战。假如竞争提升成为武装冲突，陆军部队必须具备快速反应的能力，包含电子攻击、网络攻击、太空攻击与火力攻击。

最后，陆军执行相关改革的研究，系基于探索、创新与过渡的需求来研拟科技性的解决方案。陆军科技着眼于基础与实用研究之上。陆军的投资策略，将以能够修正部队现代化所需的基础知识与科技为主。为了满足此需求，陆军调整其优先实验项目，并且发展外部合作协议。举例说明，陆军未来司令部与得克萨斯农工大学签订超声速的研发协定、与得克萨斯大学奥斯汀分校签订机器人研发协议，以及与卡内基梅隆大学签订人工智能研发协议。陆军科技将依据威胁来源、整体概念与战力导向等，持续重视中、远程的战力研发。

陆军优先研究领域如下：

（1）破坏性能量：两倍以上的能量，但是其能量足迹更为缩小。

（2）无线射频电子材料：利用钻石材料的光学和热学性质产生定向量。

（3）量子能：优化信息传输、感测与通信的安全。

（4）超声速飞机：空气力学、材料和程序。

（5）人工智能：面对新兴威胁，提升反应速度与灵活性。

（6）自主化：机动力与越野能力平台。

（7）合成生物学：反应性和反应性皮肤/光谱选择性材料/抗物质属性。

（8）设计材料：依据未来威胁，提供防护力。

（9）积层制造学：提升次世代弹药范围和杀伤力。

（十一）资源分配

陆军重新调整2020—2024年超过330亿美元的项目预算，将其投入于6个优先现代化项目、新兴组织、训练升级、设施改良与其他有关现代化的作为。预算调整是重要的起步，但是，现代化的所需成本在整备阶段并不需要大量预算，仅在迈入小额生产与军购阶段时才会提高。陆军必须借由持续改革与节约预算，确保其具有足够的资源来发展与扩增系统。举例来说，陆军将依据商业个案分析结果，谨慎地将列装阶段转移到封存阶段。经由评估我们的战力需求，采购计划和现有系统，用以确定最经济节约的维持方法。在许多案例中，这个举措将使陆军被迫放弃对老旧装备的升级。

（十二）迈向一支多域作战部队：2035年前的暂行架构

多领域作战将会彻底使陆军转型。欲运用新的部队架构与能力将需要经历两个阶段：第一阶段为快速转变期，系陆军针对第一批成果进行测评；第二个阶段为基础转变期，在2035年时，打造出可执行多领域作战的部队。

为了达成于2035年打造出多领域作战部队的目标，陆军已经建立了三个阶段性目标，这些目标将有助于确保全体陆军在群策群力的过程中，稳健地向前迈进。借由持续的弹性调整与学习，将确保陆军于2035年打造一支可执行多领域作战的部队，并于未来数十年后，能持续达成多域作战部队的新里程碑。

（十三） 快速转变期

（1）2020—2022 年，陆军针对跨职能团队重大成果进行测评。这些成果依据多领域作战概念来测试与分析，进而验证与修正多领域作战概念的要项。在 2022 年，陆军依据全军相关单位针对条令、组织、训练、武器装备、领导教育、人员、设施与政策等面向的建议进行分析，用以作为调整全球部队部署的基础。

（2）2023—2025 年，基于前期的测试与分析，陆军执行多领域作战所需的现代化装备，调整部队编装。改变训练范畴，纳入实体、虚拟与复杂环境，转型成多领域训练中心。训练与条令发展司令部持续将多领域作战概念纳入条令。驻地与海外基地设施的现代化为多领域作战部队塑造有利的部署条件。

（十四） 基础转变期

（1）2026—2028 年，陆军于此阶段将验证第一支多领域作战的部队总能后，再接续建构另一支多领域作战部队。未来旅级到军级单位都将进入训练中心进行训练。陆军将持续纳入可选择性（无人/有人）人员战斗车辆与未来攻击侦察机等装备。

（2）2029—2035 年，此阶段陆军将会完成验证第二支多领域作战的兵力包，并持续依据条令、组织、训练、武器装备、领导教育、人员、设施与政策等面向进行创新与调整，使多领域作战部队具备打击力、灵活性与韧性，在面对任何敌人时都能居于优势地位。积极的训练、测试与分析将验证多领域作战条令，并且确保陆军在将新兴战力纳入新创或现存组织架构时，无缝接轨。

（十五） 风险

美国在过去几十年中，当战力发展的目标都着眼在反恐作战威胁时，在维系与强权竞逐的地面作战优势上，已经累积了许多战略风险。陆军近来透过制定明确的现代化优先级与预算调整，确保有足够的资金挹注于降低风险的解决方案，进而订立 2019 年陆军现代化战略。当陆军现代化降低上述风险时，同时也带来下列其他风险，这些都是陆军领导阶层需要持续关注的领域。

（1）战备整备。该风险随着资源优先投入在现代化作为之中增加。陆军必须在战备整备与现代化两者兼顾。然而，将资源挹注在现代化发展的项目中，将会使挹注在当前所需的战备整备资源受到压缩。

（2）整体战力。该风险将随着于短时间内大量汰换封存老旧装备阶段转换至引进新兴战斗系统的过程中增加。这个过程将会对陆军后勤体系带来巨大的压力。同时，为了满足新训部队与作战部队的训练需求，训练机构也将面临同等的压力。整体战力的风险也可能因为现代化的进程延误而提升。多领域作战所需的组织架构与武器装备是相互依存的,任何一方的改变与延误都将会影响条令、组织、训练、武器装备、领导教育、人员、设施与政策的整体发展。

(3)基础设施。倘若陆军并未将基础设施与装备系统与组织架构同步现代化,将会提升其风险。这个过程将对未妥善规划的基础设施与设备需求带来压力,提升无法如期达成的风险。现代化的基础设施可以提供有效发挥新兴科技的全效能。陆军计划将维修厂库、车辆集用场、网络设施、行政设施、官舍、营舍、安管设施与水电系统等项目与其他现代化项目同步进行升级,进而降低其风险。

(4)预算。若未能实时下达资金挹注的决心,对于先期签约投入的项目与竞标的公司厂商将会提升其营运风险,并且有可能必须从原定的陆军预算中挹注额外的投资金额,这些都是潜在的风险。在科技足以满足多领域作战的战力需求前,陆军必须在先进的科技与条令、组织、训练、武器装备、领导教育、人员、设施与政策等发展间做出取舍。为了在2035年打造一支多领域作战部队,必须找出避免上述领域不足之处的解决方案。

(十六)结论

2019的陆军现代化战略,胪列出陆军未来现代化的基础,即如何打造一支可以执行多领域作战部队,以及如何为陆军持续现代化打造有利环境。陆军将会运用年度颁发陆军计划纲要中的附件——运用计划与年度现代化指导纲要来统合现代化的成效。欲成功地执行这些策略,需要全体陆军群策群力。此外,陆军部与各级陆军司令部在与联合部队、国会、盟国与军事合作伙伴、学术机关与其他领域伙伴的密切合作上,扮演着至为关键的角色。如果能够达成高效能、高效率且历久弥坚的现代化作为,陆军就能够善尽其责,在国家需要陆军之时,能够挺身而出,吓阻敌人、战胜敌人。

四、2021年版《北极战略——重获北极优势》

由于北极地区的重要性日益增强,且俄罗斯等对手出于经济利益的考虑,继续对北方领土和水路提出越来越多的主权要求,使该地区的威胁不断增加。2021年3月16日,美国陆军发布了新版《北极战略——重获北极优势》,主要阐述了北极的地缘政治格局、北极环境对当前和未来作战的影响,以及美国驻阿拉斯加州陆军情况等,提出了美国陆军在北极的战略和作战框架等内容。明确将在北极地区建立具备全域作战能力的总部、单位以及更强大的基地。美国陆军参谋长表示,竞争对手都在关注北极地区,美国的许多盟友和合作伙伴对北极地区的竞争感到担忧。美国北极战略的目标是维护国家利益、全球投送兵力和国土防卫。美国陆军新版北极战略的目标是在全球范围内快速生成和部署多域部队，这些部队经过专门训练、配备专用装备，能在极端寒冷的天气和崎岖的山区环境下生存、持续作战并取得胜利。根据该战略，美国陆军计划利用其在该地区的力量从北极、向北极、在北极地区内投送力量，以在竞争、危机和冲突中保持优势地位，开展和维持长期作战。该战略称，这种军力态势将保卫本土，使大国竞争对手陷入困境，并将加强与盟友和伙伴的关系，以维护地区稳定。

（一）北极地区具有重大战略价值

北极地区包含了美国北方司令部、印太司令部、欧洲司令部这三个地理作战司令部的部分责任区、8个国家和所有时区，对于所有职能性作战司令部也是至关重要的。北极拥有西北航道和东北航道两条主要的运输路线。同时，北极还存在多种各层次的国际合作伙伴关系和联盟，使关键海上通道的地缘政治变得更为复杂，这可能导致在该地区拥有已宣称利益的国家提出重叠主张。

美军各军种相继发布《北极战略》。2019年6月，美国国防部就曾发布新版《北极战略》，渲染北极地区已进入"战略竞争时代"，提出保护美国在北极地区国家安全和利益的战略方法。2020年7月21日，美国空军发布首份《北极战略》，提出向阿拉斯加基地群部署150架F-22和F-35A隐身战斗机的计划，并意图将北极列为独立战略方向。2021年1月5日，美国海军签发名为《蓝色北极——北极战略蓝图》的战略文件，概述未来20年美国海上力量将如何行动，以应对北极航道适航性提升和北极海域环境复杂化带来的挑战。美国陆军发布的《北极战略——重获北极优势》战略，以及此前美国海军、空军和太空军等军种发布的各项战略，被外界视为美国国防部《北极战略》的细化举措。这一系列举动彰显美国进一步增强在北极地区的军事力量，持续强化北极地区军事存在。可以预期，未来美军即将展开的军事部署，将使各国围绕北极地区的竞争越发激烈。其中，美国陆军将首先在阿拉斯加建立多域作战特遣部队，以阻止对手寻求进入该地区进行竞争，这是实现目标的第一步。在阿拉斯加，美国陆军将能够利用先进的训练设施以及美国空军和海军的重要力量，对多域作战概念进行试验和训练。

（二）阿拉斯加多域特遣部队

新版北极战略指出，美国陆军希望在阿拉斯加建立一支多域特遣部队，包括师总部和一支经过专门训练、配备特殊装备的旅战斗队，以重塑陆军在寒冷天气下的作战优势。陆军决定在阿拉斯加组建多域特遣部队是迈向成功的第一步，在那里，多域特遣部队将能使用世界一流的训练设施，并能得到空军和海军的协同。该战略指出，北极地区的作战特征是距离远，海军和空军的接敌途径至关重要。而多域编队，特别是那些具有远程攻击能力的编队（如多域特遣部队），在北极地区具有为竞争对手创造"反介入/区域拒止"挑战的巨大潜力，这些部队还将帮助军方试验和推进联合全域指挥控制，以支持多域作战。

部署在阿拉斯加的多域特遣部队将在该地区进行战术到战略效果的试验，同时研究北极地区特有的作战概念。该部队将评估在独特且具有挑战性的电磁频谱内行动所需的太空能力。然而，要在北极地区充分发挥多域特遣部队的潜力有一定难度：美军有三个战斗指挥部（北方司令部、印太司令部、欧洲司令部）声称对北极地区负责；极寒地区纬度高、网络整合困难、商业基础设施有限；由于北极地区不适宜居住，存在严峻的后勤挑战。一支多域特遣部队要发挥作用，需要与其他联合部队、盟国及合作伙伴融合在一起。

正确利用北极优势为使战略发挥作用，陆军必须检查部队结构以确保其机动、保障、火力、情报、防护和指挥控制能力。此外，还需要重新审视北极地区的指挥架构和部队关系。该战略指出，北极地区的作战单位分布和配属关系可能需要重构。陆军将在必要时评估和调整北极地区的战术和作战总部与作战单位关系，更好地支持联合部队的行动。陆军还希望所有部队都具备极地作战能力，使经过极地训练的部队能够在北极地区驻扎。陆军将研究建立一套北极预置库存系统，存储地面防空系统、保障装备、安全编队等，为非北极部队的预先部署和训练提供支持。

（三）极寒装备现代化

新版北极战略还指出，陆军将改善北极部队的物资准备情况，使北极部队可在极端寒冷的环境下持续作战。陆军将利用测试实施评估雪地、极端寒冷和亚北极环境中的防护需求，为研发和采购寒冷天气服装系统和基本医疗装备提供支撑。

在北极环境中探索提高机动性的机会和能力，包括提高现有能力（如寒冷天气全地形车辆）的可能性。陆军将继续进行小规模部队支援车现有车队的替换计划，以减轻当前轮式车队在机动方面的挑战。此外，陆军将研究机动运输的进一步变化以提供四季机动性。

由于距离遥远、气候极端、保障基础设施不足，北极地区的发电是一个重大挑战，因此，该战略还提出研发新型发电系统。陆军还需要加强北极地区的天基通信和数据覆盖，通过建造陆基转播站点，以改善有限的基础设施。在此期间，陆军将考虑建造分散的、有坚固保护的通信和转播站点或多光谱通信中继塔，以及提高在北极地区建立和运行机动指挥所的能力。

该战略指出，驻扎在阿拉斯加的空降部队需要途中任务指挥/早期进入任务指挥能力，以有效支持全球范围的空降强行进入行动，装备的改进将增强执行任务指挥职能、保持态势感知和最佳作战指挥的能力。在有人驾驶的航空行动受限的北极地区，也有机会进一步发展无人驾驶技术。网络能力也需增强，确保部队拥有在网络空间内和通过网络空间的行动自由。在信息环境中具备机动作战的能力，可确保决策自由，同时又要在这一点上形成对对手的拒止，这在北极地区是至关重要的。该地区特有的电磁频谱对成功执行上述任务形成了挑战。提高指挥官的信息能力可能需要适应当前"网络空间电磁活动"部队的部署和潜在的态势适应，以确保陆军拥有足够的具备北极作战能力的网络空间和信息作战部队。

总的来说，陆军计划增加在极寒环境下对系统性能的开发测试，并计划在冬季训练中使用士兵接触点的新装备，以确保在部队现代化的过程中，为北极部队配备专用武器装备。

第五节　武器装备发展支撑美军陆上作战方式变革

作战方式的革命性变化，通常发端于科学技术的飞速进步及其带来武器装备的跨越式发展，最终推动战争形态发生质变。武器装备是进行作战的物质基础，是美军设计战争、准备战争和打赢战争的重要因素，也是美军陆上作战方式变革的重要支撑。《2019年美国陆军现代化战略》提出的六大优先事项，即远程精确火力、下一代战车、未来垂直起降飞行器、机动通信指挥网络、一体化防空反导和士兵杀伤力项目群，每一项目群都包含若干子项目，是其作战方式变革的重要支撑。

一、武器装备是陆上作战方式变革的物质基础

武器装备是开发作战概念、形成作战模式、推动陆上作战方式变革的重要支撑因素，是发展新兴作战样式的重要依据，也是生成新兴作战能力的必要条件和物质技术基础。

（一）武器装备

《中国人民解放军军语》将武器装备定义为，"用于作战和保障作战及其他军事行动的武器、武器系统、电子信息系统和技术设备、器材等的统称。主要指武装力量编制内的舰艇、飞机、导弹、雷达、坦克、火炮、车辆和工程机械等。分为战斗装备、电子信息装备和保障装备"。《中国大百科全书》

（军事Ⅱ卷）中将武器装备定义为，"武装力量用于实施和保障战斗行动的武器、武器系统和军事技术器材的统称"。武器装备的性质决定了战争形态的发展和演进，成为战争形态历史阶段的主要标志。从冷兵器战争到热兵器战争、从机械化战争到信息化战争，以及正在蓬勃兴起的智能化战争，武器装备的技术属性发生根本变化，推动了作战方式变革，不断催生新一轮军事革命。

（二）武器装备设计

武器装备设计是指基于科技革命最新成果和发展趋势、安全威胁和装备制造能力，通过作战需求与技术创新发展的紧密对接，对未来武器装备形成什么能力、达成什么效果的创造性设想和体系化规划。武器装备是军事系统的物质基础，是在作战过程中可以直接利用的物质性工具，武器装备的设计能力、人与武器装备结合的能力直接决定未来作战制胜方式和未来战争结局。

二、武器装备设计特点规律

设计武器装备应注意把握其特点和规律，将科学性、前瞻性、创造性、整体性与迭代性辩证统一起来。应以科技革命最新成果和发展趋势为根本动力，以作战需求为牵引，聚焦特定作战环境与场景，创新设计武器装备。

（一）着眼科技革命发展趋势，加强武器装备顶层设计与规划

每一场战争都是孕育下一场战争的母体。从越南战争"灵巧炸弹"的惊艳亮相，直至近期叙利亚战争中叙利亚反政府武装使用无人机群袭击俄罗斯空军基地行动，智能化武器的战场应用日益广泛，作战效果成百倍、上千倍地增加。近年来，随着人工智能技术的爆发式发展及在军事领域的广泛应用，世界各国智能军队建设的步伐明显加快，从单纯打击方式的智能化进化到侦察、传输、指挥与控制、打击以及评估整个作战体系的无人化、智能化，智能化战争时代的大幕正徐徐拉开。为夺取未来战场主动权，世界各国军队都在加紧抢占智能化建设的战略制高点。美国提出了以人工智能为关键支撑技术的"第三次抵消战略"，发布了《国家人工智能研究与发展战略规划》《2009—2034财年无人系统联合路线图》，提出了"分布式作战""蜂群"等一系列新型作战概念，推动了"智能化导弹""无人自主空中加油"等相关项目的部署，加快了人工智能技术向武器装备和无人作战体系的转化进程。俄罗斯国防部长批准了《2025年前发展军事科学综合体构想》，英国制定了《机器人与人工智能》战略规划，日本防卫省发布了《防卫技术战略》，强调发展人工智能技术的重要性。

（二）着眼构建未来作战体系，科学设计武器装备系统

当前，智能化时代疾速而来，智能化作战方式雏形凸显，智能化作战体系构建成为未来作战设计的重要内容和方向，需要人们围绕构建未来作战体系，科学设计未来武器装备系统。智能化作战体系是一个由各种智能武器节点构成的信息网络，通过自身泛在化、小微化的战场传感体系，智能化、超能化的主战装备体系，实时化、分权化的协同任务规划体系，分布式、自主化的作战编队与集群，以人机融合、自主作战形式实施的非对称作战。世界各国军队积极将人工智能技术嵌入太空、空中、地面、海洋、赛博等作战域内的作战体系，催生多域智能化作战新样式。

一是基于神经网络和深度学习技术实现智能化指挥控制。2016 年 3 月，谷歌 AlphaGo 战胜世界围棋冠军李世石标志着类脑智能技术发展取得新突破。6 月，美国辛辛那提大学公布：该校开发的一套人工智能系统"阿尔法"，在空战模拟对抗中，指挥仿真战斗机编队，击败了有预警机支持、空战经验丰富的美国空军退役上校。"阿尔法"在空中格斗中调整战术计划的速度是人类的 250 倍，从传感器收集信息、分析处理到做出正确反应，整个过程不超过1ms。其核心采用遗传模糊技术，在与人类飞行员的无数次对抗中学习人类指挥决策经验，逐渐达到并超越人类水平。"阿尔法"系统可同时躲避数十枚导弹并对多目标进行攻击，还能协调队友并观察学习敌方战术，该技术成为人工智能在指挥控制领域的重大突破，将会引发指挥控制领域的革命。

二是高对抗环境下无人系统集群作战样式雏形凸显。目前，美军正在加紧推进以"小精灵""郊狼"等项目为代表的"蜂群"作战技术研究，验证和评估低成本无人系统集群技术的可行性。2016 年 10 月，美国国防部长办公厅战略能力办公室完成了 3 架"大黄蜂"（F/A－18F）战斗机编队投放103 架"山鹑"小型无人机并形成"蜂群"的演示，空射微型无人机群离实战化又前进一大步。无人"蜂群"系统具有侦察监视和自主攻击能力，具备性价比高和可回收特点，可实现对目标的饱和攻击。然而，有矛必有盾。各国对反无人系统集群相关研究已提上日程。俄罗斯联合仪表制造公司正在研制可有效对抗采用集群方式实施的小型无人系统的武器，其原理是通过电子干扰或者攻击方式使其机载无线电—电子系统失效。未来，无人系统集群作战将在攻防两端持续上演。

三是人在回路、人机协同作战成为当前地面无人系统作战的基本方式。由于地面环境十分复杂，且具有高度动态性，当前弱人工智能技术不能支撑地面无人自主系统实施全自主模式，远程遥控以及主从式跟随模式成为无人平台的主要使用方式。以这种方式控制的"勇士"排爆机器人与士兵协同作战，在阿富汗和伊拉克战场上就发挥了重要作用。为达成与人协同合作进而更高效地完成作战任务的目的，DARPA 于 2016 年启动了班组 × 实验演示验证项目。该项目致力于提高班组的精确打击能力、信息干扰能力、态势感知能力以及对友军的位置感知能力，将极大增强美军班组的作战能力，在侦察监视、目标指示、通信中继、火力打击、后勤运输、扫雷排爆、巡逻测绘等方面发挥有人系统无法比拟的作用。

四是水下无人系统通过组网、集群实现分布式作战。水下无人自主系统新技术应用层出不穷，仿生、深海预置等技术应用于水下无人系统，且潜射无人机等跨域系统拓展了作战能力。美国海军对集群式无人水面舰艇相关技术进行了多次演示验证，并构想用基地型机动无人系统形成新型水下无人集群作战能力。例如，DARPA 投资研发的分布式敏捷反潜系统（Distributed Agile Submarine Hunting，DASH）中潜艇风险控制子系统，由携带主动声呐的多个水下无人自主系统组成，通过信息中继单元实现组网，以集群的方式运转于深海区域形成探测栅栏，实现对敌方潜艇的探测。截至 2016 年 5 月，该系统已完成海试。这种水下分布式网络化作战是以技术领先谋求水下作战优势的新样式。

五是基于实时动态学习及快速响应生成新型电子对抗能力的认知电子战。将自主学习技术和智能处理技术注入电子战，使之具备对抗新型认知通信和认知雷达的能力，是达成美军战术需求和战略调整的目标。2016 年，DARPA 已经开展了"自适应电子战行为学习""自适应雷达对抗""极端射频频谱条件下的通信"等认知电子战项目，研制出认知雷达电子战系统原型机，并取得了阶段性进展。认知电子战系统能够在战场实时自适应对抗所遇到的新的雷达威胁，并作为 F‑35 战机上的最重要技术，能发现难以探测的新型防空系统，并实施更加精准的电子干扰，创造压制敌防空系统的新方法，形成非对称优势。

三、武器装备设计与美陆军"六大优先事项"

武器装备设计是一项军事理论研究、作战体系研究、装备体系研究、装备平台研究、技术支撑研究交融度十分高的研究任务，是对接未来战争形态演进需求的重要一环，也是推动陆上作战方式变革的新质增长点。美国陆军现代化"六大优先事项"，就是美军基于未来作战环境和势均力敌对手，着眼战争形态演进和科技革命最新成果，推动多域作战变革的武器装备设计。

（一）远程精确火力

（1）增程火炮。在该项目下，美国陆军在 M109A7"帕拉丁"155 毫米自行榴弹炮基础上发展 58 倍口径 155 毫米自行榴弹炮系统，填补间射火力能力空缺，确保陆军近战火力在杀伤和防护等方面的优势。该项目 2021 年以来已完成样炮制造并开展多次发射试验，演示了最大射程，计划 2023 年底前列装首个炮兵营，开展为期一年的作战评估。

（2）"精确打击导弹"。该项目研制射程达到 499 千米的新型地地战术弹道导弹，可由 M270A1 火箭炮或"海玛斯"火箭炮发射，取代陆军战术导弹系统。2021 年 5 月，洛克希德·马丁公司成功完成 4 次发射试验，其中第 4 次射程达到 400 千米，验证了导弹的射程、精度、战斗部威力以及与发射平台的兼容性。该导弹在 2023 年底前交付首批 30 枚。

（3）"机动中程导弹武器系统"。该项目将研制能发射海军的"战斧"巡航导弹和"标准" - 6 导弹改型的陆基导弹发射系统，射程可达 1600 千米。2022 年 11 月，美国陆军快速能力与关键技术办公室接收首套"机动中程导弹"系统，开展系统测试与训练。2023 年 6 月，第 1 多域特遣部队成功用该系统试射"战斧"巡航导弹。

（4）"远程高超声速武器系统"。该项目将研制陆基发射的高超声速导弹，射程超过 2775 千米。美国陆军在 2021 年 3 月交付了 2 套"远程高超声速武器系统"的发射箱，供士兵提前训练使用。该系统将在 2023 年底前列装首个具备实战能力的高超声速武器连。

（二）下一代战车

（1）"有人（可选无人）战车"。该项目将研制新型装甲车，用于取代"布雷德利"步兵战车，在动力、重量、车载计算机能力等方面较后者有大幅改进，适用于城区作战，可自主驾驶，具备较强的杀伤能力，能够与无人平台编队作战。2021 年 7 月，美国陆军选定 5 个团队，开展"可选有人战车"的概念设计，为期 15 个月，包括莱茵金属美国公司、BAE 系统公司、通用动力地面系统公司、韩华与奥什科什团队，以及空白点公司。陆军计划 2024 年开始样车研制，2026 年开始样车试验。

（2）"无人战车"。该项目将开发 3 种无人战车，包括：重量小于 10 吨的轻型无人战车；重量在 10~20 吨之间的中型战车；重量在 20~30 吨之间的重型战车。2021 年 5 月，美国陆军接收了 4 辆轻型"无人战车"样车和 4 辆中型"无人战车"样车，开展第 2 轮"士兵作战实验"，进一步明确对各型"无人战车"的能力要求，为旅战斗队开发有人－无人编队战术。陆军计划在 2026 年举行 3 轮"士兵作战实验"，之后将根据第 3 轮实验结果制定采办和列装决策。

（3）"多用途装甲车"。该项目开发取代 M113 装甲人员输送车的系列车族，包括任务指挥车、救护车、医疗后送车、通用车和迫击炮载车五种车型。美国陆军已与 BAE 系统公司签订了生产合同，开始小批量试生产多用途装甲车。

（4）"机动防护火力战车"。该项目开发具有较强火力打击能力的中型履带式装甲车，能够深入到茂密丛林、狭窄街道等复杂地形，具备足够的装甲防护能力，配有 105 毫米火炮，可以打击混凝土掩体、重型坦克等目标。2021 年 10 月，美国陆军开始对通用动力地面系统公司和 BAE 系统公司两家竞标公司的"机动防护火力战车"样车进行有限用户测试。2022 年 6 月，美国陆军宣布"机动防护火力战车"项目已通过里程碑 C 决策，选定通用动力地面系统公司方案，并与其签订价值 11.4 亿美元的合同，开始小批量试生产，采购量 96 辆，计划 2025 财年末列装首支部队。2023 年 6 月，美国陆军将"机动防护火力战车"命名为 M10"布克"。

（三）未来垂直起降飞行器

（1）"未来攻击侦察直升机"。该项目将研制轻型攻击/侦察直升机，填补"基奥瓦勇士"直升机退役后留下的能力空缺，替代部分老式"阿帕奇"直升机。2020 年 3 月，美国陆军选定西科斯基公司的"突袭者"X 直升机和贝尔公司的 360"不屈"直升机为备选方案，计划 2024 财年开展样机首飞，并完成选型。

（2）"未来远程攻击直升机"。该项目将研制取代"黑鹰"直升机的新型直升机，速度、航程、机动性和负载能力有显著提升，将用于执行空袭、两栖攻击、医疗后送、战术补给等任务。2022 年 12 月，美国陆军选定贝尔公司的 V－280 倾转旋翼机为中标方案，计划 2025 年接收样机并实现首飞，2030 年列装。

（3）"未来无人机"。该项目研制多种无人机，包括装备旅级战斗队的"未来战术无人机"，可由直升机发射的"机载无人机"。2022 年 8 月，美国陆军与航空环境公司签订价值 800 万美元的未来战术无人机增量 1 项目合同，采购 1 套"跳跃"20 无人机系统（含 6 架无人机、地面数据终端和地面控制站），开展进一步评估，并将根据评估结果做出决策。

（四）机动通信指挥网络

（1）"统一网络"。该项目将开发一种统合式任务指挥网络，能够在世界范围任何环境下使用，集成陆军现有的网络能力，并集成电子战能力。美国陆军正在以"能力集"的方式，以 2 年为周期逐步推进网络现代化工作。"能力集 21"已列装 4 个步兵旅战斗队，驻德第 2 装甲骑兵团（实际编制为"斯特赖克"旅战斗队）正在对"能力集 21"进行技术评估，所以陆军已决定将"能力集 21"的已成熟技术作为"能力集 23"的组成部分应用于"斯特赖克"旅战斗队。"能力集 23"正在部署，侧重于网络容量、弹性和融合，使士兵能在乘车作战和徒步作战之间进行转换。"能力集 25"正在进行原型设计和试验，侧重于进一步提高自动化和受保护的网络能力。"能力集 27"目标是发展多路径信号的多样性、以数据为中心的网络传播能力和现代化安全架构。

（2）"通用作战环境"。该项目旨在开发标准、计算机技术、一体化数据与数据库、通用图表，以及一套统一的任务指挥应用软件，使士兵能够根据需求配置网络。美国陆军正在开发指挥所、车载、手持、数据中心/云端、传感器、实时安全关键嵌入式共 6 种计算环境；同时也在开发联合指挥控制内容管理、工程障碍与危险品位置标示、平台联合作战指挥战术地面报告、火力指挥网、机动规划与协同等任务指挥应用软件。

（3）"指挥所机动性/生存能力"。该项目开发生存能力、机动能力和适应能力更强的指挥所，要求可以制定和发布通用作战态势图，完成作战规划和协同；可使陆军从传统的固定式指挥所转向更多基于车辆、更容易移动的机动式指挥所。该项目目前处于样机研制阶段。2021 年在斯特赖克旅测试了原型系统，在 45 分钟内完成部署，与传统指挥所 3 小时部署时间相比，快速了 3 倍。

（五）一体化防空反导

（1）"机动近程防空系统"。该项目研制基于"斯特赖克"战车的近程防空系统，提升陆军机动部队的防空能力，该系统具有较高的机动性，初期使用高炮和防空导弹，未来将使用高能激光器。2021 年 4 月，驻德国的第 10 陆军防空反导司令部第 5 营第 4 防空炮兵团接收"机动近程防空"系统。2021 年 8 月，美国陆军完成了"机动近程防空"系统的 50 千瓦级激光武器测试。测试模拟可能的多种作战场景，检验了该系统应对无人机和火箭弹、火炮炮弹和迫击炮弹的能力。2023 年 9 月，美国陆军接收了首批 4 套激光武器型"机动近程防空系统"样机，开展作战试验。2023 年 3 月，美国陆军在 2024 财年预算文件中披露，将为"机动近程防空系统"研制一种新的拦截弹，计划在增量 3 改进中替代"毒刺"防空导弹。

（2）"间瞄火力防御系统"。该项目将开发能够拦截多种威胁的陆基近程防空系统，取代陆基"密集阵"系统，具有较大的载弹量，用于防御重要的固定设施。2021 年 8 月，美国陆军为"间瞄火力防御系统"项目选定戴奈蒂克斯公司和雷声公司联合提出的"持久之盾"方案。该方案采用戴奈蒂克斯公司研制的"多任务发射器"改型以及雷声公司 AIM-9X"响尾蛇"空空导弹地面发射改型。陆军计划 2023 年中开始列装该系统。2021 年 10 月，美国陆军向通用原子电磁系统公司和波音公司联合团队授出 300 千瓦激光武器研制合同。2023 年 1 月，美国陆军发布信息需求公告，计划为"间瞄火力防御系统"开发第二种拦截弹，主要用于拦截巡航导弹和大口径火箭弹。

（3）"低层防空反导传感器"。该项目研制新型有源电扫描阵列雷达，取代"爱国者"-3系统目前使用的AN/MPQ-65A相控阵雷达，满足低层弹道导弹防御对探测能力的要求，提升"爱国者"-3MSE防空导弹的作战效能。2021年3月，雷声公司向美陆军交付首款新型"低层防空反导传感器"雷达的原型机。2022年10月，美陆军授予雷声公司为期3年、价值1.22亿美元合同，用于对"低层防空反导传感器"雷达实施改进，以更好地防御快速发展的导弹威胁，如高超声速导弹。

（4）"一体化防空反导系统"。该项目旨在建立陆军一体化防空反导架构，开发一体化防空反导作战指挥系统和火控信息转发能力，实现通用任务指挥能力以及火控系统连接和分布式作战，开发通用"即插即打"组件，使作战指挥系统能够连接多种传感器和武器系统。该系统已完成初始作战试验与评估，即将进入批量生产阶段。陆军还在"融合计划2022"试验演习中对该系统进行了演示验证，验证了其通过与拦截弹弹载上行链路集成，与飞行中拦截弹进行通信的能力和与美海军、空军、海军陆战队进行融合的能力。2023年6月，美陆军宣布"一体化防空反导系统"完成研制，进入批量生产阶段。

（六）士兵杀伤力

（1）"下一代机枪"和"下一代步枪"。"下一代机枪"项目研制取代M249班用机枪的新型武器，兼具机枪的射程和火力以及卡宾枪的精度；"下一代步枪"项目研制取代M4A1卡宾枪和M16A2步枪的新型武器，提升精度、射程和杀伤力。2022年4月，美陆军选定"下一代机枪"和"下一代步枪"的方案，并与西格·绍尔公司签订为期10年的合同，用于制造和交付武器及新口径系列弹药。

（2）"综合视觉增强系统"。该项目开发平视显示器3.0，能够集成多种传感器组件，提升士兵对近距和远距目标的捕获和打击能力以及战场指控能力。2021年3月，美国陆军授予微软公司一份固定价格的生产协议。在"融合计划2021"演习期间，陆军士兵佩戴"综合视觉增强系统"执行空中突击任务。

（3）"增强型双目夜视眼镜"。该项目开发一种可安装在头盔上的长波红外成像双目夜视眼镜，能够在恶劣天气条件下快速识别人体目标。2020年10月，美陆军选定L3哈里斯公司的双目夜视眼镜方案，该眼镜装有高分辨率显示屏，具备无线区域联网能力，配有快速目标捕获和增强现实算法，能与"奈特勇士"士兵系统连接。

第二章

作战概念——美军陆上作战方式变革与转型的"风向标"

过去的 236 年里，美国陆军一直很自豪地通过打赢战争和确保和平来为国效力。我们的历史记载着多种任务类型的决定性行动，包括正规和非正规战、人道主义救援行动、与盟国合作共建伙伴国能力以及对民政当局的支援行动。作为联合部队的一部分，陆军要确保各项任务的完成、保卫国家安全利益、战胜敌人、实施战役并促成有利的战局。这是美国人民的期望，也是我们的自由期许。

——美国陆军参谋长雷蒙德·奥迪尔诺上将，《进军令——建设能采取决定性行动的美国陆军》

第一节　美国陆军作战概念体系及其演变

美军作战概念区分为联合作战概念、军种作战概念、战区作战概念及非军方作战概念，军方作战概念通常具有体系性。美国陆军作战概念自 20 世纪 80 年代初以来，呈现体系化迭代趋势，对美军陆上作战方式变革具有重要驱动作用。

一、美国陆军概念体系

美军认为，美国陆军训练与条令司令部成立的目的，就是成为陆军能力塑造者和作战设计者。为履行这一职能，陆军训练与条令司令部要设计、制定、综合、协调关于战斗能力的构想，推动创新，并领导陆军的转变。为完成这些任务，必须用理论指导实际行动。从这个意义上说，陆军训练与条令司令部的学习运动，要贯穿陆军能力一体化中心领导下的概念和能力发展过程的始终。

陆军各概念将描述陆军的职能、在作战行动中应承担的任务，以及完成这些任务所需的能力；阐述谙熟战役法和作战理论的指挥官如何运用这些能力，以在作战中达成预期的效果和目标；详细描述未来军事行动需要哪些能力。每个概念都将指出问题所在、可能解决途径的各要素，以及如何发挥这些要素的作用，以取得胜利。

基于能力的评估是分析"联合能力一体化发展系统"进程的第一步，而各概念则为进行此类评估奠定了基础。

二、美国陆军概念体系演进脉络

美国陆军概念体系演进，按照积极防御作战概念（1982年），即在中欧面对数量上占绝对优势的苏联时，首战要打赢一场防御性战斗；按照空地一体战作战概念（1982—2001年），即从消耗战向消耗战和机动战并重转型；按照全频谱作战概念（2001—2018年），即从消耗战和机动战并重向反恐和稳定行动转型；按照多域作战概念（2018年至今），即从消耗战和机动战并重向反恐和稳定行动转型。

第二节　美国陆军顶层作战概念

顶层概念在整个陆军概念体系中居于统领地位，是牵引整个陆军作战体系的总指南。

一、美国陆军顶层作战概念演进

2005年4月，美国陆军发布了《陆军未来部队顶层概念》；2009年12月，美国陆军再次推出了《陆军顶层概念》；2012年12月19日，美国陆军训练与条令司令部司令罗伯特·W.科恩上将签发了525-3-0手册《陆军顶层概念》，并将其嵌入《联合作战顶层构想：2020年的联合部队》。《陆军顶层概念》既是美国陆军推进军事转型与改革的产物，也是其联合作战理论发展的产物，明确了美国陆军的发展重点，为陆军构建概念框架、调整部队任务和进行部队建设提供了思想基础和理论依据，是美国陆军建设的纲领性文件。

《陆军顶层概念》的主要内容，即美国陆军的作战任务从打赢两场战争转换为打赢一场远征战争。陆军未来面临的作战环境既错综复杂又充满不确定性。其中，"错综复杂"是指民众相互沟通能力的提高、科技的进步、多元文化的交流，使得美国未来可能面临的敌手具有成分复杂、角色难辨等特征；"不确定性"是指未来美国陆军需要应对的冲突起因是不明确的，财富竞争、资源争夺、主权争端、政权更迭等问题都有可能引发冲突。美国陆军在未来将主要面临以下威胁：亚太与中东地区国家的威胁、非传统安全威胁、区域大国发展"反介入/区域拒止"能力的威胁、大规模杀伤性武器扩散的威胁和经济危机的威胁。为应对挑战，美国陆军必须具备"预防冲突、塑造作战环境和赢得战争胜利"三大能力。

二、陆军顶层概念的目的

陆军训练与条令司令部《陆军顶层概念》手册的目的，是预测未来的作战环境，描述未来陆军基于该环境必须做什么，以及陆军在近中期内为成功完成使命所需的多种能力。《陆军顶层概念》还描述了未来陆军的特征，以及陆军提出的新计划，即陆军要从一支聚焦打赢两场战争的军队，转型为一支能胜任多样化任务的远征军。《陆军顶层概念》还构建了一些从属概念，描述未来陆军战斗的方式并阐明所需的战斗能力，而这些能力对于国家面对未来可能的全频谱威胁时确保战斗效能是必需的。《陆军顶层概念》完全从属于《联合作战顶层概念》，描述的能力也正是联合作战顶层概念中要求陆军部队的一部分所要具备的。

《陆军顶层概念》提出并回答了以下三个问题：陆军如何看待未来作战环境？在未来作战环境中，作为联合部队的一部分，陆军应如何打赢战争并成功执行"防务战略指南"中列出的那些主要任务？陆军必须拥有什么样的能力才能完成这些任务？

三、对未来作战环境的假设

《陆军顶层概念》做出了如下关于未来作战环境的假设：陆军部队将主要以美国本土为基地；财政限制将促使陆军再平衡其现代化、训练和部队结构等优先任务；陆军将继续作为统一行动的一部分，帮助跨机构职能的发挥；太空和网络空间领域将变得更加拥挤、更有竞争性；陆军部队将从美国大陆或前沿基地出发，部署到那些反介入和网络空间能力遭到破坏的地区进行作战；陆军仍将是一支全志愿兵部队；陆军将依靠其预备役部队来满足未来需求；陆军将投入一定的力量进行安全合作，以支援塑造和预防行动。

《陆军顶层概念》将上述这些假设，作为合理预测未来作战环境的基点。该概念概括了陆军必须应对的一系列威胁和由此产生的战役战术挑战。《陆军顶层概念》继而提出了一个中心思想，并根据该思想为陆军设计了一个战略解决方案。该方案描述了陆军应该怎样做才能预防冲突、塑造环境、打赢战争，并列出了支援作战指挥官所必需的能力。

四、陆军的责任

陆军存在的目的是战斗和打赢国家战争，为美国人民服务，并在遵守美国、国际乃至一些敌对国家的法律法规的情况下，保护持久的国家利益。特别是陆军要为作战指挥官提供实施国家安全、国防和军事战略时所必要的部队和能力。和平和战争时期全球部署的美国陆军，对于确保均势和平衡国家利益的风险是至关重要的。在这种情况下，陆军仍然是美国主要的地面部队，其编制、训练和装备要满足在快速而持续的地面作战行动中击败敌人的需要。它还要攻取、控制和捍卫地面区域，控制领地、人口和自然资源，并为执行长期的海外区域安全作战提供部队，包括初步建立能发挥作用的管理机构，并逐渐将这一管理权限移交给其他机构。

五、未来作战环境

复杂性作为作战环境的一大特征并不是新事物。然而，人们观察复杂性的视角却随着时间的推移而发生变化。迷雾、摩擦、偶然和不确定性都是人类互动的结果。总体来看，这些互动能在任何一个特定环境下制造出复杂性。冲突影响作战环境的速度越来越快，这将给指挥官继续带来挑战。技术创新扩大了对手的活动范围，文化的变迁将使人类社会的互动更加复杂。未来作战环境的一个重大变化就是日益加快的节奏，即在更短的时间内发生更多的事件和活动。随着人类互动的节奏加快，区分未来行为者的种类和动机也变得更加复杂。仅仅知道对手的活动范围是远远不够的，指挥官还必须实时了解对手的意图。此外，公众获取信息技术的手段无所不在，并能通过社会媒介与外界实现即时通信，这增加了作战环境的复杂性，也给指挥官带来了新挑战。总之，这些变化将使环境和对手变得更加难以控制。

未来陆军将继续在一个复杂和不确定的环境下作战。对财富、资源、政治影响力、主权和合法性的争夺，将在一个竞争日趋激烈但联系日趋紧密的世界里产生大量冲突，而导致这些冲突的威胁会随环境变化而迅速改变。在资源紧缩的背景下，陆军必须计划转变战略关注点，同时准备应对这种威胁。此外，由于对手的复杂性、参与行为体的多样性，以及各种威胁变化的快速性，未来将更难以分辨不同威胁之间的区别。对手将运用"反介入"和"区域拒止"战略、创新战术和先进技术来威胁美国安全利益，主要包括多样化的威胁、混合的战略和战术、"反介入"和"区域拒止"、大规模杀伤性武器的扩散、经济问题影响美国、盟国和伙伴国。

未来作战环境的不确定性和复杂性将要求陆军应对广泛的威胁和挑战。

陆军必须为挫败未来的威胁做好准备，包括那些能不断避开美国的优势并攻击他们所认为的弱点的威胁。近期的经济衰退要求陆军重新平衡其投资战略。在这个复杂的、不确定的环境里，美国未来的敌人将利用信息环境和新兴的技术能力，来避开他们所认为的美军的优势所在。因此，陆军必须发展新兴技术，以维持优势、弥补弱点，善于利用机遇，提高反击未来威胁能力的措施，并保持对未来威胁的技术优势。最后，陆军仍将是美国的主要地面部队，其编制、训练和装备必须满足快速而持续作战行动的需要。

六、未来陆军能力发展与机构建设

要建立一支能够实现"预防、塑造与打赢"任务的陆军，就需要作战力量、支援力量以及更广泛意义上的陆军机构都贯彻作战适应性的思想。展望未来，陆军部长已经提出，让陆军机构变得更具创新性和更加高效。陆军机构承担着为陆军部队提供组织编制、人事管理、装备、训练及保障等重任。鉴于此，陆军机构必须以更加创新的方式，加大组建和部署训练有素、随时待命的陆军部队的力度，以满足作战指挥官的需求和国家战略的要求。

（一）条令

在过去的 10 年中，对于 21 世纪的战争，陆军已经获得了更为深刻的理解，也积累了宝贵的经验。有了网络技术，陆军就拥有难得的机会将这些经验整理成条令并留给后来者。要真正彻底革新陆军完善和共享条令的方式，必须首先重组知识体系，并确立对陆军作为决定性地面作战力量至关重要的原则。陆军将继续完善"2015 条令"，改变原有条令的基本框架和风格，以便将重要的知识点以简洁的方式方便而及时地提供给需要方。这个过程简化了条令篇幅与数量，并借助技术手段用新的知识对陆军条令进行补充和更新。有些改变已经被士兵们在战场上加以应用、证明和完善。

（二）组织

为了支援"预防、塑造与打赢"任务的完成，陆军将在部队组织编制的规划方面进行多项重要调整。旅以上的各级指挥部必须向联合部队指挥官提供一个有效、随时可用的指挥手段，使其能够对联合部队和多国部队实施任务式指挥，以遂行作战和安全合作任务。各级指挥部还要履行陆军保障战区安全的职责，包括陆军对其他军种的支援和代理国防部的部分执行功能。他们必须有足够的韧性，能够在规定的任何地点和时间实施可持续的作战，并能通过强大的数字网络获取信息。

现代战争更多的是需要战术的灵活性和作战的持久性。鉴于此，模块化旅战斗队在提高战斗力的同时，还要整合资源，以提高利用效率。机动性的模块化旅也需要加强横向和纵向建设，增强开辟通路、道路清障和沟壑通行能力，以提高防护力，增强在复杂城市地形中的机动性，并确保作战能力的整体提升。此外，他们还需要加强自下而上搜集情报的能力，收集、处理、利用和分发稍纵即逝的关键信息。

旅以上的各级陆军和联军指挥官，需要在各自职责与影响范围及兴趣方向上，通过侦察和监视等手段，来满足其他部队对信息的需求，满足在未来条件下他们对安全的要求。陆军将提高旅以上各级指挥部搜集、分析、整合、分发信息和情报的能力，并在广泛的领域提供安全保障。联合信息将满足战役层面的情报需求，以弥补联合战区的作战部队在情报方面的不足，使其顺利实施各种作战行动。陆军还将提高其获取和利用信息的能力，提高从与敌人和当地居民的密切接触中获取情报的能力。

最后，联合部队通常很难使强大的陆军部队及时抵达作战区域，以加强联合作战行动，实现跨域协同的效果。跨域协同是指不同军事力量在不同领域行动时相互补充，整体增效，而不仅是各部分简单叠加。因此，跨域协同的各部分可弥补其他部分的脆弱性，增强效率，从而为遂行任务提供了行动自由。为确保作战指挥官拥有足够资源实现跨域协同，陆军将建立新的部队，以执行具体任务，应对紧急情况。这种部队还可以在多种任务中用作早期进入部队。这样的部队能让陆军对联合部队指挥官的要求做出更快的回应，使其能够迅速下定决心。

（三）训练

陆军要通过训练做好准备，以在复杂的环境中遂行各种军事行动。为此，领导者和士兵必须能够在进攻、防守、稳定行动和对民政当局的国防支援行动间，快速实现转换，同时还要理解所有这些行动中不变的军事原则。为未来作战行动做准备时，必须考虑未来任务的广泛性和其他特征，包括复杂性、不确定性、各种行动间不断的转换、久拖不决、信息过载及适应能力很强的敌人等。常驻地训练必须从班及其他小的单位抓起，并延伸至各级部队。这种训练要借助于网络，采取实战、虚拟、推演、演习等多种形式。这样可以为士兵提供灵活的、综合性学习的机会，也可以使他们在驻地就能体验到作战训练中心的一些训练。陆军部队在常驻地、作战训练中心和临时部署地训练时，其计划都必须针对真实的威胁，以使参训的部队能够在复杂的环境中真正提高战斗力。

陆军学校的训练必须要支持统一地面作战行动，有利于提高作战适应性。作战部队会直接要求训练中心及学校验证或更新某一条令，提供训练或训练管理指导、教官及其他训练设施设备等。因此，为适应变化的形势，陆军必须改进其学习方式，同时还要认识到陆军部队必须学习正确的知识，而且要学得快。

（四）装备采办

在过去的 10 年中，陆军已经得益于各种快速采办程序，实现了战时物资的快速供应。为了继续保持这一优势，陆军未来将调整其采办方式，扩大快速采办的范围。陆军建立的装备快速保障部队是一个很好的例子。它负责向陆军部队提供特殊装备，以使其更好地达成作战目的。它善于利用商家或政府的现成东西以及快速设计，以期尽可能快地向士兵提供必需的装备。为了提高装备快速保障的能力，陆军提出了"半年方法"，目的是确定最急需的物资和非物资保障需求，并将其纳入整个部队的保障计划。此外，"快速列装倡议"向已经部署或将要部署的军队提供了多种新装备。陆军将把这些流程制度化，以保持最优保障方法，同时还要利用军官和士兵在快速装备保障方面的经验。快速装备保障仍须是采办过程中一个不可分割的组成部分。

陆军必须能够在合适的时间和地点，向其部队提供合适的装备。为此，未来的采办不仅要重视物质保障，还要重视必要的训练与训练支持系统，以及装备保障领导能力的提升，并将这些作为装备保障现代化的一部分。此外，陆军必须调整其装备现代化，统筹考虑需求、计划、采办及工业基础等。陆军还必须注重以"基于概念"的模式促进科学和技术的发展，并鼓励创新，以增强士兵的作战能力，减轻其负重，加强对士兵的保护。最后，陆军必须追求人类科学的进步，以保持其技术和人类科学方面的优势，从而在装备方面保证士兵潜能的发挥。

（五）领导者的培养和教育

陆军最大的竞争优势之一，就在于拥有比对手更快的学习和适应能力。陆军的这一优势已经受到了当前技术变革步伐的挑战。全球性的技术竞争十分激烈，各种信息无处无时不在。在这种环境中学习，陆军不能自满，不能缺乏想象力，也不能抵制变革，否则就会面临失败的危险。超越对手对保持军队信誉和履行国家职责至关重要。陆军必须加强从集体到单兵的学习，在最严格的环境中测试他们的知识、技能和能力。

为了促进适应能力的提高，陆军部队必须赋予基层官兵一定的能力、权力及责任，使其能够独立思考，并采取果断、有道义、有责任心的行动。在任务式指挥原则引导下的分散执行方式增加了士兵的责任，让他们做出有战略、战役和战术意义的决策。以这种方式使用合成兵种部队，要求其对工作的环境有所认识，并对地缘政治、文化、语言、技术、战术等影响作战的因素有所了解。当士兵们被派往海外时，拥有跨文化的基础知识使他们能够快速掌握必要的知识和技能，以便在其他文化环境中取得成功。

领导者培养与教育计划必须给所有陆军人员在职业生涯中不断学习各种课程的机会。这种学习丰富了他们的知识，而退伍老兵最新的作战经验也使他们的学习事半功倍。陆军领导者培养与教育计划，必须考虑培训对象的原有知识和经验，对其能力进行评估，以便因材施教。这些计划还必须根据领导者和士兵随着时间的推移而不断积累的经验，进行调整。

（六）人事

要用更少的士兵完成复杂的任务，陆军必须改进在士兵招募、初始军事训练、专业分类和职业生涯管理等方面的政策。陆军人事政策必须有利于更有效地管理和使用人才，最大限度地发挥个人潜力，并重视对陆军最宝贵资源（人才）投资的价值和必要性。对人文要素适当重视，可以使陆军人员在体能、认知、社会和道德等方面得到全面发展，让他们更有效地完成任务。陆军人事管理政策需要大量修改，以适应这些需求。

此外，陆军必须采取行动利用其最大的战争红利，即经验丰富的领导者和士兵，他们在过去的 10 年战争期间学到了极为宝贵的经验教训。在过去，"战争红利"通常是指在战争中获得的技术革新或在冲突中获得的其他好处。然而，最重要的战争红利存在于人力资本，这也是陆军想要赢得战争必须储备的。随着陆军规模的缩小，变得更精干，就必须利用这种战争红利并进行再投资。这些经验丰富的领导者构成了未来陆军发展的骨干。

（七）设施

陆军还必须制定设施管理战略，为未来部队的设计和力量组合提供最好的设施。此外，陆军需要对现役和预备役部队的训练中心和学校的设施进行再投资，以确保未来部队的训练顺利进行和应对突发情况。设施改善必须支持在规划、训练和作战方面的现役和预备役部队一体化的改革。设施规划者还必须考虑随着陆军兵员的减少，会出现一轮或多轮的基地调整和关闭。

（八）"生成部队"的远征能力建设

"生成部队"包括各种各样的陆军组织，其主要任务是生成和维持陆军部队的作战能力，以支援作战指挥官。"生成部队"的组织具有独特而重要的能力，需要往返于后方和前方之间，把一些物资投送到战区，以支援作战部队完成任务。"生成部队"的组织也应同时具备与野战部队一样的远征作战能力，两者之间的区别现已变得模糊，这样就能生成更有效的"总体陆军"，以确保"预防、塑造和打赢"任务的完成。

规模缩小的陆军将更依赖"生成部队"完成许多任务，特别是在常规任务或者长期的行动中。未来的需求将改变陆军利用"生成部队"的方式，而

"生成部队"的能力与素质也需要大幅提升。未来的许多行动，尤其是那些用以塑造环境的行动，需要独特的、只有"生成部队"才具有的技能和能力来完成。重要的是，陆军应当保持这些能力，以便用充足的供应来支持军事行动的需求。"生成部队"将会适应以小规模的特遣小组的形式行动，这样就能提升其快速而有效反应的能力。

（九）投资政策和战略

随着规模的减小，陆军必须制定和维持选定的投资，并制定合适的政策和战略，以减轻规模缩减带来的风险。陆军部队的态势必须考虑对这种情况做出快速反应，即"防务战略指南"中意外的需求和变化，可能需要陆军停止缩编甚至是扩编。陆军还必须考虑通过力量再生来应对这些变化。对现有陆军的重组和动员，加上重建和能力发展，就能扩充兵力，实现这种力量的再生。力量的再生需要把智力资本、概念和方法结合起来，以尽快增强陆军部队的能力与素质。

在一个全面的、概念驱动的投资战略的形成过程中，士兵是要考虑的中心因素。这种投资战略要明确重点项目，准确预测预算和武器装备"全寿命管理"的成本。这种投资策略必须使陆军考虑方方面面，从陆军训练与条令司令部到陆军部队司令部，从陆军器材司令部到陆军设施管理司令部，以更有效地协调陆军预算中众多的项目。在制定投资决策时，陆军要确保网络赋能的士兵仍然是小而强陆军的核心。针对陆军各种概念所提出的问题和所需的能力，陆军将采用一种"基于组合"的能力形成方法，并使这种方法同其他能力组合相协调。这种方法能够确保陆军的投资战略使士兵和部队做好准备，以在复杂多变的环境中执行任务。

面对未来有限的资源和不断变化的发展重点，陆军将继续改革其采办程序。作为这项改革的一部分，陆军部长正在采取措施，依据陆军的财力和需求，重新上马、调整或终止一些项目。为支持这些改革方案，陆军采用了为期两年的"从概念到能力"装备发展流程，并正在努力向供应方明确未来的需求。这些变化使整个陆军能更好地贯彻"防务战略指南"，以适应作战环境，并吸取经验教训。这个两年期的流程将会使陆军部队现代化战略更加有效，使陆军在分析当前和未来作战环境的基础上，对适合这种环境的装备进行投资。

为了应对作战指挥官所面临的挑战，陆军领导人将调整陆军部队结构，减少现代化的投入，以确保战备能力。陆军将提供一个强大的网络，平衡战备能力建设和现代化建设，确保战备能力不削弱，同时还要部署一种地面战车。现代化建设考虑的重点仍是士兵、班组、网络、机动能力和生存能力。

《陆军顶层概念》描述了预想的未来作战环境，未来陆军在这一环境中遂行的行动，以及陆军成功完成其承担的任务所需要的各种能力。未来的作战环境（包括经济方面的挑战）将影响美国及其盟友和伙伴；在保持中东地区的存在，继续反大规模杀伤性武器扩散的同时，美国的战略重点正向亚太地区转移。环境是不确定、复杂的。美国面临的威胁包括犯罪组织、恐怖分子、国家和非国家敌对分子、叛乱分子、跨国犯罪组织、代理人、拥有先进技术的个人和准军事部队。以上威胁在数量和功能上都在增加，并会形成常规、非常规或混合威胁，从而挑战美国的常规军事力量。敌人会实施"反介入/区域拒止"行动，运用先进的战术和技术，挑战美军的能力。

针对这样的未来作战环境，《陆军顶层概念》还描述了陆军应该如何作为联合部队的一部分保护美国的国家利益，以及如何作为美国武装力量的一部分履行其基本使命。陆军必须保持可靠而强大的战斗能力以决定性地赢得胜利，还要保持强大的后备力量和恢复能力，以便在国内外的各种军事行动中支援作战指挥官。这就要求陆军更加重视作战适应性。这种适应性作为陆军的基本特点，是陆军领导人、士兵和文职人员所拥有的一种素质。它以批判性思维为基础，反映了陆军人员对于模糊性与分散行动模式的适应。作战适应性还表明，陆军人员愿意审慎地冒一定的风险，能够不断评估环境并据此快速做出调整。作战适应性需要有韧性的士兵和有凝聚力的团队，他们能够克服战时心理和精神上的挑战，精通基本技术，掌握作战艺术，并对冲突和战争中的人性因素有深入的了解。此外，作战适应性还需要灵活的组织及适应性强的机构，以支持完成各种任务，能够迅速调整关注点，以预防冲突，塑造作战环境，并赢得国家战争。最后，陆军的体制调整必须吸取以往的经验教训，并着眼于未来作战环境。这将需要一个以作战适应性及组织的灵活性为基础的全面的投资战略，支撑这个投资战略的关键因素就是"战争红利"，即在战争中积累了丰富经验的领导者和士兵。这还需要陆军在确立优先发展项目时，既要有战略眼光，还要考虑节约经费，并努力使部队的战备水平与维持陆军的适当规模及现代化建设之间保持平衡。

陆军由领导者、士兵和文职人员组成，他们接受各种训练和教育，以保持作战适应性。陆军要继续支持作战指挥官的各种常规行动，并为完成"防务战略指南"中列出的多种任务，提供多能的、可持续作战的地面部队。《陆军顶层概念》通篇都在阐述陆军为预防冲突、塑造作战环境和打赢战争所必须具备的能力。美国陆军是一支经受战火洗礼、适应性强、灵活度高的部队，可以迎接多种挑战。不管未来的挑战如何，陆军仍将继续以一种专业而令人尊重的方式履行其职责。

第三节   美国陆军作战概念牵引陆上作战方式变革

美军通过作战概念牵引作战方式变革与转型的先例缘起于陆军的"空地一体战"作战概念，而后不断发展，当前，在多域作战概念牵引下，美国陆军掀起了新一轮作战方式变革。

一、"空地一体战"概念与陆上作战方式变革

（一）"空地一体战"概念创新作战思想

"空地一体战"概念是1981年3月由斯塔瑞提出的，目的是应对中欧地区苏联军队对美国和北约部队可能的多梯次攻击。斯塔瑞认为，在对抗苏联第一梯队的同时，也要打击第二梯队，防止其扩大战果。要实现这一目标，陆军必须得到空军的配合。在这一思想的驱动下，催生了空中遮断和近距空中支援，使得全纵深整体作战成为可能。

（二）"空地一体战"概念驱动训练与条令司令部组建

为更好地开发"空地一体战"概念，美国陆军参谋部决定成立训练与条令司令部。该司令部主要负责汇集美国陆军资源，来开发"空地一体战"概念。当前，该司令部主要负责美国陆军的新人征募、入伍教育、基础训练、培训机构管理、各兵种的在职培训，以及美国陆军各类条令条例的拟制与修订完善、军事问题研究等，成为当前美国陆军四大司令部之一。

（三）"空地一体战"概念推动"战场发展计划"

1978年11月首次公布的战场发展计划（Battlefield Development Plan, BDP）旨在作为未来的路线图，提出了现代化需要军队注意的优先事项和问题。BDP是基于对选定的陆军近期部队准备状态和中期部队现代化方案的评估，列出了改进计划所必需的要求，还包括美国和苏联的战备状态、部队现代化、人员、武器系统、部队混合、技术、培训和生产能力的评估。其介绍了20世纪80年代技术对军队的影响，以及培训、人员购置和螺旋上升的费用问题。

第11装甲骑兵团和威胁系统管理办公室在2019年5月8日的Razish小镇战斗期间，在加利福尼亚州欧文堡的国家训练中心，推动了一群40架无人机通过该镇。无人机的使用只是美国部队在现代作战环境中可能面临的许多技术先进威胁的一个例子。在20世纪80年代初，TRADOC制定、测试和完善了"未来路线图"，斯塔瑞（Starry）称为战场发展计划（BDP）。起初，BDP是陆军用以推动军队现代化应对苏联威胁，每年汇编的G-2（情报）产品。

随着美国和苏联之间冷战的结束，BDP 的效用也随之结束，导致了它的中断。如今，AFC 的前途和概念中心重启了 BDP，以审查当前的军事行动理念，多领域的军事行动和措施是否能够有效应对预期的近乎对等的对手构成的威胁。BDP 研究了美国陆军作为联合部队的一部分，如何使用 MDO 威慑，或者当威慑失败时，击败一个近乎对等的威胁或其他对手。它是对在特定情况下应对美国对手时的预计陆军能力、系统和部队结构的检查和分析，它作为一个运行的估计，用于向具有 MDO 能力的部队提供方案和投资决策。BDP 运用 MDO 概念中概述的原则，体现了现代化战略的知识和分析严谨性。通过利用这一基础，现代化战略阐明了实现未来军队愿景的目的、途径和手段。它为军队制定了愿景，确立了指导前进道路的核心原则，确定了优先事项，并阐明了关键的重要阶段和目标，为未来确定了方向。现代化战略要想有效，就必须得到文职和联合领导的支持，并优先安排和协调有限的资源，以保证愿景的连续性，并指导跨多个资源部门的行动。现代化不仅需要新的材料，还涉及理论、组织、培训、材料、指挥发展和教育、人员、设施和政策（DOTMLPF-P）来落实概念的实现。与以前主要集中在物质上的现代化战略不同，"2019 年军队现代化战略"（AMS）是整体的。随着时间推移，为了保持愿景的连续性，它通过指导、协调和集成 DOTMLPF-P 变化必需的各要素，不断保持驱使美军认清自己是谁、如何战斗，以及同谁战斗。

（四）"空地一体战"概念推动战场协调分遣队组建

为更好地实现空地一体联合，美国陆军组建了战场协调分遣队，将其嵌入空中作战中心，负责提报近距空中支援作战需求，协调相关事宜。

二、"多域作战"概念与陆上作战方式变革

（一）"多域作战"概念创新作战思想

针对当前中俄等势均力敌的对手的挑战，"多域作战"概念提出的解决方案包括三个方面核心思想，涵盖了部队的编成体制、能力建设、力量融合等多个方面。

1. 在编成体制上：优化配置力量，便于发挥多域效力

美军用于多域作战的主要力量，包括三类前沿存在部队（美国和伙伴国、常规和特种作战部队）、远征部队（陆军和联合部队等）以及国家层面的力量三类。优化部署和及时调整上述三方面力量，才能形成最有利发挥多域作战效力的力量态势。

2. 在能力建设上：实现多域编组，增强多域作战效能

多域编组是多域作战的组织结构保证，目前美军还没有明确多域编组的

范例,只是基于能力对其进行了定位。在《美国陆军多域作战2028》中指出,形成多域编组的部队必须具备独立机动和调配跨域火力两大能力,同时还指出,要想长效保持跨域编组的活力,必须充分发挥人的作用。

3. 在力量融合上:贯通各级链路,提升融合运用效率

跨域融合是所有域、电磁频谱和信息环境中能力的快速和持续集成。跨域融合使得联合部队在攻击敌人时选择更多、效率更高,且主要从三方面提升效率。

(二)"多域作战"概念催生"六大优先事项"

美军于2017年9月12日在陆军2017-24号指令中公布成立8个跨职能团队(CFT),以专注于陆军的6个现代化优先事项。跨职能团队是指由不同领域的专家组成的特殊团队,目的是推动某领域装备发展,优化采购流程,提高装备发展效率。跨职能团队通常由收购、承包、科学和技术、测试和评估、开发、保障、培训和集成方面的专家和领导人员组成,他们直接向陆军副部长和副参谋长报告。用陆军参谋长马克·米利的话说,这些职能团队会集了整个陆军的精英,以修复僵化的采购系统,将采购层级从12级官僚机构减少到4级。

8个职能团队中的6个对应陆军现代化的六大优先事项,即远程精确火力、下一代战车、未来垂直起降飞行器、机动通信指挥网络、一体化防空反导和士兵杀伤力,而另外两个团队(定位、导航、授时与综合训练环境)专门从事高技术领域以综合支持6个事项。这些跨职能团队将由美国陆军总协调,由陆军未来司令部帮助推动现代化需求发展从以前的60个月降到12个月。这些跨职能团队成立之初只是特设协调机构,每个团队均有1名兼职(或全职)主管和1名三星或四星级将军指导主管。但随着陆军未来司令部的成立,这些职能团队逐步从特设机构向全职机构转变,成为未来司令部的核心机构,8个跨职能团队的主管中4个已由兼职转变为全职,而其他4个正朝着同样的过渡方向努力。

1. 远程精确火力

远程精确火力(Long-Range Precision Firepower,LRPF)能为陆军提供远程和深度打击能力,这是美国陆军的头号现代化优先事项,对于赢得与同行对手的斗争至关重要。陆军必须使其炮兵现代化,以应对使用复杂的进攻性火力和防空系统的近邻威胁。跨职能团队的努力将提升地地火力打击能力,从而显著提高当前和未来火力系统的射程和杀伤力。这些努力将为联合和战区指挥官提供额外的战略选择。陆军必须提供给指挥官地对地火力是具备精准度、灵敏性、高效和适应性特点的。陆军远程精确火力必须能够通过同步

多个领域的效果，在作战环境中穿透敌方部队的防御能力。

陆军 2017 - 24 号指令建立了未来的远程精确火力跨职能试点团队，于 2017 年 11 月在俄克拉荷马州的锡尔堡达到初步运营能力，跨职能团队与学术界的运营力量，行业和合作伙伴建立了联系。

该团队主要发展以下能力。深度火力，将为陆军和联合部队指挥官提供从地面到地面的能力，可以穿透对手的防御能力，从而在战略范围内吸引关键目标。远距离，研发具有远程打击能力的火炮，如射程达 1800km 的超级大炮。扩展炮兵范围，将改进最新版本的帕拉丁自行榴弹炮，为旅战斗队和师级战斗提供间瞄火力支援。在移动升级的基础上，扩展范围以增加自行榴弹炮的杀伤力。扩展加农炮射程，增加射速、增加杀伤力，提高可靠性和更高的生存能力，提供"10 倍"能力。该团队主管是翰·拉弗蒂上校（全职），高级主管是美国太平洋陆军司令（USARPAC）罗伯特·布朗上将。

2. 下一代战车

下一代战车（Next Generation Chariot Vehicle，NGCV）允许陆军在近距离作战中实现战斗车辆的超强威胁。作为未来作战环境中联合武器的一部分，它将为有人和无人团队提供决定性的杀伤力。陆军必须拥有下一代战斗车辆，以减轻重量提供更高的生存能力，机动性和杀伤力，通过机动、火力和冲击效应来近距离摧毁威胁。2017 年 11 月，陆军在佐治亚州本宁堡建立了下一代战车跨职能团队。

该团队将使用快速、迭代的流程进行能力开发，从而降低成本，淘汰过时技术，减少风险并提高交付速度。在确定需求之前，跨职能团队将与非传统供应商和学者沟通，并展开早期原型设计和试验。陆军领导层于 2018 年 2 月批准了跨职能团队的战略能力路线图，主要方向包括：机动机器人和自治系统，通过将有人和无人团队结合起来进行跨域机动，实现并提高未来机动编队的有效性；定向能量和能量学，在致命、非致命和保护应用中利用定向能量，提高生存能力和杀伤力；电源和管理，通过替代能源创建满足所有平台能源需求的能力意味着增加运营范围并降低维护需求；高级装甲装备解决方案，打破目前的范式，要求更强大的保护，而不只来自被动装甲；车辆保护装置，寻求优化被动装甲和主动保护系统的车辆保护应用，以增加整体保护，同时减少车辆重量，从而提高机动性、保护性和可持续性。该团队的主管是布里格大卫·莱斯佩兰斯将军（装甲学校校长），高级主管是陆军部队司令部指挥官罗伯特·艾布拉姆斯将军。

3. 未来垂直起降飞行器

未来垂直起降飞行器（Future Vertical Lifting，FVL）是陆军领导的多军种计划，旨在通过开发下一代功能来提升垂直起降飞行器。未来垂直升力提高了覆盖范围、保护力、杀伤力、敏捷性和任务灵活性，可在高度竞争和复杂的空域中成功控制已知和新出现的威胁。在未来垂直起降飞行器之前，陆军对其旋翼机进行了超过35年的逐步改进，但没有进行革命性的变化。

未来的垂直升力的杀伤力、自主性、范围、敏捷性和保护属性，与未来的无人系统相结合，扩展了陆军航空兵的互操作性，以实现目标，并在多域战中占据主导地位。未来垂直起降飞行器使联合部队能够抓住、保留和利用这一倡议，使地面部队指挥官具有对抗近邻对手的不对称优势。

通过发展下一代成熟功能，陆军正在引领未来垂直起降飞行器发展。最初，陆军和其他军种部门共同努力，以完善下一代侦察、公用事业、医疗后送和攻击机的要求，结果是由陆军领导的联合多角色技术示范（Joint Multi-Role Technology Demonstration，JMR-TD）项目。通过这个计划，陆军正在进行先进旋翼飞机设计的地面和飞行演示，以实现革命性的能力提升。JMR-TD还在开发模块化开放系统方法，以提供通用数字网络功能和可在多个平台上移植的开放式架构，从而缩短关键新功能的集成时间。陆军将继续开发和展示所有未来的垂直起降技术。通过下一代设计，未来的垂直起降飞行器将整合态势感知、自主监督、先进的有人/无人合作以及可扩展和可定制的致命/非致命火力和影响。未来起降飞行器将保持对可靠性和可维护性的早期和持续关注，以创建免维护运营期并减少前期物流负担，同时建立可承受的维持生命周期。该团队主管是布里格·沃尔特少将（全职），高级主管是陆军副参谋长詹姆斯·麦康维尔将军。

4. 网络指挥、控制、通信和情报

网络指挥、控制、通信和情报（Communication，Command，Control and Intelligence，C³I）旨在使陆军能够"立即战斗"，同时积极寻求下一代解决方案，以保持领先于潜在对手。这一战略是陆军战术网络现代化方法的根本性改变，旨在通过快速插入新技术和集中科学技术努力，与近期的威胁保持同步，发展未来网络。陆军致力于提供一个战术网络，保证陆军可以为战争做准备，并与任何对手作战。网络跨职能团队专注于集成、速度和精确度，以确保陆军的能力发展过程具有足够的适应性和灵活性，以跟上技术变革的速度。

这种新的网络现代化战略，即暂停、修正和枢纽，旨在：暂停不符合操作要求的程序；修复现在满足最关键操作要求所必需的程序；转向更灵活的"适应和购买"收购战略。陆军2017-24号指令建立了网络跨职能团队试点。该团队于2017年11月成立并实现了初始运营能力。跨职能团队由收购、科学和技术、测试和评估、开发、培训和集成方面的核心团队组成，并与多个组织合作，包括行业和学术界，以协调和支持。跨职能团队通过集中整合将部队、开发人员和测试人员带入采购流程的中心，使陆军能够为陆军提供领导者认可的技术能力，为军队提供最佳的投资回报。

跨职能团队将支持新战略的四个方面：①统一网络：确保可用、可靠和灵活的网络，确保在任何运营竞争的环境中实现无缝连接。②联合互操作性/联盟可访问：确保陆军部队能够与联合和联盟伙伴进行更有效的互动（技术和运营）。③指挥所的机动性/生存能力指挥岗位流动性/生存能力：确保指挥所的可部署性、可靠性、移动性和生存能力。④通用操作环境：确保简单直观的单任务命令套件，由军人轻松操作和维护。跨职能团队将利用经过验证的联合和特殊运营解决方案，并已开始积极主动地接触商业（传统和非传统）行业，寻求潜在的解决方案，然后进行实验和演示，重点是可扩展性该旅及以下的综合战术网络。该团队主管为彼得·加拉格尔少将（全职），高级主管为陆军首席信息官兼信息部副参谋长布鲁斯·克劳福德中将（CIO/G-6）。

5. 定位、导航和授时

定位、导航和授时（Positioning，Navigation and Timing，PNT）是几乎所有作战功能的关键推动因素。它影响作战人员射击、机动、交流，提供指挥和控制以及保持态势感知的能力。准确可靠的定位、导航和授时是保持战场上主导地位的核心组成部分。美国陆军必须通过最大限度地提高其机动自由度来保持战斗力，同时在战场上建立拒止近邻威胁的区域。保证定位、导航和授时跨职能团队将提供这些关键能力的交付，以保持当前的战备状态，同时支持在所有未来战争领域的统治地位。

陆军2017-24号指令建立了定位、导航和授时跨职能团队试点：①该团队于2017年11月在马里兰州阿伯丁试验场成立并实现了初步运营能力。②跨职能团队由收购、科学和技术，测试和评估，开发，培训和集成方面的核心专家组成，并与多个组织合作，包括行业和学术界，以进行协调和支持。③跨职能团队将战士、开发人员和测试人员带入采购流程的中心，能够快速、频繁地提供定位、导航和授时功能，在快速变化的作战环境中具有操作适应性和可扩展性。④陆军领导层于2018年1月批准了跨职能团队的战略能力路线图。

定位、导航和授时跨职能团队保留了三个重点领域：①建立一个基础架构，提供有保证的定位、导航和授时路径，通过增量和可扩展功能增强弹性。②在计划执行办公室、陆军快速能力办公室、科学和技术计划、政策程序以及培训和领导者教育中同步陆军定位、导航和授时工作。③进行实验并提供符合陆军现代化优先事项的要求文件。

跨职能团队将开展三项工作，重点关注陆军现代化优先事项，包括远程精确射击、空中导弹防御和网络。①用户设备：支持平台和士兵定位、导航和授时功能的开发和部署。②企业推动者：在战场上提供基础设施和替代导航解决方案，以确保作战人员的弹性。③态势感知：增加无线电频谱的知识，以加强及时的决策。该团队主管是威利·尼尔森将军（太空与导弹防御司令部 SMDC 技术中心项目与技术主任），高级主管也是陆军布鲁斯·克劳福德中将。

6. 空中和导弹防御

空中和导弹防御（Air and Missile Defense，AMD）是陆军最重要的现代化优先事项之一，也是赢得与"对等力量"对手作战的关键。空中和导弹防御系统包括抵御美国、部署部队以及盟国和伙伴国的导弹威胁的能力。陆军航空和导弹防御工作和举措必须继续平衡现代化与竞争性运营需求，以保持对潜在的对手的过度匹配。陆军航空和导弹防御部队在全球部署并在区域内作为联合部队和国家的关键战略推动者。

陆军 2017 - 24 号指令建立了空中和导弹防御跨职能团队试点。空中和导弹防御跨职能团队属于美国陆军防空炮兵学校指挥官的职权范围。团队成员由陆军参谋部、陆军司令部和陆军采购企业组成。

陆军通过其空中和导弹防御现代化战略实现其目标，以快速整合和同步需求开发过程，采集过程和资源，以更快地向作战人员提供空中和导弹防御能力。陆军正在与工业界建立战略伙伴关系，以培养创新技术，加速向作战人员提供革命性能力。

空中和导弹防御主要包括：①通过提供弹道导弹和短程防空能力，空中和导弹防御将有助于未来多域战斗任务组的成功。②空中和导弹防御跨职能团队将与导弹和太空计划执行办公室一起协调和同步快速采购，并将最初的能力部署到作战人员手中。将有可能在未来增加重要能力的有前景的技术，如高能激光器，将进行实验和评估。③机动近程防空（Mobile Short - Range Air Defense，M - SHORAD）：跨职能团队制定了一项定向要求，可显著加速关键能力的提供。④美国力量韩国联合紧急行动需求：以更低的成本和进度加速能力。⑤科学技术（Science and Technology，S&T）：进行全面审查，以加快战士的高科技能力。该团队的主管是陆军防空炮兵学校校长兰德尔·A. 麦金泰尔将军（全职），高级主管是太空与导弹防御指挥部和陆军部队战略指挥部指挥官詹姆斯·迪金森中将。

7. 士兵杀伤力

士兵和小队是决定性力量的基础。他们必须组织、装备和训练，具有卓越的杀伤力、态势感知、移动性和防护力，提供在复杂的作战环境中击败对手所需的超匹配能力。明天的战场将更加致命，陆军必须改变这一点。为了确保高度匹配，陆军必须对部队进行现代化和结构化，以建立对抗近邻威胁的陆地能力。这将通过为他们提供下一代功能来提高杀伤力、移动性和生存能力，同时应对新出现的威胁。士兵杀伤力（Soldier Lethality，SL）涵盖射击、机动和交流、保护、维持和训练所有基本要素。士兵必须具备提高杀伤力、机动性和生存能力，同时应对新出现的威胁。这些新的武器和能力必须利用科学和技术的最新发展。通过增加杀伤力、机动性、保护和态势感知来提高士兵和小队战斗力，获胜和生存的能力，缩小能力差距，以便快速获得增强的能力。

为了进一步提高士兵杀伤力，陆军正专注于为士兵提供解决方案：①下一代小队武器。这项技术将利用科学和技术的最新发展，提高能力并应对新出现的威胁。下一代武器将取代 M－249 小队自动武器和 M－4 卡宾枪。②增强型夜视镜。新型护目镜提供更好的深度感知，融合图像以改善检测和态势感知，全天候、有限的能见度和任何照明条件观察能力，快速目标获取和增强现实。双目变体允许在有限或无可见度的情况下导航，改善当前和未来环境中的个体和单元组合态势感知。③自适应士兵架构。该架构将标准化士兵和小队的数据和电源接口以及连接点。④综合训练环境。这将是一个单一的、互联的训练系统，使得从班到陆军部队司令部的部队能够在各种复杂的训练发生的作战环境中进行真实的多域战。团队主管是陆军步兵学校校长克里斯托弗·多纳休将军，高级主管是训练与条令司令部斯蒂芬·汤森将军。

8. 综合训练环境

综合训练环境（Synthetic Training Environment，STE）是一种新兴功能，可将当前的实时、虚拟、建构和游戏训练融合到一个模拟训练环境中。综合训练环境将跟上并适应技术的快速发展。陆军的目标是更快地为装备提供最先进的训练能力和装备。这是推进陆军 6 个现代化重点的 8 个跨职能团队之一。陆军已逐步改进"炉灶"式的实时、虚拟、建构和游戏训练（LVCG）系统。如果没有能力在收购过程中实现"飞跃"，陆军将继续努力应对耗时、昂贵的需求开发过程，这种过程无法跟上行业的步伐。

陆军 2017－24 号指令建立了综合训练环境跨职能团队，这将继续发展较快的过程中鉴定进行合成训练环境和未来的培训能力，更准确的训练需求。综合培训环境将提供：①全球/一个世界地形，提供全球任何地方的可访问显示，它代表了作战环境和多领域战场的复杂性。②虚拟训练，支持从士兵/小队到营级别的集体联合武器机动训练，用于所有陆军部队，并包括车下/平台能力。③训练模拟软件，提供单一训练环境，开放式架构和直观、通用的应用程序界面。

跨职能团队具有以下特点。

一是高层领衔。这些跨职能团均有 1 名兼职（或全职）主管，大部分为兵种院校的校长或专门负责某一领域的领导，大部分为少将、准将级别，是具有专业精深、思维创新、前瞻性强特点的领导级别。同时每个团队均有 1 名三星或四星级将军当指导主管，大部分为职能司令部司令、战区陆军司令或陆军副参谋长等，能够调动该级别的资源，全力推动建设。

二是跨域组合。每个跨职能团队会集了各领域的精英，包括收购、承包、科学和技术、测试和评估、开发、保障、培训和集成方面的专家和领导人员。陆军未来司令部成立后，这些职能团队逐步从特设机构向全职机构转变，成为未来司令部的核心机构。由于团队具有各方面和各领域的专家，使得项目推进能够排除各种困难，考虑各方面的影响，具有体系性建设的特点。

三是效率至上。跨职能团队可直接向陆军副部长和副参谋长报告，通过团队能够将采购层级"从 12 级官僚机构减少到 4 级"，这些跨职能团队将由美国陆军总协调，由陆军未来司令部帮助推动现代化需求发展从以前的 60 个月降到 12 个月，使得建设项目能够快速推动。

2019 年年初美军完成了 45 年来最大的机构重组，将作战需求、作战概念、技术发展、原型设计于一体，以便进一步指导采购，实现了从需求向装备发展的闭合环路，对资源进行了最大效益的整合，改变了陆军装备发展乱局。跨职能团队的发展，是为提高装备转型效率、快速发展装备的重要举措，必将推进美军快速实现装备更新升级，促进向大国竞争转型。

任何转型和建设，不能空喊口号，没有实际举措，非常时期美军采取的是非常手段，不能用不必要的制度把创新锁死，没有必要的流程把事业限制住，用低效的空耗把人才逼走，创新事业需要创新的制度，美国跨职能团队的措施值得借鉴。

（三）"多域作战"概念驱动未来司令部组建

2018 年 5 月，陆军成立了陆军未来作战指挥部，一个单一的组织，负责描述未来的作战环境、开发概念和未来的部队设计，并与陆军助理秘书合作负责保障领域的采购、物流和技术工作，提供现代化解决方案。美国陆军未来司令部（AFC）是军队现代化企业（Army Modernization Enterprise，AME）的主要领导者。它正在使需求发展进程现代化，以适应 21 世纪战争的新现实。除了调整在一个指挥部下具有关键现代化作用的组织，AFC 还在试验新的组织结构，如跨职能团队，旨在支持更快地向军队的最高优先事项交付物资解决方案,并建立了其他组织,以达到更广泛的非传统解决方案来源。它通过陆军现代化战略,同时指导和协同整个 AME 的近期现代化活动。为了实施和管理这一战略,AFC 还发布了年度现代化指南或"AMG",这是一项年度任务类型的命令,协调 AME 根据优先事项维持或重新分配力量,作为保持陆军现代化努力朝着未来多域作战(MDO)部队方向发展的一种方式。在短短两年时间里,陆军高级领导层和 AFC 与企业的许多部门合作,对 FOE 进行了评估,公布了陆军的运作概念,向该机构提供了"陆军现代化战略",为权衡未来现代化部队的风险决策提供了必要的分析基础,并以跨职能小组的方式以速度显示了重要的发展。事实上,陆军高级领导人和 AFC 系统地交接了陆军现代化框架的每个组成部分,并为成为一支 MDO 部队做出了一致的努力。

(四)"多域作战"概念重启"战场建设计划"

2019 年 AMS 的重点是发展理论,以实施与能力成熟度相称的 MDO 概念,并依赖于一个深思熟虑的学习和实验计划。它要求对部队设计进行审查和更新,以便使新的陆军组织——在短期内,多领域工作队和安全部队援助旅,满足多领域任务的要求。此外,它要求陆军继续测试、试验和发展目前不存在的新的编队和梯队。AMS 要求在培训方面进行全面的模式转变。对于 MDO 来说,培训必须是严格和现实的每一个梯队,并反映高度竞争的多领域环境。在 20 世纪 80 年代,陆空一体战要求扩大训练区域,以便能够在"近距离"战斗的同时进行"深度"战斗。这促成美军现在建立了战斗训练中心。新的能力,如网络范围和综合培训环境,无论是现场的、虚拟的、建设性的,或模拟的,都将反映 MDO 的全球性质,并使专门的和集体的培训从驻外梯队到国内驻军都可以进行。

第四节　部分国家对"多域作战"的反应

"多域作战"概念由美军提出后,英国、法国以及其他北约成员国均以不同形式开发"多域作战"概念,已经成为引发外军新一轮作战方式变革转型的重要概念。

一、部分北约国家

基于借鉴和融入视角,英国等北约国家积极参与美军"多域作战"概念的开发与试验,并结合实际修订作战概念。英国国防部提出了"多域融合"概念,与美军"多域融合"概念机理相一致,着重于整合不同领域和不同层次的作战，为 2030 年及以后发展一支联合部队、保持竞争优势做准备。英国国防部指出："通过信息系统整合不同领域和不同层级的能力，创造和利用协同效应，以获得相对优势，是多域融合概念的制胜机理。"该概念强调夺取信息优势、塑造战略态势、构设多域作战环境、创造和利用协同效应。该概念提出 4 个具体问题：如何通过"多域融合"为 2030 年及以后提供超越对手的优势；如何实现国防部与盟友、政府和民事部门合作的跨域融合；如何解决"多域融合"概念涉及的政策问题；如何促进国防概念、能力和战争发展方面的研究。以此为抓手，英军开启了多方面、分步骤、体系化的军事转型。

其他北约国家也正在不同程度联合开发和创新运用"多域作战"概念，并以联合演习、盟国协作等形式推动"多域作战"概念转化落地。2019 年美国陆军领导开展的、旨在评估印太司令部多域特遣部队作战能力的"联合作战评估"演习中，法国、加拿大、澳大利亚、新西兰等国部队组成多国任务组织参与其中，评估了 2025—2028 年作战环境下的多域作战概念、编组、能力。2019 年 10 月，北约联合空中力量竞争中心召开了"塑造北约未来的多域作战态势"会议，为塑造北约未来多域作战态势，从军事思想、多域作战力量、多域作战行动和训练联合部队等方面进行了探索和研究。2020 年 6 月，北约指挥控制卓越中心发布了多域作战指挥控制演示平台白皮书，旨在通过弥合技术和作战人员、战术和战役层面、学术界和军方之间的指挥控制鸿沟，以分散、数据驱动的综合环境来应对多个作战域的威胁与挑战。

二、俄罗斯

基于对手视角，一方面寻求破解之道，另一方面基于"跨域作战"制胜机理，结合自身特点创新作战理论。美军提出"多域作战"概念后，俄军基于自身安全利益考量，积极寻求破解之道。2020 年 12 月，俄罗斯《空天力量理论与实践》杂志刊发《论证运用航空力量打破敌方多域作战中大规模联合空袭》一文，认为大规模联合空袭是北约国家实施多域作战的初始阶段，将对俄罗斯最为重要的关键设施实施大规模协同作战，为北约联合武装力量后续决定性行动创造条件。俄军必须综合运用战区部队的航空力量组成的侦察打击系统，给敌造成无法承受的损失，打破其大规模联合空袭，迫使北约多域作战初始阶段目标无法实现，致使北约政治军事领导层放弃继续实施多域作战的企图。

另外，俄军针对"跨域作战"这种新型作战方式，提出了"军队统一信息空间"理论，其核心思想是：利用现代信息技术建立网络化的指挥控制系统，以实现全军指挥、通信、侦察、火力、保障等要素的深度融合，进而提升战场态势感知能力与作战指挥效率。围绕实现跨域作战能力，俄军持续推进理论开发：一是依托军队统一信息空间，建立网络中心指挥模式；二是将人工智能引入指挥控制系统，实现物理域与认知域的统一；三是发展网络、太空和水下作战力量，争取新兴作战领域优势；四是建立统一的军事标准体系，提升兵力兵器互操作能力。俄军没有全盘吸收西方"多域作战"概念，也没有全盘否定西方"多域作战"有益成分，而是结合自身吸收"多域作战"的一些先进作战思想，充实自身特色的作战理论。

三、以色列

基于作战需求视角，以色列率先运用"多域作战"概念于加沙战场，将多域作战力量"幽灵"部队作为主要作战力量。以军认为，多域联合作战是未来战争发展的必然趋势，对于以地面作战为主的以色列而言，通过整合陆上、空中、网络空间、电磁频谱和海上精锐力量，迅速识别、追踪和摧毁敌方目标，能够进一步提高以军的杀伤力。这一理念与美国陆军提出的"多域作战"概念一脉相承。在这一理念的指导下，以军组建了"幽灵"部队，并率先在加沙战场上进行了实战检验。在2021年5月的巴以冲突中，以色列在对哈马斯的代号为"城墙卫士"行动中首次运用"幽灵"战斗营实施了多域作战，称为世界上第一场"人工智能战争"。以军在这场战争中主要依靠机器学习和数据收集，人工智能首次成为作战的关键组成部分和力量倍增器。在对哈马斯地道网的清除行动中，以军通过大数据融合技术进行预先识别和瞄准，而后出动战机160架次进行精确打击，极大破坏了哈马斯的地道网，实现以空制地；在对哈马斯火箭发射装置的打击中，以军战斗机飞行员、地面情报部队和海军部队之间使用指挥和控制系统，快速发现目标并进行即时精确打击，迅速塑造有利战局。

根据以军的说法，"幽灵"部队在作战编成、武器配置和作战方式等方面与传统部队迥然不同。该部队编制暂时属于以色列第98伞兵师，包括旅侦察营、伞兵旅的地面部队，装甲旅、工程兵、特种部队，F-16中队和"阿帕奇"直升机，以及"苍鹭"无人机等多域作战力量，通过使用多域传感器和精确打击武器，实现跨域机动与打击，"在极短时间内改变战场局势"。该营成立于2019年7月，虽然是一支地面部队，但它集成了空中打击、网络侦防、精确火力、电子对抗、情报互联以及海上突击等多域作战力量，是具备师旅级作战能力的营级作战单元。该部队组建以后，不断通过演习提升多域融合和跨域打击能力，并在新开发的人工智能技术平台的支撑下迅速发挥两大功能：一是在战场上作为精兵利器，以非对称方式作战；二是作为试验部队，不断创新和发展新型作战概念、作战理论和技术装备，随时将成功经验推广到其他部队。

四、日本

2019 年 8 月 30 日，日本防卫省防卫装备厅公布了《多域综合防卫力量构建研究开发愿景》报告（下称《愿景》）。这份报告是继《未来战斗机研究开发愿景》和《未来无人装备研究开发愿景》以来发布的第三份研究开发愿景类文件。《愿景》是建立在 2018 年公布的新版《防卫计划大纲》中关于建设多域作战能力的要求提出的，力求能够对日本未来的技术创新进行指导，发展跨域作战所必需的电磁领域技术、包含太空在内的广域持续预警监视技术以及赛博防御等新领域的技术，并强化现有的水下作战及防区外作战能力。

此后，美智库频频给日本出招，对抗中俄未来战场新兴技术。2021 年 7 月 29 日，兰德公司发布报告《利用新兴技术为日本多域防卫力量的未来战场做好准备》（Preparing Japan's Multi – Domain Defense Force for the Future Battlespace Using Emerging Technologies）。报告认为，以人工智能、大数据、低成本卫星、定向能武器和无人系统等为代表的新兴技术领域的快速发展，逐渐影响和改变着现代战争的作战样式，也影响着未来防御行动的组织实施。因此，各国政府和国防部门必须优化投资分配，为未来的冲突提前做好准备，研究小组分析讨论了日本国防部应考虑的因素，进而指导日本自卫队应对未来战场的挑战。

第三章

作战条令——美军陆上作战方式变革与转型的"生成器"

战争艺术与规则无关，因为无限变化的环境和作战条件永远不会产生完全相同的情况。任务、地形、天气、部署、军备、士气、补给和相对实力都是变量，它们的变化总是结合形成新的战术模式。因此，在战斗中，每种情况都是独特的，必须根据其本身优点来解决。

——摘自《战斗中的步兵》，FM3－0《作战纲要》

作战条令主要是指导 5 年以内美军作战与训练的文件，在整个美军兵力运用中居于重要的指导地位。与作战概念不同，作战条令主要是着眼当前的武器装备和作战理论，针对当前的作战对手生成联合作战能力，陆军作战条令主要是驱动生成陆上作战能力。

第一节　陆军条令体系及其演变

1945—1949 年的核垄断时期，美国是唯一拥有核武器的国家，但是，很明显美国仍需要非核部队。重点应该是常规战争，改进包括近距离空中支援在内的火力支援的协调，改进进攻行动和改善步兵师编制装备。第二次世界大战作战行动的研究成果使许多军事人员相信，最好的反坦克武器是坦克。对坦克的这种看法在以后若干年内都是美国作战理论的前提。部队密度相对提高了，主要是一个步兵师的编制员额相对增加了。当时预计一个拥有 1.3 万名士兵的步兵师可防御约 7 千米宽的正面。1946 年的 FM31－35 野战条令《空地作战》和 1949 年版《作战纲要》是这个时期编写的两个主要条令。在 20 世纪 40 年代结束时，由于苏联掌握了原子弹和"柏林封锁"，美国作战理论又面临着大改革①。

---

① 詹姆斯·邓尼根，雷蒙德·马塞多尼亚. 美军大改革——从越南战争到海湾战争 [M]. 军事科学院外国军事研究部，译. 海口：海南出版社，1999：297.

　　唐·斯塔瑞上将对"扩展的战场"的描述以及与之相关的空地一体战概念，有助于直观地了解当时的战场——现在的战场已扩展至海上、太空、网络空间作战域。空地一体战要求整合空中和地面能力，在更远的距离上攻击敌人的第二梯队。现在，多域作战要求整合所有作战域中陆军和联合部队的能力，以击败敌人的综合火力设施和防空系统，从而使机动部队可利用由此获得的机动自由。为实现战术、战役、战略目标，地面部队必须有能力通过机动夺控关键地形，并在必要时控制资源和人员，这使地面部队成为联合部队取得成功的基础。在竞争和危机期间，前方驻扎的陆军部队控制关键的陆地区域，提供"立足"能力，以对抗对手的对峙，减少投送联合部队的风险，阻止对手的入侵，并实现国家和联合部队的目标。在冲突期间，具有恰当能力的机动地面部队最终能够在其他作战域遂行作战。

　　全谱作战指的是陆军部队在武装冲突范围之外进行的行动。2011 年版 FM 3-0 更新了这方面内容，描述了陆军部队在武装冲突门槛之下的竞争和危机期间如何作战，它比全谱作战理论更进一步描述了这些作战行动如何为武装冲突期间的成功创造条件。

　　美国陆军于 2011 年启动新的条令体系，已于 2015 年 12 月完成对现行条令体系的重新构建。与原来的条令体系相比，新条令体系层次更加完善、内容更加丰富，且具有法定的权威性，进而对美国陆军未来作战、训练及军队建设起到全局性、根本性的规范和指导作用。其主要包括美国陆军条令出版物《陆军》（ADP 1）、《联合地面作战》（ADP 3-0）、《作战流程》（ADP 5-0）、《任务式指挥》（ADP 6-0）和《部队训练和领导培养》（ADP 7-0）等。

　　2017 年，以 FM 3-0《作战纲要》出台为标志，美国陆军开始转向大规模作战。而后，美国陆军相继更新系列条令，主要包括美国陆军条令出版物《陆军》（ADP 1）、《情报》（ADP 2-0）、《联合地面作战》（ADP 3-0）、《陆军特种作战》（ADP 3-05）、《作战流程》（ADP 5-0）和《任务式指挥》（ADP 6-0）等。统一地面作战强调了在行动中整合和同步陆军、联合部队、其他统一行动伙伴。2017 年版的 FM 3-0 修订了统一地面作战，并将陆军的战备重点从反叛乱转向大规模作战行动，纳入了多域作战概念的要素，特别是作战环境及其他因素。2017 年版 FM 3-0 保留了大规模作战行动的重点内容，重申了整合联合部队和多国能力的重要性，拓宽了合成兵种运用的方法，重点是利用多域作战的能力创造互补和加强效果。通过有意识地突破传统作战方法（即侧重于一个或两个作战域），陆军部队可为联合部队创造获胜机会，同时为敌人制造更多困境。

　　2022 年 10 月 11 日，美国陆军发布新版 FM 3-0《作战纲要》，全面引入多域作战概念。条令指出："每隔 40 年，陆军就会经历一次重大转型。1973 年，阿以战争促使陆军高层领导人与唐·斯塔瑞上将重新审视在那场冲突中获得的教训，以对抗苏联。这些努力导致了我们今天所知道的'空地一体战'概念。1991 年，陆军和联合作战部队在'沙漠风暴'行动中有效地执行了该条令，迅速解放了科威特。我们正处于一个类似的拐点，从第二次纳卡冲突和正在进行的俄乌冲突中汲取了教训，这些经验教训已经并将继续塑造我们的多域作战概念。多域作战开始是一个作战概念，现在我们正在将其固化为条令。这个概念正在塑造陆军，改变我们的人员、战备、现代化建设，以应对当前和未来的挑战，并定义 2030 年的陆军。"

第二节　陆军野战条令《作战纲要》与空地一体战

陆军野战条令是美军较早的规范化条令之一，早期的《作战纲要》引发了空地一体战方式的变革和能力的生成。

一、战役理论的引进

美军的作战理论、军事制度主要源于普鲁士的军事思想和军事制度，其中，战役理论也是如此。

（一）普鲁士的战役理论及军事制度

普鲁士人于 1864 年一举击败丹麦人，1866 年击败奥地利人，1871 年战胜法国人，仅用数年的时间便统一了德国。这些卓越的战绩使普鲁士成为欧洲一流的军事强国。随着普鲁士的崛起，普鲁士理论家卡尔·冯·克劳塞维茨少将的军事思想开始对大多数西方国家作战理论的发展产生重大影响。

此外，陆军元帅赫尔穆特·冯·毛奇对其他国家军事理论的发展同样具有巨大影响。他是克劳塞维茨的学生，出任过普鲁士军队总参谋长，还是德国统一的设计师。他与克劳塞维茨都重视政治目标与军事目标的结合，大多数西方国家军人，包括美国的军人都去德国研究和学习德国军事制度。到柏林学习的美国人有埃默里·厄普顿、约瑟夫·桑格、塔斯克·布利斯、阿瑟·瓦格纳、西奥多·施万和威廉·勒德洛。他们返回美国之后，撰写了许多有关德国军事制度先进之处的文章，其中许多被采用和融入美国军队。这一时期的改革包括：用"情况评估"来解决问题；增加战役作战层次（更多强调战役计划）；建立总参谋部；形成完整的教育体系（包括建立军事学院）；考虑政治与经济因素在战争中的作用；建立高效的动员体系。

(二) 1976 年版《作战纲要》

1976 年，美国采用新的陆军条令《作战纲要》。杜普伊将军和美国装甲兵学校校长唐·斯塔瑞将军亲自主持了该条令的编写工作。他们认为新条令是"积极防御"的条令。条令的核心是以少胜多。条令强调的重点是在战斗的关键阶段选择正确的时间将战斗力集中到正确的地点。该理论在计算机上模拟效果良好，但是，由于缺乏通信、情报和集中兵力的手段，使条令在野战演习中难以顺利运用。于是，便立即着手修改条令和使陆军实现现代化的工作①。

二、三军之间无联合与空地一体战

1982 年，鉴于战备司令部的应急计划可供制定"联合作业程序"（与空军和海军共同制定）参考，斯塔瑞上将用"陆军作战模型"（作战模拟）对战备司令部的应急计划进行了评估。也就是说，在陆、海、空军的参加下练习制订未来军事行动的计划。直到此时，在三军之间还没有够条件的联合计划。当战争来临时，没有计划的后果将暴露无遗，而到那时再懊悔为时过晚。

1982 年"空地一体战"条令（1982 年版《作战纲要》）颁布。它包含着理论上的重大改革，即从消耗战转为机动与消耗并重，并增加了战役法和地面部队超视距作战的内容。陆军把注意力转向战役，使整个军队产生了深刻的变化。战役法就是运用军事力量在作战区内，通过策划、组织和实施战局与战役行动，达成战略目标②。

三、1980—1990 年：空地一体战与战场的扩大

在这个时期内，有三个因素迫使人们对陆军作战理论进行修订：一是战场武器杀伤力和射程的增加；二是利用少量的现有师在欧洲保持一条稳固的前线；三是要求作战理论对全球各地的威胁都能适用。

在非线式战争思想的影响下，陆军作战理论朝着更具进攻性的方向发展。这意味着部队可与敌人交织在一起，而不必形成传统意义上的"前线"。同时，陆军与空军将紧密协作对敌人后方地域实施攻击。陆军进行的研究清楚地表明，为了击败苏联，美国陆军需要一种能够使美军既赢得初期作战又赢得后续作战胜利的作战理论。同时，美军还必须减少本身的损失。美军应利

---

① 詹姆斯·邓尼根，雷蒙德·马塞多尼亚.美军大改革——从越南战争到海湾战争 [M].军事科学院外国军事研究部，译.海口：海南出版社，1999：285.

② 詹姆斯·邓尼根，雷蒙德·马塞多尼亚.美军大改革——从越南战争到海湾战争 [M].军事科学院外国军事研究部，译.海口：海南出版社，1999：287.

用导弹、直升机和空军喷气机对敌人后方地域实施纵深攻击，以保持战争的主动权。为获取主动权，陆军必须设法杀伤与美军地面部队作战的苏军有生力量。

过去，美军作战理论主张让大量敌军接近美军地面部队，其用意是利用美军的优势火力消灭敌人部队。但是，在此过程中，美军总是遭到伤亡。这就是人们熟知的"消耗战术"。只要敌人的损失远远超过你的损失，该战术在那时便算可行。但是，现代化武器更具杀伤力，新作战理论提出的方法是在敌军与我方地面部队接触之前发现和打击敌人。海湾战争中，美军对付伊拉克陆军正是采用了这种方法。新作战理论不再是凭蛮劲打歼灭战，而是通过以机动来降低消耗。新作战理论还增加了战争战役这个层次，进一步强调战役计划和改善战场上日益增多的武器、部队和支援系统之间的协同。这一时期主要的条令是 1982 年版和 1986 年版《作战纲要》。1984 年版 AFM1－1 空军条令为空军增加了与地面部队加强合作的条文，还阐述了战场空中遮断问题。在 20 世纪 80 年代接近尾声之际，对陆军作战理论再次进行重大修改的时机又成熟了。美国成了一个债务国，苏联从阿富汗撤军、柏林墙被推倒、华约和苏联的解体等都是起作用的因素①。

四、1986 年版《作战纲要》

1986 年陆军新版"战役条令"（1986 版《作战纲要》）出版，再次肯定了 1982 年版的条令，它强调了战役指挥的重要性②。1986 年版《作战纲要》确立了陆军的作战理论。《作战纲要》对陆军指挥官如何进行战斗以及如何实施战局、战役、交战和战斗进行了详尽的描述。它实质上是行动和统一思想方法的指南。此外，还有数十种其他内容更为详细的野战条令。但是，其他陆军条令在"如何战斗"事宜上必须以《作战纲要》为总的准则。基于这一原因，《作战纲要》称为基准条令。

1986 年版 FM100－5 号陆军野战条令保持并加强了"空地一体战"的中心思想——强调战争战役层面的重要性，强调夺取并保持主动权，坚持多军种合作。该条令描述"空地一体战"的头几段内容就明确阐述了这些思想："'空地一体战'条令描述陆军如何在战役和战术层面生成并应用战斗力量，确保或保持主动权并积极利用主动权以完成任务。所有作战的目标是将我们

---

① 詹姆斯·邓尼根，雷蒙德·马塞多尼亚. 美军大改革——从越南战争到海湾战争 [M]. 军事科学院外国军事研究部，译. 海口：海南出版社，1999：301.
② 詹姆斯·邓尼根，雷蒙德·马塞多尼亚. 美军大改革——从越南战争到海湾战争 [M]. 军事科学院外国军事研究部，译. 海口：海南出版社，1999：289.

的意愿强加于敌来达成我们的目的。为此，我们必须从敌意想不到的方向猛烈进攻，打破其平衡，继以迅猛地出击阻止其恢复，并继续以强劲的行动来完成上级指挥官的目标。从敌人的角度，这些行动必须迅速、出乎意料、猛烈而且迷惑。要以足够快的速度阻止敌人采取有效的反击。我们的作战计划必须侧重于决定性目标。必须强调灵活性，利用敌人的弱点创造战斗的有利时机，集中打击敌重心，协同联合行动，并积极地利用战术成果达成战役结果。"

FM100－5号野战条令第一章清楚地指出了各种冲突中的威胁与挑战——从对付华约集团的常规作战，到对付苏联代理人战争的中强度作战，乃至到对付暴乱分子和恐怖分子的非线性和低强度作战："陆军必须准备好与不同能力的敌人作战。在高强度或中强度冲突中，敌人也许是华约集团或其他类似组织（如苏联代理人）的现代化坦克、摩托化和空降部队。机械化程度略低、但其他方面装备完善的常规或非常规部队及恐怖组织也有可能在全球绝大部分地方攻击我陆军部队。在低强度冲突中，轻型部队、暴乱分子和恐怖分子也许是目前部队的唯一威胁。"

关于陆军在低强度冲突环境中如何作战，FM 100－5号野战条令指出"反叛乱行动需要与其他相关政府机构协力合作来确保国家行动的协调性"。这样的语言相当于现代条令中读者所熟悉的"全政府参与"。其他作战行动包括"外国国内防御""和平时期应急行动"与"维和行动"。讨论恐怖主义的两个段落中警告说"恐怖分子企图通过低强度冲突达成战略目的"，而且"恐怖主义威胁是陆军日常作战行动必须面对的，同时依然是高、中强度冲突中必须关注的威胁"。

1986年版FM 100－5号野战条令对威胁和作战环境的描述展现出对敌情和战场情况的细致认识。在1991年的"沙漠风暴"行动中，陆军成功应用了"空地一体战"所强调的重点，即夺取主动权、强调战役法、在联合背景下遂行作战。

遗憾的是，虽然1993年版FM 100－5号野战条令给未来的条令注入了一些重要思想，但它淡化了"空地一体战"的中心内容，原因是变化的环境及国内的期望加剧了军种间相互争夺资源。

五、1993年版FM 100－5号陆军野战条令

苏联威胁的烟消云散以及美国陆军在"沙漠风暴"行动中压倒性的胜利，在20世纪90年代早期产生了削减军事预算、分享"和平红利"的期待。这样，陆军就开始研究新的顶层条令，以适应自己在新战略背景下（即美国成

为世界唯一超级大国）的地位。1993 年版 FM 100－5 号野战条令反映出上述想法："1993 年条令反映出陆军在新战略时代的思想……它使得'空地一体战'思想在战场框架和更广的军种联合方面演变为更多的选择，它使合同行动更加频繁，而且指出陆军将参与所有军事行动。它的确是兵力投送背景下全维战场的条令……它反映了对近期经验教训的汲取以及当今战略和科技的现实情况。"

于是，各种条令中不再使用"空地一体战"这一术语。更让人费解的是，条令编撰者并没有提出可以取代"空地一体战"的新的作战概念，来描述陆军条令的中心思想。条令仍然提到战役法，保留了很多 1986 年版条令有关战役法的内容，但将其归入条令里有关"战争的战役层面"章节。夺取主动权仍是陆军作战原则，条令在多处探讨其重要意义，但没有直接明确地指出夺取主动权的重要性，而是留给读者来自行分析。条令通过增加新的章节提升了一些术语和思想的重要性，如陆军兵力投送能力，在联合或合同作战背景下陆军的作战能力等。1993 年版 FM 100－5 号野战条令保留了许多"空地一体战"中描述这些术语的措辞，但扩展了讨论的范围，增加了一些讨论题目，如文化和语言在非战争军事行动中的作用。尽管这些讨论都与当时的作战环境有关，但都没有加深陆军对应该"如何"作战或持何种目的的作战的认识。

1993 年版野战条令没能为陆军提出新的作战概念，或者说，使陆军作战概念模糊不清。但这也为 21 世纪陆军新作战条令的诞生埋下了思想的种子。这些新思想后来成为陆军新作战条令的主要思想。新的作战思想包括"全维作战""作战功能"（包括"战斗指挥"）等，都旨在协助指挥官同步协调战场效果。1993 年版野战条令增加了有关冲突解决的章节，并用"非战争军事行动"替代了"低强度冲突"。

1993 年版 FM 100－5 号野战条令中的"全维作战"是一个新的作战概念。然而，该术语只在条令中出现了两次：第一次在战略背景章节，条令指出"陆军必须具有全维作战的能力"；第二次出现在第六章"规划"的引言部分。在术语表部分最终对全维作战进行了定义："陆军指挥官运用所有可用的能力在所有可能的作战中以最小的代价果断地完成任务。"

"全频谱作战"（陆军下一个清晰的作战概念）的出现，足以显现"全维作战"对未来条令的影响。2001 年对全频谱作战的定义是"陆军在战争和非战争军事行动中执行的所有行动"。尽管其定义随后已有所改变，但这一作战概念目前仍在使用，而且全频谱作战中"进攻、防御、稳定行动和民事防卫保障"等要素完全被即将出现的作战条令"统一陆上作战"所承传。

正如"全维作战"影响了陆军下一个作战概念"全频谱作战"最终的形

成,"作战功能"一词如今在陆军仍时时被提起。1993 年提出的"作战功能"包括情报、机动、火力保障、防空、机动与生存、后勤及战斗指挥,是战役层面的"战场作战系统"。2001 年及之后版的 FM 100 – 5 号野战条令将作战功能与战场作战系统相结合,演进为陆军的"战斗功能"。将相类似的战场行动编组到恰当的系统或功能之中,可以协助指挥官和参谋人员"整合、协同、准备并成功执行兵种合同作战",这一点现在看来是理所当然的,但在当时却是对条令思想的重大贡献。将"战斗指挥"引入作战功能,极大地丰富了陆军术语。该术语后来成为作战指挥官职能的同义词。

1993 年版的 FM 100 – 5 号野战条令使用一个章节描述冲突的解决,这反映出其界定战斗应在何时结束,战后的和平应该如何维持,以及对"沙漠风暴"行动经验的总结。该章节强调指挥官应该了解结束冲突所需的条件,以及如何最好地结合运用军事行动来促成最佳解决方案。在陆军顶层条令中添加冲突解决的有关内容意义重大,未来版本的 FM 3 – 0 号野战条令就由此扩展,"统一陆上作战"条令中对此也有阐述。

1993 年版 FM 3 – 0 号野战条令的最后一项重大改变是将"低强度冲突"改为"非战争军事行动"。乍一看,这似乎只是文字游戏,但条令明确描绘出陆军在作战行动中的作用与 1993 年版条令中描述的其在"冲突"与"和平"时期的作用有所不同,这也预示了未来在稳定行动和主要作战行动中哪些是陆军的优先任务,必有激烈的争论。1993 年的条令没有明确定义适用于陆军所有行动的作战概念,这样陆军的各种任务就显得更加相对独立、相互竞争。

1993 年版条令第 13 章"非战争军事行动"甚至提出只适用于非战争军事行动环境的独立的行动原则。1993 年版条令没有为陆军所有行动提供统一的作战概念,从这个意义上说,该版条令是种倒退。但该条令提出的一些思想至今仍有影响,而且该版条令持续时间最长,直到 2001 年新条令诞生。

第三节 陆军条令与统一陆上作战

2013 年 5 月 30 日,美国陆军条令出版物《联合地面作战》(ADP3 – 0)出台,该出版物首先阐述并界定联合地面作战及条令的作用;其次阐述陆军部队预期采取行动的战略背景,阐述作战概念的基础和陆军作战行动的原则;最后阐述战略目标和战术行动(战役法)之间的联系以及用于组织军事行动的概念性结构(作战结构)。

一、联合地面作战的作用

联合地面作战阐述了陆军在持久的陆上作战行动中如何夺取、保持并利用主动权，夺取并保持相对优势的位置，同时采取进攻、防御和稳定行动，从而预防或慑止冲突、赢得战争并为达成有利的冲突解决方案创造条件。《联合地面作战》是陆军的基本作战条令，是陆军对联合行动所做的贡献。

《联合地面作战》是以前各版作战条令和近期战斗经验的延续和发展，承认现代战争的三维性质，承认需要同时采取进攻、防御、稳定行动或民事机构防务支援。《联合地面作战》承认，要取得战略上的成功需要将美国的军事行动与跨机构和多国伙伴的努力充分整合起来。

1. 美国陆军的作用

美国陆军是美国的儿女，是勇气和品格俱佳的男女，是承担各种后果的领导者。其通过军事职业结合在一起，为成为世界上最坚定的陆上力量而组织、训练和装备。美国陆军是国家意志和承诺的象征。从始至终，无论处于领导地位还是支援地位，都应做好塑造、影响、接触、威慑和打赢的准备。

2. 条令的作用

陆军条令是陆军作为联合部队的一部分，如何采取行动的思想体现。作战行动中在条令所提建议的指导下使用部队的陆军各级领导是本条令的主要对象。本条令作为行动的指南，而非一整套固定的规则。顶层条令确立了陆军对以下问题的观点：作战行动的性质、陆军部队作战行动遵循的根本原则、指挥官实施任务式指挥的方法。顶层条令也作为对组织、训练、领导发展、物资、士兵和设施等问题所做决定的基础。野战手册《陆军》（FM1）和《联合地面作战》是陆军的顶层条令。

条令也是陆军如何思考作战的声明。在这个意义上，条令通常描述理想的形势，然后将理想与陆军各级领导预期的现实进行对比。条令提供了构想战役和作战行动的手段，以及对于各种条件、摩擦和导致理想难以实现的不确定性的详细理解。条令还帮助潜在伙伴理解陆军将如何采取行动，建立了解决军事难题的通用参考框架和通用文化视角，包括有用的智力工具。

二、联合地面作战的战略背景

在由特定的作战环境、友邻部队的特点和战区的特点所确定的战略背景下使用陆军部队。战略背景的巩固能够为陆军部队保护关键的国家利益提供支撑，其中最重要的国家利益是国家的主权和美国政府的宪法形式。

1. 作战环境

（1）作战环境是各种条件、情况和影响的复合体，能够影响能力的使用，并为指挥官的决策提供支持。陆军各级领导依据作战变量和任务变量分析作战环境，从而进行计划、准备、实施和评估行动。作战变量包括政治、军事、经济、社会、信息、基础设施、物理环境和时间。任务变量包括任务、敌人、地形和天气、部队和可利用的支援、可利用的时间和民事关切。这些变量在特定的形势、领域（陆、海、空、天或网络空间）、作战地域或关注地域的互动描述了指挥官的作战环境，但并非限制了作战环境。没有两个完全相同的作战环境，甚至在同一战区作战环境也会随时间而改变。因此，陆军各级领导要考虑不断变化的相关作战变量或任务变量如何影响部队的使用概念和有利于实现战略目的的战术行动。

（2）陆军各级领导在各自作战环境中投送并维持部队，这就要求能够确保从多个进入点进入作战地域，并将各点联系起来的交通线。有些情况下，陆军部队要从顽抗的敌人手中夺取关键设施，从而为持久的陆上作战行动创造条件，或为在特殊的作战环境中控制敌人而采取高度分散的作战行动。陆军部队可能遭遇敌人各种新的、出乎预料的能力，因此在采取行动的同时要适应这些能力。

（3）作战环境不是静止不变的。在某个作战环境中，一名陆军领导可能同时实施大规模战斗、军事接触和人道主义援助。陆军条令一直强调，陆军部队必须准备好从一种行动样式迅速转换为另一种行动样式。10年的持续战斗和部署进一步加深了这种理解。陆军部队通过协调合成兵种机动和广域安全，同时并连续实施进攻、防御和稳定行动。

（4）美国本土是陆军部队作战环境的一个显著部分。本土防御要求与指定的民事机构进行协调，同时并连续运用合成兵种机动和广域安全。任务变量的持续评估使陆军各级领导能够调整各种能力的搭配，在人口和基础设施中取得战胜各种威胁（自然灾害或敌人进攻）的相对优势位置。

2. 友邻部队的特点

（1）陆军部队作为以联合行动为特点的更大范围内国家行动的一部分采取行动。陆军各级领导必须在这个更大的框架内整合各自的活动和行动，与超出各自直接控制的各种实体合作。所有层次都需要体现这种整合，但是在更高层次要求更为迫切。高级陆军领导会发现，与他们自身作战行动的协同相比，联合行动中的整合需要更多的时间和精力。

（2）有效的联合行动要求陆军各级领导能够理解和影响联合行动伙伴，并与之合作。陆军依靠联合伙伴提供陆军所不具备的能力，没有联合伙伴的支援，陆军就无法有效行动。同样，国防部以外的政府机构拥有成功所需的知识、技巧和能力。各种伙伴的积极合作通常使陆军各级领导在利用组织机构优势的同时抵消各种劣势。只有通过与友邻部队的诸要素合作创建共同的理解和目的（任务式指挥的一个关键要素），陆军各级领导才能将各自行动融入联合行动并协同其自身行动。

（3）联合行动需要为构建各伙伴能力采取跨机构行动，以保护民众、保护基础设施并加强各机构，作为保护共同安全利益的手段。构建伙伴能力是全面的跨机构行动、各种项目和接触的结果，增强了各伙伴的安全、治理和经济发展能力，以及运用和生成部队的必要能力，包括特种作战部队和能力建设支援行动（主要通过安全合作行动进行）。在恰当的政策、法律框架和当局的支援下，陆军对伙伴部队的安全部队援助、各机构和安全部门的各种职能进行领导。为培养个人和部队在安全行动中的熟练程度，陆军作战部队和特种作战部队对伙伴国部队进行训练并提出建议。陆军生成部队为伙伴国生成部队提供训练和建议，为职业教育、兵力生成和部队维持构建制度上的能力。作战部队、生成部队和特种作战部队的各要素致力于安全部门的各种项目，这些项目为协同和维持作战行动而加强伙伴安全实力并使之专业化。陆军上述安全合作活动为其他跨机构协同提供支撑，从而为治理、经济发展、基本服务、法制和其他关键的政府职能构建伙伴能力。

3. 威胁的特点

（1）威胁既不是静止的，也不是一个庞大的整体。各种威胁源于作战环境中的利益分歧或国家、集团、组织之间的竞争。尽管预测潜在未来冲突的特点是可能的，但是作战变量的不断变化排除了准确预测陆军将会在何地与谁作战的可能性。可以把陆军最有可能遇到的安全威胁描述为混合威胁。混合威胁是正规部队、非正规部队、恐怖分子和犯罪组织的多样化且不断变化的结合，或者上述各种力量为实现互利效果而进行的组合。混合威胁可能涉及使用持久战样式的国家对手，可能使用代理人武装进行胁迫和恐吓，或者非国家行为体使用传统上国家所使用的作战概念和高端能力。

（2）在具体领域，各种威胁可能为创造或利用各种弱点而使用先进武器。各种威胁可自行组织连续数月的行动。各种威胁通常为确保其他地区势力的积极支援而运作。在各战区或美国本土，各种威胁可能寻求通过网络攻击和恐怖主义破坏美国的行动。

（3）各种威胁试图孤立并打败美国的战术兵团，与此同时，避免在不利条件下作战。他们通过战术上的交锋侵蚀美国作战行动对能够达成战略目的的国家承诺或政治承诺，以此来实现决定性的成果。混合威胁可能选择在人口聚居区展开持久冲突，通常会利用民众和城市建筑。他们在民众中间寻求庇护、支援，躲避美军的打击和侦察。各战区容纳的空间和人口通常要超出美军能够直接控制的范围。为了在不远离非战斗人员或使其免遭危险的情况下取得对敌相对有利的位置，陆军各级领导使用所属部队的地点和方式做出能够减少风险的决定。

（4）最具挑战性的潜在敌人有两种。一种是非国家实体，拥有大规模杀伤性武器或其他通过打击公众意志挑战美国主导地位的特殊方法。这种敌人可能缺少美军可以关注的明确的组织结构或地理位置，对决定性行动构成可怕的挑战。另一种是具备核能力的国家，通过意识形态、宗教、政治或其他纽带与一个或多个非国家行为体合作。这种敌人能够使用先进的信息技术、现代化装备武装的常规军队以及组织、训练和装备水平各异的非正规部队。这种敌人通常保持对常规部队的控制并操纵拥有不同程度自主权的非正规部队，有些组织与国家行为体共享一个或多个目标。有些时候，打败美军也许是这些行为体进行合作的唯一目标。

三、联合地面作战的基础

联合地面作战是陆军的作战条令。其中心观点是陆军夺取、保持并利用主动权，获取对敌相对优势位置。通过同时进行进攻、防御和稳定行动实现这一目标，为在有利条件下解决冲突创造条件。陆军的两个核心能力（合成兵种机动和广域安全）为平衡战术行动和任务内陆军各种作战功能的运用提供了手段，这些任务是进攻、防御和稳定行动所固有的。综合运用这两种核心能力能够使陆军部队打败或消灭敌人，夺取或占领关键地形，保护关键设施和民众，阻止敌获得有利位置。任务式指挥哲学（指挥官使用任务命令行使权力并进行指导，支持在指挥官意图范围内发挥有纪律意识的主动性）指导各级领导实施联合地面作战。联合地面作战的开始和结束都要求发挥集体和个人的主动性，获取优势位置，在敌组织机构的全纵深破坏并打败敌人。联合地面作战的基础是主动权、决定性行动和任务式指挥（通过有目的的且同时采取的合成兵种机动和广域安全），实现指挥官意图和预期最终状态。

1. 主动权

为夺取、保持和利用主动权，陆军部队在敌人缺乏准备的时间、地点或以敌人缺乏准备的方式对敌进行致命和非致命的打击。为夺取主动权，陆军部队破坏敌人作为有凝聚力的部队而发挥作用的能力。随后各级领导通过保持主动权防止敌人获得恢复，接下来采取一系列行动摧毁敌人的各种能力，占领关键地形，保护民众和关键基础设施，破坏敌部队的凝聚力。陆军各级领导继续利用主动权直到将敌人置于无法连贯使用军事能力的境地。在这种情况下，继续抵抗只能导致敌军事潜力的毁灭以及敌力量来源暴露于被立即摧毁或缴获的境地。以上是在有利条件下结束冲突通常需要的军事条件。从敌人的观点来看，美军的作战行动必须快速、无法预测且难以判断。

2. 决定性行动

陆军部队通过同时采取与任务和环境相适应的进攻、防御和稳定行动（或民事机构的防务支援）实施决定性的、可持续的陆战行动。陆军部队采取正规战和非正规战应对常规和混合威胁。进攻作战是为打败并消灭敌人部队以及夺取地形、资源和人口中心所采取的作战行动，包括接触、打击、扩大战果和追击。防御作战是为打败敌进攻、争取时间、节约兵力以及为进攻和稳定任务创造有利条件所采取的行动。防御作战包括机动防御、地区防御和撤退。稳定行动是在美国以外为维持或重建安全可靠的环境以及提供基本的政府服务、应急基础设施重建和人道主义救援而执行的使命、任务或行动。稳定行动包括建立民事安全、建立民事控制、恢复基本服务、管理支援、支援经济和基础设施建设5项任务。本土防卫以及对民事机构的防务支援体现了国防部对美国民事机构的支援，应对国内紧急事件、法律执行援助、其他国内活动或来自有资质的各种实体针对具体事件提出的申请，任务包括：为国内灾害提供支援；为国内化学、生物、放射、核及高爆事故提供支援；为国内民事法律执行机构提供支援；提供其他指定的支援。

四、陆军的核心能力

在战术行动以及与进攻、防御、稳定行动相关的任务中，合成兵种机动和广域安全为平衡战斗力诸要素的使用提供了手段。合成兵种机动是指在联合行动中为打败敌地面部队而使用战斗力诸要素；夺取、占领并保护陆上地区；为夺取并利用主动权而取得对敌物理、时间和心理上的优势。从出乎意料的方向将敌人暴露于友邻战斗力之下，阻止敌采取有效的反应。广域安全是指在联合行动中运用战斗力诸要素，保护民众、部队、基础设施和各种行动；阻止敌获得优势位置；为保持主动权而巩固战果。进攻、防御和稳定行动都需要结合使用合成兵种机动和广域安全，单独使用哪种核心能力都不足以完成任务。尽管个别的战术行动可能主要以合成兵种机动或广域安全为特点，但是战役和作战行动总是两种核心能力的结合。例如，进攻作战通常把广域安全作为节约兵力的措施，从而为合成兵种机动集中战斗力。

在运用陆军的核心能力时，陆军各级领导受任务式指挥哲学的指导，即指挥官使用任务命令行使权力并进行指导，支持在指挥官意图范围内发挥有纪律意识的主动性，授权灵活机敏、适应力强的各级领导采取联合地面作战。陆军部队将核心能力融入不断变化的进攻、防御和稳定行动的能力依靠指挥哲学，强调广泛的任务式命令、在指挥官意图内的个人主动性以及能够预测环境变化并快速适应环境的领导。

五、联合地面作战的原则

联合地面作战阐述了陆军在战役和作战行动中生成和使用战斗力的方式。战役是一系列相关的大规模作战行动，旨在既定时间和空间内实现战略和作战目标。作战是一种军事行动，由两个或多个相关的战术行动组成，旨在实现全部或部分战略目标。战术行动是使用致命或非致命行动的战斗或交战，旨在实现与敌人、地形、友邻部队或其他实体相关的特定目标。战术行动包括各种广泛的行动，如为占领地形或消灭敌军而进行的攻击、保护民众、训练其他军队（作为构建伙伴能力的一部分为安全部队提供援助）。陆军行动具有灵活性、一体化、杀伤能力、适应能力、纵深和协同的特点。

1. 灵活性

为实现战术、战役和战略的成功，在困难面前指挥官寻求展示灵活性。他们为采取行动而运用各种能力、部队和装备的多样化组合。指挥官通过灵活性、合作计划和分散执行，为适应力强的部队提供支持。他们使用任务式指挥实现最大限度的灵活性并促进个人的主动性。快速行动能力增强了在各种军事行动中的灵活性和适应力。要在联合地面作战中取得成功，陆军需要在思想、计划和行动上具备灵活性。

2. 一体化

陆军部队不是独立行动，而是作为更大的联合、跨机构和多国行动的一部分采取行动。陆军各级领导负责将陆军行动融入这一更大的行动之中。一体化包括与联合、跨机构和多国伙伴实施的告知和影响行动，以及与陆军能力和各种计划相符的各种行动。陆军各级领导寻求使用陆军的各种能力弥补联合、跨机构和多国伙伴能力的不足。陆军各级领导依靠上述伙伴提供能够补充或陆军自身所不具备的各种能力。有效的一体化需要通过与友邻部队各部门合作，创建共同的理解和目的。

3. 杀伤能力

物理摧毁能力是所有其他军事能力的基础，是军事行动最基本的基石。陆军各级领导为在各种条件下具备无可匹敌的杀伤力而组织、装备、训练和使用各自的部队。杀伤力是陆军各级组织的永恒需求，即使当通过非致命的接触和行动且只发出威胁使用暴力的暗示就足以完成任务时也是如此。合法并专业地使用杀伤力量的能力，是有效进攻、防御和稳定行动的基础。

4. 适应能力

陆军各级领导承认，战术和战役问题不存在预先设想好的解决方案。陆军各级领导必须根据面临的具体形势调整他们的思维、部队及使用技巧。这就要求具备适应能力强的头脑，愿意在陌生或迅速变化的形势中谨慎承担风险并能够根据持续的评估进行调整。同样重要的是，陆军各级领导寻求剥夺敌人的适应能力，破坏敌人的通信、迫使敌人对美军新的作战行动不断做出反应、阻止敌利用避难所进行反击。适应能力是夺取、保持和利用主动权的基本要求，主动权以对具体形势的理解为基础。例如，陆军各级领导在展示适应能力的同时，在实现相对优势位置所需要的致命和非致命行动之间取得平衡，为各自作战地域内解决冲突创造条件。

适应需要理解作战环境。尽管做到完全的理解是不可能的，但在时间允许条件下陆军各级领导应尽一切努力取得并保持充分的理解。他们还使用陆军的信息网络分享各自的理解。对具体形势的理解需要互动式学习——为检验并修改多种假设而有意识地并反复地与作战环境进行互动。陆军各级领导通过广泛的教育、训练、个人学习和与跨机构伙伴合作，拓展他们对潜在作战环境的理解。在战斗中快速学习，依靠终身教育、持续的训练和领导者在战斗前养成的学习习惯。

5. 纵深

纵深是作战行动在空间、时间或目的上的延伸。为实现最具决定性的结果，陆军各级领导通过安排整个作战框架的各种行动对敌全纵深进行打击，从而防止敌有效使用预备队、指挥和控制节点、后勤以及与友邻部队直接联系的各种能力。当敌人必须在其整个物理、时间和组织的纵深对付美国行动时，联合地面作战能够实现最好的结果。

与此同时，陆军各级领导寻求在时间、空间和资源等方面，在各自组织和行动内部构建纵深。运用安全部队和各种障碍、保留预备队、进行持续侦察、管理作战行动的节奏等，是在友邻部队内部构建纵深的实例。鉴于陆军进行持续陆上战斗的独特能力，陆军各级领导必须确保各自组织的恢复力（能够在时间延长、地域扩展的情况下运用致命和非致命行动的能力），包括后方地区以及友邻出现伤亡且面对坚决而适应力强的敌人等情况。采取纵深行动能够使陆军部队从延长的时间段中恢复过来，这是进行持续陆上战斗的前提条件。

6. 协同

协同是指为了在决定性的空间和时间生成最大限度的相对战斗力，而在时间、空间和目的上对军事行动做出安排。协同是在相同的时间和不同的地点执行多个相关且相互支援的任务的能力，产生比单独执行每项任务更好的效果。例如，在战术行动中，情报搜集、障碍设置、直接火力和间接火力的协同导致敌人部队的毁灭。在作战行动中，多条战线的各部队之间的协同能够暂时破坏敌人的组织并扩大战果。信息网络通过以下行动极大增强了协同的潜力：允许指挥官更快地理解各自作战环境并交流各自意图；允许下级和邻近部队使用对作战环境和指挥官意图的共同理解，并与他们自身的主动性相结合，在没有上级指挥部直接控制的情况下协同与其他部队的行动。

信息网络不能保证协同，然而能够为各级领导提供用于协同各自行动的强有力工具。指挥官决定协同各自行动所必需的集中控制的程度。

协同并非总是等同于同步，但是陆军各级领导明显倾向于通过同步或近同步的作战行动战胜敌人。当军队将这些行动与跨机构和多国伙伴的行动整合在一起时，其结果能够战胜敌人。

六、战役法

战役法是通过战术行动在时间、空间和目的上的安排，实现全部或部分战略目标。从假设上讲，军队可以通过一次战术行动实现战略目标，排除了对战役法的需要。在现实中，绝大多数现代冲突的规模和敌军保持作战实力的能力（即使面临重大的战术失败）使这种情况极为罕见。创造在有利条件下结束冲突所需要的军事条件，几乎总是需要多次战术行动。各种军事条件在时间、空间和目的上的有效安排是战役法的任务。

战役法不与特定的层次或部队联系，也不是战区和联合部队指挥官所特有的，而是应用于必须在时间、空间和目的上有效安排多个战术行动的任何部队，以实现全部或部分战略目标。在大规模战斗的环境中，一个师可能被赋予一系列任务，如"占领地形"或"消灭敌部队"。每项任务只需要一次战术行动，指挥官运用战术完成每项任务。相反，在稳定行动中，相同的师可能对延长时段内的作战地域负责，或担负创建"安全可靠的环境"的任务。这一任务需要指挥官在时间和空间上对一系列战术行动进行排序，并且需要运用战役法。

战役法是指指挥官如何平衡风险和机遇，创造并维持夺取、保持和利用主动权所需的条件，获取相对优势的位置，同时将战术行动与战略目标的实现联系起来。战役法要求指挥官理解各自作战环境、战略目标和所属部队各部门的能力。指挥官要不断寻求扩展并改进各自的理解，并不被预先设想的解决方案所束缚。

1. 作战结构

作战结构是陆军作战行动的通用结构，能够使各级领导使用整个陆军都能够理解的方式快速而有效地组织行动。作战过程提供了发展和实施作战行动广泛界定的方法。作战框架为陆军各级领导构想和阐述作战行动，提供了基本的理性选择。作战功能为通用关键功能提供了智力上的组织结构。

2. 作战过程

作战过程是以指挥官为中心的活动，由任务式指挥方法所明确的计划、准备、实施和评估军事行动等环节组成。上述行动可以按顺序进行或是同时进行。实际上，这些活动很少是孤立的，通常涉及大量的相互重叠。指挥官使用作战过程推动理解、构想和阐述各自独特的作战环境所需要的概念性的、详细的计划制订；制定并阐述决策；指导、领导和评估军事行动。

七、计划制订

计划制订是理解形势、构想预期的未来并制订实现这一未来的有效方式的艺术和科学。计划制订包括：概念部分和细节部分两个独立但密切相关的组成部分。成功的计划制订需要将这两个部分整合在一起。在确定了难题的范围、对难题的熟悉程度以及可利用时间的基础上，陆军各级领导采用以下三种方法制订计划。

（1）陆军的设计方法是运用批判性思维和创造性思维理解、构想并阐述陌生的问题以及解决这些问题的方式方法。作为对陌生的问题进行理性思考的有用工具，各级领导将这种方法和通常与军事决策过程相联系的计划制订整合在一起，生成可执行的计划。

（2）军事决策过程是反复进行计划制订的方法。为理解形势和任务，军事决策过程整合了指挥官、参谋、下级指挥部和其他伙伴的各种活动；制订、分析并比较行动方案；确定能够完成任务的最佳行动方案；生成作战命令或执行命令。军事决策过程运用概念性的、详细的方法进行思考，但是与详细的计划制订联系最为紧密。对于陌生的问题，可执行的命令通常需要将设计方法与军事决策过程整合在一起。

（3）部队领导程序是基层部队领导用于分析任务、制订计划并为作战行动做准备的动态过程。部队领导程序主要根据熟悉的问题和较短的时间框架来衡量，通常不用于带有参谋人员的组织机构。

1. 准备

准备由部队为提高实施作战行动的能力而采取的各项行动组成。陆军部队无法对可能执行的每项任务都进行训练；他们为决定性行动做准备，强调最有可能执行的各种任务。

2. 实施

实施是指将计划转变为行动，通过运用战斗力完成任务，通过对形势的理解来评估进展情况并制定执行决定和调整决定。

3. 评估

评估是指持续监视并评估当前形势和作战行动的进展情况。

4. 作战行动框架

陆军各级领导负责在时间、空间、目的和资源等方面清晰阐述各自的作战概念。已确立的框架和相关词汇在这方面提供了很大帮助。陆军各级领导在理性地组织作战行动方面不受任何特定框架束缚，但是过去的实践证明以下三项是有价值的。各级领导通常综合使用这些概念性框架。例如，指挥官可能使用"纵深－接近－安全"框架，在时间和空间上描述作战行动，使用"决定－塑造－维持"框架阐述作战行动的目的，使用"主要行动和支援行动"框架指出不断变化的资源使用重点。上述作战行动框架同样应用于作战地域内的战术行动。

5. 作战地域

作战地域是由联合部队指挥官为陆上和海上部队所确定的作战区域，其面积应足以完成任务并为部队提供保护。作战地域也指由上级指挥部分配给陆军部队的区域。陆军或地面部队指挥官是负责陆上行动的联合部队指挥官所指定的作战地域内的受援指挥官。在各自作战地域内，指挥官整合并协同机动、火力和封锁行动。为促进整合与协同，指挥官有权指定重点目标和火力打击时间。

6. 关注地域

关注地域是指挥官所关切的区域，包括影响区、毗邻区和延伸至敌领土内的地区，还包括被敌军占领进而对任务的完成造成危害的区域。

7. 纵深－接近－安全

"纵深－接近－安全"框架一直与地形情况相联系，但是也可用于确定时间和组织机构。

纵深行动涉及干扰未投入使用的敌军的各种行动。纵深行动的目的通常与在时间和空间上相隔遥远的其他事件联系在一起。纵深行动可能以干扰敌战役预备队的行动或阻止敌使用远程加农炮或火箭弹火力。在敌人从民众中间招募叛乱分子的作战环境中，纵深作战可能关注破坏招募过程、干扰新兵的训练或消除为敌人的招募提供支撑的潜在因素。

接近行动包括与友邻部队共同产生立竿见影效果的各种行动（可能与敌军直接接触），包括能够立即投入使用的敌预备队。例如，接近行动可能以消灭敌军、占领地形、破坏叛乱分子的最小单位或确保当地民众安全为目标。

安全行动包括对敌人的行动提供早期而准确的预警，为部队提供能够对敌军行动做出反应的时间和空间，保护部队免遭突袭，扩大优势从而使指挥官能够有效使用部队。安全行动包括维持行动自由所需的各种行动，确保为其他所有行动提供不受干扰的支援或维持。安全行动可能需要投入大量的战斗力。

8. 决定 – 塑造 – 维持

"决定 – 塑造 – 维持"框架本身为广泛的概念性定位提供了契机。

决定性行动能够直接实现指挥官的目的。指挥官通常确定单一的决定性行动，但是一个以上的下级部队在决定性行动中发挥作用。如果有利于构想和描述作战行动，指挥官可以把"决定 – 塑造 – 维持"框架与"纵深 – 接近 – 安全"框架结合起来。决定性行动不一定是接近行动。

塑造行动能够创造并维持决定性行动取得成功的各种条件。指挥官可以指定多个塑造行动。

维持行动通过生成并保持战斗力为决定性行动或塑造行动提供支撑。

9. 主要行动和支援行动

主要行动和支援行动框架比其他组织框架更简单，关注于下级部队之间的优先任务。因此，指挥官能够将其与"纵深 – 接近 – 安全"框架或"决定 – 塑造 – 维持"框架共同使用。

主要行动由指定的下级部队完成，其任务在特定的时间和地点对于全部任务的成功至关重要。主要行动通常以占优势的战斗力来衡量。在实施过程中，主要行动通常会改变一次或多次。

支援行动由指定的下级部队完成，其任务是为主要行动的成功提供支援。

八、作战功能

作战功能是由指挥官用以完成任务的共同目的联系在一起的各种任务和系统的组合（人员、组织、信息和过程）。从根本上讲，陆军的作战功能与联合功能联系在一起。

1. 任务式指挥

任务式指挥的作战功能发展并整合了各种行动，这些行动为指挥官平衡指挥艺术和控制科学提供了支撑。这一根本的指挥哲学把人而非技术或系统置于中心地位。在这一哲学之内，指挥官通过各自的理解、构想、描述、指导、领导和评估行动推动作战过程。他们在各自组织内部以及与联合、跨机构和多国伙伴共同发展团队。指挥官告知并影响各自组织内外的受众。指挥官运用控制科学领导参谋业务。4 项主要的参谋业务是实施作战过程（计划、准备、实施和评估)、进行知识管理和信息管理、采取信息和影响行动、实施网络电磁行动。

2. 运动和机动

运动和机动的作战功能是指为取得对敌人或其他威胁的相对优势位置而移动并使用部队的相关任务和系统。直接火力和近战是机动所固有的。这一功能包括与获取对敌优势位置有关的兵力投送等任务。

3. 情报

情报的作战功能是指促进对敌人、地形和民事关切的理解的相关任务和系统,包括协同情报搜集需求与侦察、监视及相关情报行动等战术任务的实施。在每一层次,这一作战功能都包括特定的情报和通信结构。

4. 火力

火力的作战功能是指共同并协调使用陆军的间接火力、空中和导弹防御以及对目标进行定位的联合火力的相关任务和系统。

5. 维持

维持的作战功能是为确保行动自由、扩大作战范围、延长忍耐力而提供支援和服务的相关任务和系统。陆军部队的忍耐力是一项主要的维持功能。维持决定了陆军作战行动的纵深和持续时间,是保持和利用主动权所不可缺少的。

6. 防护

防护的作战功能是指保护部队的相关任务和系统,从而使指挥官能够为完成任务而最大限度地使用战斗力。保护部队包括人员(友邻的战斗人员和非战斗人员)和美国、东道国以及多国军事和民事伙伴的资产。

《联合地面作战》更新了之前条令中的作战概念,以反映当前作战环境的各种情况。联合地面作战不是新的作战概念,而是体现了对已经得到验证的成功法则的最新表述:在持续的陆上作战行动中夺取、保持并利用主动权,获得并保持相对优势位置,同时采取进攻、防御、稳定或民事机构的防务支援行动,从而预防或慑止冲突、打赢战争、为达成有利的冲突解决方案创造条件。

第四节　陆军条令与多域作战

2022 年 3 月 24 日美国防务新闻网站报道,美国陆军已花费了大约 5 年时间来完善其"多域作战"概念,并将于 2022 年 6 月发布新版 FM 3 - 0《作战纲要》条令。该条令将应对大国竞争以及与陆、海、空、太空和网络空间各作战域的均势对手的潜在冲突。2022 年 10 月 11 日，美军在第二次纳卡冲突和正在进行的俄乌冲突中汲取了教训后，新版 FM 3 - 0《作战纲要》条令终于发布，成为美国陆军史上的一个里程碑事件。

一、"多域作战"内涵

FM 3 - 0《作战纲要》指出，多域作战是指"陆军部队以合成兵种形式运用联合部队和陆军能力，创造、利用相对优势，代表联合部队指挥官实现目标、击败敌方部队、巩固战果"。运用陆军和联合部队能力，陆军部队可利用每个作战域的所用可用战斗力，以最小代价完成任务。多域作战是陆军在整个竞争连续体中对联合战役的贡献。在武装冲突门槛之下，多域作战是陆军部队积累优势和展示备战冲突的方式，在向盟友和伙伴保证的同时威慑对手。在冲突期间，多域作战是陆军部队接近并摧毁敌人、击败敌方编队、夺取关键地形、控制人口和资源，以实现可持续政治成果的方式。

陆军部队为支援联合战役而遂行作战行动，这些作战大多是作为更大的联盟作战行动的一部分。领导人必须了解自己的部队和其他部队或能力之间的相互依存关系，以产生合成兵种方式带来的互补和加强效果。陆军部队只能在可利用范围内，运用联合部队和其他统一行动伙伴的能力。然而，由于实力对等的威胁方可在所有作战域与陆军部队进行较量，陆军部队必须准备好在联合部队部分或全部能力无法支援任务完成的情况下遂行作战。

所有的作战行动都是多域作战。陆军部队在多个作战域运用建制能力，并不断受益于他们没有控制的空中和海上战略运输以及太空和网络空间能力，包括全球定位、卫星通信以及情报、监视和侦察。下级梯队可能并不总是注意到上级梯队或其他主要在空中、海上、太空、网络空间作战域作战部队所创造的机会；然而，领导人必须了解缺失这些机会会如何影响他们的作战概念、决策、风险评估。

在作战中，小的优势可以对任务结果产生重大影响，特别是当它们随着时间推移而累积起来时。因此，创造和利用相对优势对所有作战都是必要的，而当敌对双方势均力敌时，相对优势就变得更加关键。相对优势是指在任何领域中，相对于对手或敌人的一个位置或条件，可提供一个向目标前进或实现目标的机会。指挥官寻求和创造相对优势，通过作战加以利用，他们不断评估局势，以确定扩大机会的方法。

陆军部队在确定或利用相对优势之前，必须准确地知己知彼，并了解其作战环境。

陆军领导人习惯于以合成兵种方式来创造和利用相对优势,这种方式传统上注重陆上、空中和海上作战域的能力。太空和网络空间能力的扩散要求领导人了解这些能力在其作战环境中创造的优势。在最有效的战术梯队中整合与同步太空和网络空间效果的能力可扩大创造优势的选项。

多域作战通过破坏、扰乱、孤立、瓦解敌方相互依存的系统和编队,并利用这些混乱所提供的机会逐一地击败敌方部队,从而瓦解威胁方作战方式的一致性。因此,陆军部队需要及时、准确、相关、预测性的情报了解威胁方的特征、能力、目标、行动方案。这反映在击败机制上,包括思想、目标、作战方案。当指挥官运用部队在空间和时间上的能力对付敌方部队时,情报部门必须首先提出指挥官期望的多种击败机制的组合方案。陆军部队将机动与目标处理的方法结合起来,击败敌人的编队与系统。陆军部队在近战中采用机动方式接近并摧毁敌方编队。目标处理通常为信息收集、火力和其他关键能力设定优先级,以瓦解敌人的网络和系统。领导人执行目标选择过程,以创造优势实现机动自由,并利用机动所创造的位置优势。目标处理是领导人整合战场上创造纵深和防护友军部队所需联合能力的一个关键途径。

二、陆军战略背景

联合条令从竞争连续体的角度描述战略环境。竞争连续体描述的不是一个非战即和的世界,而是三大类战略关系——合作、武装冲突门槛之下的竞争、武装冲突。每种关系都定义为美国和另一个战略行为体之间,相对于一套特定政治目标的关系。合作、竞争,甚至是武装冲突通常在世界不同地区同时进行。正因为如此,一个地区的作战指挥官和陆军组成部队指挥官的需求会受到其他地区战略需求的影响。

尽管作战司令部和战区陆军在竞争连续体中发动战役,但陆军战术编队通常在一个战略关系主导的背景下遂行作战。因此,陆军条令通过陆军部队遂行作战的三种背景来描述战略态势:武装冲突门槛之下的竞争;危机;武装冲突。

陆军的战略背景通常与联合竞争连续体和联合战役要求相对应。由于合作通常是与盟友或伙伴一起进行的,以对抗对手或敌人,陆军条令认为这是竞争的一部分。陆军条令增加了"危机"这一阶段,以阐明地面部队所面临的独特挑战,这一挑战往往具备在竞争和武装冲突过渡期间的特征(图3-1)。

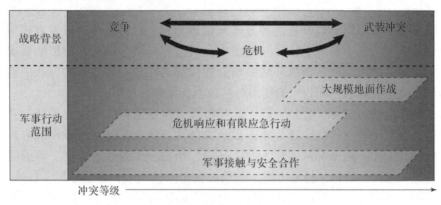

图 3 -1　陆军战略背景和作战类别

(一) 武装冲突门槛之下的竞争

当两个或更多的国家或非国家对手有不可调和的利益，但都不寻求武装冲突时，就存在武装冲突门槛之下的竞争。民族国家相互竞争，运用所有的国家权力工具来获得和保持优势，帮助他们实现自身目标。动用低水平杀伤力可能是武装冲突门槛之下竞争的一部分。对手经常利用网络空间能力和信息战来破坏或扰乱基础设施、干扰政府运行，并以不引起美国及盟国武力回应的方式开展行动。竞争为军队提供准备武装冲突的时间、向盟友和伙伴做出承诺和展示决心的机会，以及防止危机或冲突、创造必要条件的时间和空间。竞争的例子包括：冷战时期的"部队重返德国"（Return of Forces to Germany，REFORGER）演习，2014 年以来向乌克兰提供的安全援助，以及为提升印太地区战备水平而开展的"太平洋之路"行动。

(二) 危机

危机是一个新出现的事件或局势，涉及对美国、美国公民、军事力量或重要利益的可能威胁，它迅速发展并创造一种具有外交、经济或军事重要性的条件，考虑投入军事力量和资源以实现国家和/或战略目标（JP 3 - 0）。指挥官必须考虑公开的军事行动可能使危机升级为武装冲突的可能性。太空和网络空间能力的使用可提供其他选项，不太可能导致升级。危机的背景是相对于对手而言的，这与危机应对不同，后者可能是由自然或人为灾难造成的。在危机期间，武装冲突尚未发生，但它要么迫在眉睫，要么有明显发生的可能性，需要在威慑失败情况下由准备战斗的部队做出快速反应。

陆军部队为联合作战做出贡献，寻求阻止进一步挑衅，迫使对手在美国及盟友或伙伴可接受的条件下缓和侵略并恢复竞争。通过快速运动并与联合部队整合，陆军部队表达在作战行动中获胜的准备和意愿。在得到授权的情况下，陆军部队可以告知或影响人们对作战目标和进展的看法，以扩大危机期间的地面行动效果。然而，指挥官要确保他们的信息与现实一致，且他们的叙事是真实可信的。

陆军部队通过他们开展的行动和在当地的存在，帮助联合部队保持行动自由和相对优势位置。陆军部队的作战方式打乱了对手对违背美国国家利益的行动成本的风险计算，迫使其不再升级，并促进在有利于美国的条件下重返竞争。危机的例子包括：1962 年的古巴导弹危机，1990 年伊拉克入侵科威特，2017—2018 年朝鲜导弹和火箭挑衅，以及 2014 年和 2022 年俄罗斯对乌克兰的攻击。

（三）武装冲突

当一个国家或非国家行为体使用杀伤力作为满足其利益的主要手段时，就会发生武装冲突。武装冲突的范围从非正规作战到常规作战或两者的组合。进入和终止武装冲突是一项政治决定。在长期危机中，陆军部队可在一些预先警告的情况下进入冲突，或在竞争中几乎没有警告的情况下进入冲突。陆军部队为进入武装冲突所做的准备有多充分，最终取决于竞争和危机期间的决定和准备。

在武装冲突开始时，前沿驻扎的陆军部队可能会保卫关键的地形或基础设施，同时寻求机会获得主动权或与伙伴部队重新部署到更有利的位置。陆军部队帮助联合部队司令部获得并保持主动权，击败地面的敌方部队，控制领土和人口，并巩固战果，为有利于美国利益的政治解决创造条件。陆军部队为联合部队提供陆上力量，并遂行有限的应急或大规模作战行动，以确保有利于美国利益的、持久的政治成果。武装冲突的例子包括：越南战争、"沙漠风暴"行动和"坚定决心"行动。

陆军指挥官必须在竞争、危机、武装冲突期间通过持续巩固战果来开展扩张行动。巩固战果的行动是为了使任何最初的行动成功得以延续，并为可持续的安全环境创造条件，以便将控制权过渡到其他合法当局（ADP 3－0）。巩固战果是竞争中不可分割的部分，是整个军事行动中取得成功的必要条件。成功地巩固战果需要对战略条件、盟友和伙伴的合法性、友军和对手的相对优势以及可持续政治成果的可行性进行现实和务实的评估。告知和影响外国受众的行动在实现战果可持续性方面也发挥着关键作用。

竞争期间，陆军部队可能会在多年内巩固以前冲突中获得的战果，因为联合部队司令部寻求保持对特定对手的相对优势并维持持久的政治成果。美国部队留在欧洲、日本、韩国、中东已经几十年了，仍在巩固早期冲突中取得的战果。陆军部队还以持续发展多国互操作性和为大规模作战行动备战的方式巩固战果。

武装冲突期间，作为逐一击败敌人、完成总体政治和战略目标的一部分，陆军部队必须制订整个行动中巩固战果的周密计划。早期和有效的巩固战果是一种扩展形式，往往发生在其他正在进行的作战行动中，这些行动能够在最短时间内取得持久的有利成果。战术部队在一个目标上的巩固战果可以是巩固战果的第一步。在某些情况下，陆军部队将是整合部队和同步行动以巩固战果的牵头人。在其他情况下，陆军部队将为盟友和伙伴提供支援。陆军部队可在广大土地上持续巩固成果。控制区的军政府可稳定民众。军事当局可暂时管理一些地区，直到人口稳定至可以过渡到合法的民事行政当局。这种将控制权移交给民事当局的做法可减少对战斗力的需求。

虽然陆军部队必须在整个行动中持续巩固战果，但在大规模作战行动结束后，巩固战果成为陆军部队的重中之重。竞争期间，陆军部队可能会多年内巩固以前冲突取得的战果，因为联合部队司令部试图保持对特定对手的相对优势。危机期间，陆军部队寻求巩固能取得相对于特定对手优势的任何战果，这样可避免危机。

三、"多域作战"制胜机理

运用联合部队和陆军的能力，以合成兵种的方式在各梯队进行整合并保持同步，对于击败能在所有作战域抗衡联合部队的威胁方而言至关重要。陆军部队可整合陆域、海域、空域、太空域、网络空间域的能力，促进机动性，创造联合部队指挥官可在整个竞争连续体中利用的物理、信息和人的维度优势。指挥官和参谋人员需要掌握知识、技能、特征，快速整合能力，以必要的规模分配给每一层梯队。

竞争期间，战区陆军通过支援"作战指挥官战役计划"陆军部队的指挥控制，强化陆上力量网络，设置战区，展示面向武装冲突的战备情况。危机期间，战区陆军为作战指挥官提供选择，因为其为进入战区的陆上部队的流动和组织提供便利。武装冲突期间，战区陆军赋能并支援联合部队陆上组成部队指挥官运用陆上部队。联合部队陆上组成部队指挥官为陆上部队提供指挥控制，并将联合部队能力分配给其下辖的军和其他下级战术编队。军在合适的战术梯队中整合联合部队和陆军的能力，并运用师联合部队陆上组成部队指挥官的目标。师在军的赋能和支援下，击败敌方部队，控制陆上区域，并为联合部队巩固成果。击败或摧毁敌方能力是成功的关键，这些能力是敌人首选的分层对峙方式。总之，陆军部队进行的作战可为联合部队赋能，也能得到联合部队的赋能。

战斗期间，由于作战环境具备不确定性、通信降级、战机稍纵即逝等特点，多域作战需要通过任务式指挥形成有纪律意识的主动性。领导人必须具备作战天赋，并接受总存在某种程度的不确定性。指挥官授权领导人在其意图范围内迅速做出决定并接受风险，指挥官可为梯队中的编队赋能，使其快速适应，同时保持统一行动。

战争没有绝对的规则。然而，鉴于对当前战略环境的分析和对陆军部队最佳使用方式的评估，条令着重阐述作战原则和准则，以提高成功的可能，而不是规定如何彻底解决战术或战役问题。

（一）多域作战原则

作战原则是应该纳入所有计划和作战中的理想属性，它们直接关系到应该如何运用陆军的作战概念。在整个作战过程中，指挥官使用作战原则来了解和评估作战方案。作战行动遵循作战原则的程度，决定作战成功的概率。作战原则包括：敏捷、会聚、持久和纵深。

陆军提供有能力过渡到作战行动的部队，这些部队为信息而战，产生情报，适应不可预见的环境，并击败敌方部队。陆军部队以合成兵种的方式运用来自多个作战域的能力，通过多个作战域创造互补和加强效果，同时保持战斗力，为联合部队指挥官保留选项。创造和利用相对优势需要陆军部队以持久和纵深的方式作战。持久使部队能够承受敌人攻击，并在完成任务所需时间和空间内坚持战斗。纵深是将战斗力应用于整个敌人编队和作战环境，确保依次夺控作战目标，为联合部队巩固战果。

1. 敏捷

比敌人更快的行动能力是成功的关键。敏捷性是指比敌人更快调动部队、调整部署和行动的能力。敏捷性要求合理的判断和快速的决策，往往通过创造和利用信息优势获得。敏捷性要求领导人预测需求或战机。它需要训练有素的编队，并根据态势变化迅速改变方向、任务或重点。变化可能是作战阶段之间的转化，或是适应新战机或危险的需要。

领导人寻求比敌人更快地理解、决策、行动或反应，以获得相对优势并控制战斗条件和节奏。他们确保编队有足够的灵活性来适应不断变化的条件，并能比敌人更快运动。竞争期间，陆军部队通过他们的存在、接触和影响，为高级领导人提供灵活性和选项。

用于创造和利用应对威胁机会的时间通常是有限的，而这些威胁变化无常。敏捷性的部队能迅速识别机会并采取行动加以利用。识别速度、决策、运动、战斗演练能为敏捷性赋能。武装冲突期间，敏捷性往往要求部队迅速改变其位置和部署。部队必须能够运用敏捷性能力，然后快速进行再次任务编组，以便进行运动或执行新任务，同时保持分散以增加生存力。指挥控制节点和保障节点必须为运动提供支援，且他们能迅速地布设和转移，以减少被敌人发现的可能。这些节点是最脆弱的，因为它们对成功至关重要且容易被敌人发现并予以破坏。因此，它们必须最具敏捷性。

武装冲突门槛之下，安全部队援助小组以及前沿驻扎和轮换的部队为作战指挥官提供了敏捷性，因为他们能执行各种各样的任务，并为作战司令部提供选项。通过自身存在、接触关键陆上区域和人口，这些部队扩展了态势感知能力。他们的影响力可保证盟友和伙伴，以及提高多国部队的互操作性和敏捷性。

敏捷性有助于领导人影响节奏。节奏是指相对于敌人而言，随着时间推移，军事行动的相对速度和节奏（ADP 3-0），它意味着理解、决策、行动、评估和适应的能力。竞争期间，指挥官要迅速行动，控制事态，削弱敌方部队的相对优势。通过采取比局势恶化速度更快的行动，指挥官可改变危机态势，恢复有利条件。武装冲突期间，指挥官通常会寻求保持比敌方部队更快的节奏。快节奏可压制敌方部队反击友军行动的能力，也可让友军抓住短暂的机会窗口。

2. 会聚

会聚是通过协同运用来自多个作战域和梯队的能力，针对任何作战域中的决胜点组合，对一个系统、编队、决策者或在一个特定的地理区域施加影响而产生的效果。它的效用来自对不同作战域能力间的相互依存关系的理解，并将这些能力结合起来运用到出其不意、有效的战术行动中，以便随着时间推移而积累优势。当结合在一起时，每种友军能力的互补和加强特性都会给敌方部队带来多重困境，并产生一种整体效果，这种整体效果优于每种能力单独叠加形成的效果。部队实现会聚并长期保持会聚的程度越高，取得的效果就越好。

会聚创造可利用的机会，确保行动自由和完成任务。当一个高级别梯队及其下属梯队在多个作战域中，以长期击败或扰乱敌方部队的方式创造效果，使得友军能有效利用战机时，会聚就发生了。通过将战斗力应用于跨时间、空间和作战域的决胜点组合，而不仅是一个决胜点，会聚扩大了集结、同步、合成兵种的规模。会聚是一种平衡集结、目标、部队经济性原则的方法，将战斗力集中运用在敌方部队的某些部分，同时对其他决胜点采用不同的技术，以创造敌人无法克服的累积效应。

会聚要求陆上组成部队司令部以下的高级战术梯队对特定目标和明确目标进行同步。编队在作战中实现会聚的程度，取决于领导人如何更好地实施以下几点。

（1）通过可提供混合、冗余和重叠覆盖的有效监视，加深对敌方系统、能力、要求、决策过程和脆弱性的了解。

（2）确定预期的整体效果或机会，以及加速机会出现的单个效果和目标。

（3）在最有效的梯队中整合陆军部队和联合部队的能力。

（4）考虑所有作战域和冗余的攻击方法，以增加成功概率。

（5）同步运用每种能力和每个梯队，对敌方系统产生同时的、连续的、持久的效果。

（6）评估单个效果和预期整体效果取得的可能性。如果无法取得预期效果，或出现其他机会，指挥官准备重新攻击或调整作战方案。

（7）承担风险并迅速利用会聚提供的战机。

图3-2所示为会聚的简化图示。

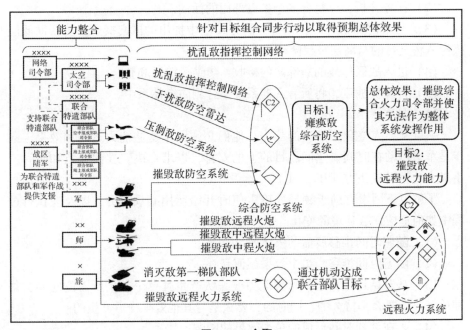

图3-2　会聚

1）整合

会聚要求在梯队中整合能力，以便能力得到最有效运用。整合是对军事力量及其行动的一种安排，目的是形成一支整体作战的部队（JP 1第1卷）。指挥官一般通过任务编成和支援关系来整合陆军的能力。指挥官将联合部队能力运用分配给下级梯队；整合这些能力需要了解联合的过程。指挥官在所有梯队中有效整合联合部队和陆军部队能力的程度，直接影响作战的成功。

军事力量包含多种多样的组成部队，领导人必须将这些组成部队捏合成一个团结且有效的整体。陆军领导人整合包括：

（1）联合部队的能力。

（2）多国、跨机构、跨组织的能力。

（3）梯队和参谋人员。

（4）以合成兵种的方式组建的不同类型的部队。

在某种程度上，几乎每个领导人的活动都致力于整合部队的各个部分，以实现目标统一和行动统一。领导人有许多用于促进整合的方法。常见的方法包括：

（1）联合部队和陆军部队的目标处理过程（包括工作组、委员会和其他机构帮助整合联合情报、监测与侦察和联合火力）。

（2）任务分析，以整合多个参谋部门的活动。

（3）"'任务式指挥'：指挥控制方式"中提出的嵌套概念，可帮助低层级梯队将其目的与高层级梯队整合。

（4）进入战区作战的新部队的接收、集结、前运和整合。

（5）开发交战区，将所有武器系统整合到防御体系中。

2）同步

一旦领导人整合了恰当的能力，他们必须同步这些能力运用和效果。同步是军事行动在时间、空间、目的上的安排，以求在决定性的地点和时间产生最大的相对战斗力（JP 2 –0）。

了解以下因素有助于领导人确定何时开始运用某项能力，以及在执行过程中如何适应作战环境的变化。

（1）随着时间推移所需的整体效果。

（2）随着时间推移，单个效果如何互补。

（3）从开始运用算起，每种能力或编队产生其单个效果所需的时间；每种单个效果要么是持久的、同时的，要么是与其他效果先后产生的。

（4）未在计划时间形成的单个效果的影响。

单个效应可以是持久的、同时的或连续的。持久效应会对威胁方产生持续影响，直到不再需要为止。持久性会对敌方部队产生削弱影响，但可能需要大量保障资源。同时性是指在跨位置和跨作战域同时执行相关且相互支援的任务（ADP 3 –0）。同时效应在多个作战域和跨敌方梯队纵深同时攻击敌方部队形成，可在有限时间内高效瘫痪对敌方决策和敌方最关键系统。同时效应可降低敌人反应能力，推动作战朝最终高潮阶段和敌方失败方向进行。当敌方部队开始使用某种模式时，针对威胁方的顺序效应可产生连续的困境和制造欺骗的机会。

领导人通过指挥控制和作战过程同步行动和效果。任务、指挥官意图、作战概念构成详细的同步的基础。指挥官决定同步作战所需的控制程度。他们用敏捷性和主动性来平衡同步，但绝不为同步而放弃主动性。过度追求同步会导致太多的控制，限制下属部队的主动性，削弱任务式指挥。

3）实现会聚

实现会聚需要详细的、集中的计划和任务命令，从而为分散执行赋能。冗余的和弹性的通信为同步行动赋能。然而，领导人必须预见到通信降级，并做好依靠任务命令、接受风险、决策来完成任务的准备。执行过程中，领导人通过快速过渡、调整优先级、转换主攻方向或调整以保持攻势来寻求保持会聚的条件。会聚时间越长，扩大优势和实现目标的机会就越大。

领导人必须理解申请联合部队能力并将其与地面机动相结合的各种过程。空中、太空、网络空间的作战任务周期在时间层上各不相同，故对申请的效果也有不同的要求。这些周期可能因战区和态势而异。只要有可能，领导人在计划时就需考虑申请这些效果所需的要求，为联合部队提供充足时间来产生这些效果。领导人可能会要求在较短时间内申请效果，但他们不应该让其成为决定任务成功的关键因素。

竞争期间，战区陆军为会聚创造条件，以实现威慑，为危机期间提供选项，并为武装冲突开始时取得成功赋能。情报、保障、部队配置，以及其他设置战场的行动有助于武装冲突期间的态势理解、决策、整合和同步。战区陆军通过作战司令部申请网络空间和太空效果，以确保有足够时间整合和同步这些能力。战区陆军在竞争期间根据需要平衡这些能力的使用，并在危机或武装冲突期间保持这些能力供陆军编队使用。当战区发生武装冲突时，战区陆军继续通过向陆上组成部队司令部提供能力和塑造联合作战区域外的作战环境来促进会聚。

武装冲突期间，陆上组成部队司令部将联合部队能力分配给下属梯队。军在适当梯队整合联合部队能力与地面机动能力，这些梯队利用这些能力实现会聚和达成目标。海上、空中、太空、网络空间能力提供的优势不会一直存在，因此一旦实现会聚，战术梯队就必须做好运用它们的准备。

当会聚效果形成并创造一个不断扩大的机会周期时，会聚是最有效的。采用多种、冗余的攻击方法可增加成功的可能性，从而避免依赖单一的探测、跟踪、攻击方法。成功导致敌方部队做出反应，并激活他们更多的能力，这就在一个或多个作战域创造出另一个机会。根据联合部队的其他组成部队产生的效果所创造的机会，军及其下属梯队调整他们的陆上作战，保持战斗力，以最大限度地利用他们的能力去运用会聚带来的机会。

3. 持久

持久性是指在整个作战环境纵深，随时间推移保持战斗力的能力。持久性能增强战斗力投送能力，延伸作战范围。持久性是指恢复和保持战斗力，同时只要有必要就可持续作战，以实现预期结果。竞争期间，陆军部队通过跨所有作战职能设置战区、提高与盟国和其他统一行动伙伴的互操作性来提高持久性。

持久性反映了在任何地点、任何条件（包括通信降级、化生放核污染、高伤亡的环境）下长时间运用战斗力的能力。持久性源于组织、防护、保障一支部队的能力，不管其离支援区的距离有多远，也不管作战环境有多恶劣。持久性包括预见需求和最有效地利用资源。

当部队通过持续交战战斗时，保持部队间的相互支援有助于防止其被孤立、被逐个击败，以及过早达到战斗顶点。防护可预防或减轻敌人的影响和保存战斗力，推迟战斗顶点和延长有效作战。陆军部队保持战斗力的一种方式是尽可能最大限度地保持分散。领导人可从分散阵地集结战斗力，形成预期效果，而无须集结任何不必要的部队。作战过程中，指挥官和参谋人员整合、同步、同时运用防护能力。

领导力和战术对持久性有益。制订考虑不同的部队成为采用"跟随–支援"或者"跟随–承担"方式的主力部队的计划，可防止首次投入近战的部队过早达到战斗顶点。基于敌人的抵抗、天气、物理距离及其对官兵、领导人、装备的影响，实事求是地确定友军应保持的节奏，可随着时间推移增加持久性。避敌优势并保持战斗力的机动计划不太可能对士气产生负面影响。

领导人解释说明保持战斗力的要求，同时在一个作战区域的整个纵深和必要的时间和距离上保障人员、系统和编队。

保障作战对持久性至关重要。采用通过陆上、海上、空中能力持续提供保障的各种方法可提高持久性。当可能时，保障部队利用太空和网络空间赋能的通信网络传输保障需求，并协调装备或部队的投送。然而，领导人必须预见到通信降级，并将通信模拟系统与预测分析和有纪律意识的主动性相结合，确保指挥官能在必要时保持可接受的节奏。

4. 纵深

纵深是作战在时间、空间或目的上的延伸，以达到最终结果（ADP 3–0）。持久性关注友军战斗力，而纵深则关注敌人位置和跨所有作战域的配置。指挥官通过理解敌方梯队能力的优势和弱点来取得纵深，然后在其整个配置过程中以同时和连续方式攻击敌人。虽然在纵深通过所有作战域同时发动攻击不太可能在所有情况下进行，但是领导人会寻求扩大他们的优势，限制敌人获得庇护和再生的机会。领导人通过作战范围描述其可取得的纵深。

作战范围是一个部队能够成功运用军事能力的距离和持续时间（JP 3-0）。参谋人员根据可用的保障资源、能力和编队范围、相较于敌方能力和行动方案的情报判断的行动方案来评估作战范围。这种分析有助于指挥官理解友军作战中的限制、任务中固有的风险，以及用于阶段过渡的可能的时间和空间点。

武装冲突门槛之下，战区陆军通过改善部队投送基础设施和提高与多国部队的互操作性来创造纵深，达到作战计划和应急作战所需的程度。它还通过扩大对盟国和伙伴、民众和其他相关参与者的影响来增加其作战纵深，上述影响可由联合演习、顾问团的持续前沿配置、战斗编队的前沿基地产生。

武装冲突期间，联合部队陆上组成部队司令部通过促进陆军和其他联合部队的能力，特别是可提高战术编队防护和削弱敌方综合防空系统的太空和网络空间能力来创造纵深。联合部队陆上组成部队司令部还申请联合部队司令部影响延伸纵深区域，以支援陆上作战。军将火力引向纵深区域，以摧毁敌方远程火力，扰乱敌方保障和指挥控制，阻隔敌方机动梯队，塑造未来近战的成功。在延伸纵深区域作战的特种作战部队能够探测目标，为联合火力的运用赋能，以支援常规作战。

领导人通过精心策划一个维度的效果来放大其他维度的效果，从而增强作战纵深。例如，指挥官可能决定首先摧毁敌方精英编队，因为这将降低敌方其他部队的信心。指挥官通过信息行动利用这一点来削弱其他敌方部队的战斗意志。

（二）"多域作战"的准则

准则是陆军部队必须采取的，用于以可接受的成本击败敌方部队和达成目标的行动。准则可通过作战环境和陆军部队可能遭遇的最具能力威胁方的特征来了解。准则包括以下几项。

1. 知己知彼，知悉作战环境

指挥官根据与决策相关的因素来构想作战环境。作战环境是动态变化的，包含大量的信息，这些信息会使指挥与控制系统过载并妨碍决策。指挥官通过知己知彼、知悉作战环境来简化信息收集、分析、决策。这三类因素相互关联，领导人必须理解在当前环境下每类因素与其他因素的关系。

作为作战过程的一部分，陆军领导人使用不同的方法理解和权衡各种选项。这些方法包括陆军设计方法、军事决策过程、快速决策和同步过程。每种方法都包含一个允许指挥官和参谋人员知己知彼、知悉作战环境的过程。

1）知己

指挥官通过任务需求、敌方能力、作战环境影响来知己。这种理解有助于告知涉及敌方部队的当前和潜在的未来优势，允许参谋人员开发和调整利用优势和减少劣势的行动方案。通过持续评价、下级指挥官更迭和友军信息需求，指挥官和参谋人员保持对其部队的了解：友军信息需求是指挥官和参谋人员用于了解友军状态和支援能力的所需信息（JP 3 - 0）。友军信息需求确定了指挥官认为在作战执行过程中用于做出关键决策的最重要的信息。作战军官为指挥官管理友军信息需求。

领导人试图从敌人视角知己，部分是通过理解友军信息的基本要素知己。友军信息的基本要素是友军作战的一个关键方面，如果被威胁方所知，就会随后带来危机、导致失败或限制作战成功，因此应避免被敌方发现（ADP 6 - 0）。

领导人将己方编队与其使命关联，并将其置于更高的指挥、毗邻部队和所有作战域的更广泛的背景。"知己"的一部分是理解陆基作战如何为其他作战域的作战赋能，以及来自所有作战域的能力如何为陆上作战赋能。

2）知彼

指挥官根据在作战环境和更广泛战略背景下敌方的战斗力、优势、意图来知彼。指挥官通过从自学、训练和教育中获得个人知识、经验和判断了解敌方部队。基于这个知识储备，指挥官和参谋人员通过战场情报准备，建立对敌方部队和环境的共识。战场情报准备是一个分析利益区域内的敌人、地形、天气和民事因素等任务变量的系统过程，以确定其对作战的影响（ATP 2 - 01.3）。

战场情报准备可使指挥官意识到关于敌方部队和作战环境的信息缺失。参谋人员将这些缺失转化为信息需求，并协助指挥官确定首要情报需求。首要情报需求是指挥官关键信息需求的情报组成部分，关键信息需求往往侧重运用有限的情报资产和资源对抗情报支援的竞争需求（JP 2 - 0）。更重要的是，首要情报需求确定了关于威胁和作战环境的信息，指挥官认为这些信息对于在特定情况下做出决策最为重要。在某些情况下，有关民事考虑的情报可能与有关敌方部队的情报同样重要。情报官与其他工作人员协调，管理指挥官的优先情报需求。

敌方部队试图隐藏、欺骗、扰乱和否认友军的情报搜集行动，以防止友军察觉敌人的真实意图。这就要求指挥官制订计划采取行动来了解局势，并为信息而战。信息收集行动可能需要指挥官承担重大风险，以确定敌人的部署并预测敌人的意图。

领导人不会将他们对敌人的了解局限于其所负责区域的那些部队。敌方部队能够从很远的距离和多个作战域运用能力。领导人必须意识到这些能力，这样才能采取适当的行动。

3）知悉作战环境

领导人根据与其决策相关的作战域、维度、作战变量和任务变量来看待作战环境。作战环境中最难认知的方面是不同的因素如何相互影响作战。

在决策的背景下，认知是已经被综合并应用于掌握情况的内在关系、使决策成为可能并推动作战判断的知识（ADP 6－0）。认知是在特定情境下对知识的判断。认知是对一种情况有足够的了解，从而做出明智的决定。判断是基于经验、专业知识和直觉——它会告知做出何种决定。

（1）态势认知。成功的作战要求根据现有信息做出及时有效的决策。因此，指挥官和参谋人员寻求在整个作战过程中建立和保持对态势的认知。态势认知是对相关信息进行分析和判断的结果，以确定作战变量和任务变量之间的关系（ADP 6－0）。态势认知使指挥官能够做出有效决策，并为指挥官和参谋人员准确评估作战赋能。指挥官和参谋人员持续保持态势的认知，并在不确定时期工作，接受他们不能消除的不确定性。他们训练参谋人员和下属在不确定环境中工作。

（2）共享认知。指挥官、参谋人员和统一行动伙伴面临的一个关键挑战是建立对作战环境、作战目的、作战挑战和作战方法的共享认知，以解决这些问题。态势的共享认知需要信息在各梯队间有效的流动，是统一行动和下级发挥主动性的基础。

有效的分散执行依赖于共享认知。共享认知始于陆军条令和领导人的建立（期间，灌输遂行作战的通用方法、通用的专业语言、对任务指挥原则的共识）。这种共享认知使得即便是仓促的任务编组部队也能有效遂行作战。指挥官和参谋人员在整个作战过程（计划、准备、执行和评估）中积极建立共享认知。他们合作勾勒出一个作战环境并提出问题，然后构想解决这些问题的方式。

（3）通用作战图。通用作战图是在所有作战域获得和保持共享态势认知以及比威胁方更快做出有效决策的关键。通用作战图是针对用户需求，对指挥官感兴趣区域相关信息的一种展示，其基于不只一个司令部共享的通用数据和信息（ADP 6－0）。虽然通用作战图在理想情况下是单一显示，但它可包括不只一种显示和其他形式的信息，如图形表示或书面报告。

通用作战图有助于协同计划，并帮助各梯队指挥官获得共享态势认知。

通用作战图必须考虑作战域中影响作战的相关因素，并通过物理、信息和人的维度提供与赋能行动和效果间的相互关系的共识。共享态势认知使指挥官可构想他们的决策对部队其他要素和整体作战的影响。

指挥所利用一套共享的、相关的信息，创建数字通用作战图。在数字通用作战图被破解的情况下，部队仍然保持模拟通用作战图。在大规模作战行动中，通信很可能在作战期间中被降级或中断。通过更新物理地图和图形，并使用经过演练的，可靠的主要、备用、应急和紧急通信计划，陆军部队保持共享态势认知。指挥所通常负责保持数字和模拟通用作战图。部队制定标准作战流程、报告时间表、战斗节奏等事项，确保通用作战图的准确性、相关性和实时性。

在多国环境中保持通用作战图的难度因培训水平、语言差异、数据共享水平、系统的技术兼容性、基于分类的限制条件，以及其他国家的警示而异。统一行动伙伴可能不具备创建和共享数字通用作战图的技术能力或兼容系统。指挥官必须认识到这种可能性，并通过使用替代方法（如联络官、信使、语音通信）对这种可能情况进行规划。

2. 防范敌人持续观察，应对敌人各种接触

空中、太空和网络空间能力增加了威胁方部队获得并保持与陆军部队持续视觉和电磁接触的可能性。敌方部队拥有能探测美国部队的广泛的太空基、空基、海基、陆基的情报、监测与侦察能力。领导人必须假设他们处于来自一个或多个作战域的持续观察之中，并持续确保他们没有为敌人提供可以获益的攻击目标。

能被探测到的就成为攻击的目标并被杀死。在多个作战域，领导人考虑9 种与敌接触形式。

（1）直接接触：视距武器系统（包括轻武器、重机枪和反坦克导弹）的交互。

（2）间接接触：非视距武器系统（包括加农炮、迫击炮和火箭炮）的交互。

（3）非敌对接触：可能会破坏或妨碍军事行动中立方的交互（包括战场上的平民）。

（4）障碍接触：友军、敌人、自然障碍的交互（包括雷场和河流）。

（5）化生放核接触：友军、敌人、民用化生放核效应的交互（包括化学攻击、核攻击、工业事故、有毒或有害工业材料）。

（6）空中接触：空基作战平台的交互（包括攻击直升机、武装无人机系统、空中遮断和近距空中支援）。

（7）视觉接触：通过人眼、光学或光电系统捕获的交互（包括地面侦察装置、望远镜、无人机系统和卫星等武器和传感器平台上的热像仪、红外瞄准具）。

（8）电磁接触：利用电磁频谱的选定部分，通过用于捕获、降级或破坏的系统间的互动（包括雷达、干扰装置、网络空间、太空、电磁系统）。

（9）影响力接触：通过旨在塑造人们对政治或军事目标的认知、行为、决策的信息维度的交互（包括通过社交媒体、电信、人际交互和其他形式的沟通）。

在所有情况下，直接、间接、非敌对、化生放核、空中接触只会偶尔发生。然而，陆军部队通常与敌人保持持续的视觉、电磁、影响力接触。陆军部队处于太空和其他能力的持续视觉监视下。陆军部队和个人不间断地与敌人保持电磁接触，这些敌人持续不断地探测和破坏依赖于太空和网络空间的个人、团体和陆军的能力。通过社交媒体和其他平台，陆军部队易受敌人通过针对官兵及其家人和朋友的虚假信息运动产生的影响。

竞争期间，敌方部队采用多种方法收集友军信息，以了解美国的能力、战备状态、意图。他们在美国本土内外都可这样做。他们不仅拉拢平民，利用天基监视平台观察部队训练和部署行动，而且还渗透网络，取得使用个人和团体网络空间角色的机会，为未来恐吓、胁迫、攻击创造机会。官兵及其家人应该以不使他们或他们的部队易受到敌方监视的方式，使用电信、互联网和社交媒体。

武装冲突期间，敌人网络化的陆基、海基、空基、天基能力能够为探测到友军并迅速使用火力对其进行瞄准赋能。集中的、静止的部队容易被敌方部队发现和摧毁，分散兵力可为提高生存力带来多种优势。它增加了利用掩护和隐蔽来降低被发现的机会。在敌人发现友军部队分队的情况下，分散作为一种欺骗方式，有助于隐藏友军的意图。领导人只能在必要时集中兵力，并在分散可带来生存力优势和分散将对任务效率产生负面影响间进行平衡。除了分散，领导人整合并同步欺骗、作战保密和其他行动，以挫败敌人探测。

指挥所极易受到空中、太空、电磁波谱的探测。陆军部队必须确保指挥所难被发现，指挥所分散以避免一次打击即摧毁多个节点，且指挥所可迅速转移。一旦一个指挥所被发现，仅有几分钟的时间用于将其转移到足够远的地方，以避免敌人的间接火力打击。领导人应该把指挥所的重点放在保持机动性所必需的最低功能上，并尽一切可能避免被发现。当面临很高的敌人火力打击风险时，指挥官应更多考虑分布式作战，将指挥所节点分散到更小的组成节点中，并最大限度地分散电磁信号。使用现有的坚固结构和限制性地形来隐藏总部设备和车辆，而不是按照标准配置组织的帐篷，是指挥官提高指挥所生存能力的选择。

1）防范敌人持续观察

敌方部队拥有广泛的太空、空中、海上、陆上侦察和监视能力，可探测到美军。为对抗这些强大而持久的能力，需要反情报工作和有纪律性地运用作战保密。

敌方部队大量运用无人机系统，并具有各种不同的能力。领导人在制订反无人机系统计划时，应考虑敌人的能力和可能的侦察目标。领导人基于建制内能力、配属能力、任务变量，实施对抗敌方无人机系统的策略和流程。

领导人必须综合采用多种措施，包括欺骗，使敌方部队更难发现友军。这些措施包括：

（1）反侦察，包括反无人机系统作战。

（2）遮盖和隐藏，包括自然的和人为的。

（3）伪装战斗阵地和欺骗障碍。

（4）遮蔽。

（5）分散。

（6）噪声和灯光纪律。

（7）能见度有限的行动，特别是保障职能和大部队运动。

（8）电磁辐射控制和屏蔽，包括社交媒体和个人通信纪律。

因为陆军部队运用越来越多的可发射电磁辐射的能力，这些能力可被敌人作为攻击目标，领导人必须采取电磁辐射控制措施，平衡部队风险和任务风险。随着部队面临的风险增加，领导人增加了电磁辐射控制措施。有时，友军电磁辐射被探测并成为攻击目标的风险被评估为过高，导致陆军部队使用没有电磁信号的通信方法。了解威胁方的系统、能力、部署，有助于有效规划和执行电磁辐射控制措施，包括：

（1）尽量减少无线电传输的时间和频次。

（2）分散编队和指挥所。

（3）使用最低的有效功率设备。

（4）建立并实施主用、备用、应急、紧急通信计划。

（5）使用远程天线。

（6）使用简码、代语执行矩阵、通信窗口。

（7）使用保密通信线。

（8）使用定向天线。

（9）使用数据突发传输。

（10）使用适当的加密和设备配置。

（11）移动指挥所和编队。

（12）利用地形和人造结构掩蔽电磁辐射。

（13）识别和报告全球定位系统、雷达、卫星通信的干扰。

（14）使用欺骗性发射器。

2）实施分散

领导人先发制人和减轻敌人探测的行动必不可少，但他们不能消除敌人部队集结和精确火力的风险，包括化生放核和大规模杀伤性武器。为了提高在敌人间接火力下的生存能力，陆军部队保持分散并尽可能保持机动性，以避免成为敌人最强大系统的目标。当任务需求要求部队在短时间内保持静止，这些部队必须构筑战壕来提高生存能力。

指挥官有多种选项实施分散。战役层面，指挥官通过使用多个中间集结区域和多条交通线来保持分散。战术层面，指挥官通过增加下属编队间以及这些部编队中各部队间的距离来保持分散。在攻击中，他们使用多条路线和编队间更长的行军间隔来达到目标，并且只集中足够的力量来产生大规模效果或在近距战斗中产生有利的兵力比。在防御中，部队占据远离预有准备防御阵地的区域，直到接触迫在眉睫，以防止他们被敌人的纵深火力发现和摧毁。防御部队也通过利用地形和在可接受的风险标准内采用最大的支援范围和距离来最大化实现分散。

当集中部队不可避免或成为必要时，部队在尽可能短的时间内保持最低水平的集中，然后迅速分散。当期望的分散水平无法实现时，指挥官会更加强调当己方部队在敌人武器射程范围内运动时，可给敌方部队施加多重、同时的困境。这可降低敌方部队有效集中其效应的风险。当分散无法尽可能减少在高风险区域的暴露时，指挥官也可采取速度和暴力行动，如以下示例。

第二次纳戈尔诺－卡拉巴赫战争：2020年9月至11月。在为期6周的战争中，阿塞拜疆利用其技术优势，以高效的杀伤力打击亚美尼亚军队。阿塞拜疆使用无人机系统，结合运用以色列的巡飞弹和改进的安－2飞机，击败了亚美尼亚的老旧防空系统。阿塞拜疆部队遥控安－2型飞机触发亚美尼亚防空系统，而阿塞拜疆的无人机系统和巡飞弹药在较高的高度未被发现或超出射程。当防空系统与目标交战时，阿塞拜疆精确定位防空系统的位置，使用无人机系统、巡飞弹或间接火力摧毁这些系统。阿塞拜疆的战术导致亚美尼亚防空网崩溃，阿塞拜疆获得了战场上空的局部制空权。

凭借空中优势，阿塞拜疆利用无人机系统持续监视亚美尼亚部队。此外，阿塞拜疆利用特种作战部队渗入，对亚美尼亚阵地进行监视。亚美尼亚军队无法继续隐藏，阿塞拜疆开始快速摧毁亚美尼亚的坦克、火炮、车辆。尽管战斗损失评估各不相同，但多个消息来源报告称，阿塞拜疆摧毁了数百辆亚美尼亚坦克、装甲战车、火炮系统、多管火箭炮系统、防空系统。无处可藏和对毁灭的恐惧使亚美尼亚士兵士气低落。

3. 创造和利用"三维"相对优势，追求决策优势

杀伤力部队的运用基于这一前提，即利用摧毁和其他物理后果迫使敌方部队改变其决策和行为，最终接受失败。杀伤力部队打击敌方部队的类型、数量、方式不相同，这在很大程度上取决于敌方部队、能力、目标、相关人群的意愿。对物理、信息、人的因素间关系的认知可让领导人利用每一个机会，限制不良和意外后果的负面影响。

侧重于某个维度而采取的行动可在其他维度创造优势。物理维度主导战术行动和破坏性部队的运用，可产生一种结果。物理维度的行动，尤其是暴力的运用，通常会在人的维度产生认知影响。信息维度的因素影响并反映人的维度和物理维度因素之间的相互作用。信息维度涉及相关行为体和人口如何在物理维度和人的维度交流。认知、决策、行为在人的维度中做出，因此是最终决定人的意志的维度。指挥官组合、强化、利用来自所有维度的优势，并随着时间的推移扩大优势。

竞争和危机期间，陆军部队为武装冲突设定条件，并通过训练和演习展示战备状态，战备状态可通过各种方式传达，以在人的维度产生威慑效果。武装冲突期间，战术领导人通常侧重于产生物理维度的优势以及他们所产生的直接的物理和认知效果。然而，领导人保持对物理效果总体目的的认知，确保他们将战斗力投向必要的目标，以在所有维度产生优势结果。战略层面，领导人更加关注物理效果对信息维度、人的维度的影响，以及如何将其转化为理想的政治结果。

成功的军事行动通常取决于指挥官通过实现决策优势来获得和保持战役主动权的能力———一种理想状态，部队可在该状态下做出决策，对抗威胁方信息战能力，增强友军士气和意志，并比对手更有效地影响威胁方决策。决策优势要求取得各种相对于敌方的信息优势，然后利用这些优势来实现目标。指挥官利用来自所有作战职能的相关军事能力来创造和利用决策优势。

决策优势是敌我双方都旨在追求的，取决于态势，并且总与对手相关。目标是比威胁方更有效且更快地行动。重要的不是绝对速度，而是相对于威胁方的速度。为实现这一目标，指挥官可通过干扰敌方部队的指挥控制，同时强化、防护、保障自己的指挥控制。优势不需要很大。能重复利用的小优势可对陆军部队的成功做出决定性的贡献。产生更快节奏的能力和愿望不意

味着指挥官应该在形势需要等待时采取行动。目标是有意义的，不仅是快速的行动。只要当友军的行动产生了相对于威胁方的优势时，做出决定就有意义。

对手和敌人追求各自的相对优势，通常是以不对称的方式，同时持续试图获得对友军的决策优势。因为威胁方部队能适应，同时态势会变化，所以决策优势是相对的、短暂的。因此，指挥官持续进行评估，以确定随着时间的推移何种形式的相对优势是最重要的。

4. 以最小分队首次接敌

当陆军部队没有充分掌握敌方部队部署，并在对敌方部队有利的条件下果断投入战斗时，陆军部队是极其脆弱的。为避免出其不意和招致重大损失，领导人必须设定条件，以有利于友军的条件与敌人接触。他们预测何时何地与敌人接触，与敌人接触的概率和影响，以及接触时采取的行动。快速运用多种能力对抗敌方部队，同时防止大部分友军参战，需要了解与敌接触的形式。

战术层面的武装冲突期间，指挥官寻求尽可能以最小的分队获得并保持与敌人首次接触，从而能够快速了解情况，并以最有利的方式运用机动和火力攻击敌方部队。审慎地运用所有可用的侦察和保密能力，是以尽可能最小的分队与友军直接接触的最有效方式。友军应该首先尝试和传感器与无人系统接触，将其整合到部队运动方法中。无人机系统和其他平台的运用可激活敌人系统，并为他们的侦测赋能，而不会对友军的侦察和机动部队带来危险。侦测到敌方能力后，陆军部队提示其他作战域的情报平台，以提高他们对敌方部队部署的认知，并在有利条件下与敌方部队交战。

部队寻求首先使用传感器或无人系统进行接触，尽可能地降低官兵和关键能力的风险。

确定敌人位置可能无法为陆军部队提供足够的信息来识别敌人意图。指挥官需采取行动掌握态势，当他们特意安排部队接敌时。小规模机动部队通常是迫使敌方部队做出反应，并透露意图的最有效方式。领导人运用战术耐心，为成功创造条件。他们将机动与互补和加强能力同步，在作战环境纵深获得态势感知并发现可利用的机会。结合运用己方的速度优势和施加给敌方的多重困境，有可能在敌方部队能够有效应对前，迅速瓦解敌方编队的凝聚力。

运用多域（如空中作战域和地面作战域）能力，指挥官可使威胁方系统激活或发射电磁信号，以至暴露其能力和关键节点（如传感器、射手、指挥所）位置。竞争期间，指挥官和参谋人员使用这些信息来提高认知，更新目标清单，并改进攻击威胁方脆弱点的计划。通过这种做法，指挥官和参谋人员可为武装冲突期间的成功创造条件。

有些情况下，以最小分队与敌接触并不可取。当指挥官确信他们拥有优势兵力、出其不意的优势，并知道敌人的部署和作战方案时，可尽可能多地安排接敌战斗力，最大限度地对敌方部队产生出其不意的冲击效果。

5. 给敌人制造多重困境

给敌人制造多重困境可使其决策变得复杂，并迫使他们在竞争选项中进行优先排序。这是一种夺取主动权并使敌方部队对友军行动做出反应的方式。涵盖多个作战域的同步作战——在纵深中实施并得到欺骗的支援，给敌方部队带来多重困境。运用多域能力可降低敌人的作战自由，减少敌人的灵活性和持久性，并干扰敌人的计划和协调。以互补和加强的方式运用能力可产生比敌方指挥官所能解决的更多的问题，这会削弱敌人的战斗力和战斗意志。

欺骗有助于制造多重困境，实现战役突袭，并保持主动性。战术编队实施的欺骗行动试图延误敌方决策，直到做出决策时为时已晚，或导致敌方指挥官做出错误决定。欺骗需要了解如何突袭敌方部队、计划、准备、执行、评估欺骗行动的时间，以及合理利用欺骗手段的能力。

欺骗可通过增加了解友军行动方案必须的时间、空间、资源，来抑制敌人的有效行动。精心实施的欺骗以对敌人的决策周期产生累积效果为起点，当敌方部队对多种真实和虚假的困境做出反应时，它会导致不作为、拖延、兵力分配不当和出其不意。在任何可能的情况下，试图误导敌方部队都是制订所有行动方案的基础。当指挥官和参谋人员将欺骗作为制订行动方案的一部分时，他们采取作战保密措施来掩盖友军意图，使敌方部队尽可能长时间地考虑多个友军行动方案，并确保敌方部队不会意识到欺骗行为。

从偏离敌方防御的位置实施强行进入作战和包围行动，会打乱敌方拟订的作战方案或超出敌方的反应能力，从而给敌方造成多重困境。跨作战距离投送兵力的能力会使敌方部队面临如何在时间和空间上安排兵力的艰难抉择。利用渗透或包抄的快速战术机动可挫败敌人重新配置综合火力网或综合防空系统的企图，而后者在运动时通常效率较低。

制造多重困境需要识别可利用的机会。了解敌人的部署、系统、弱点，以及地形和人口特征，有助于态势理解和行动方案制订。运用相互支援的部队，沿不同线路从意想不到的方向实施打击，会制造困境，特别是当陆军和联合部队同时在多个作战域对敌方部队施加影响时。指挥官会寻找一切机会，在他们选择的时间和地点，与敌方部队在不同方向作战。指挥官并不局限于运用破坏性手段将多重困境强加给敌方部队。例如，他们可以利用心理战和民事能力来影响和获得平民支援。这给敌方部队制造了一个困境，他们必须做出反应并转移资源来对抗被动或主动的抵抗。

6. 预测、计划、阶段转换

转换标志着作战重点的改变。领导人将计划转换视作初始计划，或者分支计划，或者后续计划的一部分。它们可能是计划外的，可导致部队对不可预见的情况做出反应。转换是任务完成进展中的一部分，可反映一个暂时的挫败。常见的转换如下：

（1）竞争、危机、武装冲突阶段之间。

（2）进攻、防守、维稳主导的行动之间。

（3）进攻或防守类型之间。

（4）一次作战的不同阶段之间。

（5）一次战役或重大行动的分支计划和后续计划之间。

（6）布设、运动、一个或多个节点转移期间的指挥所之间。

（7）部队间主力部队、支援部队、后备队的转换。

（8）任务编成的变化。

（9）敌方部队越界的责任在部队与梯队之间的传递。

（10）部队间传递地形责任。

（11）将警戒和治理责任移交给合法当局。

（12）作战行动到重建的任务变化。

（13）将部队调入和调出战区。

（14）可导致任务重新定义或行动目的改变的环境变化。

转换是指挥官的重要计划职责。他们预测关键的转换，并向参谋人员发布计划指南。参谋人员反过来向指挥官建议什么时候可能需要转换。参谋人员监控当前作战并跟踪需要转换的条件。转换通常是分歧点或机会点，领导人会指派下级领导人专门负责在何处执行转换，如越线换防期间、穿越间隙期间、接触点处、部队边界沿线。

有效转化需要在执行前进行规划和准备，以便部队能够保持作战的势头和节奏。转换过程中风险会增加。因此，指挥官可为部队执行转换确定明确的条件。指挥官建立决策点以支援作战期间的成功转换。旅以下梯队执行战斗演习的能力可减轻高级梯队在过渡期间面临的一些风险。

转换的发生有几个原因。条件的意外变化可能需要指挥官指挥突如其来的转换。在这种情况下，尽管任务、任务编成、交战规则突然发生变化，但部队的总体构成仍保持不变。通常，任务编成改变以满足变化的条件，然而，转换计划还必须考虑任务变化。指挥官持续评估形势，重新分配任务，重新编组，并让其部队轮换进入和退出近战行动，以保持作战主动权。指挥官寻求改变优先事项或主攻方向，而无须迫使行动暂停。行动暂停会使友军面临敌方攻击时表现得更加脆弱。

指挥官在计划过程中识别潜在的转换，并在整个执行过程中考虑这些转换。转换规划和准备应包括：

（1）预测何时和如何转换。

（2）安排任务以促进转换。

（3）创建一个能预测转换的任务编成。

（4）演练关键的转换，如从防守到进攻的转换。

（5）确保部队了解任务转换期间交战规则的变化。

（6）了解潜在的意外后果及其对成功转换带来的风险。

指挥官和参谋人员考虑了计划、准备、执行、评估转换所需的时间，考虑了由于环境、降级的通信、敌方行动而可能产生的分歧。评估可确保指挥官衡量此类转换的进展，并采取适当的行动来准备和执行这些转换。

7. 分配任务，权衡资源，保障主力

指挥官经常面临对有限资源的竞争需求。他们通过确定优先级来解决这些相互竞争的需求。指挥官确定优先级的一种方式是分配任务、权衡资源、保障主力。主力部队是一支指定的下级部队，其在给定时间内的任务对整个任务的成功至关重要（ADP 3-0）。指挥官为主力部队提供适当的资源和成功所必需的支援。当分配一支主力部队时，指挥官考虑加强一支部队的任务编成，并给该部队优先的资源和支援。指挥官分配各种支援的优先级，如防空反导、近距空中支援和其他火力、信息收集、机动性和反机动性以及保障。随着主力部队在整个作战中的变化，指挥官和参谋人员预测其保障需求，并根据态势提供补给和能力。在权衡主力部队时，指挥官必须根据行动自由和作战范围的需求，平衡保障资产的前沿部署。

指挥官根据环境需要调整资源和优先事项。虽然在任何给定时间只能有一支主力部队，指挥官可在一次作战中多次变换主力部队，以增加整支部队的持久性。在分配一支部队作为主力部队前，他们应该留出时间来调整支援优先事项，因为变换主力部队可能需要调动资源和部署支援能力。

8. 持续巩固战果

当领导人巩固战果时，就时间和目的而言，他们增加了作战纵深。指挥官在战役和战术层级巩固战果，以此作为对当前作战的战略理解方式，同时考虑冲突的预期政治结果。竞争和危机期间，指挥官扩大从以前冲突和行动中创造的机会，以保障持久的美国利益，同时提高陆军部队的可信

度、战备、威慑效果。大规模作战行动期间，指挥官持续或尽快巩固战果，决定是否在当前任务期间或未来大规模作战行动结束时以更湿度的节奏接受风险。

作战环境的多域影响给为创造持久性改变的军事力量能力带来了额外的压力，特别是在人的维度和信息维度方面。指定的作战区域的大小、规模、范围可能会缩短效果的持续时间，就像它们会稀释战斗力的影响力一样。敌方虚假信息行动的速度和普遍性是一个持续的挑战，其可影响陆军部队的能力，以改变人类意志和行为。在旨在渗透或包围敌方梯队的作战期间，牵制和绕过一些敌方部队的需求可能会在后方区域留下重大的敌方威胁，并危及进攻作战期间取得的战果。因此，随着态势发展，指挥官持续评估何时、如何巩固战果。

在每个梯队巩固战果有助于更好地从武装冲突中脱身，并转换到后冲突时期的竞争。它可作为应对叛乱风险的预防性措施，叛乱经常由那些希望延长冲突的人发动。

9. 理解并管理作战对部队和官兵的影响

连续作战会迅速降低人员和装备的效能，尤其是在作战中。在战斗中，官兵和部队更有可能突变地失败，而不是逐渐地失败。指挥官和参谋人员必须对疲劳、恐惧、纪律涣散、士气低落等细微迹象保持警惕，并在这些迹象的累积效应即将将部队推向失败边缘时，果断采取措施解决上述问题。更高层级梯队的参谋人员和指挥官必须考虑长期作战对下属部队的影响，这些影响会导致效率下降，即使在物理维度损失并不大的情况下。在作战延长期间，当官兵长时间无法通过社交媒体和其他平台与家人和朋友保持联系时，领导人要考虑这些孤立的官兵的感受。在有凝聚力的部队中，训练有素、身体健康的官兵比那些缺乏训练、体质欠佳的士兵能更长久地保持坚毅和顽强的品质。

尽管所有部队都会经历过战斗效能的高峰和低谷，但与缺乏训练和有能力的领导人的部队相比，在有能力的领导人领导下的训练有素、有凝聚力的部队具有更强的持久性和更高的战斗力。领导人培养有弹性的下属部队。参谋人员和指挥官需要在其计划中考虑这种能力上的差异，使部队与任务相匹配，轮换完成困难任务的部队并允许休整，并使他们对部队能力的期望基于对其当前能力的准确了解。从历史上看，冲突期间，战术部队与敌方部队的接触可持续数周或更长时间，旅以上梯队的指挥官和参谋人员轮换下属部队使其脱离敌方部队的接触，以定期进行重组、休整、训练。持续评估下属编队的作战效能，是未来了解这些决策所必需的。

四、"多域作战"作战方式

作战方法为战术任务如何最终达成预期的最终战态势提供了逻辑。它为所有作战提供统一的目的和重点。合理的作战方法将对风险和不确定性与分歧和机会进行平衡。作战方法为制订详细的作战计划提供基础，使领导人能够确立一个合乎逻辑的作战框架，帮助生成一个可执行的命令。

通过作战艺术，指挥官制定作战方式——对完成任务所需的使命、作战概念、任务、行动的广义描述（JP 5–0）。作战方法是指挥官为解决既定问题必须在广义上完成的事情的可视化结果，它是描述详细计划的主要思想。当描述作战方式时，指挥官应：

（1）考虑击败敌方部队的详细方法和潜在的决胜点。

（2）运用击败机制组合，孤立和击败敌方部队、职能和能力。

（3）评估假定风险的选项。

1. 逐一击败敌方部队

（1）武装冲突意味着需要击败敌方部队。击败是指使一支部队无法达成其作战目标（ADP 3–0）。当在作战中作为任务或效果时，击败为指挥官如何完成任务提供了最大的灵活性。在作战态势仍在发展时，或者地面指挥官凭其应对相近问题的作战经验，以其高超能力决定如何部署杀伤性部队来达成作战目标时，高级领导人将击败视为一项任务。作为一项任务，击败适用于战区战略和作战层级梯队，但对于军以下级别的战术梯队而言过于模糊，在军以下战术梯队，需要更具体的结果或更高程度的摧毁以确保全面击败对手。作为一种目的或效果，击败经常用来描述一次作战的最终结果。

（2）击败必然导致阶段转换。当敌人的政治领导力和国家意志默认了友军的政治意志，并且态势转换到比武装冲突门槛下的更理想的竞争形式时，就在战略上击败了对手。当敌方部队不再有追求军事目标的意愿或能力，友军已实现了大部分或全部目标时，就在战役上击败了对手。当进攻部队致使敌方部队进行撤退并停止防御友军目标时，就在战术上击败了对手。当防御部队使敌方部队在达成目标之前结束战斗并转入防御阶段时，就击败了对手的攻击。

（3）当美国部队在所有作战域都拥有压倒性优势时，联合部队指挥官能够高度协同攻击敌方部队的所有分队。同时可扰乱敌人的指挥控制系统，快速瓦解威胁方作战系统的各个组成部分。然而，定义的均势威胁方拥有巨大的作战能力规模和质量，以致无法立即攻击。当与均势威胁方作战时，指挥官识别敌人部队间或敌人编队中的弱点，以及作战系统中的弱点，为逐一击败敌方部队提供可能。

（4）逐一击败是集结压倒性战斗力对付敌方部队的各个分队，而不是一次性击败整支部队（ADP 3-90）。传统上，兵力弱小的指挥官采用这种策略战胜兵力强大的敌方部队。然而，逐一击败也适用于集中兵力对付敌方特定功能、能力、梯队、作战域或维度的作战行动。

（5）逐一击败要求领导人在作战环境的所有相关作战域和维度的背景下评估敌方部队。指挥官必须了解敌方各个部队及其弱点，然后确立针对这些弱点投送战斗力的最佳方式。通过比较敌人弱点和友军优势，领导人抓住战机并制订方案。有时，敌人弱点和友军优势在同一时空以某种对完成任务具有决定意义的方式出现。上述时空是一个具有决定意义的决胜点（关键地形、关键事件、关键因素或功能）。当采取作战行动时，指挥官据此能获得对敌人的显著优势或对取得成功做出实质性贡献（JP 5-0）。决胜点有助于指挥官选择明确的、确凿的、可实现的目标，这些目标直接有助于以会聚或其他方式达成最终状态。

2. 击败机制和维稳机制

（1）击败机制是一种友军完成对抗对手使命任务的方法（ADP 3-0）。有梯队的陆军部队通常使用摧毁、扰乱、瓦解和孤立4种击败机制的组合。同时，使用一种以上的击败机制会给敌方部队造成多重困境，并产生单一机制无法取得的互补和加强效果。指挥官可能有一个总体的击败机制或机制组合来完成任务，并针对敌方编队或作战系统的组成提供支援性击败机制。击败机制可以指导下属部队在作战中制定战术任务、明确目的和取得效果，以便更易获得控制权和主动权。

（2）竞争期间，指挥官采取行动，以便为未来应用击败机制设定条件，并向敌方部队彰显施用击败机制的能力。这些行动包括调整兵力态势、渗透敌人网络、与盟友和伙伴进行演习。

（3）指挥官决定击败机制对敌方部队或作战系统产生影响的速度和程度。虽然快速击败通常是可取的，但采取渐进的方法击败敌人可能更可行或更可接受。使对手无法实现其目标通常不需要全部将其歼灭。为确定对敌方部队的影响程度，指挥官考虑只对构成威胁的作战系统或部队造成轻微降级，当足以阻止敌人实现其目标时，既保存了友军的战斗力，又运用了兵力经济性原则。在其他情况下，尤其是对抗坚定的均势威胁部队的主力部队，指挥官通常要求歼灭敌方部队的重要部分。

（4）当指挥官决定使用摧毁机制，他们使用杀伤性部队打击敌人的能力，以致其无法再发挥作用。摧毁是一项战术任务，在对手重组之前，强调使敌方部队从物理上失去战斗效能。也可这样表述，摧毁作战系统是指对其严重破坏，以致其不具备任何功能，或在没有完全重建的情况下无法恢复到可用状态（FM 3 - 90 - 1）。瘫痪和瘫毁威胁是所有击败机制的核心，并使击败机制更具说服力。当友军行动导致敌方部队面对严峻的现实时，其他机制就可发挥作用：他们的作战能力和相对优势被削弱，他们的选择是投降、撤退或被摧毁。

（5）扰乱是指部署部队在一个或多个作战域获得显著的位置优势，使对手的部署不再具有更大价值，甚至可能毫无价值。通常，当友军在多个作战域发挥优势时，扰乱的影响会增加。指挥官经常通过欺骗和将部队部署在敌方部队意想不到的位置来实现扰乱。实现扰乱需要了解敌方部队的方向以及他们的转移速度。包抄和迂回为物理扰乱赋能，欺骗可产生并增强扰乱的心理效应。

（6）孤立意味着将一支部队与其支援来源分开，以降低其效能，增加其被击败的弱点（ADP 3 - 0）。孤立可包含多个作战域，并可对完成任务产生不利的物理和心理影响。将敌人从电磁频谱中孤立出来，通过降低其通信能力和态势感知能力，可增加物理孤立的效果。被孤立部队执行其预定任务的能力通常会随着时间的推移而下降，干扰敌方部队作战方案的能力也同时下降。当指挥官执行孤立行动时，敌方部队就无法获得在时间和空间上任意机动的能力。

（7）瓦解意味着干扰对手的指挥控制，降低其作战的同步性和凝聚力。瓦解使敌方部队无法团结一致，并导致敌人战斗能力或意志的下降。它攻击敌人编队的凝聚力，也攻击使用合成兵种方式和有效合作的能力。指挥官可以通过瞄准对威胁方整体作战能力至关重要的敌人的作战职能来实现瓦解。通过专门瞄准对手的指挥结构、通信系统、指挥结构和通信系统间的联系、控制能力，指挥官通常可以实现瓦解。瓦解可通过结合使用其他三种击败机制来实现，特别是针对这些系统时，如综合火力指挥、严重依赖指挥控制和传感器节点的综合防空系统等。

（8）网络空间、太空、电子战能力有助于通过降级通信和干扰敌方编队信息和决策的质量来瓦解敌方部队。将担任机动部队或火力部队的主力部队与敌人后备队和后续梯队分开，是一种孤立梯队、取得有利兵力比、摧毁这些梯队的物理方式。反之，这瓦解了敌人进攻或防守的连贯性。摧毁敌人保障能力可将敌人火力和机动部队与燃料和弹药分开，并延迟补给行动。

（9）维稳机制是一种通过该方法可使友军影响平民以获得支援建立持久、稳定和平的条件的主要方法（ADP 3 -0）。与击败机制一样，维稳机制的组合产生了互补和强化效果，可比单一机制更有效和高效地完成任务。4种维稳机制是强迫、控制、影响和支援：强迫是指使用或威胁使用杀伤性部队，以建立控制和统治，影响行为变化，或强制遵守命令、协议或民事权力；控制包括强制推行社会秩序；影响是指通过信息、存在、行动来改变外国、友好、中立、威胁方受众的观点、态度、行为；支援是指为国家权力工具有效运转建立、加强或设置必要的条件。

3. 风险

（1）指挥官以他们自己的方式接受风险以创造机会，并运用判断来管理他们无法控制的危害。风险是作战的固有部分，无法避免。指挥官与下属部队合作分析风险，以帮助确定存在风险的级别、类型以及如何减轻风险。当考虑在一个作战方案中可接受多大的风险时，指挥官应当考虑部队无法在当前和未来作战中取得任务成功的可能性带来的风险。他们依据权衡主力部队、部队经济性、在完成被委派任务的背景下造成的物理损失等方式来评估选项。

（2）领导人考虑所有作战域的风险。接受一个作战域的风险可能会在其他作战域创造机会。例如，夺取机场的风险使地面部队处于危险之中，但它创造了获得用于扩大作战范围的加强和补给的机会。在和实力与美国相当的对手作战时，最大的机会可能来自风险最大的作战方案。这方面的一个例子是投入大量兵力进行可能代价高昂的正面攻击，将大部分敌方部队牵制在原地，为其他部队的包围行动创造条件。另一个例子是走一条艰难且意料之外的路线来获得出其不意。当寻求创造优势时就必须接受重大风险，否则就不存在优势。

（3）规避所有风险的不切实际的期望不利于任务的完成。虽然每种态势都不同，但指挥官避免过度谨慎或投入资源，以防范每种可察觉的威胁。等待完美的情报和同步可能会增加风险或错失机会窗口。任务式指挥要求指挥官和下属部队接受风险，发挥主动性，果断作战，尤其是在结果不确定的情况下。

（4）指挥官决定如何给敌方部队施加风险。从敌人视觉审视态势，指挥官尝试制造多重困境，增加敌方部队必须应对的危害的数量和严重程度。领导人考虑人的因素和信息因素，这些因素决定了对手评估的成本和收益以及计算风险的方式。当指挥官试图给敌方部队增加可感知的成本，并降低其对潜在利益的认知时，指挥官终止了这种风险计算。指挥官通过给敌方部队施加困境来做到这一点，不是基于美国或盟国领导人对问题的看法，而是基于敌人指挥官对不利因素的看法。有些困境被公认为代价高昂，但其他困境则是文化的或个人的。指挥官依靠军事情报和经验来培养这种态势理解的水平。

五、"多域作战"框架

作战框架为指挥官规划地理与作战责任区域，提供一种描述部队运用的方式。作战框架阐明近距作战、纵深作战、其他作战在跨域的时间和空间上的关系。作为一种可视化工具，作战框架缩小了部队对环境的概念性认识和对生成指导作战的详细命令需求间的差距。

（一）战略框架

战略框架说明了战略环境中的因素，以及战略能力与战役和战术层级作战的联系。战略框架包括4个区域：战略支援区；联合警戒区；延伸纵深区；指定作战区。

1. 战略支援区

战略支援区是指从作战战区延伸到在美国的基地或另一个作战指挥官责任区的区域。它不仅包括支援部署部队所需的组织、交通线、其他机构，还包括支援部队和后勤进入战区的机场和海港。此外，战略支援区可能包含关键作战能力，如网络空间资产，这些能力在作战区外使用，但在作战区内产生影响。大多数友军的核、太空、网络空间能力以及重要的网络基础设施都被控制并位于战略支援区。

2. 联合警戒区

联合警戒区是一个特定区域，用于推动对联合基地及其支援联合作战的交通线的防护（JP 3 – 10）。联合警戒区位于或直接毗邻作战区，两个或两个以上军种的大量部队和后勤部队都部署在该作战区实施或支援作战。陆上联合警戒包括基地、任务必需的资产、交通线、车队安全。高级陆军指挥官经常负责陆上联合警戒作战。

联合警戒区的范围变化很大，主要取决于作战区的大小、任务必需的资产、后勤保障要求、威胁或联合作战的范围。联合警戒区可能包括被包括在联合部队陆上组成部队指挥官的后方区域内，也可以与联合部队陆上组成部队指挥官的后方区域分开或毗邻。大规模作战行动期间，联合警戒区通常与陆上组成部队或野战集团军后方区以及相关支援区分开。

3. 延伸纵深区

延伸纵深区由战役纵深区和战略纵深区组成。这些区域通常不属于陆上组成部队司令部的作战区域，但它们是其权益区的一部分，因为在延伸纵深区域敌人的能力和弱点会对作战结果产生重大影响。延伸纵深区通常是联合部队总部或另一个作战司令部的范围。通常，联合部队空中部队司令部是在延伸纵深区内的支援司令部。陆军部队可能被指派使用远程精确火力支援延伸纵深区。

战役纵深区通常位于权益区内，且紧靠陆上组成部队最初指定的作战区外。这些区域可能在、也可能不在联合作战区或作战区的范围内。如果没有联合部队的大力支援，战役纵深区通常超越了常规部队可行的运动。

敌方部队可从战役纵深区获得强大的战斗力，而存在于这些地区的能力通常对实施作战至关重要。在大多数战役设计中，友军的作战目标最初都位于纵深作战区。

战略纵深区超出了常规地面部队可行的运动范围，或者政治禁止其作战。作战指挥官、其他作战司令部、国家机构可在这些区域运用战略情报能力、联合火力、特种作战部队、空间和网络空间能力。许多敌人的太空、网络空间、信息战能力存在于跨国际边界和联合作战区外的战略纵深区，它们通常包含多个影响区域。

（二）作战框架

作战框架是一种认知工具，用于辅助指挥官和参谋人员清晰地可视化和描述作战概念中战斗力在时间、空间、目的、资源等方面的应用（ADP1-01）。指挥官根据其对作战环境的评估，包括所有作战域和维度，构建其作战框架，如图3-3所示。指挥官可能创建新模式以适应作战环境，但一般而言，他们主要依据条令采用通用模式的组合。通常用于构建作战框架的三种模式如下：

（1）指定区域。

（2）纵深作战、近战、后方作战。

（3）主力部队、助攻部队、预备队。

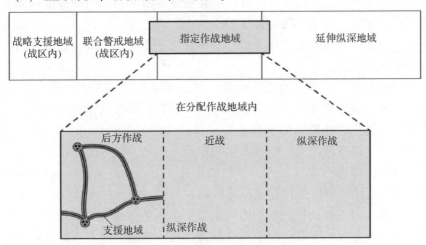

图3-3　战略框架范围内的作战框架

1. 指定区域

联合部队指挥官在联合组织架构内为陆上部队指定作战区域。陆上组成部队或陆军组成部队指挥官将其作战区域细分为多个下级指定区域，从而为部队所需的机动方案提供最佳支援。指挥官在为下属部队指定区域时，将综合考虑一系列因素，包括任务、可用的友军、敌情、地形等。对于一支部队而言，指定区域过大以至不能有效控制或者超出部队影响区域，风险就会增加，就可为敌方部队提供可乘之机，并且限制联合部队弹性；指定区域过小则会限制机动，减少分散的机会，并造成交通线拥挤。大多数作战都包含毗邻指定区域和非毗邻指定区域。如果作战区域较大，而部队规模较小，则通常遂行非毗邻作战，这将对指挥控制和保障提出更高要求。指挥官仍需对任何未指定下属部队的作战区域负责。部队在各自指定区域内需采取相应控制措施，以明确职责、防止误伤、推动指挥控制、协调火力、控制机动、组织作战。为了便于这种整合及同步，指挥官需明确在其指定区域内的目标优先级、效果、时机。

2. 纵深作战、近战、后方作战

在指定区域内，指挥官根据时间、空间、目的，通过同步纵深作战、近战、后方作战来组织部队的作战行动。梯队在时间、空间、目的上的关注点（不一定非得是部队的物理位置），决定了其作战行动是否属于纵深作战、近战、后方作战。该模式有助于指挥官和参谋人员将存在于其部队指定区域外（如来自空中、太空、网络空间）的能力与指定区域内的作战同步。军通过会聚为下属各师创造条件的程度，取决于其在下属梯队间及与联合部队间同步纵深作战、近战、后方作战的能力。

当需权衡主力部队完成任务时，指挥官应平衡纵深作战、近战、后方作战需求间的战斗力。

由于兵力规模和涉及的现实因素，师及师以上梯队通常将其纵深作战、近战、后方作战与相关地区对应。这有助于他们对部队的指挥控制可在宽泛的距离上行使，这些部队的物理位置与其效应的位置和目的不一致。通常，师和军会建立指挥所，为控制这些区域赋能。例如，师可能在位于后方区域的炮兵阵地上部署一支炮兵连，但却使用其火力支援近战。在这种情况下，后方指挥所可能控制该炮兵连的保障和防护行动，但师的基本指挥所将控制其提供间瞄火力支援的优先级。因为高节奏、窄关注面、短规划周期，旅及旅以下梯队在大规模作战行动中区分纵深作战、近战、后方作战可能用处不大。然而，无论处于何种梯队，指挥官都必须理解纵深作战、近战、后方作战间的关系以及它们对完成任务的综合影响。图3-4显示了有毗邻师的军作战区域内纵深作战、近战、后方作战构想。

注意：图3-4的对称性为理解作战框架提供了最简单的方式，作战框架实际上是一个思维模型。在现实情况中应用将会出现极大变化。

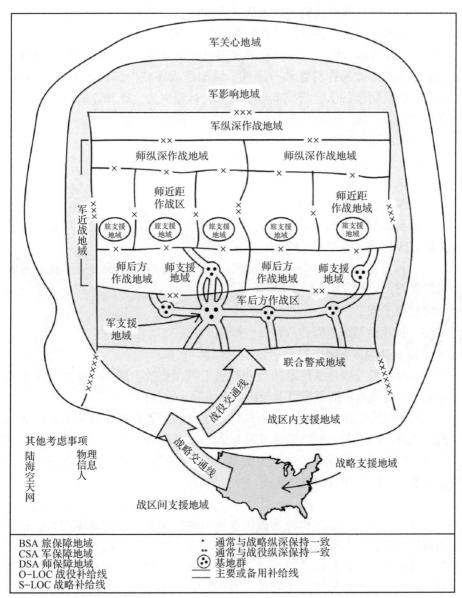

图3-4 军纵深作战、近战、后方作战区域示意图（含毗邻师）

1）纵深作战

纵深作战是对抗敌方部队的战术行动，通常不与友军直接接触，旨在塑

123

造未来近战和防护后方作战。战役层面，纵深作战可对未来战斗的时机、地点、敌方部队产生影响。战术层级，纵深作战可在近战和后续交战期间为成功创造条件。

成功的纵深作战可瓦解为敌人作战方式赋能的结构和系统，将敌人近战与支援力量孤立开来，并使敌方部队易于逐一击败。

在战役和战术层级，纵深作战的主要目标都侧重于敌方部队的行动自由及其敌方部队作战的连贯性和节奏性。纵深作战在整个纵深打击敌方部队，阻止其有效运用预备队、指控节点、后勤、远程火力。纵深作战本质上属于联合作战，因为陆军编队使用的许多能力或支援陆军部队的许多能力中，均由联合部队总部或军种组成司令部提供。

作为纵深作战的一部分，通常开展以下一系列行动。

（1）欺骗。

（2）情报、监视、侦察和目标捕获。

（3）封锁（通过地面或空中火力、地面或空中机动、网络空间部队、特种作战部队，或这些方式的任意组合）。

（4）打击敌人综合防空系统、保障节点、火力能力和梯次后续机动编队的远程火力。

（5）电子战。

（6）进攻性网络空间作战和太空作战。

（7）军事信息支援作战。

并非所有侧重接触线前沿的行动都属于纵深作战。例如，反火力主要支援近战，即使被攻击的目标可能距离部队前沿线很远。

纵深作战需要详细计划。由于执行上述行动所需的资源相对稀缺，纵深作战侧重敌人弱点和对后续近战威胁最大的敌方能力。攻击必须使用足够的战斗力，以达到预期效果，这至关重要。当这种情况经常发生在近战中，保持势头取决于纵深作战的成功实施。

2）近战

近战是下属机动部队和为其提供直接支援的部队实施的战术行动，目的是通过机动和火力与敌方部队近战并摧毁敌方部队。直到敌方部队在近战中被击败或摧毁，他们仍保有继续战斗和坚守阵地的能力。在战役层级，近战包括是指大规模战术部队（军和师）在创造有利条件后，通过接近并击败敌方部队来赢得当前战斗的各种行动。在战术层级，近战是指小规模战术部队通过结合直瞄和间瞄火力的运动，直到和他们计划摧毁和击败的敌方部队实际接触时，赢得当前交战的各种行动。近战可在正确的时间和地点集中压倒性战斗力，创造并利用机会窗口，以达到受领的目标。

夺取和保卫必争的陆上区域需要近战。

近战包括下属机动部队的纵深作战、近战、后方作战。例如，军的近战由师和独立旅承担，而师的近战主要由旅战斗队承担。

资产和能力的位置不决定其是否为近战的一部分。例如，一些侦察和目标捕获部队虽然位于前方接触线附近前沿，但其目的可能是支援纵深作战。

近战本质上具有杀伤性，因为近战在相对较短的距离内与敌方部队运用直瞄火力交战，而敌方部队会设法对友军进行大规模直瞄、间瞄、空中火力打击。纵深作战和后方作战为取得近战成功创造条件。纵深作战和后方作战成功的标准是其为近战效率提升和损失减少产生积极影响。

如果某些行动的目的有助于击败正在或即将与友军进行直接物理接触的参战敌方部队，那么这些行动也是近战的一部分。近战包含的行动如下：

（1）下属部队的机动（包括反攻）。

（2）近战（包括进攻作战和防御作战）。

（3）间瞄火力支援（包括反火力、近距空中支援、电磁攻击、进攻性太空作战和网络作战，用于对抗与友军直接物理接触的敌方部队）。

（4）信息收集。

（5）参战部队的保障支援。

3）后方作战

后方作战是跟在主力下属机动部队后面的战术行动，有助于运动、延伸作战范围、保持预期节奏。后方作战包括连续的保障和指挥控制。后方作战支援近战和纵深作战。战役层级，后方作战保障当前作战，并为战役或大规模作战的下一阶段做准备。后方作战具备分布式、复杂性和连续性的特征。战术层级，后方作战为预期作战节奏赋能，确保友军可灵活利用任何机会。

指挥官在实施纵深作战和近战前确定后方作战。

后方作战通常包括5种明确的行动：部署和调动预备队；部署和再部署航空、火力支援、防空反导部队；实施支援区域作战；警戒保障和指挥控制节点；在师或军后方边界与遂行近战部队间控制战术部队的运动。后方作战通常包括巩固战果的行动，旨在使纵深作战和近战创造的有利条件更加持久。所有这些行动都为争夺有限的地形和交通线。通常，师和军后方指挥所负责后方作战。

遂行后方作战需要考虑的因素如下：

（1）指挥控制。

（2）用于击败敌方部队的信息收集行动。

（3）建立和维护路线。

（4）地形管理。

（5）运动控制。

（6）关键友军能力的防护。

（7）情报行动。

（8）基础设施修复与改善。

（9）击败迂回敌人，持续巩固战果。

最基本的维稳任务包括：

（1）确定平民安全。

（2）提供紧急需求（食物、水、住所、医疗）。

（3）协调东道国和多国政府组织。

（4）适应部队及其下属部队后方分界的变化。

（5）师或军纳编新部队。

敌人纵深作战经常瞄准友军后方作战，因为后方作战通常既易于攻击又对友军任务成功至关重要。指挥官投入战斗力来防护后方作战，但需平衡这些近战和纵深作战成功必备条件的需求。参与后方作战的部队必须同时采用被动和主动措施来防护自己。指挥官和参谋人员必须持续重新评估后方作战面临更严重威胁的可能性，并在尽可能不干扰正在进行的近战的情况下制订应对计划。

六、海上环境规划与作战框架

海上作战计划要求指挥官和参谋人员仔细考虑作战环境。指挥官和参谋人员需要考虑，在海上环境中应用的作战框架与在陆上作战中应用的作战框架有很大不同。

（一）作战框架运用

在海上环境中应用作战框架，要求指挥官和参谋人员考虑海上表面区域的影响以及与海上部队的整合。它还要求对纵深作战、近战和后方作战的构成要素及相互关系有不同的理解。水体对部队的物理隔离会影响相互支援的考虑因素，因为许多作战可能涉及非毗连的作战区域。陆军梯队可能负责海上区域的信息收集，并负责向海上和濒海地区提供火力以支援其他军种。陆军部队可能需要防御敌人的两栖攻击，需要与海军和海军陆战队部队进行战术级协调。陆军部队也可以进行两栖登陆或空中和水面的空突作战，以支援联合作战。以前认为是近战的行动，如强行进入，可以根据岛屿或海上基地之间的距离延伸到纵深区域。战术支援区可能相隔很远，需要使用船只或其他联合能力来支援战术级保障或战术机动部队，以确保海上交通线的安全。

1. 在责任区内指定联合作战区

统一指挥计划指定责任区。在该责任区内，一个更大的海上环境可能有几个联合作战区域，以促进指挥控制和资源优化。例如，美国印太司令部可能指定一个联合作战区负责在南海的作战，另一个联合作战区负责在朝鲜的作战。这两个联合作战区都需要独特的指挥控制、运动和机动、保障、情报、火力、防护计划和资源。这也包括指定适当的陆上组成部队总部和参谋部以促进联合作战区和其中特定陆军作战的联合一体化。联合作战区是为责任区内的作战而建立的，责任区的范围或持续时间是特定的或有限的，联合部队司令部作为联合特遣部队指挥军事行动。

2. 设定联合作战警戒区

在联合作战区内，联合部队司令部指定多个联合警戒区。在海上环境中，联合警戒区可以相隔很远，而且它们可能不会与交战激烈的区域在一起。根据任务要求，战区陆军总部或战区保障司令部可能需要从一个指定的联合警备区或多个地点进行战区保障作战。陆军部队也可能被指定确保联合警戒区和关键中转基地安全。

3. 指定作战区

作战区域由陆上部队和海上部队指挥官指定。联合部队指挥官分配陆上作战区域。在海上环境中，指定下级作战区域有助于行动自由，保持速度，并最大限度地发挥可用战斗力。较大的岛屿陆地可能允许陆军部队在毗邻作战区域内作战，部队边界彼此直接毗邻。较小的群岛岛链可能需要一个非毗邻作战区域，甚至可能使指定作战区域内的一些岛屿完全不被友军占据，这取决于作战要求和威胁。图3-5显示了一个具有重要海上特点的假想的军作战区域。

1）海上环境纵深作战

海上环境的纵深作战可能聚焦击败敌方"反介入"和"区域拒止"能力，利用信息收集、特种作战部队、火力分队等能力，为联合进攻作战创造条件。纵深作战也可能专注于侦察和警戒行动，利用相同的能力支援联合防御作战。在这两种情况下，陆军情报能力都支援延伸纵深区域的作战，使联合部队司令部能在后续作战中运用火力或机动部队之前了解并构想作战环境。陆军火力资产也可以指定为其他组成部队司令部的支援角色，对以岛屿为基

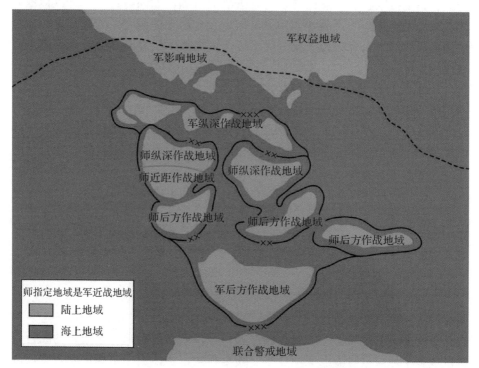

图 3 – 5　海洋环境下军级部队作战区（彩图见插页）

地的敌方部队进行防空压制作战，或者为击败敌方海军部队提供水面火力。
联合强行进入行动，包括陆军部队的两栖登陆，可以夺取关键地形，在靠近
特定的联合作战区域开始或扩张瓦解敌方"反介入"或"区域拒止"能力的
行动。

　　2）海上环境近战

　　海上环境中的近战可能与第六章中讨论的传统陆基作战方式非常相似。
夺取关键地形需要陆军部队实施进攻作战，包括空降、空突、两栖突击。近
战还包括防卫岛屿和便于联合作战的岛基节点，如机场和港口。鉴于一些前
沿部署部队的孤立性质对联合作战的成功至关重要，这些部队可能需要遂行
长时间的防御作战，直到额外的部队抵达。保障计划应该假设孤立几周或更
长时间。

　　夺取或防卫关键地形，可能是部署地对地或地对空火力能力为其他组成
部队司令部赋能所必需的。

　　3）海上环境后方作战

　　海上环境中的后方作战包括建立和保障战区以及促进联合部队作战行动

所必需的作战。这些作战包括实施受防护的接收、集结、前运、整合以及实施战区保障。接收、集结、前运、整合可能发生在距离作战部队数千英里（1 英里 = 1609.54 米）之外的地方。这些作战需要在规划过程中加强联合整合，以确保关键联合资源的优先使用，并减轻脆弱的和延伸的空中、海上交通线的风险。

保障和防护行动与支援区相关联，能够建立和保持战斗力。虽然陆地驻扎部队有自己的支援区，但是大面积的水域可能需要水上或空中运输，以便在不同梯队支援区域之间进行人员和装备的集结与调动。支援区可以是海上的，也可以是岛屿上的陆地，通过海上或空中交通线连接。这些战略和战术支援区是易受敌人攻击的关键资产，它们通常需要更多的安全考虑，如反潜和战区防空反导。

（二）海上环境作战考虑事项

在以海上为主的联合作战区中，海军和空军通常是联合部队司令部作战方法的关键组成部分。陆军部队开发了一种嵌套的作战方法，反映并支援联合部队司令部计划。本节详细介绍陆军部队如何成功地将其作战方法与联合部队结合起来。

1. 建立指挥控制

鉴于大多数海上环境责任区的规模和陆地区域之间的距离，可能有多个指定的联合作战区，每个联合作战区都有单独的总部。海上环境给战区陆军通信和保障体系架构带来了巨大挑战。下级陆军部队依靠海上和太空能力来克服这些挑战。

2. 防御和控制关键要地

友军驻扎或部署在海上战区分散的前沿阵地，通常已经存在了几十年，有助于整个海上战区的联合作战。他们的位置通常是关键甚至决定性的地形，这要求陆军部队也必须能够保卫和控制该地形。他们的这种能力是保持生存力的一个功能，生存力取决于：采取主动和被动的防御措施，加强关键的武器系统，加固和伪装指挥所，确保关键指挥控制网络安全，运用承担保障和防护任务的地面部队。提供主动和被动的防空反导，包括早期预警，降低敌方远程火力或攻击的有效性。前沿驻扎部队必须做好准备，只要需要，就可在寡不敌众的情况下，在易暴露的地形遂行战斗，特别是岛屿。这就增加了对整个责任区和前沿保障能力的安全需求。陆军部队通过不断提高阵地生存力来加强对机动性较差资产的防护。

通过有效防御（包括反侦察和警戒行动）保持关键的岛屿地形，对于联合部队司令部剥夺敌方部队相对优势的目标成功是至关重要的。保持关键的大块陆地能实现空中和海上作战的联合行动自由，因为陆基能力可以保持持久的实际存在，从而减少对空军和海军部队确保抵近通道的要求。破坏敌方指挥控制系统，是击败分层对峙、"反介入"武器、早期预警以及敌方侦察和监视能力的关键。维护关键地形以确保出入和安全的能力，能为联合部队司令部运用关键的远程火力和防护手段赋能。这使得在武装冲突期间能够进入对海上航行自由和空中优势至关重要的区域。通过占据关键地形来阻止敌人进入受限的地形、海上通道、空域、网络空间对于创造优势至关重要。由于从暴露的岛屿基地撤出或机动到敌方火力范围之外的阵地并不容易，对基地进行物理加固，对于陆军部队成功为联合部队赋能是至关重要的。

1）防御作战中的防护支援

保护和增强其他军种安全的能力在海上战区是至关重要的，因为他们在前沿部署的部队相对孤立，这些部队易暴露在威胁方的能力之下，这些能力往往可以在很少指示或警告情况下使用。以下任务直接支援战区设置，对联合海上作战的成功至关重要。

（1）防空反导，包括反无人机系统。

（2）濒海防御。

（3）区域安全（基地和基地群防御）。

（4）化生放核防御。

（5）爆炸物处理支援。

（6）一般、战斗、地理空间工兵支援。

2）海上环境警戒行动

联合部队司令部指定区域指挥官负责基地和通信线警戒，大多数警戒任务通常由陆军指挥官负责。地面部队负责基地警戒，海军、空军负责海上交通线警戒，地面部队与海军、空军之间的合作规划和整合对于维护作战行动的航行自由至关重要。陆军部队向其指定的联合作战区内的所有基地提供警戒支援。旅战斗队、军警分队和机动增强旅适合这一职能。这种责任可以包括由不属于区域指挥官部队的机构指挥的基地，如多国盟军或其他联合军种。联合部队司令部可为责任区内的所有司令部和基地制定标准的部队防护政策，以确保行动统一。

联合部队陆上组成部队指挥官可以被联合部队司令部指定为联合安全协调员，其他统一行动伙伴部队被指定为联合作战区的警戒计划提供支援。联合安全协调员根据联合部队指挥官的指示和优先事项，协调联合警戒区的整体防护工作，确保了需求和优先级与区域防空指挥官相协调。联合安全协调员通常会建立一个联合安全协调中心。该中心的工作人员可能是联合部队陆上组成部队司令部总部的一部分，或者将该职能委托给一个下级部队，它通常包括来自在联合支援区作战的所有军种的代表，以协助满足联合警戒要求。

每个有基地的岛屿，无论大小，都需要同样程度的全面规划，以确保在冲突开始没有增援部队的情况下提供足够防护。陆军部队应该预料到敌方小分队或特种作战地面部队、攻击机和间瞄火力的直接攻击。指挥官必须确保基地防御措施足以在危机或冲突发生前探测并击败敌方小分队行动（包括一级或二级威胁）。分散可减轻远程火力和攻击机的影响，但是在小岛上分散并不总是可能的。建造工事、加固、隐藏补给品可能是抵消这种脆弱性的主要选择，但在威胁能力范围内的任何地方都是必要的。

关键地形和基础设施的安全依赖于包含专门的警戒部队和响应性的保障和防护部队（包括医疗、防空炮兵、工兵）等力量在内的综合和积极的计划。战区陆军同步基地警戒计划，将其整合到整个联合部队司令部的意图中，并分配额外的部队来防护保障节点和指挥所、关键地形或作战行动所需的关键基础设施。偏远的岛屿基地也有同样的警戒规划考虑，但它们在战术应用上因环境而异。这些考虑因素包括但不限于以下几点。

（1）防御海基攻击，如敌方特种作战部队或海军火力。

（2）整合和应用沿岸间瞄火力系统和火力支援计划。

（3）航空支援的综合规划，包括前沿装备和加油点的调动和防护。

（4）整合沿岸和港口警戒支援以及东道国或当地警戒部队。

（5）整合海岸屏障系统、海基障碍物和海基或港口水雷。

3）提供战区防空反导

友军防空炮兵部队可以防护海上通道，如航运通道或港口，以保证战斗力和战区支援的调动。在海上环境防空反导作战期间，运用防空炮兵能力的考虑因素如下：

（1）击败战略和战术行动中遭遇的敌方空中和导弹威胁，包括：中程、短程、近程弹道导弹；巡航导弹；无人机；火箭弹、炮弹、迫弹；战术空对地导弹；固定翼和旋翼飞机。

（2）整合和维护与联合作战区执行防空反导行动的其他军种和多国部队、武器系统、传感器、效应器、各梯队指挥控制节点之间的战术数据链。

（3）为空袭和导弹袭击提供预警，并发布袭击警告。

（4）提供对空域的大范围监视，并在险要地形和不利天气条件下探测、捕获、跟踪、分类、辨别、识别从近地面到高空的空中物体。

（5）识别、协调、整合、消除联合作战区空域中的陆军资产冲突，为空域管制职能做出贡献。

3. 强行进入作战

在海上环境中，陆军部队可能会实施两种复杂形式的强行进入行动：空降或空突和两栖登陆。强行进入行动用以夺取并控制滩头阵地以压制武装反抗，为后续行动创造条件。为了在强行进入过程中为成功创造有利条件，指挥官和参谋人员必须：

（1）可视化展现进入位置，了解其他作战域对强行进入行动的影响。

（2）控制空中和海上区域，以保护部队，维护进入前和进入期间的交通线。

（3）在进入时干扰敌人的控制力。

（4）孤立滩头阵地，阻止敌方部队增援。

（5）在整个作战过程中保持进入滩头阵地的通道，以建立和保持战斗力。

（6）控制滩头阵地以整合其他支援行动。

（7）在整个进入行动期间，取得并保持主动权，以达成突袭效果。

强行进入行动是作为一个并行行动还是一体化行动，由联合部队指挥官决定。当两栖突击、空降、空中突击或地面突击等强行进入行动同时开展，但作为不同作战区和不同目标的作战行动时，会发生并行强行进入行动。当两栖突击、空降、空中攻击和地面突击等强行进入行动在同一作战区内同时开展时，就会发生一体化强行进入行动以对付相互支援的目标。大型岛屿陆地可能会涉及美国海军陆战队和潜在的盟军或伙伴部队的一体化强行进入行动。小型群岛岛链可能需要开展并行强行进入行动，以便针对大型目标开展警戒行动或后续主攻和主攻行动。

地面、海上或空中的强行进入行动都使用相同的分阶段模式，以促进协调和同步。这些阶段是准备和部署、攻击、稳定滩头阵地、引入后续部队以及终止或过渡作战。强行进入的计划也包括：

（1）延伸的水上交通线上的调动规划。

（2）针对具有分层、综合的预警能力的敌人实施信息收集行动。

（3）交通线和网络在水上延伸时的过渡管理。

（4）特种作战部队的介入。

（5）确保联合登陆区的空中优势。

（6）协调初始攻击和主要攻击的初始和增援进入部队。

（7）任何潜在的中转基地的建立和运行。

（8）滩头阵地安全、组织和从海岸到岛屿内部的扩展。

4. 两栖作战

两栖作战计划是连续的，需要所有参与部队制订协作、平行、周密的计划。任何两栖作战的编成应足够灵活，以满足作战各阶段的计划目标，并考虑不可预见的事态变化。合理的计划通过统一指挥、集中计划和指导以及分散执行来安排统一行动。联合部队司令部可以决定建立一个功能组成部队司令部来整合计划并减小联合部队司令部的控制范围。这可提高信息流、武器系统管理、组件交互、统一行动或机动计划控制的效率。无论采用何种方式，联合部队司令部都为两栖特遣部队和登陆部队的指挥官指定指挥关系。两栖部队指挥官的支援和辅助角色的指定很重要，因为它确定了主攻和助攻行动，并优化资源分配。

在海上环境中的反向登陆是最困难和最危险的军事行动之一，因此应该利用所有可用手段来实施突袭手段。威胁突袭手段的公开行动应保持在最低限度，并尽可能在联合火力支援资产到达联合作战区时进行。如果欺骗行动描绘了敌人期望的行动方案或与计划不同的执行时间表，那么欺骗行动可能会有助于突袭。在突击突破防守滩头阵地时，欺骗行动是必要的。大规模的航线需要大量的武器和多架飞机在攻击前清理区域。这可能会立即引起登陆部队的注意，除非备用航线也受到攻击。

登陆部队通常由机动、防护、战术梯队的保障部队组成。联合部队司令部指定登陆部队指挥官。如果陆军是登陆部队的一部分，他们必须进行任务编组且具备适当的作战和保障能力来支援登陆部队。陆军部队还提供战区内的船到岸运输，包括登陆艇、货物装卸、后勤、交通控制和工兵能力。

执行任何两栖作战之前创造条件是至关重要的。创造条件的赋能行动包括支援和登陆前行动。这些都需要对陆军和联合能力进行周密的整合和高度的同步运用，可在不易获得增援或支援的情况下，巩固战果并确保登陆部队的生存力。强行进入的计划也包括：

（1）作为更大的联合军事欺骗行动一部分的部队隐蔽。

（2）海上运输线、登陆海滩和岸上保障节点附近的扫雷。

（3）登陆海滩和海上航道的海洋和水文勘测。

（4）天气和潮汐状况的准确预测。

（5）支援航空资源的海上基地，如航空医疗后送或攻击陆航行动。

（6）突击突破和海滩清除反登陆障碍物，其中可能包括地雷。

（7）民用和当地民族居住区的位置，既隐藏登陆部队，又防止平民伤亡。

登陆前作战发生在作战阶段开始（两栖部队抵达作战区域）和船只靠岸运动之间。支援和登陆前作战之间很少有明确的过渡，这必须在执行前计划好并在各梯队间明确沟通。此阶段的一些规划考虑因素包括：

（1）清障（包括周界和主要障碍雷场以及引导登陆部队的工程障碍和海滩障碍）并为后续部队标出可用海上和岸上通道。

（2）整合海军火力支援。

（3）整合空中支援，包括登陆部队和两栖特遣部队之间的电子战和空域。

（4）清除着陆区的火力。

（5）着陆前的弹药和燃料消耗。

（6）着陆前装备的损失和回收。

（7）登陆前人员损失和伤员恢复。

（8）两栖和登陆部队的补给和装备重整时间表。

（9）登陆突击前后支援其他部队的登陆部队要求。

（10）预备队的组织和位置与突击部队相似。

两栖作战中，在指定登陆区域之外的辅助登陆通常由两栖特遣部队进行，以支援主登陆。辅助登陆应该由指挥官以与主登陆相同的精度来计划和执行。两栖登陆进行后续作战可能需要特种部队或其他军种部队的额外支援，以及额外的后勤支援，以替换丢失或损坏的装备和耗尽的补给。对于战术部队来说，战斗橡胶突袭艇可以为两栖作战提供灵活性，包括运动到侦察目标处和辅助登陆点，沿水路从海岸向内陆调动部队，或者将伤亡人员转移到支援船只。此外，陆军规划必须考虑伤亡和病人的持续医疗、化生放核洗消的可能性、运送遗体或提供殡葬服务的要求、敌方战俘的运输和转移，以及支援岸上基本给养的后勤。

5. 保障海上环境大规模作战行动

建立和保障一个海上战区包括人员和装备的接收、集结、前运、整合，以及对前沿部队的防护，这些部队对关键战略资产的安全至关重要，如战区、机场、港口、海上航道。陆军船艇对于海上环境中的保障是必不可少的，因为它们被设计用来执行与战斗力和保障的战区内调动特别相关的任务。虽然能够在战略距离上部署，但陆军船艇不是战略运输平台，而是战略运输和陆上战术运动之间的关键环节。陆军和海军工程资产对于港口设施的建立和维护至关重要。

第四章

力量结构——美军陆上作战方式变革与转型的"总架构"

分开的陆战、海战、空战已经永远消失了。如果再次卷入战争，我们将以所有的要素、所有的军种，作为一个一体、联合的行动来作战。
——艾森豪威尔，FM3 - 0《作战纲要》

力量结构是作战与训练的物质基础，也是美军陆上作战方式变革与转型的直接依托。在作战理论、新星技术的驱动下，力量结构相应发生深刻变化，最终形成作战能力和作战方式的变革与转型。

第一节　美国陆军力量结构

陆军部由陆军现役部队和后备部队两个部分组成，包括陆军预备役和陆军国民警卫队，以及所有受雇于该军种的联邦文职人员。从军事人员的数量来看，陆军部是军事部门中最大的，它还有最大的作战和支援（Operation and Support，O&S）预算。然而，陆军没有最大的总预算，因为它获得的用于开发和获取武器系统的资金远远少于其他军事部门。

陆军负责提供大部分美国地面作战部队。为此，该部队主要以旅战斗队（BCT）为核心组织——大型合同编队形式，每个编队可容纳4000~4700名士兵，包括步兵、炮兵、工兵和其他类型单位的人员。陆军现役部队有32支作战旅，国民警卫队有28支（预备役部队没有）。它没有计划在未来5年内改变这些数字（表4 - 1）。陆军的绝大多数支援部队的存在是为了支持旅战斗队的作战行动，绝大多数行政单位的存在是为了创建、训练和维护作战旅及其支援部队。

表 4 – 1　2021 年和 2025 年陆军主要作战单位数量

项目	2021 年		2025 年	
	现役部队	国民警卫队	现役部队	国民警卫队
装甲旅战斗队	12	5	12	5
斯特赖克旅战斗队	7	2	7	2
步兵旅战斗队	13	21	13	21
旅战斗队总数	32	28	32	28

目前，陆军改为旅战斗队是根据历史实践进行的。在 20 世纪最初十年至中期之前，当军种发起"模块化"倡议时，军队围绕师组织了近一个世纪（师少而大，每个师有 12000 ~ 18000 名士兵）。在此期间，陆军各师的部队可分为临时作战旅（通常每个师有三个作战旅），但这些部队一般不会在师以下的任何指挥层独立运作（关于陆军指挥水平的描述见表 4 – 1）。在目前的结构中，作战旅是为独立作战而永久组织的，师总部是为涉及多个作战旅的作战提供指挥和控制的。

一、美国地面部队的力量结构

陆军和海军陆战队一般按部队等级组织，每种类型的部队都有一个特定军衔的士官或委任军官指挥（其他军衔的军官在这些部队中起着重要作用，但通常不指挥这些部队）。这些部队从小到大都有描述。

（1）班/小队（Squad/Section）：1 个班由 1 名中士指挥，有 4 ~ 12 人。1 个班配有 1 组车辆，通常为 2 辆。

（2）排（Platoon）：由少尉指挥的排，包括不同数量的下属班或小队，有 16 ~ 50 人。重型排有 4 辆装甲车（如坦克或步兵战车，取决于排的类型）。

（3）连/部队/炮兵连（Company/Troop/Battery）：1 个连由 1 个上尉指挥，包括 2 ~ 5 个下属排（通常是 3 个或 4 个排），有 60 ~ 200 人。重装连有 14 辆装甲车。骑兵连称为部队，炮兵连称为炮兵连。

（4）营/中队（Battalion/Squadron）：1 个营由中校指挥，通常包括 3 ~ 5 个战斗连和 1 个支援连，有 400 ~ 1000 人。重装营有 58 辆装甲车。骑兵营称为中队。

（5）旅战斗队/支援旅/团/群组（Brigade Combat Team/Support Brigade/Regiment/Group）：旅由上校指挥，通常配置为旅战斗队（BCT）或支援旅，BCT 有 4000 ~ 4700 人，这取决于它是装甲旅、斯特赖克旅还是步兵旅。骑兵旅称为团，一些支援旅称为群组，这个级别的海军陆战队部队也称为团（"海军陆战队远征旅"一词指的是一个更大的特遣部队）。

（6）师（Division）：由少将指挥，包括 2 ~ 5 个作战旅（通常为 4 个）、1 个航空旅、1 个炮兵旅、1 个工兵旅和 1 个后勤旅。各司有 12000 ~ 16000 人。

（7）军（Corps）：由中将指挥的军团，包括 2 ~ 5 个师和许多支援旅和司令部，兵团有 4 万 ~ 10 万人。海军陆战队没有军团，尽管海军陆战队与远征军规模相似，也由 1 名中将指挥。

（8）战区陆军（Army）：陆军是特定战区的最高指挥级，通常有 10 万 ~ 30 万人。它是联合指挥结构的一个组成部分，由上将指挥。战区是为支援一个或多个军（通常是两个）而建立的，包括许多支援旅和支援司令部。

陆军的独特之处不仅在于它能提供的地面作战部队的数量，还在于它的装备目录中有大量的装甲车和所包含的各种各样的支援部队。这些支援部队包括火力强大的部队，如炮兵旅（有导弹发射器和传统火炮）、航空旅（有攻击、侦察、通用或货运直升机），以及其他作战武器（如"爱国者"导弹发射器，以防御其他导弹和飞机）。陆军支援部队包括许多其他类型的专业部队，如建筑工程、军事情报、军事督察和陆军广泛的后勤机构。其中许多类型的部队不仅负责支援战场上的陆军部队，还负责支援作战行动中的所有其他部队。例如，陆军一般负责所有战区后勤职能、港口行动和敌方战俘拘留看管。

除了这些作战和支援部队，陆军还包括一些较小的组织，它们提供与作战旅无关的利基能力。两个值得注意的例子是陆军特种作战部队（如第 75 骑兵团、第 160 特种作战航空团和 7 个特种力量群组），以及陆军负责操作国家导弹防御系统的地面中段防御部分的单位。

二、陆军人员分布

在陆军现役和预备役部队服役的近 100 万军事人员中，大约一半在支援部队，三分之一在作战部队（表 4 - 2），其余的属于执行各种间接职能的部队，如招募、训练和装备作战部队。陆军的后备部队略大于现役部队，占陆军总兵力的 52%。

表 4 - 2　2021—2025 年陆军部军事人员平均分布情况（单位：千人）

单位	现役部队	预备役部队	合计
作战单位	210	154	364
支援单位	133	336	469

续表

单位	现役部队	预备役部队	合计
其他单位	145	38	183
合计	488	528	1016

自 20 世纪 70 年代以来，陆军对国防部的总兵力政策进行了解释，该政策涉及将一个军种的各个组成部分视为一支部队，将作战部队主要集中在现役部队，将支援部队主要集中在预备役部队。在 2021—2025 年期间，陆军计划分配 57% 的作战人员在现役部队、71% 的保障人员在预备役部队。这种分配的实际效果是，陆军在其现役部队中有足够的支援部队，可以进行相对较小的行动，但更大规模的作战行动通常要求它动员大量预备役人员，如为占领伊拉克期间的现役作战部队提供支持（有关该结构含义的更多讨论，参见关于陆军现役和预备役部队整合的专题条目）。

三、指挥层级和单位

陆军的作战单位是以递归模式组织的：一个指挥层级包含 2~5 个相似类型的下属单位，再加上额外的支援单位。例如，一个步兵旅有 2 个或 3 个步兵营、1 个骑兵中队和特种部队、炮兵、工兵和后勤各 1 个营。同样，一个步兵营有 3 个步兵连、1 个重型武器连和 1 个直属连。这种模式在下级（连队由排组成，排由小队或班组成）和上级（师由旅战斗队组成，军由师组成）重复。然而，根据部队类型，有些指挥层级有不同的名称，例如，骑兵中队与步兵营处于同一指挥级别。

这种分析将支援部队视为与作战部队以固定关系直接相连，但这种处理方法是一种近似方法，只有在讨论部队规划时才有效。在实际行动中，大多数支援部队被分配到更高的指挥级别，并赋予他们特定的任务。作战旅不包括国会预算办公室在本分析中归属于它的支援部队，这些部队是师级、军团级或战区级资产，将被部署用来支援作战旅，没有这些部队，作战旅就无法发挥作用。此外，尽管陆军的计划涉及在力量结构中维持一套特定组合的部队，但具体行动的指挥官可以而且经常会调整部署的支援部队的组合，以适应特定战区的情况。例如，在占领伊拉克期间，军队一般不部署炮兵或防空部队，尽管军队结构中有炮兵或防空部队，这些部队在这次行动中认为是不必要的，有些部队在占领期间被转为执行更有用的任务，如保障补给车队。

从历史上看，地面作战部队一直使用与重量相关的术语进行分类，这些术语反映了部队装备的重量及其相应的速度和机动能力。几十年来，陆军大体上是这样分类的：装甲和机械化步兵部队拥有最重的装甲车，被认为是"重型"部队，而步兵、空袭和空降部队只有很少或没有装甲车，被认为是"轻型"部队。

如今，陆军有三种类型的旅战斗队，大致相当于重、中、轻型部队，装甲旅拥有大量重型装甲车，斯特赖克旅拥有大量轻型装甲车（称为斯特赖克战车），步兵旅几乎没有装甲车。陆军保持旅战斗队的混合设置，可以使用最适合特定军事行动的部队类型。

在讨论陆军部队时，一个可能引起混淆的原因是，尽管作战部队通常有一套固定的下属部队，但许多支援部队并没有这样固定的组成。相反，其打算在需要时为他们分配单位。例如，一个作战旅通常有 4000 多人，但一个支援旅可能只有 100 人。这种差异并不表明两种类型的旅在规模上有很大的差异，相反，它反映了这样一个事实，即支援旅没有永久性的下属单位（支援旅最好被认为是只常设旅部，它是一个连级单位，由大约 100 人组成，为下级支援部队提供指挥和控制）。因此，重要的是要注意，一个给定的陆军单位是否包括下级单位。同样，由于作战旅与其他类型旅之间的差异，对陆军旅总数的描述可能会产生误导。

另一个可能造成混乱的原因是计算单位人员数量的方法不同。陆军部队的规模和组织是基于一个正式的模板，即该类型陆军部队的组织和装备表。然而，由于各种原因，实际的陆军部队并不总是符合他们的模板，他们可能不包括所有的下属组织，也可能高于或低于该级别设置的人员数量，或者他们可能正在从一个模板过渡到另一个模板（如近年来，陆军已将其许多作战旅从一个较旧的模板（有两个下属机动营）转变为目前的三个下属机动营的设计）。在讨论作战旅的规模时，本书使用了陆军官方模板中的人员数。由于上述原因，这些数字有时不同于本书表格中所示的人员数字，表格中的人员数字是基于国防部 2021 年预算请求计划的 5 年平均数。

四、陆军的优势和局限性

尽管每种作战旅都有其自身的优势和劣势，但陆军的地面部队总体上都是非常强大的作战部队，通常被认为有能力击败任何常规地面部队，如他们可能要与之作战的其他国家军队，美军一直能够压倒那些试图对其采取常规行动的对手。

使用地面部队通常被认为是美国高度的军事承诺。在过去，与仅限于空袭和海上打击相比，美军通常能够在涉及大规模地面军队冲突中实现更雄心勃勃的目标。地面部队被认为是 20 世纪 50 年代保卫韩国、1991 年解放科威特、21 世纪初推翻伊拉克和阿富汗政府的重要力量。尽管美国在 20 世纪六七十年代保卫南越的努力最终没有成功，但北越征服南越的常规行动直到美国地面部队撤出战区后才取得成功。

然而，陆军地面部队在对付那些采用非常规作战方法（如游击战）的对手时，要实现美国的目标，难度更大。例如，越战期间镇压越共和北越军队的企图、伊拉克的叛乱分子以及在阿富汗死灰复燃的塔利班组织。由于陆军部队通常在直接作战中表现出色，因此这些敌人往往试图避免直接作战，通过其他手段实现其目标。非常规军事行动可能会持续很长时间，美国的对手经常通过保存有生力量直到美国离开战区才实现他们的目标。

军队定期尝试改变其结构，以使其在非常规冲突中更为成功。历史上，这些尝试往往包括努力增加特种部队（专门从事游击战和平叛等非常规任务的部队）的规模和能力。陆军特种部队试图帮助美国盟国训练自己的军队，使之达到更高的能力水平，或者开展自己的平叛行动。尽管特种部队在这方面取得了一些成功，但美国影响其盟国政府的能力有限。此外，正如在南越、伊拉克和阿富汗发生的事件所显示的那样，尽管美国进行了大量的长期训练和投资，一些盟国仍难以自卫。

未来军队的规模和组成将受到美国领导人预计将面临的冲突类型和对盟国的军事承诺以及国防预算规模的影响。如果未来的安全环境更加强调由海军和空军所主导，如台湾、南海或波斯湾河口霍尔木兹海峡附近的潜在行动，对陆军地面部队的需求可能会下降。相反，如果美国不得不应对俄罗斯对波罗的海国家爱沙尼亚、拉脱维亚和立陶宛的侵略等情况，则陆军地面部队的需求可能会增加。这些国家是北大西洋公约组织的成员，但以前是苏联的一部分。

第二节　2024 年美国陆军力量结构

通常，美国陆军力量结构按照陆军战略、国防预算等一体化设计。

一、陆军装甲旅战斗队

陆军装甲旅战斗队力量结构如表 4-3 和表 4-4 所列。

表4-3 现役部队装甲旅战斗队

	合计	直接	间接	其他
每个单位的军事人员	16330	4040	8410	3880
单位年度成本（2021年）/百万美元	3150	690	1100	1360

表4-4 国民警卫队装甲旅战斗队

	合计	直接	间接	其他
每个单位的军事人员	13620	4220	8410	990
单位年度成本（2021年）/百万美元	910	240	420	250

装甲旅战斗队（BCT）是一种独立作战的大型战术编队。它们的设计人员约为4300人，装备有美国武器目录中最重、最强大的装甲战车：M1艾布拉姆斯系列坦克、M2布雷德利系列步兵车/侦察车、M109系列自行榴弹炮以及众多M2和M113衍生支援车。诸如那些采用履带式以实现越野机动性并配备重装以抵御攻击的车辆并未装备给装甲旅。每个装甲旅通常也有几百辆没有装甲的轮式车辆。尽管如此，装甲旅在很大程度上仍是美国地面部队中装备最重、装甲最多的一种。

当前和计划结构。陆军将在2021年在其现役部队中部署12个装甲旅，在国民警卫队中部署5个，截至2025年，没有改变这些数字的计划。总之，现役和预备役部队中的装甲旅及其支援部队和间接费用约占陆军O&S经费的29%。

目的和局限性。装甲旅是重型师的现代产物，在冷战期间，重型师的目的是在苏联军队大规模进攻的情况下保卫欧洲。近年来，尽管陆军并未特别关注摧毁对手装甲车辆的能力，但装甲旅仍具有强大的反装甲能力，尤其是在辅以陆军直升机和其他美国空军力量的情况下。装甲旅也可以用来对付不包括重型装甲车的轻型常规部队。然而，由于装甲BCT在火力、防护和越野机动性方面远远优于轻型部队，因此很少有对手愿意与装甲旅的正面战斗中使用轻型部队（在地面作战中，轻型部队往往不如重型部队机动性好，因为他们主要用于徒步作战，并且运送他们到战场的轮式车辆的越野能力不如履带式装甲车）。装甲作战旅的主要缺点是，在复杂地形（如森林、丛林、山区或城市地区）以及非常规作战（如游击战）中丧失了许多作战优势。在这种情况下，装甲车更容易受到攻击，使用火力的能力较差，而且无法从战术机动中获益。即使在这种情况下，装甲旅仍比轻型部队有优势，但国防规划人员普遍认为，装甲旅相对于轻型部队的高成本，使其不太适合此类任务。此外，在基础设施较差的地区，因为他们的后勤需求（如高油耗）和相关问题（如需要能够支撑装甲车辆重量的桥梁）限制，装甲旅可能不太适合某些行动。

一个经常引起关注的问题是，装甲旅的重量和广泛的支援需求使其比轻型部队更难、更慢地部署到遥远的地方。然而在许多情况下，这种限制并不会严重妨碍作战行动。其中一个原因是，尽管装甲旅的装备要比步兵旅重得多，但美国很少单独部署任何类型的旅，并且使用空运能够快速部署到任意地点。更确切地说，一个旅是作为一个完整的"部队包"的一部分进行部署的，通常包括大量的支援部队，这减少了重型和轻型部队之间装备重量的差异。此外，部署可能涉及许多作战旅，这将超出空运能力，并使海运成为必需，而且可能涉及美国在陆地或船上预先储存可能部署地点（如朝鲜半岛或波斯湾）所需的装备。

此外，在许多冲突中，如1991年从科威特击退伊拉克部队（"沙漠风暴"行动）和2003年入侵伊拉克（"伊拉克自由"行动），美国部署部队的时间很长，降低了部署速度的重要性。在美国规划人员关注部署速度的大多数情况下，对预先部署的装备和额外货船的库存进行投资可以大大缩短部署时间，而不要求军队放弃重型部队的作战能力。

装甲旅由冷战时期的装甲师和机械化步兵师演变而来，这些师称为重型师。他们的装备和组织历来都是面向常规装甲对手的高强度战斗，正如冷战时期所设想的那样，当时美国的重型部队正准备保卫西德免受苏联的大规模装甲袭击。

近年来，美国在"沙漠风暴"和"伊拉克自由"行动中广泛依赖重型师，但在2001年入侵阿富汗（持久自由行动）中没有使用任何重型部队。后来在伊拉克和阿富汗的平叛行动中，重复了这种模式：美国在伊拉克部署了大量重型作战旅，但在阿富汗却没有。然而，在伊拉克使用的重型作战旅经常在没有重型车辆的情况下以改进的配置运用，这使它们更适合于镇压叛乱和城市行动，这是陆军调整部队以满足每次行动需要的一个例子。

20世纪90年代，美国国防部的冷战后规划重点是在同一时间或几乎同一时间打两场战区规模的战争的能力。国防部一般认为，每一场战争都需要相当于11个重型旅的兵力（当时，军队以师为基本单位，其假定每一场战争的战斗阶段都需要3个重型师和2个装甲骑兵团）。随后的规划更加灵活，但设想一场重大冲突将需要同样数量的战斗旅。

目前，国防部将涉及俄罗斯和中国的情况描述为最具挑战性的潜在冲突。

在俄罗斯入侵波罗的海国家的情况下，装甲旅将是最重要的地面部队类型，因为俄罗斯拥有大量的装甲部队。但是，大量的装甲旅能以多快的速度部署到该战区还是存疑的。实际上，除了俄罗斯，美国目前几乎没有任何潜在的对手能够派出足够多的现代化装甲部队，需要美国陆军在冲突中使用大量的装甲旅来对付他们。此外，美国还有其他类型的作战旅（斯特赖克旅和步兵旅），他们有能力在冲突中发挥作用，尽管他们与装甲作战旅的特征不同。

二、陆军斯特赖克旅战斗队

陆军斯特赖克战斗队力量结构如表4-5和表4-6所示。

表4-5　现役部队斯特赖克旅战斗队

	合计	直接	间接	其他
每个单位的军事人员	16670	4680	7950	4040
单位年度成本（2021年）/百万美元	3060	600	1040	1420

表4-6　国民警卫队斯特赖克旅战斗队

	合计	直接	间接	其他
每个单位的军事人员	13350	4430	7950	970
单位年度成本（2021年）/百万美元	850	200	400	250

与装甲旅一样，斯特赖克旅是可以相对独立作战的大型战术编队。然而，斯特赖克旅的设计人数比装甲旅的设计人数（约4500人）多200人，他们装备的不是重型履带装甲车，而是斯特赖克系列的中型轮式装甲车（这种类型的车辆有时称为装甲运兵车）。并非所有的斯特赖克旅的组成部分都装备斯特赖克车辆，每个斯特赖克旅也通常有几百辆没有装甲的轮式车辆。即便如此，斯特赖克旅与装甲运兵车配比的步兵比任何其他类型的旅战斗队都多。

陆军2021年在现役部队中部署7个斯特赖克旅，在国民警卫队中部署2个。在2021年的预算请求中，陆军没有计划在2025年前改变这些数字。这些斯特赖克旅及其支援部队和间接费用约占陆军O&S经费的16%。

斯特赖克旅是1999年将陆军转变为一支更具机动能力和反应能力部队的一部分。斯特赖克系列车辆为部队提供一种中等装备重量，这种部队比重型部队更容易迅速部署，但比轻型部队有更大的战斗力和在战场上更快的机动能力。当时的计划要求使斯特赖克车辆小而轻，足以装在C-130运输机上。然而，在伊拉克的战斗经验使陆军改进了大部分车辆的装甲、斯特赖克旅的车辆变得太重,无法用 C - 130 运输。

尽管斯特赖克部队最初的设想是能够快速部署到常规作战中,但事实证明,它在打击非常规部队(如伊拉克和阿富汗的武装分子)方面是有帮助的。这样的行动需要大量步兵,当使用装甲运输车输送步兵时他们能够得到很好的保护,这两个特点斯特赖克旅都具备。同样,阿富汗的基础设施太差,装甲旅的坦克和战车无法在那里有效使用,但重量较轻的斯特赖克战车可以在该国部分地区使用。

斯特赖克旅的主要限制是他们确实是中等装备重量的部队。他们不像步兵旅(在下一节中描述)那么轻,很难在短时间内通过空运部署。但他们的武装和保护也不如装甲旅,这意味着他们将在与现代常规装甲部队的对抗中处于劣势。这些限制在打击叛乱分子的长期行动中可能没有显现,但在未来打击常规部队的冲突中可能是严重的不利因素。此外,尽管与装甲作战旅相比,斯特赖克旅能够更好地应对糟糕的基础设施,但在路网较差的地区作战时,仍会面临一些限制,这将形成相当大的后勤负担。

与斯特赖克旅和步兵作战旅相比,陆军有时会减少或增加装甲作战旅在部队中的份额。在减少装甲旅的份额时,陆军经常将维持重型部队的高成本作为这种转变的原因之一。然而,国会预算办公室为这份报告所做的分析表明,装甲旅和斯特赖克旅在运营和支援成本上几乎没有差别(当然,购买斯特赖克车辆和重型装甲车辆的成本可能有所不同)。尽管斯特赖克作战旅与装甲作战旅相比没有重大 O&S 成本优势,但他们在平叛和基础设施薄弱地区的作战优势可能为陆军的转变提供了充分的理由。

斯特赖克旅是一种相对较新型的部队,只在伊拉克和阿富汗两个主要行动中使用过。海军陆战队在 2003 年入侵伊拉克期间,在一个旅级编队中使用了轮式轻型装甲车(Light Armored Vehicle,LAV),这种车与斯特赖克战车类似,据报告效果很好。尽管阿富汗的基础设施相对落后(或者可能是因为基础设施相对落后),但军队已经在阿富汗部署了斯特赖克旅。

三、陆军步兵旅战斗队

陆军步兵旅战斗队力量结构如表 4 - 7 和表 4 - 8 所示。

表 4 - 7 现役部队步兵旅战斗队

	合计	直接	间接	其他
每个单位的军事人员	15910	4560	7490	3860
单位年度成本(2021 年)/百万美元	2920	580	980	1360

表 4 - 8　国民警卫队步兵旅战斗队

	合计	直接	间接	其他
每个单位的军事人员	12380	3990	7490	900
单位年度成本（2021 年）/百万美元	780	170	380	230

国民警卫队步兵 BCT 直接人员数量少于现役步兵 BCT，因为国民警卫队 BCT 仍在从包括两个步兵营的结构过渡到包括三个步兵营的结构。

步兵旅战斗队（BCT）通常也称为轻型旅战斗队，是相对独立的战术编队，设计包括大约 4300 人。尽管每个步兵 BCT 也有几百辆轮式车辆，一般都是无装甲车辆，但这些人员中的大多数预计将徒步作战。与装甲旅或斯特赖克旅不同，步兵作战旅有一些特殊的变化。例如，空降部队（如第 82 空降师的旅）经过专门训练，装备有从固定翼飞机上用降落伞降落的装备，空袭部队（如 101 空袭师各旅）接受特殊训练，并配备额外的支援直升机，从旋转翼飞机上进行攻击。由于装备重量最轻，步兵作战旅是所有类型的旅战斗队中最容易部署的。

步兵旅是作战旅中数量最多的一种。陆军将于 2021 年在现役部队中部署 13 个，在国民警卫队中部署 21 个，并且没有计划在 2025 年前改变这些数量。步兵作战旅及其支援部队和间接费用合计占陆军 O&S 经费的 37%。

步兵旅是陆军在 20 世纪 80 年代重新关注轻步兵概念的产物，在轻步兵概念中，尽管有一些机动交通工具可用，部队主要依靠徒步行进作战。这样的部队能够迅速部署到遥远的地方。然而，由于他们没有装甲车，车载武器也很少，陆军的轻型部队缺乏重型部队的保护和战斗力。尽管如此，步兵旅拥有强大的火力，他们能够像任何其他类型的旅一样，调用火炮、攻击直升机和空袭等相同的支援资源。此外，在城市、森林或山区等困难地区，步兵作战旅通常比装甲部队更有效，在这些地区，他们可以从地形中获得大量防御优势。由于这些原因，除非步兵旅在不利地形下面对大型装甲部队，否则适合各种各样的行动。

陆军不同类型的轻型部队经常讨论其在冲突中的效用时分组在一起，但空降和空袭部队的专门能力旨在提供重要和独特的能力。例如，这两种类型的部队都有助于军队进行强行进攻行动，这涉及无法从邻近的地面区域进入敌方领土。

尽管步兵作战旅因其快速部署的能力而受到吹捧，但这一特点可能没有看起来那么好。排除支援单位，步兵旅的单位重量约为装甲旅的 1/4，其所有装备都可以空运。然而，由于各种原因，这种差异可能只有在某些类型的小型行动中才有价值。重型和轻型部队的支援部队在重量上是相似的；尽管坦克比人需要更多的后勤保障，但装甲旅和步兵旅中的数百辆轮式车辆也需要和坦克类似的后勤保障。此外，除非在没有支援的情况下部署步兵作战旅（除了非常短和低风险的任务，这是不可能的），部署支援部队的需要使得完全支援的步兵作战旅的部署速度只比重型作战旅快一点，这意味着这两种类型的部队在任何大型行动中都可能需要海运。当部署速度比战斗力更重要时（如在某些人道主义干预行动中），或当投入的总兵力相当小时（如在入侵阿富汗的初始阶段），陆军最有可能受益于步兵旅的轻重量。

步兵作战旅由陆军的各种步兵、空降师和空袭师发展而来，所有这些旅在组织和装备上都有很大的相似性。在多年致力于将所有非机载步兵部队完全机械化之后，陆军在20世纪80年代重新提出了轻步兵的概念。轻型部队是增加美国地面部队规模的一种经济有效的方法，特别是在防御苏联装甲攻击以外的情况下。

1991年从科威特击退伊拉克部队的行动和2003年入侵伊拉克的行动只在一定程度上涉及轻型部队（当时是步兵师，而不是旅）。相比之下，2001年对阿富汗的入侵完全依赖于包括海军陆战队和特种部队在内的轻型部队。这种模式在随后的伊拉克和阿富汗平叛行动中重现：美国在伊拉克使用了数量有限的步兵旅，但在阿富汗严重依赖步兵旅。然而，在这些行动中，步兵部队被分配了比平时更多的机动车辆，并且由于使用简易爆炸装置变得越来越普遍，他们被分配了装甲车以防御简易爆炸装置。

20世纪90年代，美国国防部的冷战后规划重点是在同一时间或几乎同一时间打两场战区规模的战争的能力。国防部一般认为，每一场战争都需要相当于6个轻型旅的兵力（当时，军队以师为基本单位；其假设在每一场战争的战斗阶段都需要两个轻型师）。随后的规划更为灵活，但设想在一场重大冲突中需要同样数量的战斗旅。

四、航空旅

航空旅力量结构如表4-9~表4-12所示。

表4-9 现役航空旅

	合计	直接	间接	其他
每个单位的军事人员	3310	2440	0	870
单位年度成本（2021年）/百万美元	690	380	0	310

表 4 – 10　后备航空旅

	合计	直接	间接	其他
每个单位的军事人员	2320	2150	0	170
单位年度成本（2021 年）/百万美元	210	170	0	40

表 4 – 11　陆军特战部队

	合计	直接	间接	其他
军事人员总数	46880	34100	0	12780
年度总成本（2021 年）/百万美元	8430	3880	0	4550

表 4 – 12　其他

	合计	直接	间接	其他
军事人员总数	13650	10090	0	3560
年度总成本（2021 年）/百万美元	4440	3180	0	1260

尽管绝大多数陆军部队都与旅战斗队（BCT）有联系，但该军种还有少量其他部队与 BCT 没有直接联系，如直升机部队和各种特种部队。这些部队加在一起，连同他们的相关间接费用，占陆军 O&S 资金的 18%。

第二次世界大战期间，陆军使用了各种类型的固定翼战斗机。然而，战后，空军作为一个独立的军种从陆军中分离出来。此后，军种间协议禁止陆军使用固定翼飞机作战（尽管陆军继续将其用于侦察和运输等其他目的）。取而代之的是，陆军航空旅依靠旋转翼飞机（直升机）进行作战。

在大多数方面，航空旅与其他类型的支援部队（如本书中所定义的）相似，但由于其可见性和成本，陆军偶尔将其作为独立部队使用以易于与其他支援部队区分开来，它们应被单独处理。陆军将在 2021 年在其现役部队中部署 16 个航空旅，在预备役部队中部署 12 个航空旅，并且没有计划在 2025 年前改变这些数量。

陆军航空旅在几乎所有涉及陆军部队的行动中提供重要的支援。这些旅包括攻击直升机（AH – 64 "阿帕奇" 攻击地面目标）和通用及货运直升机（UH – 60 "黑鹰" 和 CH – 47 "支奴干" 运输士兵、装备和物资）。近期，陆军还部署了侦察直升机（OH – 58 基奥瓦用于侦察敌军），但此后已将其退役。对于在基础设施有限的贫瘠地形上作战的轻步兵部队来说，直升机运输往往是在作战行动中部署部队的唯一实际方法。

然而，陆军的攻击直升机（以及以前的侦察直升机）的作用一直是争论的焦点。那些飞机在一些作战行动中战绩参差不齐，如1999年在科索沃和2003年在"伊拉克自由"行动的最初阶段，一些观察家认为，陆军的攻击直升机是提供近距空中支援的一种相对浪费和重复的手段（如飞机攻击接近友军地面部队或海军的敌对目标）。他们认为，近距空中支援最好由其他军种的能力更强的固定翼飞机提供。其他观察员认为，无人机非常适合接替传统上由攻击和侦察直升机执行的任务。还有一些观察家认为，陆军的攻击直升机有许多独特的优势，如低速飞行的能力，这有助于与地面部队密切配合。

为辩论火上浇油的是，陆军在开发新型侦察直升机方面遇到了困难，其取消了两次开发之前基奥瓦直升机编队替代品的尝试。美国陆军目前正在进行一项未来攻击侦察机计划，以开发出一种替代其侦察和攻击直升机的产品。

航空旅是陆军中最昂贵的支援部队之一，直升机是陆军采购的最昂贵的武器系统之一。因此，任何减少陆军使用攻击和侦察直升机的未来发展计划都可能带来可观的节省。特种作战部队。陆军特种部队包括第75骑兵团、第160特种作战航空团和7个特种部队（表中所示的费用和人员数量是针对陆军特种作战部队的，而不是针对单个部队）。这些部队以及其他军种的特种作战部队由国防部特种作战司令部（Special Operations Command，SOCOM）训练、装备和监督。他们专注于非常规战争，特别是侦察、反恐或训练外国军队等任务。

据国会预算办公室估计，除本章所述以外，每年有13000多名军事人员和44亿美元用于军队的其他单位和活动。它们包括各种规模较小的组织，提供利基能力，既不是作战旅，也不是为支援作战旅而组建的部队。最典型的例子是陆军对国家导弹防御系统的地面中段防御部分的运营，其他例子包括陆军对各种联合司令部和国防部直属组织的贡献，以及一些指挥和控制职能。

五、其他力量

1. 整合陆军现役和后备部队

每一个美国军种都有现役和后备两部分。但是，陆军后备部队的性质和规模，以及陆军整合现役和后备部队的方式，使现役部队、陆军预备役和陆军国民警卫队之间的关系成为一个特别令人感兴趣的话题。美军后备部队人员中约有三分之二在陆军。因此，在大多数情况下，陆军对其后备部队的政策对国防部雇佣后备人员的影响程度要大于任何其他军种的政策。

在传统的后备制度中，后备部队代表额外的部队增量，如果现役部队的兵力不足，则可以使用这些增量。这是陆军在几十年前采取的方法（海军陆战队在目前仍然主要采取这种方法）。然而，自越南战争结束以来，陆军将作战部队集中在现役部队，并将为这些作战部队提供必要支援的部队集中在后备部队（现役部队只占陆军总军事人员的46%，但占作战部队人员的59%。同样地，后备部分包含54%的陆军军事人员，但却有75%的支援部队人员）。

这种结构要求陆军从后备部队派遣支援部队，以便从现役部队部署少量的作战部队。例如，需要后备部队支援现役作战部队是陆军在占领伊拉克期间调动大量后备人员的主要原因（后备部队中的作战部队也被激活并部署用于占领，但数量远小于现役部队作战部队）。高度依赖后备支援人员的另一个结果是，陆军可以较低的成本在现役部队中维持更多的作战部队（如果他们以一种不是很高集成度的方式组织起来）。

军队一体化结构的利弊一直是众多公众辩论和国会授权委员会讨论的主题。其中，许多辩论聚焦这种结构对后备人员或决策者决策的无形影响。然而，这种结构的一些影响是可以量化的。

如果陆军保持相同的规模，但不再有专门的现役和后备部队，而是采取了用现役支援部队支援现役部队作战单位（用后备支援部队支援后备部队作战单位）的政策，现役部队将能够支持大约21个旅战斗队，而不是目前的30个旅战斗队。同时，陆军将能够维持后备部队中的37个作战旅，而不是目前的26个。如果陆军不想保持原来的规模，而是想用现役支援部队而不是后备支援部队来全面支援其现有的30个现役作战旅，那么陆军需要在现役部队中增加至少148000名支援人员。如果这些额外人员的成本与现役部队人员相似，国防部每年将需要额外200亿美元的运营和支援资金。

陆军似乎没有考虑对其现行的整合现役和后备部队的政策进行任何重大修改（尽管经常考虑较小的修改）。然而，上述例子表明，任何消除现役部队对后备部队支援依赖性的建议都需要权衡，要么需要更大的现役部队，要么要求陆军将作战部队从现役部队转移到后备部队。

在可预见的未来，海军陆战队和海军似乎不太可能采用类似于陆军整合现役和后备部队的模式。海军陆战队的作战部队在和平时期比陆军的作战部队部署得更频繁、更常态。这种部署计划将使海军陆战队难以采用陆军的整合模式，除非国防部愿意在和平时期更加频繁和常态化地调动后备部队支援部队。海军通常更受其库存船只数量的限制，而不是人员数量的限制（空军已经采用了一种模式，在这种模式下，其现役和后备部队在某些方面比陆军更加紧密地结合和相互依存）。

2. 人员配备水平、战备状态和部署能力

关于力量结构规模、单位成本或部队部署准备情况的讨论，由于许多部队没有按照官方要求的军事人员数量运作而变得复杂。从概念上讲，美军所有部队都有所需的人员数量，而且每一个军种都有一个给定的兵力结构，这意味着每一个军种在理论上都应该有它所需要的一定数量的人员。然而，由于各种原因，国防部经常使用人员比设计人员或多或少的部队，这种做法称为人员配备过多或不足。

人员配备水平影响一个军种在其总人员中可以部署的部队数量，以及这些部队的准备状态和部署能力，特别是陆军和海军陆战队。因此，有关人员配备水平的决定与任何给定力量结构的成本和效用密切相关。这样的决定也意味着一个给定的力量结构中所包含的人员数量可能会有很大的差异，因此理论上一个部队需要多少人，没有统一的确定数字。

本书中对每个单位的资金和人员的估计是基于国防部为未来计划的实际人员配备水平。在大多数情况下，国防部关于人员配备水平的决定会改变部队的成本，通常几乎是以线性的方式：由人员配备水平低于所需水平的单位组成的部队成本较低（并且需要较少的人员），但准备和部署能力较差；相反，对于一支由人员配备水平高于所需水平的单位组成的部队来说，情况正好相反。

分配给一个单位的人数超过所需的人数是有益的，这可能有很多原因。其中最重要的是，当部署一支部队时，由于医疗问题或即将退役等问题，其部分人员将无法随行。如果部队正处于所需的人员水平，这些不可部署人员的缺勤将使部队兵力不足，无法进行部署。超额编配的非部署部队提供了一个额外人员的缓冲，增加了他们部署全部所需人员的可能性。经验表明，部队需要至少超额编配10%的所需人员作为缓冲，以便实现期望的全员部署。

在某种程度上，更进一步的人员过剩可能会导致收益递减，因此力量结构不太可能从更多的人员编配中获益。然而，在实践中，陆军和海军陆战队近年来似乎都没有接近这个水平。

人员配备不足的部队有其自身的优势：降低维护一套给定单位组合的成本，或者允许一个军种在给定人数的情况下维护更多的部队。然而，人员配备不足使得一个军种很难部署拥有全部人员的作战部队。避免人手不足问题，一种可能的使用方式涉及骨干编成单位。这些单位由少数训练有素和经验丰富的人员维持，但初级人员很少；当需要扩充部队时，初级人员可以相当迅速地加入部队（如通过征兵）。这种做法允许军种增加其单位数量的速度远远快于其从头创建单位的速度。苏联经常使用骨干编成单位，但美国历来倾向于拥有数量较少、准备较好的预备单位。

在美军中，当需要部署人手不足的部队时，他们通常会接受其他部队的人员注入，以达到所需的人数。这些转移称为横向调配，能缓解短期内个别部队兵力不足的问题。但由于增加的人员必须来自其他部队，横向调配很可能使非部署部队的人员更加短缺，反过来，在需要"贡献人员"部队部署时，将造成累积式人员短缺。例如，在 20 世纪 90 年代末和 21 世纪初，国民警卫队的作战旅通常只保持在所需兵力的 80%~90%。在 2005 年军队开始向伊拉克部署大量国民警卫队旅时，横向调配恰恰导致了这个问题。

人员配备水平对战备和部署能力的影响。美军中的大多数部队都会定期接受部署准备情况的评估。根据国防部的评估体系，这些评级部分基于一个单位所需人员和装备的编配百分比，以及该单位完成训练的状况。如果部队指挥官认为有必要，则他们有一定的回旋余地来调整等级。除非进行这样的调整，否则一支部队的人员配备水平必须达到 90% 以上，才能视为完全做好战斗准备，而且该部队的人员配备越少，就越不能视为完全做好战斗准备。

与经费等其他相关因素相比，人员配备水平与部队战备状态的关系更为直接。任何给定的力量结构都需要特定数量的人员，使得每个单位的人员配备水平达到 90% 以上。如果部队的可用人员数量小于该特定数量，则某些部队将低于 90% 的临界值，并视为未完全准备就绪。国防部和各军种通常对某些单位给予更高的优先权，他们的人员配备水平高于一个军种的平均水平，而其他单位则低于平均水平。这些决定改变了人员的分配，但并没有改变总体的平均人员配备水平。用于描述部队的一个相关特征是可部署性。与战备度评级不同，可部署性不是一个正式的衡量标准，更确切地说，它指的是现实世界中实际部署一支部队进行军事行动的容易程度。一般来说，一支部队必须保持在其所需人员编制水平的 100% 以上才能部署，否则除非它得到补充人员的注入。

由于军种对可能部署的部队有超额编配的动机，即使是一支理论上有足够人员 100% 编配所有单位的部队，也可以选择超额编配可部署部队和低配不可部署部队（如行政组织）员额。例如，陆军在 20 世纪初就开始了这种做法。人员成本高昂，因此将其作为稀缺资源分配给更高优先级的用途，而不是较低优先级的用途，是最大限度地发挥有限人员群体作战潜力的合理途径。然而，这种考虑意味着，任何一个单位的战备状态或人员配备情况都不是整个部队战备状态或人员配备情况的可靠指标。一个单位的人员配备水平反映了一个军种分配给该单位的优先权，而不是反映了整个军种的人员配备水平。

3. 部署时间和轮换率

在为部队制订计划时，国防部区分了驻扎在常驻地（通常是永久基地）的部队和部署在远离常驻地的部队。部队需要部署在常驻地以外，原因有很多，如训练演习。但最重要的部署类型是维持美军在海外的军事行动所需的部署，如占领伊拉克和阿富汗，或在世界各地的例行军事存在。海军和海军陆战队有一个长期的传统，即在和平时期进行例行部署，以显示海外存在，而陆军和空军传统上没有在和平时期向海外部署部队（驻扎在一些海外基地的军事人员视为驻扎在常驻地，而不是在部署中）。

当前部署的一个重要因素是，国防部不会无限期地让部队远离其常驻地。相反，部队会定期返回常驻地，以缓解部署人员及其家属的压力、修理和更换装备、参加训练演习等。由于这一政策，任何长期的军事行动或持续的海外存在都要求国防部有其他部队，可以部署这些部队来替换返回的部队，这种做法称为部队轮换。相比之下，在朝鲜和越南等早期冲突中，美国奉行个别轮换政策，即地面和空中部队无限期留在海外，个别人员通过这一政策循环轮换。国防部改变了这种做法，因为个别轮换会导致部队凝聚力变差。在部队轮换的情况下，需要在常驻地和部署地之间进行部队轮换，这意味着可以将军队视为一个部队库，分为部署和非部署的子集。

每一个军种都有自己的政策来管理自己的部队可以部署多长时间，应该在自己的驻地待多久。此类策略导致理论上最大数量的部队可以在任何时间点进行持续的扩展部署，同时遵守军种政策。例如，在过去 10 年的大部分时间里，陆军的官方政策是，现役部队最多部署 1 年，在两个部署之间使其在常驻地至少待 2 年（在占领伊拉克期间，陆军未能实现这些目标）。这一政策意味着，陆军可以可持续地部署 1/3 的现役部队到海外扩展作战，而其他 2/3 的部队则在国内，常驻地部队与部署部队的轮换比例为 2∶1。在超过该轮换比率的战区部署一个单位超过几个轮换周期通常是不可持续的，部分原因是它影响了部队成员留在军队的愿望。

由于部队类型和各军种政策的不同，所有军队都没有统一的轮换比率。一般来说，军种希望现役部队能够比后备部队维持更多的部署（在许多情况下，如果可能，国防部倾向于尽量减少后备部队的部署）。

必要时，国防部可以部署比轮换比率所建议的更多的部队，就像它在占领伊拉克期间的长期部署一样。此外，轮换比率是政策决定的结果，可以改变。因此，在军事需求巨大时，没有什么能阻止国防部像第二次世界大战期间那样，在必要时部署尽可能多的部队。然而，当部署部队时，其性能通常会随着时间的推移而下降，因此这样的决策可能会有缺点，随着时间的推移，缺点会越来越多。但是，在一个预期持续时间有限的行动中（如 1991 年的"沙漠风暴"行动），国防部可以实际部署远远超过可持续水平的部队，因为其不必计划维持部队无限期地参与行动。

考虑需要部队中多个单位来支持一个单独部署的单位，如果国防部有计划将大量部队部署在海外，这些计划通常需要比只预期有限时间作战的计划更大的部队。例如，在 20 世纪前 10 年至中后期，陆军增加到 45 个现役部队旅战斗队和 28 个国民警卫队旅战斗队，以维持 20 个部署的旅战斗队（在部署的 20 个作战旅中，45 个现役部队提供了 15 个作战旅，28 个国民警卫队提供了另外 5 个作战旅）。然而，目前，维持部队海外部署需要并不是陆军战略规划的一部分，这使得该军种将现役部队缩减到 32 个旅和 28 个国民警卫队旅（足以维持大约 16 个已部署旅战斗队）。

第三节　美国陆军力量结构向以师为核心转型

美国认为，当前正面临着俄罗斯和中国对国家利益前所未有的挑战。随着中国和俄罗斯的军队不断现代化，美国及盟国发现越来越难以阻止其行动。如果美国陆军不能应对这些新出现的威胁，盟军将面临在全面竞争中被包围和瓦解的重大风险。

为了应对随之而来的大国竞争，2021 年初，美国陆军第 40 任参谋长麦康维尔将军制定了"瞄准点 2035"（AimPoint 2035）全面转型目标，目的是为未来的地面大规模作战（Large – Scale Ground Operation, LSGO）作好充足准备，为此，陆军必须在 2028 年完成实现中间转型。2021 年 8 月，美国陆军训练与条令司令部（TRADOC）完成并提出了美国陆军"航路点 2028/2029"（WayPoint 2028/2029）改组，为美军在多域作战（MDO）框架内取得胜利。

为实现陆军"瞄准点 2035"愿景目标，美军将在"航路点 2028/2029"前实现对现有部队改组，这涉及对目前美国陆军编制的重大转变。

2005 年，美国陆军决定改变原本以师为中心的部队，改为以模块化旅级战斗队为核心的部队，旅战斗队概念在 2001—2021 年间的全球反恐战争取得了成功，但对于未来可预见的中俄大国竞争难以为继。

为此，2018 年，美国陆军训练与条令司令部提出了 2028 年多域作战概念，探讨应对势均力敌大国对手的转型问题。2022 年初，美国陆军将正式发布 FM 3 – 0《作战纲要》，代表正式向"航路点 2028"进行转型。

在《美国陆军 2028》里，将不再以旅级战斗队（BCT）作为核心，而是重新以师为中心的部队。"航路点 2028"部队将由现代化的部队编成，此部队可在多个战区进行多域作战和全域作战。

一、"航路点 2028"编制变化

目前，美国陆军的旅级战斗队分为装甲旅战斗队（Armored Brigade

Combat Team，ABCT)、斯特赖克旅战斗队（Stryker Brigade Combat Team，SBCT）和步兵旅战斗队（Infantry Brigate Combat Team，IBCT）三种。简要来说，旅级战斗队组成包括 1 个旅部连、3 个步兵营/CAB 营、1 个骑兵中队、1 个野战炮兵营、1 个工兵营、1 个支援营。

装甲旅为围绕 M1 "艾布拉姆斯" 坦克与 M2 "布雷德利" 步兵战车的部队，斯特赖克旅则是以 "斯特赖克" 轮式装甲车为主的部队，步兵旅为具备高战略机动性的轻步兵部队，依照作战用途可分为空降、空突、山地三类。

二、2021 年美国陆军师及其下属的旅战斗队

根据美国陆军公布的开源信息，2021 年美国陆军师及其下属旅战斗队情况为，当前美国陆军共 31 个旅级战斗队，包括 11 个装甲旅、7 个斯崔克旅、13 个步兵旅。

（1）第 1 骑兵师。下辖第 1 装甲旅战斗队、第 2 装甲旅战斗队、第 3 装甲旅战斗队、骑 1 师战斗航空旅、骑 1 师师炮兵、骑 1 兵师保障旅。

（2）第 1 装甲师。下辖第 1 装甲旅战斗队、第 2 装甲旅战斗队、第 3 装甲旅战斗队、装 1 师战斗航空旅、装 1 师师炮兵、装 1 兵师保障旅。

（3）第 1 步兵师。下辖第 1 装甲旅战斗队、第 2 装甲旅战斗队、步 1 师战斗航空旅、步 1 师师炮兵、步 1 兵师保障旅。

（4）第 2 步兵师。下辖第 1 斯崔克旅战斗队、第 2 斯崔克旅战斗队、步 2 师战斗航空旅、步 2 师师炮兵、步 2 兵师保障旅、第 210 野战炮兵旅（第 8 军）。

（5）第 3 步兵师。下辖第 1 装甲旅战斗队、第 2 装甲旅战斗队、步 3 师战斗航空旅、步 3 师师炮兵、步 3 兵师保障旅、第 48 步兵旅战斗队（国民警卫队附属单位）。

（6）第 4 步兵师。下辖第 1 斯崔克旅战斗队、第 2 斯崔克旅战斗队、第 3 装甲旅战斗队、步 4 师战斗航空旅、步 4 师师炮兵、步 4 师师保障旅。

（7）第 25 步兵师。下辖第 1 斯崔克旅战斗队、第 2 步兵旅战斗队、第 3 步兵旅战斗队、第 4 步兵旅战斗队（空降）、步 25 师战斗航空旅、步 25 师师炮兵、步 25 师师保障旅。

（8）第 82 空降师。下辖第 1 步兵旅战斗队（空降）、第 2 步兵旅战斗队（空降）、第 3 步兵旅战斗队（空降）、空降 82 师战斗航空旅、空降 82 师师炮兵、空降 82 师师保障旅。

（9）第 101 空降师。下辖第 1 步兵旅战斗队（空突）、第 2 步兵旅战斗队（空突）、第 3 步兵旅战斗队（空突）、空降 101 师战斗航空旅、空降 101 师师炮兵、空降 101 师师保障旅。

（10）第 10 山地师。下辖第 1 步兵旅战斗队、第 2 步兵旅战斗队、第 3 步兵旅战斗队、山地 10 师战斗航空旅、山地 10 师师炮兵、山地 10 师师保障旅、第 3 骑兵团（第 3 军）、第 2 骑兵团（驻欧美军 USAREUR）、第 173 空降旅（驻欧美军 USAREUR）。

三、未来以师为核心的力量结构

在陆军 2028 规划里，虽然仍保留了旅级战斗队，但将不再以此为核心设计部队。陆军部队将分为联合强进入空降师（JFE）、联合强进入空突师、轻型师、重型师和突破师 5 种陆军师。

（一）联合强进入师

联合强进入师包括师部营、3 个步兵旅、1 个师属骑兵中队、1 个陆军航空旅、1 个师属机动防护火力（Mobile Protective Firepower，MPF）轻坦营、1 个炮兵旅、1 个师属工兵营、1 个防御旅、1 个师保障旅。其中，依照步兵旅分类，联合强进入师分为联合强进入空降师和联合强进入空突师，两者将分别以目前的第 82 空降师与第 101 空突师为基础。空降师将通过战术及战略运输机被投送到敌区作为先期进入部队。空突师则主要通过陆航直升机进行机动，具有极强的战术机动能力，以穿越各类复杂地形区域。

两个师编制的一个显著变化是新增了师属的"机动防护火力"（MPF）轻型坦克营，原计划为步兵旅战斗队配属的 MPF 轻型坦克连将取消，也表明了美军将不再以旅战斗队（BCT）为核心构建部队。MPF 轻型坦克营将装备新型"机动防护火力"轻型坦克，其装备有 105mm M35 坦克炮，可为无装甲掩护的轻步兵部队提供大口径直瞄火力支援能力。从概念上来说，MPF 轻型坦克营的设立实际上等同重启了冷战时期空降师的"空降侦察/空降突击车（Airborne Reconnaissance/Airborne Attack Vehicle，AR/AAV）空降装甲营"或"装甲火炮系统"（Armored Gun System，AGS）空降装甲部队。

此外，JFE 将特别增设独立的师属骑兵中队对敌实施侦察获取情报，为师级指挥官提供更好的决策。另外，需注意的是，原空降/空突步兵旅的侦察力量调整为 1 个骑兵侦察连，除了师属骑兵中队建立的因素，新设的 MPF 轻型坦克营也将担任前沿侦察任务。

（二）轻型师

轻型师大体上相当接近联合强进入师，轻型师编制包括师部营、3 个步兵旅、1 个陆军航空旅、1 个师属 MPF 轻型坦克营、1 个炮兵旅、1 个师属工兵营、1 个防御旅、1 个师保障旅。由于 JFE 师任务特殊，所以跟轻型师有一些差异，轻型师不会有师属骑兵中队，其余大体类似。

轻型师所属的各个步兵旅与 JFE 一样，组成包括 1 个旅部连、3 个步兵营、1 个骑兵侦察连、1 个军事情报连、1 个信号连、1 个支援营。虽说轻型师不包含师属骑兵中队，但仍有 MPF 轻型坦克连可肩担前沿侦察与支援角色。轻型师为全球各地的美军作战指挥官提供了可用准备部队，并具备高战略机动性与容易部署的特点。

（三）重型师

重型师编制包含师部营、2 个装甲旅、1 个斯特赖克旅、1 个陆军航空旅、1 个炮兵旅、1 个师属工兵营、1 个防御旅、1 个师保障旅。随着美军师2028 改组与斯特赖克平台能力的改进，曾经以快速部署临时旅战斗队为出发设想构建的斯特赖克旅将摒弃旅战斗队概念，与装甲旅同时并入 2028 重型师。重型师同样为全球各地的美军作战指挥官提供可用的装甲准备部队，兼具火力强大与一定机动性等特点。

重型师的装甲旅由 1 个旅部连、3 个联合兵种营（Combined Arms Battalion，CAB）、1 个骑兵中队、1 个装甲工兵营、1 个支援营组成；而斯特赖克旅由 1 个旅部连、3 个轮式装甲步兵营、1 个轮式装甲骑兵中队、1 个支援营组成。

值得注意的是，重型师的炮兵旅由 2 个 155mm 履带式装甲炮兵营和1 个 155mm 牵引式炮兵营组成，跟装甲旅与斯特赖克旅比例相同。虽说牵引炮兵营来自原斯特赖克旅炮兵营，但未来随着美军"下一代榴弹炮"（Next - Generation Howitzer，NGH）车载榴弹炮项目进展，也将开始换装新型 155mm 轮式自行火炮。

2021 年 5 月，美国陆军宣布将退役斯特赖克旅内的 105mm "机动火炮系统"（Mobile Gun System，MGS），改以 30mm 中口径武器系统（Medium Caliber Weapon System，MCWS）机炮运载车和 CROWS - J 标枪导弹车补充。同年 8 月，美军表示确定不会为斯特赖克旅补上大口径直瞄火力车辆，于是有部分质疑会导致相关能力的缺口，不过随着陆军 2028 改组，斯特赖克旅将摒弃 BCT 编制而改以重型师为中心，这意味着若有需要，斯特赖克旅将可获得 M1A2 "艾布拉姆斯"主战坦克的加强，基本上消除了 MGS 除役的隐患。

（四）突破师

"突破"师（Penetration Division）是美国陆军"航路点 2028"下为全面大国竞争所提出的全新设计理念，旨在与中俄进行大规模地面作战行动构建，在美军 2028 师规划为综合能力最强大的陆军师。

突破师编制包含师部营、3 个装甲旅、1 个师属骑兵中队、1 个陆军航空旅、1 个炮兵旅、1 个工兵旅、1 个防御旅、1 个师保障旅。相较于重型师，突破师完全由重装甲部队组成（3 个装甲旅），具备独立的师属骑兵中队，且拥有规模更大的工兵旅。

突破师的装甲旅包括 1 个旅部连、3 个联合兵种营（CAB）、1 个旅属骑兵侦察连、1 个旅属机器人作战车辆（Robot Combat Vehicle，RCV）连、1 个装甲工兵营、1 个支援营。由于突破师编有独立的师属骑兵中队，所以旅级侦察兵将调整为一个连。较为特殊的是突破师装甲旅编有 1 个 RCV 连，这是美国陆军"下一代作战车辆"（Next Generation Combat Vehicle，NGCV）的重要组成部分，RCV 无人战斗车将与装甲旅内的"可选载人步兵战车"（Optional Manned Fighting Vehicle，OMFV）合作共同执行任务，运用人工智能与自动化取得对中俄优势。

突破师的炮兵旅由 3 个 155mm 履带式装甲炮兵营组成，且最为重要的是将增设使用 155mm 58 倍径榴弹炮的"增程火炮炮兵"（Extended Range Cannon Artillery，ERCA）炮兵营。发射 155mm 冲压或者滑翔炮弹的 ERCA 射程可超过 100km 以上，可为突防师提供有效的远程火力压制，以对抗更强大的中俄炮兵。

1. 防护旅

防护旅（Protection Brigade，PB）是一个在美军 2028 陆军师改组中新设的特殊单位，所有 5 种陆军师皆编有防护旅，旨在为陆军师提供掩护支援。防护旅是以美军的机动增强旅（Mobile Enhanced Brigade，MEB）为基础改建的新编制单位，包括 1 个工兵营、1 个宪兵营、1 个"机动近程防空"（M–SHORAD）营、1 个核生化防护营、1 个支援营。其中，最为重要的是 M–SHORAD 营，该单位将装备新型"斯特赖克"早期型机动近程防空系统与"斯特赖克"定向能机动近程防空系统，为师内单位提供近程防空掩护火力。

2. 加强支援给 2028 陆军师的军属单位

在 2028 陆军师规划中，将依照作战需求适时分配来自军级的下属单位，包括远征信号营、多管火箭系统炮兵营、旅级以上梯队（Echelons Above Brigade，EAB）炮兵营、间接火力防御系统防空营、特种部队连、远征军事情报旅、电子作战连、综合电战营、工兵营、排爆营、军情支援营、民政营、医疗旅、医疗营。

四、新型师在未来大国对抗中可能的运用场景

2021 年 12 月，美国陆军训练与条令司令部（TRADOC）下属陆军联合兵种中心发布了陆军"航路点 2028"介绍规划，描述了在未来大国对抗中 2028 陆军师将扮演的角色。

（一）基于第一骑兵师改组突破师

美国陆军在 2023 年夏天，将第一骑兵师改组成全新型态的突破师，突破师下辖 1 个师部营、3 个装甲旅、1 个师属骑兵营、1 个战斗航空旅、1 个野战炮兵旅、1 个工兵旅、1 个防护旅与 1 个师支持旅。

新成立的第 1 骑兵团称为"突破师"，旨在填补应对俄罗斯和中国近年来取得的进步而产生的空白。理查森在演讲中说，目前的师级部队在设计中存在多达 17 项"关键差距"。其中包括：缺乏足够的战术机动性来维持、移动和生存；缺乏深度感知；没有远程火力融合来摧毁敌方"反介入/区域拒止"平台；缺乏足够的攻击和侦察航空力量或大规模作战行动所需的空中攻击；旅没有建制电子战能力；没有现成的机动短程防空或防空火炮来保护师级机动部队；没有师级的桥接能力；用现有的远程火力塑造纵深战斗的能力不足。

美国陆军于 2023 年启动师骑兵试点计划，并于 2026 财年末结束。这项工作将在试点结束时进行现场演习。与此同时，在该师内部建立中近程防空或 M - SHORAD 能力的工作已经开始。从该计划开始，美国陆军最高领导人的决定将引发部队重新设计，包括对师部、装甲旅战斗队、工兵部队、炮兵编队的改变，并激活陆军新的增程型火炮。

理查森少将解释说，骑兵中队的全部目的是使该师能够在大规模战斗中"按照我们的条件"与敌人接触。该中队将继续充当师的"耳目"，执行跨域侦察、安全和部队掩护任务。

突破师首先用远程火力"突破"，然后将部队推入纵深突破，以瓦解敌人的防御，渗透方法不同于传统的传插迂回。

理查森比较了标准的包围、侧翼攻击和迂回机动等行动，这些行动风险较小，但在瓦解敌军的速度和深度方面并没有像突破方法那样提供更多的回报。理查森说："成功渗透的关键是执行剥夺任务，这是一种在成功攻击之后的进攻行动，旨在深入瓦解敌人并取得决定性胜利。"

关键是速度、动力和利用多域能力来确定敌人的位置和资产。后续计划将使装甲旅战斗队和骑兵中队分开。骑兵中队拥有约 947 名士兵，并将脱离其在装甲旅战斗队（ABCT）结构内的当前位置。ABCT 包含一支由 182 名士兵组成的装甲骑兵部队，以及 6 个营侦察排，每个排包括 36 名士兵，以及相关的支援单位，如总部和维修站。

理查森说，该中队还将增加两名空中骑兵部队，以获得更大的侦察深度和作战范围。他说，师内的每个旅都拥有自己的装甲骑兵部队，作为其侦察和监视资产的一部分。在这个计划中，该师将在 ABCT 的侧翼部署骑兵以执行侦察和安全任务。通常，该角色将为师提供 18～30km 的感知区域。但随着新的多域作战能力的到来，理查森表示，同一个单位可以为师提供长达60km的屏障。

（二）突破师未来作战方式

陆军设想其在未来战斗中作战方式如下。

联合部队和陆军远程火力打击敌人的作战火力。陆军地面部队随后进入该地区，"刺激"来自敌方阵地和平台的更多反应。美国和盟军的火力继续打击，因为该师作为主要机动部队，发现并打击剩余的敌方"反介入/区域拒止"系统。在与中俄等潜在对手的师级部队接触后，突破师将作为未来2028陆军师的利刃进行对抗。

"航路点2028"转型改组，将为美国陆军及盟军提供强大、有能力、战备和决定性的陆上力量，在美国国内和与盟国伙伴一起在全球范围内开展行动。通过改变美国的前沿态势、能力和作战概念，可以帮助美军获得更佳的速度、射程和融合能力，从而提供决策优势，使美国能够持续竞争并维持国家利益。美国陆军致力于现在转型以迎接明日的挑战，这将确保美国仍然能够通过实力确保和平，即使是在对抗日益强大且越来越有能力的大国竞争对手时也是如此。

第五章

武器装备——美军陆上作战方式
变革与转型的"支撑点"

决定战争、战役乃至小规模战斗结局的因素，是丧失希望，而不是牺牲生命。以前所有的作战经验都表明，如果士兵们看到或感觉到，再多的努力和牺牲也仅能延迟最终结局的到来，他们普遍会丧失再战斗下去的意志，并听天由命。

——巴兹尔·利德尔·哈特爵士，FM3-0《作战纲要》

武器装备是进行作战的物质基础，是设计战争、准备战争和打赢战争的重要因素，是美军陆上作战方式变革与转型的"支撑点"。武器装备的性质决定了战争形态的发展和演进，成为战争形态历史阶段的主要标志。20世纪下半叶以来，电子和信息技术革命催生了信息化战争，发展至今，其武器装备经历了三个阶段的跃升，推动了美军陆上作战方式的持续演进。

第一节　美国陆军武器装备体系发展

从20世纪90年代初至今，美国陆军武器装备体系的发展可进一步细分为三个阶段，这三个阶段的体系化发展体现了美军武器装备发展围绕作战需求突出顶层设计、体系化开发、工程化转化的特点。

一、美国陆军武器装备数字化建设阶段（20世纪90年代初至2004年）

美国陆军武器装备建设的重点集中于建设数字化指挥、控制、通信、计算机、情报、监视、侦察系统和对主战装备进行数字化改造。20世纪90年代初，美国陆军装备的雷达实现了升级换代，以微光夜视装备、红外成像装备为代表的光电侦察探测装备逐渐成为与雷达并重的探测和战场感知手段。

在指控系统方面，美国陆军作战指挥系统增加了一些新系统，形成了覆盖陆军全部作战功能领域和全部部队各级梯队的作战指挥系统，将陆军的信息化提高到一个新高度，主要包括高级野战炮兵战术数据系统、防空和反导指挥与控制系统、全信息源分析系统、作战指挥持续支援系统、数字地形支持系统、21世纪部队旅和旅以下作战指挥系统、陆军全球指挥控制系统、综合气象和环境地形系统、综合控制系统、机动控制系统、战术空域综合系统共11个系统。

陆军战术通信系统主要由移动用户设备、陆军数据分发系统、战斗网无线通信系统等组成。移动用户设备是陆军的地域通信网，是一种网格状地域通信系统，用于装备军、师两级，用来传输指挥和情报信息，可向37500千米内的6000多个固定用户和近2000个机动用户提供语音、数据和传真业务。陆军数据分发系统包括增强型定位报告系统和联合战术分发系统。增强型定位报告系统是一种中速数据分发系统，有背负式、车载式和机载式多种型号，可装备指挥车辆和作战车辆，用于传输火力请求、目标跟踪数据、情报数据、作战命令、战斗识别和指挥控制同步信息等。联合战术信息分发系统是一种保密、抗干扰、大容量高速数据分发系统和语音通信系统，能满足陆军指挥控制系统对信息传输的要求，如用于前方地域防空指挥控制系统等。作战网无线通信系统主要装备的是"辛嘎斯"系统。"辛嘎斯"系统也分为背负式、车载式和机载式，广泛装备陆军下级部队以及单兵、地面武器平台、直升机等，用于语音和数据通信①。

二、美国陆军武器装备网络化建设阶段（2004—2016年）

在"网络中心战"概念的影响下，美国陆军武器装备建设开始由数字化向网络化方向发展，代表性事件是"未来战斗系统"项目启动。20世纪90年代末，随着"网络中心战"理论的提出，以及网络技术的快速发展成熟，美国陆军武器装备的信息化建设开始逐渐由数字化转向网络化。根据美军建设全球信息栅格的要求，陆军于2004年提出了陆战网。陆战网是美国陆军的信息集成平台，涵盖了陆军的现有网络、基础设施、通信系统和应用系统。陆战网拥有5种能力，即以领导者为中心的移动指挥能力，全球互联、互操作能力，在任何时间、任何地点的全球指挥能力，提供统一的联合通用作战图的能力，具备以联合作战为核心的使用能力。陆战网将为现役部队、国民警卫队、陆军预备役部队以及军事和商业基地提供网络服务，并且将各种网络（从陆军永久基地到前沿部署部队）统一起来，把陆军的行动融入联

① 谢晓阳. 美国武器装备体系历史演变规律［M］. 北京：航空工业出版社，2020：18.

合框架，并优化所有作战要素。陆战网最主要的功能是可以建立地面部队指挥官和联合部队指挥官之间的连接，是作战人员与全球信息栅格之间联系的桥梁。

2003 年，美国陆军启动了"未来战斗系统"研制计划，该系统是一种以网络为中心，通过网络和 C⁴ISR 系统将有人和无人的空中、地面平台连接在一起的"多系统之系统"，是美国陆军下一代武器装备体系和美国陆军从"空地一体战"向"网络中心战"作战模式跨越的关键。虽然该项目由于技术成熟度和预算过高等问题于 2009 年被终止，但是其核心部分"网络"却被保留下来，显示出未来战斗系统追求的"网络化"装备体系建设思想并没有随着项目的下马而被抛弃，相反，其在未来美国陆军武器装备建设中的主导作用将更加广泛和突出[①]。

三、美国陆军武器装备由网络化向智能化发展阶段（2017 年至今）

2017 年 12 月，《美国国防战略》文件提出"大国竞争"战略，陆军相应推行"多域作战"概念，发展六大现代化优先项目，包括远程精确火力、下一代战车、未来垂直起降飞行器、机动通信指挥网络、一体化防空反导、士兵杀伤力，为多域编队提供物质基础。

六大优先项目代表了美国陆军装备研发总体发展趋势，由美国陆军未来司令部跨职能团队负责管理。2022 年，美国陆军未来司令部寻求加速陆军六大优先装备研发项目工作进展，于 2023 财年交付 24 个先进作战系统或原型机。虽然部分项目尚未成熟，但是该系列项目的核心是使部队能够尽早接触新兴的颠覆性技术，并感知由技术革新为"战术"带来的颠覆性影响，进而转化为作战方式变革。据美国陆军协会 2022 年 6 月发布的《2022 年陆军战备及现代化》报告，截至 2022 年，六大优先项目进展如下。

（一）远程精确火力：火力臂进一步拓展

增程火炮可在 70km 范围内精确打击；精确打击导弹在 2021 年 10 月的一次飞行测试中打破了距离记录，其射程远远超过传统的陆军战术导弹系统；2022 年 5 月，战略远程火炮已停止研发；远程高超声速武器已部署运输－起竖－发射车和其他地面装备，计划在 1~2 年内部署第一批可用于实战的高超声速武器；陆基中程导弹系统在 2023 财年交付部队。美国陆军通过使其炮兵现代化，以应对使用复杂的进攻性火力和防空系统的近距离威胁。

（二）下一代战车：提升无人化机动火力整合效应

可选有人战车正在执行多阶段采办方法以实现最大限度的竞争，预计将

---

① 谢晓阳. 美国武器装备体系历史演变规律［M］. 北京：航空工业出版社，2020：35.

在 2028 财年第 4 季度在首支部队装备，2022 年 7 月 1 日，美国陆军发布可选有人战车项目第 3 阶段和第 4 阶段信息征询书；机器人战车正在广泛开展轻型机器人战车全系统原型试验，预计在 2024 财年开展中型机器人战车试验；多用途装甲车将于 2023 财年第 2 季度首次部署，2022 年 6 月，美国陆军第 69 装甲团第 2 营正式接收由英国 BAE 公司生产的第一辆多用途装甲车；机动防护火力车 2022 年开始小批量生产，首批车辆计划于 2025 财年部署，2022 年 6 月 28 日，美国陆军宣布向通用动力公司地面系统公司授予 11.4 亿美元机动防护火力车合同，用于初始生产 96 辆机动防护火力车，标志着陆军正式选定了轻型坦克方案。作为未来作战环境中联合武器的一部分，下一代战车通过机动、火力和冲击效应来近距离摧毁威胁，允许陆军在近距离作战中实现战斗车辆的强威胁，将为有人/无人作战提供决定性杀伤力。

（三）未来垂直起降飞行器：推动下一代直升机技术开发

2022 年，未来攻击侦察机已经完成了 T901 发动机的首次发动机测试（First Engine to Test，FETT）阶段；贝尔公司宣布 360 "坚强者"原型机接近完成；西科斯基公司宣布"突袭者"X 原型机完成 90%；未来远程突击直升机预计在 2030 年之前部署；"挑战者"X 高速直升机首次飞行测试成功；贝尔公司 V-280 "勇敢者"倾转旋翼机击败"挑战者"X 高速直升机，获得 2.3 亿美元的初始研发合同；未来战术无人机系统正在开发一种无需跑道、可通过 CH-47F 运输、具有先进声学技术的全天候无人系统，以取代 RQ-7B "影子"无人机；贝尔公司正在利用通用模块化开放式体系架构持续升级和调整其即将完成的 360 "坚强者"直升机。

（四）机动通信指挥网络：推动综合战术网络新型能力

"统一网络"项目综合战术网络的"能力集 21"装备组件已成功部署到 4 个步兵旅战斗队（IBCT）；"能力集 23"正处于技术测试和设计审查阶段，逐步向"斯特赖克"旅提供同样的现代化能力；"能力集 25"已启动早期开发进程。美国陆军正在向增强型远征信号营部署现代化战术网传输工具套件。机动通信指挥网络项目关注集成、速度和精确度，确保陆军的能力发展过程具有足够的适应性和灵活性，以跟上技术变革的速度。

（五）一体化防空反导：强调分层防御和新质毁伤能力

一体化防空反导作战指挥系统正在集成全部防空反导能力，计划于 2023 财年 1 季度实现初始作战能力；机动近程防空系统 2022 年 5 月进行了测试；美国陆军在白沙导弹靶场成功测试了"铁穹"导弹防御系统，阻击了巡航导弹和模拟无人机系统；底层防空反导传感器原型已投入生产，预计 2024 财年获得初始作战能力；定向能机动近程防空系统成功进行了战斗发射测试，正在制造 4 套安装在"斯特赖克"装甲车上的 50kW 级激光武器原型系统,并于 2022 年 9 月投入部署;2022 年 9 月,洛克希德·马丁公司已交付 300kW 高能激光器原型,支持高能激光型间瞄火力防护系统演示验证。

(六)士兵杀伤力:突出一体化增强能力

"下一代班组武器"项目下的步枪、自动步枪、通用弹药和改进型瞄准系统于 2022 财年开始生产,2023 财年 4 季度列装首支部队;西格绍尔公司获美国陆军"下一代班组武器"计划合同,用于制造和交付两种"下一代班组武器";一体化视觉增强系统 2022 年初进行了与"布雷德利"战车的匹配测试;2022 年 10 月,美国陆军宣布在 2023 年交付 5000 套一体化视觉增强系统 1.0 版本和 5000 套一体化视觉增强系统 1.1 版本;增强型双目夜视镜已在 5 个旅装备,目前该项目仍处于生产中,这一过程将持续到 2024 财年;2022 年 10 月 12 日,以色列埃尔比特系统公司美国子公司获得美国军方增强型双目夜视镜订购合同,价值 1.07 亿美元。

第二节 "空地一体战"时期美国陆军武器装备体系

在"空地一体战"概念的牵引下,美国陆军通过快速研制和列装"五大件"装备,于 20 世纪 90 年代初全面实现机械化,陆军主战装备形成由主战坦克、步兵战车、装甲人员输送车、自行火炮、防空导弹、直升机、反坦克导弹、战术导弹、多用途轮式车、战术通信系统等组成的较为成熟完善的陆军武器装备体系,为陆军后续开展武器装备数字化建设奠定了坚实的基础。

一、空地一体战概念的实践发展与转化应用

1981 年 3 月,美国陆军训练与条令司令部正式发布了编号为 TP525 - 5 的空地一体战作战概念,其作战思想是"扩展战场,整合常规、核、化学及电子手段",对敌纵深进行攻击。按照苏军当时的作战理论,其第一梯队发起进攻创造有利战机后,第二梯队将利用该战机越过第一梯队进入战斗以扩大战果。空地一体战作战概念设想在战斗开始时,就利用空中力量或地面部队主动出击,越过战场前线深入到敌人后方,对苏军第二梯队及后续梯队实施空中遮断或远程火力打击,从而破坏其支援进攻态势,为己方前线部队创造歼灭苏军第一梯队的有利时机。空地一体战对积极防御概念进行了扬弃,对积极防御概念中颇受诟病的消耗战和被动防御理念进行了修正,强调发挥人的因素和主观能动性,实施灵活机动作战。因此,空地一体战作战概念推出后,很快就获得各方赞赏,并于次年正式写入新修订的陆军野战条令,成为 1982 年

版陆军《作战纲要》中的核心作战概念。

1981 年 9 月，训练与条令司令部进一步编写了"空地一体战 2000"概念并获陆军参谋长迈耶批准。"空地一体战 2000"概念是面向 1995—2015 年的远期作战概念，用于指导陆军未来 10 ~ 15 年的装备采办、条令革新、编制发展与作战训练。训练与条令司令部司令斯塔瑞指示，要按照作战的 8 个任务领域（Mission Areas）——近距离战斗、火力支援、防空、通信、指挥控制、情报和电子战、战斗支援、战斗勤务支援，进一步编写明确和详细的"职能概念"（Functional Concept）。这 8 个具体职能概念每一个都会产生面向未来装备、条令、战术、编制及训练的特殊需求。

从职能概念中导出的装备需求将用于规划陆军"基于概念的装备采办战略"（Concept Based Materiel Acquisitions Strategy）。通过将概念的装备需求纳入年度"科学与技术目标指南"（Science and Technology Objectives Guide，STOG）中，训练与条令司令部为陆军科研机构和工业部门指明了科技发展的优先顺序，明确了陆军武器装备部门的研制目标。训练与条令司令部后来接着对"基于概念的装备采办战略"进行了完善，将其修改为"基于概念的需求系统"（Concept Based Requirements System，CBRS），以牵引除装备之外的训练、条令与编制的军事需求转化。需要补充说明的是，这种概念转化运用的思想一直延续至今，最终演变成为美军当前着力推进的"联合能力集成与开发系统"（Joint Capabilities Integration and Development System，JCIDS）。

在陆军之外，国防部也对"空地一体战 2000"概念的转化运用采取了积极措施。国防部对两件事情尤为重视：一是采用新技术发展"空地一体战 2000"作战概念需要的武器和支援装备；二是训练数千名技术熟练的专业士兵去操作实施"空地一体战 2000"所需的复杂武器系统。根据陆军科学委员会的建议，五角大楼积极发展了高灵敏度情报监视与目标搜索系统、分布式指挥、控制、通信及情报（Command，Control，Communication，Intelligence，C^3I）系统、生物遗传工程等装备和技术。陆军自己也制定出"阿帕奇"AH－64 型攻击直升机、"铜斑蛇"式制导炮弹、"格鲁曼"电子战系统等一系列新型装备的研制计划。与此同时，空军也规划了用于空中投掷的集束武器、"萨达姆"遥感反装甲弹、中程空对地导弹等先进武器的研制。

训练与条令司令部意识到，实施"空地一体战 2000"所需的作战装备和人员训练问题虽然得到解决，但要在未来的战役和战术作战行动中彻底贯彻"空地一体战 2000"作战理念，还需要改革现有部队的编制体制，使之与概念要求相适应。为此，训练与条令司令部设计了下辖 2 支空地一体战部队的未来战区司令部编制，每支空地一体战部队又包括 10 支近战部队、3 支地面作战部队,以及战斗支援部队、联络分队和战斗勤务支援部队各 1 支。基于该设计,美国陆军和空军在 1984 年进一步签署了联合部署空地一体战部队的双方协议。

"空地一体战 2000"概念的实施极大改变了美国陆军的发展进程。在"空地一体战 2000"概念的牵引驱动下,经过 20 世纪 80 年代近 10 年的发展,美国陆军在作战思想、武器研发、部队训练、编制体制等各个方面,都比越南战争结束后有了革命性的进步。虽然由于华约的解散,空地一体战概念没能在预期中的欧洲战场进行应用与实践,但在 1991 年的海湾战争中,空地一体战概念收获了极大的成功,空地一体战所体现的联合作战的理念和思想也因此一直被美军奉为圭臬。

二、以"五大件"装备为核心的机械化陆军装备体系

20 世纪 80 年代,以"空地一体战"作战概念为牵引,美国陆军发展了"五大件"装备,即"艾布拉姆斯"主战坦克、"布雷德利"履带式步兵战车、"爱国者"防空导弹系统、"黑鹰"通用直升机和"阿帕奇"攻击直升机。至 20 世纪 90 年代初,美国陆军完成第二次世界大战后第二轮大规模建设,建成以"五大件"装备为核心、以第二代和第三代装备为主体的陆军武器装备体系,同时新发展和列装了 227mm 多管火箭炮系统、便携式防空导弹、弹炮合一防空系统、"海尔法"反坦克导弹、"悍马"车等装备,标志着美国陆军武器装备机械化建设进程的完成①。"五大件"装备的问世和体系化发展,确保了"空地一体战"理论的落地与转化。

第三节　美国陆军武器系统

2021 年下半年,美国陆军发布《2020—2021 年武器系统手册》②,该手册每两年更新一次,全面系统地介绍了陆军主要的武器系统、设备项目以及科技倡议。其主要包括陆军主战装备、火力装备、地面突击装备、防空反导装备、作战保障装备、后勤支援装备、空中突击装备、运输保障装备、弹药(大、中、小口径),以及陆军装甲兵、炮兵、防空兵、工程兵、防化部队、陆军车辆与船艇、陆军航空兵等陆军各兵种的装备。下面区分类别,对美国陆军武器系统进行梳理分析。

---

① 谢晓阳. 美国武器装备体系历史演变规律 [M]. 北京:航空工业出版社,2020:16.
② Weapon Systerms Handbook 2020—2021, 2021.

一、地面突击系统

（一）"艾布拉姆斯"主战坦克

"艾布拉姆斯"主战坦克通过其机动性、火力和冲击效果接近并摧毁敌人。"艾布拉姆斯"是一种全履带陆战攻击武器，能够通过致命的火力、生存能力和机动性击败敌人。1500 马力（1 马力 = 735W）的涡轮发动机、120mm主炮和特殊装甲使"艾布拉姆斯"坦克在对抗重装甲部队时特别具有杀伤力。

M1A2 系统增强包版本 2（SEPv2）通过将平台升级为数字架构，将"艾布拉姆斯"车队带入了新时代。M1A2 SEPv2 坦克有两个瞄准具，分别为炮手瞄准具和指挥官瞄准具，通过启用猎人/杀手技术来提高坦克的杀伤力。当炮手摧毁目标时，指挥官可以同时观察战场、寻找下一个威胁。

M1A2 SEP 版本 3（SEPv3）的当前生产版本计划于 2020 财年首次装备。该版本纠正了"伊拉克自由"行动期间发现的许多空间、重量和动力问题，并成为未来增量升级的基础变体。除了提高生存能力，"艾布拉姆斯"M1A2 SEPv3 还可以承载陆军认为与作战相关的任何成熟技术。改进的重点是增加电力余量、车辆健康管理系统、综合反简易爆炸装置保护、支持静音监视的新辅助动力装置、嵌入式训练和弹药数据链接。

最致命的"艾布拉姆斯"坦克 M1A2 SEP 版本 4（SEPv4）正在开发中，采用第三代 MLIR 基础技术将使坦克乘员能够比以往任何时候都更远地识别敌方目标。3GEN FLIR 将是对这两种瞄准具的升级，并与其他作战平台通用。升级后，"艾布拉姆斯"将集成彩色相机、人眼安全激光测距仪和跨平台激光指示器，以促进多域作战进入指挥官的视线。除了杀伤力升级，M1A2 SEPv4 还将包括全嵌入式训练，以最大限度地提高人员对该系统的熟练程度。该计划很早就开始了，以搭载陆军认为对未来战场至关重要的任何技术，包括人工智能、自主性、APS 或先进传感器。

2022 年 10 月，美国通用地面系统公司推出"艾布拉姆斯"X 新一代主战坦克，该坦克采用遥控无人炮塔、混合动力和人工智能辅助的电子架构，具备静默行驶能力和无人平台协同的编队作战能力，重量轻、油耗少、智能化程度高、生存能力强。

（二）"布雷德利"战车

M2A4"布雷德利"战车是一种全数字化、全履带式中型装甲车辆，可为机械化步兵提供越野机动性、火力、通信和防护，并在下车时提供监视支援。M2A4 有 3 个机组人员座位和 7 个班组成员座位。它的主要武器是 M242 型25mm 自动加农炮。其他武器包括 7.62 同轴机枪和双管发射器、光学跟踪、无线制导反坦克导弹发射器。

带有火力支援传感器系统（Fire Support Sensor System，FS3）的 M7A4 "布雷德利"火力支援车辆是基于"布雷德利"的综合火力支援平台，以 A3 BFIST 车为基础，使连火力支援小组（Fire Support Team，FIST）和连火力支援军官能够计划、协调和执行及时、准确的间接火炮和迫击炮火力。它提供自动化增强监视、目标获取、目标识别、目标指定、目标跟踪、定位和通信功能。带 FS3 的 M7A4 BFIST 有 4 个 FIST 座位。其武器包括 M242 型 25mm 自动加农炮和 1 挺 7.62 同轴机枪。Bradley ECP 计划下的预定改装包括升级发动机和变速箱、改进履带（双销）、扭杆、路臂和减震器。2022 年 1 月，美国陆军演示了采用混合动力的改进型"布雷德利"步兵战车。同月，奥施科施防务公司推出首款混合动力联合轻型战术车，电池容量 30kW·h，可在 30min 内充满，燃油经济性提高 20%，并可在纯电动模式下静默行驶，提升作战隐蔽性。

二、火力打击系统

（一）高级野战炮兵战术数据系统

高级野战炮兵战术数据系统（Advanced Field Artillery Tactical Date System，AFATDS）为迫击炮、野战火炮、火箭弹和导弹、近距离空中支援、攻击航空和海军水面火力支援系统等火力和效果的规划、协调、控制和执行提供全自动支持。AFATDS 与 80 多个不同的战场系统互操作和整合，包括美国海军和美国空军的指挥和控制武器系统，以及德国、法国、土耳其和意大利的火力支援系统。

AFATDS 是远程精确火力跨职能团队计划的主要指挥和控制系统，如增程火炮、增程制导多管火箭系统、精确打击导弹计划和弹丸跟踪系统。AFATDS 近乎实时地融合了基本的态势感知数据、情报信息和目标数据，以做出符合任务指挥指导和优先事项的有效目标决策。它将目标与武器配对，以提供火力支援资产的最佳使用和及时执行火力任务。

AFATDS 为美国陆军、海军和海军陆战队提供自动化火力支援指挥、控制和通信。它用于计划、执行和交付致命和非致命效果。AFATDS 还为火力执行和任务管理提供联合/联盟态势感知。

（二）陆军战术导弹系统

陆军战术导弹系统（Army Tactical Missile System，ATACMS）是全天候、地对地、惯性制导导弹，用于打击军/集团军影响地域范围内的目标。ATACMS 广泛用于"沙漠风暴"行动（1991 年）和"伊拉克自由"行动（2003 年）的地面战争中，用于联合部队、联合特种作战部队和陆军地面部队司令部战役级的塑造行动。在 M270/M270A1 多管火箭炮系统中，每个发射组件（导弹吊舱）有一枚导弹，每个发射器装载两枚导弹，在 M142 高机动火炮火箭系统发射器中装有一枚导弹。打击目标包括防空炮兵阵地、地对地导弹部队、后勤基地、指挥和控制综合体以及直升机前沿作战基地。ATACMS 使作战人员能够打击 300km 的点、面高价值目标。

（三）高机动火箭炮系统

M142 高机动火箭炮系统（Highly Mobility Artillery Rocket System，HIMARS）是一种全频谱、经过实战验证、全天候、致命且反应灵敏的轮式精确打击武器系统。HIMARS 是安装在 5t 中型战术车辆 XM1140A1 卡车底盘上，分配给野战炮兵（Field Artillery，FA）旅的 C‑130 空中运输轮式发射器。当前的 HIMARS 包括一个增强的乘员保护装甲驾驶室。HIMARS 支持远征、致命、可生存和战术机动的部队。它可以发射多管火箭系统（Multiple Launch Rocket System，MLRS）的所有火箭和导弹。HIMARS 携带一个发射吊舱，其中包含 6 枚制导多管火箭弹或 1 枚陆军战术导弹系统（ATACMS）导弹。

HIMARS 旨在支持联合先期和强行进入的远征作战，具有高强度的破坏性、压制性和反炮兵火力。发射 GMLRS Unitary 精确火箭时，射程可达 70km 以上，以低附带毁伤攻击目标，运用近距离火力（200m 内）以支持接触的友军，以及在开放、城市和复杂环境中打击高价值点目标。开发工作包括在 HIMARS 和 MLRS 发射器之间建立通用火控系统（Common Fire Control System，CFCS）。陆军部队扩展工作将增加 HIMARS 部队的规模。

HIMARS 发射器为联合部队、先期进入远征部队、应急部队和支援旅战斗队的火力旅提供 24h 全天候、致命、近距离和远程精确火箭和导弹火力支援。HIMARS 可通过 C‑130 快速部署，快速提升战斗力。当前，美国陆军正在研制"海玛斯"火箭炮无人化改型。2022 年 10 月，美国陆军在"融合计划 2022"作战试验中演示了"自主多域发射车"，该发射车是在"海玛斯"火箭炮基础上研制的，能装填制导火箭弹或"精确打击导弹"，可自主跟随前方车辆行驶，并能由士兵远程操控发射弹药，未来将伴随"海玛斯"火箭炮作战。

（四）M270 多管火箭炮系统

多管火箭炮系统（MLRS）M270A1 是一种全谱、经过实战验证、全天候、反应灵敏的跟踪式精确打击武器系统，由建制或分配给野战炮兵旅。M270A1 包括一个改进的 M993A1 "布雷德利"战车，安装有 M269 发射器装载模块。

MLRS 携带两个发射吊舱，每个发射吊舱包含 6 枚制导多管火箭或 1 枚陆军战术导弹。发射 GMLRS–Unitary 精确火箭时，MLRS 射程可达 70 多千米，以低附带毁伤攻击目标，实现危险近距离火力（200m 内）以支持接触的友军，以及在开放、城市和复杂环境中打击有价值的点目标。

陆军通过对 M270A0 进行现代化改造并将 M270A1 升级到 M270A2 来增加 MLRS 部队的规模。M270A2 将配备通用火控系统、改进型装甲车，以及对 M933A2 底盘和悬架的改进，使其与"布雷德利"战车更通用。M270A2 已于 2020 年 11 月开始生产，首次部署于 2023 财年（Fiscal Year，FY）的第 1 季度。2022 年 7 月，美国陆军接收了首门 M270A2 型多管火箭炮，该型火箭炮换用新的 447kW 发动机和传动系统，能在发射火箭弹后快速转移，使对手难以锁定其位置，避免遭到反击；配用改进的装甲车，提升对轻武器和简易爆炸装置的防御能力；采用新的发射模块和通用火控系统，能发射"精确打击导弹"等新弹药。

MLRS 发射器为联合部队、先期进入远征部队、应急部队和支援旅战斗队的野战炮兵旅提供 24h 全天候、致命、近距离和远程精确火箭和导弹火力支援。

（五）精确打击导弹

精确打击导弹（Precision Strike Missile，PrSM）是一种地对地、全天候的精确打击制导导弹，由 M270A2 多管火箭发射系统（MLRS）和 M142 高机动火箭炮系统（HIMARS）发射。基线导弹（增量 1）将被开发和部署，以打击各种点状和不精确定位的目标，射程超过 400km。后续螺旋的主要重点是增加射程、杀伤力和对时敏、移动目标的打击。PrSM 为野战炮兵部队提供远程和纵深打击能力，同时支持旅、师、军、陆军、战区、联合/联军和海军陆战队空地联合特遣部队的全面、有限或远征作战。

精确打击导弹目前采用固体火箭发动机，射程 500km，未来计划通过改进将射程增至 800km。2022 年 5 月，美国陆军在向国会提交的证词中提及，正在研制一型冲压发动机并已完成试验，可与固体火箭发动机组合形成两级动力，以提升"精确打击导弹"射程。

（六）"阿帕奇"攻击直升机

"阿帕奇"（Attack Helicopter，AH）攻击直升机（如 AH–64D/E）能够在模糊的战场条件下摧毁装甲、人员和物资目标。"阿帕奇"是一种双引擎、四叶片串联座攻击直升机，配备 M230 型 30mm 加农炮、Hydra–70 火箭和地狱火导弹（激光制导和无线电频率）。目前的陆军航空队包含 AH–64D "长弓阿帕奇"和 AH–64E 两种型号。"阿帕奇"在现役陆军和陆军国民警卫队武装侦察营和骑兵部队均有使用。该飞机旨在为旅战斗队提供全频谱作战支持。

AH - 64E 设计并配备了开放系统架构，以整合最新的通信、导航、传感器和武器系统。E 型与其前身相比有多项升级，如改进的现代化目标获取指定瞄准器/飞行员夜视系统（Modern Target Acquisition Designated Sight/Pilot Night Vision System，MTADS/PNVS)。该系统包括一个新的集成红外激光器，可以更轻松地指定目标和增强红外图像，融合红外和夜视功能。E 型还具有更新的小型战术无线电终端，包括在联合环境中进行通信所需的 Link16 能力。更新后的火控雷达可以在海上模式下运行，使"阿帕奇"成为大多数环境中不可或缺的资产。E 型机队的载人 – 无人编队能力使"阿帕奇"机组人员能够实现 4 级互操作性，提供在"阿帕奇"驾驶舱内接收无人机系统（UAS）视频、控制 UAS 传感器和引导 UAS 飞行路径的能力。

"阿帕奇"是通过一个强大的对外军事销售计划提供给美国盟友的，目前有 500 多架"阿帕奇"在 16 个伙伴国家运行或开发。目前的采购目标是 812 架飞机。"阿帕奇"为地面部队、固定基地作战和空中护航提供安全保障；通过侦察，为地面部队和上级司令部提供态势感知；并果断地与单个或多个敌方战斗人员交战，以获得机动自由或防护。它机动进入敌方领土，对战略目标进行纵深攻击，为地面部队指挥官创造条件。AH - 64 具备有人/无人编组能力，可以向接触的士兵发送环境和敌军的实时态势感知。

三、指挥控制系统

(一) 陆军分布式通用地面站

陆军分布式通用地面站（Distributed Common Ground Station – Army，DCGS – A）提供了一个支持情报、作战功能的系统，以帮助指挥官对威胁和作战环境的其他相关方面进行可视化和了解。DCGS – A 是陆军用于所有梯队的传感器任务、处理、利用和传播的基本情报系统，并为士兵提供从非保密互联网协议路由器到最高机密的及时、相关和准确的数据信息。它使指挥官能够对战场传感器执行任务并从战场上的多个来源接收情报信息。DCGS – A 由软件和硬件组成。硬件包括用户笔记本电脑和台式机，固定、便携式和车载服务器，以及用于接收、共享和存储收集到的情报的地面站。软件工具允许用户从 700 多个数据源中选择和提取、执行分析并共享从该分析生成的情报产品。

陆军使用综合软件版本在各种硬件平台上运行和部署 DCGS – A 能力。旅战斗队（BCT）和更高梯队，为支援单位提供情报分析、处理和传播能力

DCGS－A 的模块化、开放系统架构允许快速适应不断变化的任务环境。作为支援行动的情报组件，DCGS－A 可以发现和使用所有相关的威胁、非战斗人员、天气、地理空间和空间数据，并评估技术数据和信息。

DCGS－A 的最终技术升级将通过获取和交付 Capability Drop 2 项目来完成，该能力满足陆军的情报数据需求，连接到联合和情报社区的数据源，并为所有梯队的士兵提供对情报数据和分析的访问。DCGS－A 将士兵与情报界、其他军种、多个陆军和联合情报、监视和侦察（ISR）平台与传感器以及任务指挥系统连接起来。它使指挥官能够在一个地区查看 ISR 信息，并将该信息集成到支持情报生产和传播的工具中。

（二）陆军全球作战支援系统

陆军全球作战支援系统（Global Combat Support System－Army，GCSS－A）是一个包含 2 个组件的项目。第一个组件为 GCSS 陆军企业资源规划（Enterprise Resource Planning，ERP）解决方案，是一个自动化信息系统，是支持陆军和维持联合转型的主要战术后勤使能器。该计划重新设计当前的业务流程，以实现端到端信息流以及与适用的指挥与控制（Command and Control，C2）和联合系统的集成。第二个组件为陆军企业系统集成计划（Army Enterprise System Integration Plan，AESIP）中心，通过为企业中心服务、主数据和商业智能提供单一来源来集成陆军业务功能。GCSS－A 使用现成的商用 ERP 软件产品来支持战场上武装、加油、维持和战术后勤财务流程等功能领域的快速投送。

商业企业作战任务区内现有的 GCSS 陆军增量 1 基线现代化功能服务侧重于财产登记、补给行动、战术维护、后勤管理和相关的战术财务功能。增量 2 将为陆军提供现代化的后勤和财务能力、主数据管理、企业航空维护和后勤，以及陆军企业中的陆军预置库存功能能力。GCSS－A 增量 2 将把活跃用户的数量从大约 67500 人增加到约 120000 人。它还将为陆军作战人员提供及时、准确、可访问和安全的无缝管理信息流，为作战部队提供决定性优势。

（三）联合作战指挥平台

联合作战指挥平台（Joint Battle Command Platform，JBC－P）于 2015 年投入使用，是联合部队指挥与控制态势感知（Situation Awareness，SA）和通信的基石。JBC－P 提供基本的蓝军跟踪（Blue Force Tracking，BFT）能力，作为用户体验的一部分，它集成了系统之系统、跨平台机动、防护和杀伤能力范围内的互补能力，并作为指挥所环境的一部分实现基本信息交换。JBC－P 是关键的基础力量，以维持综合态势感知、执行 C2 和减少误伤的关键基础力量倍增器，利用混合网络在战术层级提供安全数据的传输。

JBC–P 集成了计算机系统（MFoCS）通用硬件的挂载系列，可为多种使用场景提供可扩展、可定制的计算机，以支持所有作战功能领域。MFoCS 通过为计算硬件中的其他软件和传感器提供托管环境来减少对单独部署的平台组件的需求，从而实现尺寸、重量和功率（Size，Weight and Power，SWaP）的改进。JBC–P 建立在称为"21 世纪旅级旅以下部队/蓝色跟踪系统"的态势感知能力上，集成在 100000 多个平台上，并已部署或授权给美国陆军的每个旅战斗队。

下一代友军跟踪系统——骑兵指挥，将通过通用作战环境（Common Operational Environment，COE）目标和计算环境软件融合，继续实施 JBC–P 升级推进战略。它还将为 MMC 计算、传输硬件和网络现代化计划使用快速采办策略。作为持续的 JBC–P 现代化概念的一部分，采用重要的陆军开发操作流程来通知/验证结果产品。

JBC–P 建立在成熟的综合作战能力的基础上，提供了强大、安全、简单和可持续的任务指挥系统。该系统提供实时、相关的指挥与控制信息，使领导者能够获得战术态势感知和理解，以便在复杂的世界中作战和取胜。

（四）联合全域指挥控制系统

2022 年 9 月，美国陆军开始"融合计划 2022"作战试验，以打通陆军"一体化防空反导作战指挥系统"与"先进野战炮兵战术数据系统"数据链路，实现攻防火力一体化运用"任务伙伴环境"网络，链接美国海军"协同作战能力"火控网络、陆军"空域指挥控制"系统（作为空军"先进战斗管理系统"接口），跨连英军、澳军指控系统，打通联盟联合部队通信数据链路，共享火控数据，赋能陆军实施远程精确打击，以及空军 B–1B 轰炸机、海军陆战队远征舰艇拦截系统实施反舰作战。

四、防空反导系统

（一）陆军一体化防空反导系统

陆军一体化防空反导（Army Integrated Air and Missile Defense，AIAMD）系统将当前和未来的空中及导弹防御（AMD）传感器、武器和任务指挥技术集成到一个一体化火控系统中，提供单一的空中图像，增加防御面积，并提供系统部署的灵活性。

一体化作战指挥系统（Integrated Battle Command System，IBCS）是火力控制和作战中心的能力，它提供了比目前单一传感器火力单元结构所能提供的更大的防御效能。IBCS 提供动态防御设计能力，以根据支援部队的作战和机动方案维持最佳防御。该系统能够在 AMD 威胁的所有范围内实现延伸范围和视距外交战。

AIAMD 系统提供了在组件之间近乎实时地分发火控质量数据、命令和消息传递的框架，以对同步的复杂威胁突袭提供协调和综合的响应。数据构造是一个自我修复系统，能够自动故障转移和快速重新配置组件，提供更具弹性的防御，减少单点故障。IBCS 提供动态防御设计能力，以根据受支持的部队作战和机动方案保持最佳防御。

（二）前沿地域防空指挥与控制系统

前沿地域防空指挥与控制（Forward Area Air Defense Command and Control, FAAD C2）系统是一种实时的安全关键性指挥与控制软件应用程序，提供综合空中图像、空域协调和消除冲突以及火力控制，以支持多项任务，包括：反火箭、火炮、迫击炮拦截系统，联合反无人机系统，机动近程防空系统，复仇者防空系统，陆军防空司令部，海军陆战队机动防空综合系统。

前沿地域防空指挥与控制系统使用：Link16、Link11/Link11B、高级战术数据链、专用火控网络通信系统。FAAD C2 通过政府拥有的接口并基于从各种传感器收集的数据，为交战和部队行动提供空中画面。FAAD C2 集成了超过 25 个传感器，包括 AN/MPQ - 64 "哨兵"、AN/TPQ - 50 轻型反迫击炮雷达、AN/TPQ - 53 反火力目标捕获雷达、Ku 波段射频系统雷达、轻型监视跟踪和捕获雷达，以及各种光电/红外相机。FAAD C2 已经在战区进行了 400 多次 C - RAM 拦截，没有误伤，并提供了 7000 多次火箭弹和迫击炮警报，错误警报很少。FAAD C2 已通过军用标准数据链路展示了与综合防空导弹防御一体化作战指挥系统（IBCS）的互操作性，并在 2024 财年（FY）与 IBCS 融合。

FAAD C2 通过跟踪雷达系统识别的友方和敌方飞机、巡航导弹、无人驾驶飞机系统以及迫击炮弹和火箭弹来支持防空和 C - RAM 武器系统交战行动。FAAD C2 集成了现代定向能和电子战武器系统。

（三）"爱国者" -3 防空系统

相控阵跟踪雷达拦截导弹（Phased Array Tracking Radar to Intercept on Target, PATRIOT）保护各级地面部队和关键资产不受先进战机、巡航导弹和战术弹道导弹（Tactical Ballistic Missile, TBM）的攻击。PATRIOT Advanced Capability - 3（PAC - 3）是美国陆军首屈一指的空中及导弹防御（AMD）系统，可在各种环境中在射程和高度上提供较高的命中率。PATRIOT 系统的战斗要素是火力单元，主要由雷达装置（Radar Setup, RS）、交战控制站（Engagement Control Station, ECS）和发射站（Launching Station, LS）组成。RS 提供空域监视、目标探测、辨别、识别、分类、目标同步跟踪、导弹制导和交战支持。LS 执行运输和导弹发射功能，并提供指挥和控制的 ECS 远程操作。LS 具有 4 个传统 PAC–2 拦截器、16 个 PAC–3 成本削减拦截弹（Cost Reduction Interceptor，CRI）或 12 个 PAC–3 导弹段增强型拦截器的装载能力，具体取决于配置。PAC–3 导弹最初于 2001 年投入使用，引入了击杀技术，以提高对 TBM、巡航导弹和飞机的杀伤力。灵活反应的机身和姿态控制电机的组合产生了攻击角度，而这是仅靠制动器驱动的空气动力控制面所无法实现的。

2015 年投入使用的 PAC–3 MSE，针对不断变化的威胁提供了扩大的战斗空间性能。PAC–3 MSE 改进了原始 PAC–3 的能力，具有更高性能的双脉冲固体火箭发动机、改进的杀伤力增强器、更灵敏的控制面、升级的制导软件和莫敏弹药的改进。PAC–3 里程碑授权于 2004 年分配给陆军。陆军采购执行部是 PAC–3 和 PAC–3 MSE 计划的里程碑决策机构。陆军继续通过分阶段的努力实现"爱国者"现代化，以在复杂的威胁环境中维持和提高系统能力。这种现代化提供了更大的抵御高级威胁的能力，并利用了 PAC–3 MSE 拦截器提供的扩大的交战区域。PATRIOT 正在向一体化防空反导作战指挥系统网络架构过渡。ATRIOT 是经过实战验证的陆基 AMD 系统，可为 17 个国家的作战人员提供关键的 AMD 保护。共有 16 个合作伙伴国家购买或部署了 PATRIOT 系统以支持其 AMD 需求。

（四）"复仇者"防空系统

"复仇者"防空系统是一种轻型、高机动性、短程地对空导弹和火炮武器系统，安装在 M1097 A1 高机动多用途轮式车辆上，旨在对抗敌方低空飞行的无人机系统（UAS）、巡航导弹、旋翼飞机和固定翼飞机。"复仇者"由 2 名机组人员操作，能够在白天、夜间和恶劣天气下进行操作，可以由 UH–60L 直升机或 C–130 运输机运输，可空投（M45 版本），并且可以在移动中射击。该系统也可以在距离火力单元 50m 的受保护位置通过远程控制进行操作。

"复仇者"火力单元由两个安装在炮塔上的"毒刺"导弹吊舱组成，配备 8 枚"毒刺"导弹、0.50 口径 M3P 自动机枪，用于日/夜目标跟踪的前视红外接收器（Forward Looking Infrared Receiver，FLIR）、建立目标的激光测距仪（Laser Range Finder，LRF）目标范围，以及帮助识别友军飞机的敌我识别（Identification Friend or Foe，IFF）系统，以最大限度地减少误伤的可能性。该系统集成到前沿区域防空指挥与控制（FAAD C2）架构中。

"复仇者"具有高度机动性，具有机动射击能力，并且可以从远程位置进行操作。更重要的是，MOD–SLEP 将确保士兵拥有最新敌我识别和内部通信系统，并在其使用寿命结束时保持可持续性。

第六章

战备管理——美军陆上作战方式
转型的制度保证

鉴于人类生活在陆地上而不是海上，所以处于战争中的各国间的战争问题总是取决于（除少数情况外）你的军队能对敌人的领土和国民生活做些什么，或是敌人对于你的舰队能让你的军队有做到这些事的恐惧。

——朱利安·科贝特爵士，FM3-0《作战纲要》

美军不仅注重作战能力的代差性和优势性，还注重通过体系化、系统化的战备管理来保持这样的能力优势。

第一节　兵力轮转提供持续战备能力

美国陆军兵力生成系统是以对编成结构的模块化改造为基础的，并通过引入"兵力池"的概念定义了部队所处的不同发展阶段和战备等级，配合以标准化的时间安排和迭代演进模式，较好解决了陆军能力建设、运用和升级中资源配置的同步和聚合问题。近年来，随着国家安全战略的调整，美国陆军正试图通过对兵力生成系统的改造升级来推动军事能力的整体转型。

美国陆军的现役、国民警卫队和预备役部队总体上可分为作战部队（Operating Force，OF）和生成兵力部队（Generating Force，GF）两大类。依据美国国防部2018年2月提交的2019财年国防预算，当前美国陆军的总员额为101.8万美元左右。其中，作战部队中有186520名官兵正处于任务状态，这些官兵部署在了140多个国家，海外部署的约为99000名，本土部署约为87000名[1]，其余的作战部队则处在兵力生成的过程之中，准备按计划接替当

---

[1]　United States Department of Defense，Overview - FY 2019 Defense Budget，https：//www. defense. gov/Portals/1/Documents/pubs/FY2019 - Budget - Request - Overview - Book. pdf.

前任务部队。与此同时，生成兵力部队则正专注于协助作战部队"生成"预期的军事能力，重点对包括征兵、教育训练、装备研发采办、设施管理和基地支持等具体工作进行组织和管理。

一、美国陆军兵力生成系统以模块化改造为前提

自20世纪90年代，为了应对安全环境日益呈现的"不确定性"，推进部队编成模块化、标准化、合成化和小型化转型的想法逐步在美国陆军形成广泛共识。2003年，美国陆军正式开始了以旅为基本战术单位的模块化转型，即通过组建更趋合成化的旅战斗队、模块化的支援旅和职能旅等方式，重构陆军远征部队的基本编组单元[①]；同时取消军、师两级的行政管理职能，并将其打造成为可以快速部署的陆军远征司令部。截止到2012年底，美国陆军的模块化改造已基本完成。美国陆军的模块化转型主要是基于信息时代威胁变化的特点和军事力量建设的发展规律。

（一）模块化利于增强军事力量使用的灵活性和适用性

美国陆军认为之前陆军师的编组模式相对固定，并且各组成单位之间的依赖性较强，指挥控制高度集中，难以进行拆分部署。而采用类似"七巧板"式的模块化结构，可以通过对组成单位的灵活排列"组合出"多样化的军事能力，更容易应对当前日趋多元的安全威胁。

（二）模块化利于实现军事力量的快速部署

美国陆军旅战斗队的编制员额在3500~4000人[②]，相对以往各种陆军师的规模则要小得多，因此更有利于实现快速反应、快速部署。同时，在完成"师改旅"后，美国陆军认为其可部署单元的数量将提升50%以上。

（三）模块化利于旅级单位独立遂行作战任务

在模块化转型过程中，美国陆军将原军、师一级编配的作战支援力量进行了拆分重组，其中有相当一部分进行了下移，重点加强了旅战斗队指挥控制、侦察情报、技术和后勤保障方面的力量，并且在旅战斗队实际部署时，还可以得到模块化支援旅和职能旅"裁剪拆分"后的营、连级力量加强，使当前的旅战斗队具备了原先陆军师的绝大部分职能。

（四）模块化利于构建统一的兵力生成模式

相对以往装甲师、机步师、山地师、空降师、空中突击师和装甲骑兵团

---

① HEADQUARTERSDEPARTMENT OF THE ARMY, OPERATIONS（FM3 - 0），FEBRUARY2008，https：//www. globalsecurity. org/jhtml/jframe. html#https：//www. globalsecurity. org/military/library/policy/army/fm/3 - 0/fm3 - 0_2008. pdf.

② UNITED STATES ARMY, 2005Posture Statement, https：//www. army. mil/e2/downloads/rv7/aps/aps_2005. pdf.

等复杂的结构类型，美国陆军认为三种旅战斗队的编成结构要简单得多，并且一致性更强，因此便于采用统一设计的、周期性的时间基线，将整个军种的装备采办与配备、战备训练、部队实际部署运用、人员动员和培训等活动进行一体化规划和综合集成，以构建陆军兵力生成（Army Force Generation, ARFORGEN）系统的方式，为满足作战司令部任务需求"生产"合格部队构建标准化"流水线"，同时也为瞄准未来战略对手不断"升级"军事能力建构核心流程。

自 2008 年美国陆军野战临时条令第 FM 13－0.1 号《模块化部队》发布以来，美国陆军一直在对其旅级单位的编配数量、规模和内部结构，以及战区陆军、军、师级指挥管理机构的职能进行调整。旅战斗队的数量虽有所减少，但合成化程度更高，特别是侦察能力和保障能力得到持续加强；支援旅、职能旅的分工更细，职能更趋明确；旅级单位与战区陆军、军、师级指挥管理机构的关系经历了"紧密－松散－相对紧密"的演变过程，今后的战略方向"定向性"将进一步增强①。

二、美国陆军兵力生成系统主要功能

自 2006 年开始，伴随着部队编成结构的模块化改造，美国陆军正式提出建立陆军兵力生成系统对其军事力量的轮转进行统一管理。该系统适用于美国陆军所有现役、预备役和国民警卫队中的作战部队（OF），但不适用于依据美国法典第 10 卷第 3013（b）中负责征兵、补给、装备研发、教育训练、勤务、动员、复员退伍、行政管理等专职部队建设的兵力（GF），具体涉及约 78 万名现役和预备役军人和 3400 名文职人员的动员、训练、部署、维持、轮转和重组。

（一）三个"兵力池"表征部队的发展阶段和资源优先等级

按最初设计，美国陆军的兵力生成系统定义了重置/训练、准备就绪和可使用三个相互衔接、周而复始的兵力池②。这三个兵力池不但以任务状态确定了美国陆军作战部队所处的战备等级，更重要的是还对应着不同程度的资源保障优先等级。

处于可使用兵力池的部队，在人员、装备和物资等方面将得到充足保障，

---

① THEHONORABLE FRANCIS J. HARVEY and GENERAL PETER J. SCHOOMAKER, ASTATEMENT ON THEPOSTURE OF THE UNITED STATES ARMY 2007, https://www. army. mil/e2/downloads/rv7/aps/aps_2007. pdf.

② HeadquartersDepartmentof the Army, ArmyRegulation 525－29: Army Force Generation, https://ssilrc. army. mil/wp－content/uploads/2017/03/AR－525－29. pdf.

已完成了所有必要训练，并可担负所有为陆军指派的任务，美国陆军 48 个现役旅战斗队在三个兵力池中是平均分布的，也就是在 3 年轮转的总周期内，部队处在任一兵力池中时间均为 1 年，这就意味着美国陆军现役部队中随时有 1/3，即 16 个旅战斗队处于部署或是随时待命状态。美国陆军国民警卫队和预备役的 28 个旅战斗队则是按照 18∶5∶5 的比例在三个兵力池中进行分配的，其总轮转周期为 6 年，相应处在三个兵力池中的时间为 4 年、1 年和 1 年，也就是将有能力维持 5 个旅战斗队处于部署或是随时待命状态。

2011 年 3 月，美国陆军部发布的管理文件陆军条令第 AR 525 - 29 号《陆军兵力生成》对之前的设计进行微调，将训练任务从重置阶段移入了准备就绪池（图 6 - 1），部队在每个兵力池的时长也进行了调整（图 6 - 2），具体如下。

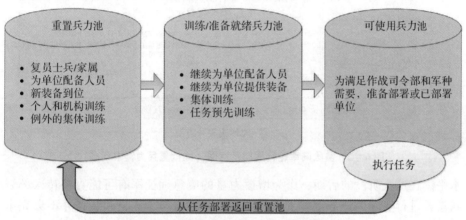

图 6 - 1　美国陆军兵力生成过程示意图

（1）重置兵力池。当处在任务中的部署远征军部署至预先确定的返回日期后，或是未部署的应急远征军[①]在可使用兵力池完成待命后，随即进入重置兵力池。通常返回日期后（R 日）的前 90 天（现役）专门用于部队重组，主要进行士兵和军官退役、休假，武器装备的维修和升级，安排各类医疗事务，调整、改组部队编成和指挥关系，进行人员的任职教育和各类培训。原则上在重组阶段的后 30 天完成主要的人员和装备重新配备，并可视情进行单兵和班组技能训练。

（2）训练/准备就绪兵力池。在该兵力池中部队的主要任务就是依据在重置期间制定的训练计划，通过持续不断的训练和演习，不断提高部队的战备

---

①　与部署远征军实际部署的情况不同，应急远征军属于预备队，也就是在完成训练具备执行任务的能力后，依然在原驻地驻扎，并按照战略态势的发展待召唤进行部署。

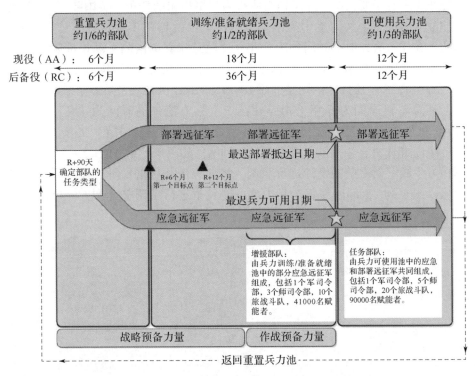

图 6-2　美国陆军轮转周期示意图（大批量兵力需求状态）

水平。在这一阶段的后期，作为增援力量的应急远征军有可能直接转入部署状态，进行实际的任务部署。通常在兵力重置阶段，人员和装备并不会完全配备到位，因此在这一阶段还将继续补足装备和人员，同时包括继续进行人员的任职培训和医疗保健等工作。

（3）可使用兵力池。作为部署远征军将按照预先确定的最迟部署抵达日期（Latest Arrival Date，LAD）的要求抵达任务区，进入执行任务状态；而应急远征军（CEF）将按照最迟兵力可用日期的要求完成一切战备工作，并随时准备转为部署远征军，进入执行任务状态。

值得注意的是，兵力池的设计还较为方便地实现了美国陆军部和作战司令部之间管理及指挥职能的区分和衔接。原则上处在重置兵力池和训练/准备就绪兵力池中的部队，是美国陆军部军事能力生产线上尚待拼装和进行深加工的"原材料"和"半成品"，无法直接交给作战司令部使用，但由于作战司令部是该产品的订货单位和最终用户，在明确产品需求方面将发挥主导作用。也就是说，无论是部队重置时的重新编组，还是在训练/准备阶段的训练活动都必须以作战司令部的需求为最终牵引。例如，陆军部为指定部队制定的核心使命基本任务清单（Mission Essential Task List，METL）和指定使命基本任务清单，均是以作战司令部确立的使命基本任务（Mission Essential Task，MET）为依据的，并且这两份任务清单将作为组织部队进行训练和演习的直接依据。

（二）三个"兵力池"应对不同强度的全球兵力需求

为了应对不同规模的兵力需求，美国陆军认为兵力生成系统应该在提供兵力数量和节奏上具备足够的弹性。为此，陆军条令第 AR 525 – 29 号《陆军兵力生成》针对稳定状态、大批量兵力需求状态和全面飙升状态确定了不同的轮转周期和具体节奏。

（1）稳定状态。轮转对应的是全球战略态势基本稳定，没有大规模的地区或全球化军事行动产生的兵力需求。此时，美国陆军现役部队的轮转周期为 3 年，部署驻留比为 1∶3，部署期或随时待命期为 9 个月；预备役和国民警卫队的轮转周期为 6 年，部署驻留比为 1∶5，在 12 个月的动员期中有 9 个月处于部署或随时待命状态。兵力生成系统在稳定状态下运转时，美国陆军可提供的任务部队大体是：1 个军司令部，4 个师司令部，15 个旅战斗队，7.5 万名支援力量。不过，由于伊拉克和阿富汗战争产生的大规模兵力需求，美国陆军兵力生成系统自运转以来就从未处于过稳定状态。

（2）大批量兵力需求状态。对应的是中等规模的战区或全球化的军事行动，如执行威慑行动、武装冲突、战争或维持稳定行动等产生的兵力需求。此时，可使用兵力池中的部署远征军（DEF）和应急远征军（CEF）已难以满足兵力需求，需要处在训练/准备就绪兵力池后期的应急远征军进行应急部署，并同时通过缩短训练周期，加快部队轮转节奏，适当延长兵力部署时间等方式保证提供足够的兵力。该状态下现役部队轮转周期仍为 3 年，部署驻留比为 1∶2，处于可使用兵力池的时间为 12 个月；预备役和国民警卫队的轮转周期缩短为 5 年，部署驻留比相应调整为 1∶4。在大批量兵力需求状态下，美国陆军可提供的任务部队数量大体是 1 个军司令部、5 个师司令部、20 个旅战斗队、9 万名支援力量，可提供的增援部队数量大体是 1 个军司令部、3 个师司令部、10 个旅战斗队、41000 名赋能者。这种节奏是美国陆军兵力生成系统运转以来的常态节奏。

（3）全面飙升状态。这是一种极端条件下的兵力需求状态，此时对美国陆军任务兵力的需求量已超过现有轮转制度和兵力生成机制可提供的兵力，即有超过一半的作战部队正处于实际部署状态。此时，美国国防部将依据相关法律，改变陆军的整体动员策略，调动相关资源，提供更多的兵力资源。截止到目前，美国陆军兵力生成系统运行未处于过此种状态。

三、美国陆军兵力生成系统的管理

美国陆军兵力生成系统的由分管作战与计划的陆军副参谋长（G – 3/5/7）负责，并由美国陆军部队司令部（United States Army Forces Command，FORSCOM）具体负责维持、协调和管理。分管作战与计划的陆军副参谋长负责为该系统运行制定政策文件和发展规划，并在系统运行时依托各类委员会和决策论坛协调各相关方的观点与立场，为人员、装备、资源、训练和维持等资源配置确定优先顺序。此外，分管人事的副参谋长（G – 1）和分管装备设施的副参谋长（G – 8）对陆军兵力生成系统运行中人员和装备的保障发挥着更为直接的领导作用。

依据陆军条令第 AR 525 – 29 号《陆军兵力生成》，美国陆军作战与计划副参谋长主要通过发布和管理陆军资源优先列表（Army Resource Priority List，ARPL）、一体化需求优先列表（Integrated Requirement Priority List，IRPL）和动态陆军资源优先列表（Dynamic Army Resource Priority List，DARPL）的方式对陆军兵力生成中的资源配置进行同步和优化。

陆军资源优先列表（ARPL）为非保密官方文件，该列表将陆军兵力资源按优先等级分为以下 4 类：远征兵力，主要是指已经部署或正处于任务状态中的兵力，以及陆军保留的核心制度性兵力；任务关键性兵力，主要是指临近部署或已经计划部署的部队；任务基础性兵力，主要是指剩余的制度性兵力需求；任务增强性兵力，包括被变形（转变基本职能后的兵力，如炮兵转变为工兵）中或是重置后的兵力。其中，远征兵力的资源等级最高，之后依次递减。陆军资源优先列表相对比较概略，制修订的时间原则上不超过 2 年。一体化需求优先列表（IRPL）为保密文件，目的是为 ARPL 中的每一类别细化资源保障优先等级，涉及所有的陆军制度性兵力和作战司令部的任务兵力，原则上 IRPL 将在每个财年开始时进行更新，也可根据需要随时更新。动态陆军资源优先列表（DARPL）主要是为指定部队按照时间轴线确立具体的资源保障优先等级，用于直接指导资源配置，DARPL 的内容最为详尽，通常每年在财年开始时和进行中期更新 2 次，同样可根据需要随时更新。

同时，美国陆军兵力生成系统还对美国国防部和参谋长联习会议统管的全球兵力管理（Global Force Management，GFM），规划、计划、预算与执行（Planning，Programing，Budgeting and Execution，PPBE），联合战略规划系统（Joint Strategic Planning System，JSPS）等美军全局性战略管理系统的运行提供了较好支撑。其中，与陆军兵力生成系统关联最为紧密的是美军全球兵力管理系统。具体而言，美国陆军现役部队的轮转周期设定与全球兵力管理系统的运行周期保持一致，均为 3 年。并且美国陆军制定的资源优先列表（ARPL）、一体化需求优先列表（IRPL）和动态陆军资源优先列表（DARPL）等支撑性计划，在提供兵力等资源的时间节点、种类和规模上也与美军的全球兵力管理系统中的需求保持高度一致。

四、美国陆军兵力生成与管理系统的新演变

近两年，美国陆军终于摆脱了"疲于奔命"的战时用兵状态，同时，伴随着国家安全战略的整体调整，美国陆军的战备重点也逐渐从赢得反恐战争过渡到了确保大国军事竞争中的绝对优势。针对以上变化，在 2014 年前后，美国陆军对其兵力生成系统进行了集体反思，总的看法是原有的兵力生成系统虽较好应对了反恐战争中兵力的生成和轮转问题，但由于其针对性较强，生成后部队的能力要素构成不够全面，难以适应未来更高级别、更高强度的全谱式军事行动。因此，美国陆军提出将以可持续战备模型（Sustainable Readiness Model，SRM）替代原有兵力生成系统，到 2023 年大约有三分之二的作战部队处于随时可用状态。

美国陆军以可持续战备模型替代兵力生成系统主要是基于以下原因：一是适应兵力需求模式的根本性变化。在反恐战争中，美国陆军面对的是一种可预测、持续性的中等规模兵力需求，而重新强调大国竞争后，美国陆军将在满足平时较低规模兵力需求的同时，随时准备为可能的偶发性、高烈度的大规模兵力需求做好准备。二是解决三个兵力池，尤其是重置兵力池设计中存在的问题。在原先的重置阶段，美国陆军部队将脉动式经历"战备断崖"，由于部队的重置将替换掉约 70% 的人员及绝大多数装备，这需要经过长时间的训练和磨合才能使部队再次达到较高的战备水平。三是兵力生成系统设计的轮转周期过长，而且有着较为固定的部署日期，难以在"更为复杂的世界中取胜"。美国陆军认为现役部队 3 年、国民警卫队和预备役部队 6 年的轮转周期使军事能力迭代发展的节奏过于缓慢，一方面是难以对新技术、新战法和新理念进行迅速集成，另一方面是无法应对未来突发性的大规模军事行动引发的兵力激增局面。

为此，可持续战备模型旨在以更为快速的迭代方式持续提高美国陆军的整体战备程度。首先，可持续战备模型为美国陆军每支部队均制订有为期 3~4 年的兵力轮转计划，并且这些计划将与美军全球兵力管理系统的运行节奏保持高度一致，以支撑目前在韩国、欧洲和中东等地较为固定的兵力需求；其次，可持续战备模型以准备、战备、任务三种组件替换了之前的三个兵力池，在保留渐进性提升部队战备等级原则的前提下，大幅缩短了部队在各组件中

"停留"的时间，以季度为单位时间的组件转进速率，将更有利于迅速提升部队的战备等级；最后，可持续战备模型不再将"重置"设定为兵力生成的必经阶段，并且相对固定了部队的结构编成和隶属关系，这将更有利于部队持续不间断地提升全谱军事行动能力。

可持续战备模型依据 5 种战备等级（表 6 - 1）为美国陆军的现役部队确定了三种组件（图 6 - 3）。

表 6 - 1　美国陆军的 5 种战备等级①

C1 级	部队拥有所需资源，并完成相应训练，可执行部队设计职能对应的全部任务
C2 级	部队拥有所需资源，并完成相应训练，可执行部队设计职能对应的大部分任务
C3 级	部队拥有所需资源，并完成相应训练，可执行部队设计职能对应的一部分任务
C4 级	部队需要追加资源或进行额外的训练才能执行战时任务，也可视情况需要利用现有资源完成部分特定任务
C5 级	部队正在补充资源，尚无法执行部队设计职能对应的任务

图 6 - 3　美国陆军可持续战备模型示意图

准备组件中的部队通常处于 C3/C4 级战备，可以是陆军军种的保留力量，也可以是虽有预设任务，但仍然处于准备中尚无法执行任务的部队。具体的原因包括：尚未达到完成任务所需的训练水平；部队中的组成单位正在进行现代化改造；缺乏任务所需的人员、装备和资金等资源的充足保障；部队由于"重置"正在对其构成单位进行重组。

战备组件中的部队通常处于 C1/C2 级战备，可以是陆军军种的保留力量，也可以是被指派为准备全球应急部署的部队。依据到部队可用装载日（Available - to - Load Date，ALD）的时间差异还可细分为 ALD 11 - 30 天、ALD 30 - 60 天和 ALD 60 - 90 天三种具体状态，这样便于实现对兵力轮转的精细化管理。

---

①　Capstone Concept for Joint Operations（CCJO）：Joint Force 2020，http：//www. jcs. mil/Portals/36/Documents/Doctrine/concepts/ccjo_jointforce2020. pdf？ver = 2017 - 12 - 28 - 162037 - 167.

任务组件中的部队同样处于 C1/C2 级战备，或虽略低于 C1/C2 级但并不影响部队执行所赋予的军事任务。需注意的是，任务组件中的部队是指美国国防部即时可以使用的陆军部队，这并不意味着该部队已实际处于任务状态，并且用于执行任务的时长也不受 3 个月的限制。

总之，美军引以为傲的不仅是其先进的武器装备，更是"对复杂军事问题的规划和管理能力"。冷战结束后，特别是进入 21 世纪以来，美军越来越强调以军事力量建设时的联合来促进和实现力量运用时的联合。其目的无非是想通过前移联合"关口"，建立起一支"先天联合"型的军队，即利用设计时的联合，带动建设时的联合，最终促进运用时的联合，以此来提升联合的深度和广度，并避免"后天综合集成"模式所带来的巨大资源浪费。美军各军种的兵力轮转和管理系统均在前移联合"关口"中发挥了重要作用，充当起了军事能力生成中的"集成器"，较好解决了如何在恰当的时机、以恰当的方式，将恰当的资源整合到军事力量的建设与运用之中的问题。

近 20 年来，受制于国家战略调整，美军全球兵力管理系统演进和陆军编成结构、兵力规模变化等因素的影响，美国陆军的兵力生成与管理系统一直处在调整变化之中，但变中有不变，其中蕴含的信息时代军种力量建设与运用的一般规律值得深入思考和持续跟踪。第一，自上而下的体系化制度设计是军种兵力轮转系统运行的基本依据。美军各军种兵力轮转系统的设计依据均源自美国法典、国防部、参谋长联席会议和本军种的法律和制度条文，并始终以自上而下"树状"条文体系作为其制度设计的基本遵循，且在全球兵力管理（GFM）系统启用后，各军种的兵力轮转系统均主动与之进行了"对表"。第二，规范细致的业务流程是军种兵力轮转系统运行的重要保障。军事力量建设与运用涉及诸多因素，美军各军种均通过制定完备的文件体系，详细规范了业务流程中的相关要素，并以此作为统一军种动作，推进兵力轮转系统协调运行的基础和前提。第三，标准化的数据和信息格式是军种兵力轮转系统运行的必要条件。兵力轮转势必涉及大量的数据与信息交换，如果统帅机关、各军种和各作战司令部之间存在信息孤岛，或是对兵力"知识"体系存在着不同的认知和"话语体系"，则兵力的顺畅高效轮转注定是难以实现的。

第二节　装备管理推动装备体系持续发展

重视武器装备管理体制建设是长期以来美国陆军武器装备发展的一条重要路径，成立陆军装备司令部、陆军未来司令部，建立国防部层面统一的武器装备采办管理体制、完善装升级改造流程、果断中止不合时宜的研发项目，以及设计未来武器装备系统，这些都为美国陆军能够引领世界武器装备体系发展方向提供了重要保障。

一、陆军装备部推动武器装备体系化发展

成立陆军装备司令部对美国陆军装备管理体制完善是一件具有里程碑意义的事情，虽然期间经历了多次调整，但是这个集概念开发、装备研发、测试与评估、采办、生产、分配、维修以及报废处理等职能于一身的管理机构基本能够使美国陆军备建设满足国家军事战略需求。借助网络和数字化技术，目前陆军装备司令部正在改变着陆军满足联合作战需求的方式，作为陆军的牵头装备集成商，陆军装备司令部在几小时之内就可以为作战部队制订出装备配送计划，而不是过去的数月时间。同时，陆军装备司令部已变成了一个全球性的网络化后勤司令部，首次实现了对几乎每一件陆军装备的设施可见性，实现"在恰当的时间，将恰当数量和质量的装备部署到恰当的地点"的目标。

二、陆军未来司令部设计构建未来武器装备体系

2018 年 8 月，美国成立陆军未来司令部（Army Futures Command，AFC），是与陆军装备司令部、训练与条令司令部和部队司令部平级的四大职能司令部之一。2019 年 7 月，陆军未来司令部实现全面作战能力，人员规模达到26000 人，专注推进美国陆军现代化进程。

（一）未来司令部实现"概念－能力－装备"的体系化设计

在"多域作战"概念驱动下，对陆军重大装备采办实施从作战概念开发、作战需求论证、装备研制直至实战检验的全流程全链条管理，使需求开发周期从之前的 3~5 年缩短到 1 年。未来，新装备的交付时间将从十几年缩短到几年。

在 AFC 组建过程中，美国陆军对下属科研和采办需求机构的一些部门进行了调整，除了将陆军能力集成中心、能力开发与集成局、训练与条令司令部分析中心、陆军装备系统分析中心等单位转隶至 AFC 以外，还将原隶属于陆军装备司令部的研究、发展和工程司令部划归 AFC，更名为作战能力发展司令部（Development Command，DEVCOM），并对 DEVCOM 下辖研究办公室、实验室和工程中心进行重组，将部分基础研究、应用研究和先进技术开发项目从研究、开发和工程中心调整至 AFC 总部。

此外，美国陆军 2017 年 10 月宣布成立的 8 个跨职能团队（CFT）也由

AFC 长期管理。美国参议院军事委员会高度关注陆军现代化进程和 AFC 机构重组工作，指示陆军与美国国家科学、工程和医学院合作，成立美国陆军未来司令部科研计划重组委员会，联合评估上述重组工作对陆军开发部署新能力和新技术的影响，以加强陆军科研工作，支持近、中、远期各项现代化任务。

（二）AFC 改变了陆军科研决策层的格局

在 AFC 成立之前，美国陆军采办、后勤与技术助理部长（ASA）负责管理陆军科研项目及内部实验室系统，他还身兼陆军采办执行官职务，拥有采办陆军重大系统的里程碑决策权。AFC 成立后，被指定为陆军科研工作的领导机构，不仅接管了陆军大部分科研设备，还掌控了大部分的科研决策和资金分配权，但与此同时，ASA（ALT）似乎还保留着对陆军全部科研工作的管理权。AFC 和 ASA（ALT）职能权限的重叠，导致科研优先级和资金分配方面的问题。此外，AFC 和陆军许多执行科研任务的高级官员在现代化和科研计划中也存在职能不清、管理混乱的现象。对此，委员会认为，在整个陆军科研体系中，提高职责权限的清晰度，将减少不必要的官僚斗争并加快任务执行。

第二篇

"多域作战"

——美军陆上作战新方式

"这不是赢得最后一场比赛，而是准备赢得下一场比赛。"

——美国陆军参谋长麦康维尔将军

第七章
美国陆军"多域作战"概念

任何理论首先必须澄清杂乱的,可以说是混淆不清的概念和观念。只有对名称和概念有了共同的理解,才可能清楚而顺利地研究问题,才能同读者常常站在同一个立足点上。

——卡尔·冯·克劳塞维茨

"多域作战"概念是美军着眼打赢大国高端战争、开启新一轮战争设计的新兴概念,正在对美军作战理念、作战方式、技术装备、条令条例及部队编组等产生深远影响。

第一节 "多域作战"概念提出背景及演进脉络

美国陆军第39任参谋长马克·米利上将指出:"战争的本质不会发生变化,但战争的特征会改变,而且会随时间频繁变化,我们正处于战争特征发生根本性改变的转折点上。"当前,美军从抵消战略、战争设计、战役欺骗、作战模式、技术装备等多层次、多领域、多方面向打赢大国高端战争进行体系化转型。美军在保持物理域的核力量和常规力量优势的同时,加紧提升太空作战、网络作战和智能化作战等新兴作战领域的战斗力,并不断向极深、极远、极微、极智的极化革命方向发展,企图通过创新作战理论催生新兴作战样式,开发颠覆性技术支撑新质作战模式,设立职能机构推动作战能力转化,最终形成作战方式的变革,再次成为新军事革命的领头羊。在国际战略格局加速调整、美国安全环境日益复杂、美军作战理论加速发展,以及美国陆军地位作用重新定位的背景下,"多域作战"概念应运而生。

一、"多域作战"概念提出背景

(一)基于大国高端战争威胁的新判断

冷战结束后,美国陆军部队的规模不断缩减,并且主要部署在美国本土。

由于在危机前部署到相关地区的兵力和装备太少，陆军难以在第一时间有效介入冲突地域，不得不依靠域外力量的投送。美国陆军认为其主要竞争对手均已注意到这一变化，并已开始打造遏制美军部队进入冲突区域和有效实施作战的能力，美军所面临的"反介入/区域拒止"挑战非常严峻。美国陆军认为，俄罗斯、伊朗等潜在对手通过发展和部署远程精确打击武器、先进防空系统、网络战技术、反卫星武器等，形成强大的"反介入/区域拒止"能力，大大限制和削弱了美军的优势海空兵力投送和"战争行动自由"。一方面，这些潜在对手正在积极发展太空、网络等新兴作战能力，限制美军对太空、网络空间、电磁频谱等作战域的利用，使得美军在陆地、海洋、空中、太空、网络空间、电磁频谱等作战域均面临竞争和对抗，极大限制了美军的行动自由、动摇了其绝对优势地位。另一方面，潜在对手的"反介入/区域拒止"能力也极大限制了美国海军、空军等通过空中、海洋、太空等其他作战域为陆军提供作战支援的现有作战模式。基于此，美军必须要推行新型作战概念。

冷战后的安全秩序已不是单极世界，美国正在迅速失去对其他国家的军事优势。按照美军的观点，最明显的是主要对手武器系统的现代化对美国维护亚太地区稳定的战略目标构成了重大挑战。近年来，随着竞争对手军事实力不断提升，美国认为其军事优势有逐步削弱之势。为确保自身在大国军事竞争中的绝对优势地位，美国于2014年推出了以"创新驱动"为核心、以全面破解对手"反介入/区域拒止"能力为着眼点、以发展能够"改变未来战局"的颠覆性技术群优势为重点的"第三次抵消战略"。美军希冀，多域作战允许各军种部队从相互依存演变为真正的一体化，以震慑和击垮潜在对手。在美国陆军和海军陆战队的大力推动下，"多域作战"（Multi - Domain Operation）成为美军出现频率渐高的新理念。美国各军种尝试将军事任务和战略环境融合成一个连贯的、无所不包的概念。

"多域作战"是着眼大国竞争战略重心转移的新概念。"多域作战"以"跨域协同"为核心思想，力求打破"单域制权"的思维模式和军种至上的利益藩篱，深受美军高层重视和支持。在"多域作战"的理论基础上，2020年2月，美国参谋长联席会议副主席、四星上将约翰·海顿提出了"全域战"一词，并强调"全域战"将代表"新的美式战争模式"，成为与大国进行全球竞争的作战概念。由此可见，"多域作战"为实现美军诸军种进一步联合作战奠定了基础。

（二）基于智能时代联合作战理论的新发展

美军新型作战概念层出不穷，有力牵引了作战能力的提升和武器装备的发展。美军依靠雄厚的作战理论研究基础，已形成比较成熟、系统性和层次性较强的作战概念体系。实际上，美军的每场战争同时也是对作战概念的实战验证。例如，海湾战争的空地一体战和精确打击、阿富汗战争的无人空战、伊拉克战争的网络中心战等。美军认为，作战概念体现了作战思想在具体作战问题上的应用，通过为实现既定的作战构想和意图而对作战能力和任务的组织来进行表述。

"多域作战"作为美国陆军提出并开始不断实现的作战理论，其不仅将重构美国陆军的联合作战能力基础，还将为实现美军诸军种进一步联合作战奠定基础。"多域作战"是一项具有联合特质的军种作战概念，是以美军之前提出的"空地一体战""空海一体战"等作战理论为理论土壤，从美军近年"跨域协同"的作战思想中继承发展而来的。其在改变和推动美国陆军进行军事改革的同时也对美国空军、海军等其他军种产生了深远影响，如美国海军陆战队在2016年发布的《美国海军陆战队的作战概念》就对"多域战"发表了独到的见解。

（三）基于智能化战争形态演进的新特质

伴随着美军全球信息栅格系统的高速发展，基于信息技术系统作战的概念研究不断走向深入，最终美军作战理论将赛博空间确立为一种与陆、海、空、天并列的作战域。在这种背景下，美国陆军将赛博空间作战能力建设作为推进陆军现代化进程的关键因素。在顶层规划上，美国陆军训练与条令司令部近年来相继发布了《美国陆军赛博战能力概念计划（2016—2028）》《赛博/电磁能力基础评估》《美国陆军"陆地网络"白皮书（2018—2030）》等战略规划，明确了美国陆军赛博空间作战能力建设和发展的方向；在作战力量方面，美国陆军从2010年开始组建赛博作战力量，经过几年的发展壮大，已经构建了自上而下的赛博战指挥与控制体系，并已拥有41支赛博任务部队，其中30支已具备完全作战能力；在装备技术方面，美国陆军积极寻求战术层级的赛博攻防武器，一方面研究赛博作战技术的长期发展需求，促进赛博攻防作战及其基础技术的发展，另一方面积极满足近期应用需求，为战术部队开发所需的能力和装备。美国陆军"多域作战"预设的战争场景中，主要战场区域概念将消失，临机开放或者关闭的机遇/弱点窗口将以分布离散的方式出现在不同作战域，甚至传统的线性作战阶段划分构架都可能丧失有效性；陆军试图通过创新的新一代支撑任务式指挥解决同步作战域窗口的复杂问题，而所有的作战活动必须在网络支撑下完成。因此，赛博空间作战能力就成为地面作战部队实施高效任务式指挥、同步合成兵种行动、创造并把握作战优势窗口的关键因素，目前美国陆军的赛博空间作战能力为其推行"多域作战"奠定了坚实基础。

二、"多域作战"概念的演进脉络

美国陆军"多域作战"概念始于"跨域联合"思想的提出，在美国陆军"跨域战"理念中初具雏形，并通过制定 1.0 版"多域战"和 1.5 版"多域作战"概念得到进一步深化发展。其发展进程经历了思想萌芽、概念雏形、进入条令、出台核心概念与转型文件和上升为联合全域作战概念等阶段，紧密推动美国陆军作战理念、指控模式、力量编组、作战样式等的变革，并促进美军联合作战能力的发展。

（一）思想萌芽

美军于 2011—2012 年出台了"全球一体化作战"和"联合作战进入"概念，明确提出了反恐战争后美军转向应对大国对手，美军开展作战行动不再"如入无人之境"，必须运用"跨域联合"思想，推动军种联合向作战域之间的联合转变。其核心要义之一是谋求"跨域联合"，要求加强手段融合，综合调动多维作战力量打击对手反介入系统；推动加强力量融合，强化任务部队横向协同，增进预置部队与增援部队、美军与盟军之间的协调合作；着力加强陆、海、空等传统作战域与太空、网络空间等新兴作战域之间的融合。总体上，为应对新形势和新挑战，美军提出了以"跨域联合"应对"反介入/区域拒止"威胁的基本思路，这一核心内涵为美国陆军"多域作战"概念的产生提供了方向性指引。

（二）概念雏形

2015 年 4 月 8 日，时任国防部副部长的沃克在美国陆军战争学院的讲话中，总结了 21 世纪战争会产生的问题以及美军需要的应对方法，模糊地设想了"空地战 2.0"应该成为美军突破"反介入/区域拒止"系统后遂行作战并取胜的有效手段。"空地战 2.0"是"多域作战"概念的早期雏形。

经过 3 年的发展，美国陆军不断丰富和完善"多域战"理念，于 2017 年 12 月正式发布《多域战：面向 21 世纪的合成兵种作战（2025—2040）》，提出 1.0 版"多域战"概念，指出"多域战"以有效应对"实力相近对手"的"反介入/区域拒止"威胁为主要目标，将未来作战环境划分为陆、海、空、天、网、电磁频谱、信息环境"七域战场"，要求在"物理层面""虚拟层面"和"认知领域"三个维度上实现多域力量的能力融合，明确了"多域战"力量在竞争、武装冲突和重返竞争三大阶段的主要任务和行动。

（三）进入条令

2016 年，时任美国陆军主管作战与计划的副参谋长，提出了"多域作战"设想，指出要作为联合部队的一部分，在 2025—2050 年期间威慑并击败强大敌人。2016年10月4日，美国陆军协会年会上，多位高官力推多域战构想，以增强军种间、领域间的融合。2016年11月11日，"多域作战"概念正式写入美国陆军FM3-0《作战纲要》。

（四）概念出台与转型文件

2018年12月，美国陆军发布新版条令手册《美国陆军多域作战2028》，提出1.5版"多域作战"概念，较1.0版更加具体和系统。一是更加注重非战时运用。1.0版更多强调军事"战斗"，而1.5版则着眼国家层面的全域竞争，强调应将这一概念运用于与对手竞争和冲突的始终，要促进政府文职人员和军人共同参与行动之中，真正实现各领域能力的融合并赢得胜利。二是进一步明确作战对手。在1.5版中，美国陆军首次明确提出应对大国威胁，而不再以"实力相近对手"等模糊概念作为假想敌，并判断美军可能要同时应对多个对手。三是进一步丰富了概念内涵。在1.5版中，基本作战原则进一步突出"多域"，将1.0版中提出的"部署恢复力强的作战编组"和"能力融合"，变更为"多域作战编组"和"多域融合"；同时，1.5版进一步细化了"多域作战"行动的阶段划分，并明确了战区陆军、集团军、军和师旅在其中的主要职责。2019年10月，美国陆军发布2.0版"多域作战"概念，进一步完善和细化核心内容，并计划在2020年将其纳入各级部队教育训练当中，推动作战概念走向实践运用。

2021年4月，美国陆军发布《陆军多域作战转型：准备在竞争和冲突中获胜》《军事竞争中的陆军》两份参谋长转型文件，规定了如何转型为一支多域作战部队，以保证在2035年之前的大规模作战行动中赢得胜利。

（五）上升为联合全域作战概念

为解决当前美军各军种战术网络互不兼容的问题，应对未来战争对指挥控制体系的需求，2019年11月，参谋长联席会议达成旨在支持"多域作战"的"联合全域指挥控制"（Joint All-Domain Control and Command，JADC2）概念。

2020年4月6日，美国国会研究服务处发布《国防能力：联合全域指挥控制》报告，对JADC2概念相关问题作了明确阐述。2020年8月25日，美国国会研究服务处发布《联合全域指挥控制》报告，对4月发布的《国防能力：联合全域指挥控制》报告内容进行了更新。该报告就JADC2的概念、背景、当前美国国防部及各军种的举措、JADC2试验以及资金投入等几个方面进行了阐述。

（六）形成陆军概念新体系

2018年12月，美国陆军发布《美国陆军多域作战2028》，将其作为"多域作战"概念的核心文件。按照《美国国防战略》《美国军事战略》《美国陆军战略》指导要求，以及 2021 年发布的《陆军参谋长转型文件》，在 2028—2035 年建立多域作战瞄准点部队。美军未来司令部着眼大国高端战争重构概念体系，主要包括"陆军作战概念""基于威胁的分析框架""职能概念""支撑概念" 4 个层级。

1. 陆军作战概念

概念体系以陆军 2018 年发布的《美国陆军多域作战 2028》作为顶层概念，统领下位概念。

2. 基于威胁的分析框架

在陆军作战概念统领下，概念体系重拾"空地一体战"时期的"战场开发计划"，作为基于威胁的分析框架。

3. 职能概念

美国陆军未来司令部未来与概念中心从 2020 年 7 月开始，陆续发布《未来司令部系列作战概念 2028》。这套作战概念以陆军 2018 年发布的《美国陆军多域作战 2028》为基础，对原有的美国陆军职能系列概念进行了更新。按照陆军计划，这套概念总共包括 7 本，包括《美国陆军信息概念 2028—2040》《美国陆军指挥与控制概念 2028—2040》《美国陆军火力概念 2028—2040》《美国陆军多域作战机动概念 2028—2040》《美国陆军保障概念 2028—2040》《美国陆军防御概念 2028—2040》《美国陆军情报概念 2028—2040》，涵盖了陆军多域作战的各个方面。

4. 支撑概念

按照陆军计划，这套概念共包括 7 本，包括《旅以上梯队的合成兵种多域作战 2025—2045》《美国陆军旅战斗队跨域机动概念 2028—2040》《美国陆军网络电磁频谱概念 2028—2040》《美国陆军特种作战概念 2028—2040》《美国陆军太空作战概念 2028—2040》《美国陆军航空兵作战概念 2028—2040》《美国陆军军事医疗概念 2028—2040》，基本涵盖了陆军多域作战的各个方面。

第二节 "多域作战"概念核心内容

"多域作战"概念核心思想是：陆军部队作为联合部队的组成部分，实施多域作战，确保在竞争中取胜；必要时，突破和瓦解对手的"反介入/区域拒止"系统，利用获得的机动自由，实现战略目标，并按照于己有利的条件重回竞争。

一、"多域作战"主要力量和战场

(一) 主要力量

"多域作战"主要力量包括安全部队援助旅和多域特遣部队。2018 年 5 月，陆军宣布成立 6 个安全部队援助旅，其中 5 个在现役部队，1 个在陆军国民警卫队。当前 6 支部队已全部建成，按照每个战区 1 支，在非洲、欧洲、亚洲和南美已经开始部署；多域特遣部队为旅级编制，由 1 个战略火力营、1 个防空营、1 个支援营和部队核心——多域效能营组成。美国陆军已于 2021—2022 财年在印太战区部署 2 支多域特遣部队。

(二) 战场划分

美军将多域战场划分为 4 类作战和支援地域：一是纵深火力地域。该地域主要是指深入对手境内 500 ~ 1000km 地区，主要综合运用联合火力、特战部队、网络与信息战等全域能力进入该区域，在对手防护中心发挥作用。二是纵深机动地域。该地域主要是指对手浅近纵深及周边 200km 附近地区。美军认为在这一区域将出现激烈对抗，地面或海上力量可实施常规机动，但需要其他多域能力的大力支援。三是近距离作战地域。该地域主要是指纵深机动地域外围约 200km 附近地域。需要在该区域夺取战场综合控制权，为部队机动展开创造优势窗口，以支援纵深机动区战役目标的实现。四是支援地域。该地域主要是指距对手 500 ~ 5000km 地区。美军大量火力、保障和机动支援力量部署在该区域，直接支援近距离作战和纵深机动地域的作战行动；距对手 1500 ~ 5000km 地区为战役支援地域，美军重要作战力量部署在该区域，为联合部队作战指挥、补给和火力/打击提供支援保障；距对手 5000km 以上地区为战略支援地域，美军大多数核、太空、网络空间力量部署于该地区，战时提供战略支援和联合后勤补给。

(三) "内线部队""外线部队"新设计

美国陆军"多域作战"概念认为需要在未来实现对战场空间的扩展，以推动对作战方式的改变。对此，美国陆军"多域作战"概念提出了"内线部队"和"外线部队"的新概念，并对这两种部队的任务等进行了明确和介绍。"内线部队"主要部署在竞争对手"反介入/区域拒止"系统覆盖区域内部，在作战时破坏竞争对手的"反介入/区域拒止"体系。同时"内线部队"将担任联合部队指挥机构的角色，运用基于陆军快速机动、通信远程打击和复杂地形中生存能力的非对称优势，与作战对手进行非对称对抗。目前，美国陆军的内线部队以当前美军在建设的多域任务部队为主。而"外线部队"主要是指美国的全球远征部队、征召士兵、本土防御部队等战略和战区层面的外部部队，主要执行控制关键地形，巩固作战收益以及确保战略支援区域稳定的任务。此外，"外线部队"必须确保有能力保护全球关键地形、战略咽喉、通信线路，并能够威胁对手战略侧翼或者危及其利益，以达到稳定自身并能牵制对手的目的。

二、"多域作战"主要阶段和行动

美国陆军将"多域作战"划分为 3 个阶段和 5 个步骤。3 个阶段是竞争、武装冲突、重回竞争。5 个步骤是竞争、突破、瓦解、利用和重回竞争，也就是把武装冲突细化为突破、瓦解和利用 3 个具体步骤。

（一）竞争阶段

塑造态势、慑止敌人，为阶段转换创造有利条件。陆军运用前沿存在部队，夺取竞争阶段的三个关键目标，即以有利于美国的条件慑止冲突，阻止敌人在武装冲突门槛下获得优势，必要时快速转向武装冲突。竞争阶段主要行动包括侦察与反侦察、军事欺骗、信息作战和非常规作战。

（二）武装冲突阶段

一是在支援地域突破敌"反介入/区域拒止"系统，实现战略和战役机动。前沿存在部队和远征力量投送相结合，压制敌远程火力系统，在所有域、电磁频谱和信息环境中破坏敌机动部队，形成有利战役布势，为下一阶段以军为单位在决定性空间瓦解敌人的远程和中程火力系统创造条件。其主要行动包括：①压制敌远程火力；②抗击敌初期攻击；③跨区机动塑造有利态势。二是在纵深地域瓦解敌"反介入/区域拒止"系统，实现战役机动。完善"反介入/区域拒止"系统情报，摧毁远程火力系统，压制中程系统，利用和扩大优势窗口，在战术支援地域实施战役机动作战。其主要包括引诱敌启动远程火力系统、发现远程火力系统、打击远程火力系统、压制敌中程火力系统、实施战役机动作战。三是在近战地域和纵深机动地域利用机动自由扩大战果，实现战略战役目标。瓦解敌"反介入/区域拒止"体系后，联合部队利用机动作战摧毁敌中程火力系统，压制近程火力系统，孤立并击败敌地面部队。其主要包括击败敌中程火力系统、压制敌近程火力系统、进行城市作战。

（三）重回竞争阶段

巩固战果、重组部队，塑造全新竞争环境。联合部队和伙伴国部队通过重回竞争，保持并扩大冲突中获得的军事优势以巩固战果。重建伙伴国部队和陆军能力，确保长期威慑，形成稳定、全面改善美国战略地位的新安全环境。

第三节　"多域作战"概念存在的问题

虽然"多域作战"概念广泛推动美国陆军作战方式变革与转型，但它不是万能的，仍存在诸多问题。

一、多域特遣部队部署受制因素多，一岛链攻击支点难形成

按照"多域作战"概念，美军计划在印太战区的日本、韩国和菲律宾，欧洲战区的波兰等盟国部署多域特遣部队，达成平时威慑、战时打击的效果。但是，相关盟友基于自身利益考虑会大大增加部署筹码，因此，部署受制因素多，难以形成前沿攻击支点。

二、多域侦察和通信链路节点被扰打后，对体系效能影响较大

实时态势感知和跨域信息融合是"多域作战"的重要支撑。天基侦察与通信卫星，空基 F-35 战斗机、RQ-4"全球鹰"无人机，海基雷达和"宙斯盾"舰，陆基分布式地面通用系统等关键节点，一旦被对手干扰压制或打击后，对 OODA 环闭合回路影响较大，军种将陷入"各自为战"的境地，整个多域作战体系效能会显著降低。

三、多域分布式打击对跨域协同要求高，聚合优势窗口形成与利用困难

多域分布式打击是"多域作战"概念的核心。美国陆军强调综合运用网络战、电磁频谱战、特种作战、陆基中导反舰和对陆打击等手段，运用多域指挥与控制系统利用短时优势窗口，通过跨域协同与空军、海军实施联合打击。这种方式对实时的信息融合、指挥控制、作战保障等要求高，优势窗口形成与利用会很困难。

第八章

美国陆军"多域特遣部队"试验部队

战争的艺术很简单。发现敌人，快速找到敌人，全力打击敌人，然后继续前进。

——尤利西斯·格兰特，FM3-0《作战纲要》

美军向来注重对未来的研究与探索，包括未来战争形态、未来作战环境、未来作战构想、未来作战概念、未来武器装备、未来作战方式和未来作战试验部队。其中，未来作战试验部队（简称"试验部队"）是汲取未来战争形态特质、以未来作战环境为背景，为实现未来作战构想和未来作战概念的核心思想，运用未来武器装备验证未来作战方式的一支试验力量，是美军进行作战设计的重要方式和抓手。其中，美国陆军"多域特遣部队"是在"多域作战"概念驱动下美军试验部队的典型代表，也是美国陆军向打赢大国高端战争转型的新型作战力量。

第一节　《多域特遣部队——2035 年陆军概览》报告

2022 年 3 月 3 日，美国陆军协会发布《多域特遣部队——2035 年陆军概览》报告，围绕实现多域作战（MDO）目标提出构建多域特遣部队的构想，并描述该了部队的架构、作用和价值，列出了关键推动因素和实施建议。

一、背景

（一）战略环境

2018 年美国国防战略（National Defense Strategy，NDS）将对等大国确定为长期战略竞争的主要对手，报告认为其打算模糊和平与冲突的概念以实现其政治目的，并利用政治、军事、经济、外交、技术和信息能力等全方位手段，寻求削弱美国的主导地位，这主要体现在：一是对等大国已经实现了军事现代化，具备与美国对抗的实力；二是对等大国已经在全球和区域方面决心削弱美国的传统优势，以在冲突中取胜。

（二）"反介入/区域拒止"威胁

"反介入"定义为远程阻止任何军事力量进入作战区域的行动、活动或能力，而"区域拒止"定义为近程限制敌对力量在行动区域内的自由。报告认为，"反介入/区域拒止"是对等大国实现与美国对抗的行动理念的核心，其核心要素是时间，而美军在争议地区部署的速度会远远慢于中俄。例如，俄罗斯可以通过快速占领领土和巩固成果，使美军和盟军的反击成本提高。

（三）未来战争的需求

未来战场更加致命、更具破坏性，需要以更快的速度和更广的范围实现近距战斗、海外战场和国土防卫等任务中的跨域联合，这主要体现在美国国防部联合全域作战（Joint All-Domain Operations，JADO）概念中。赢得未来战争必须迅速整合陆、海、空、天网等所有域的效果，为对手制造多个同时产生的困境。基于其中数据的重要性，美国国防部开发了联合全域指挥控制（JADC2）作为实现 JADO 的途径。JADC2 旨在构建类似云的环境，将所有军种传感器连接到统一网络，促进信息无缝共享和决策快速生成，并利用人工智能技术快速处理数据为指挥官提供最优打击方案，以实现决策主导。

二、陆军"多域作战"理念

陆军提出的"多域作战"（MDO）定义为"所有作战域快速和持续的整合"。在联合部队架构下，陆军寻求"在竞争和冲突中对抗和击败能够在陆、海、空、天网所有域与美国抗衡的竞争对手"。MDO 具有以下特点：一是强调多域，可为战斗指挥官提供多种选择，以便在所有作战域快速决策，从而使对手面临多重威胁；二是强调竞争，可为陆军潜在的冲突提供有利条件，以便在国防部 JADO 的指导下实现对竞争对手的战略威慑；三是强调会聚，可将陆军融入联合部队，实现其战略部署，寻求超越对手，赢得作战胜利，以便为联合部队提供反 A2/AD 能力，并为联合行动创造机会。

基于上述背景以及"多域作战"理念，美国陆军提出了多域特遣部队的概念，其作为战区级的多域机动单元，将使远程精确效果（Long-Range Precision Effect，LRPE）与远程精确火力（Long-Range Precision Firepower，LRPF）同步，并对部队内各个节点实施分布式控制，以提高生存能力。

多域特遣部队旨在实现持续竞争并争取优势地位，通过整合所有域的软硬打击能力，为战斗指挥官提供增强的"反介入/区域拒止"对抗能力。

美国陆军目前已经建设了两支多域特遣部队。第一支 2018 年成立于刘易斯-麦科德联合基地（Joint Base Lewis-McChord），重点部署在印太地区。第二支于 2021 年 9 月成立于威斯巴登美军基地（U. S. Army Garrison Wiesbaden），重点放在欧洲。陆军计划再成立三支多域特遣部队：一支部署在印太地区，一支部署在北极地区，一支用于全球快速机动。

三、多域特遣部队的架构和作用

（一）部队架构

多域特遣部队基于效果、打击、保护和保障 4 个功能组成架构，编成包括多域效能营、战略火力营、防空营和支援营，可根据需要由指挥官自主定制，以最大限度地发挥作战效能。核心是多域效能营（Multi - Domain Efficiency Battalion，MDEB），可将传统信号和军事情报与太空、网络空间、信息空间和电磁频谱的能力结合在一起。多域效能营的能力是保密的，可综合所有可用传感器数据，向火力单元传递信息，并具备网络攻击能力。还包括一个防空营，具备导弹防御能力和部队防护能力，以及一支负责补给分配和后勤的支援营。

此外，陆军正在构建的全域作战中心（All - Domain Operations Center，ADOC）可将多域特遣部队的不同组成部分整合，加强指挥节点的信息共享能力，对实时数据进行快速分析，以确保多域特遣部队持续参与竞争并靠前部署。图 8 - 1 所示为多域特遣部队的架构情况。

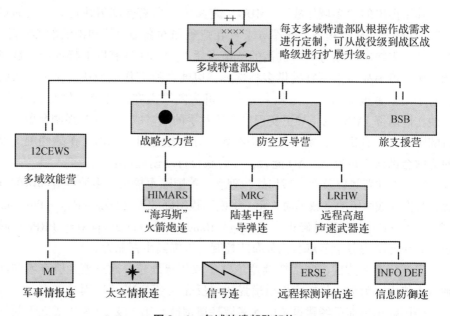

图 8 - 1　多域特遣部队架构

1. 多域效能营

多域效能营主要提供多域情报侦察信息,主要包括:人力情报连,装备 M998 "悍马"车,主要提供敌方主要目标人物基本情况、坐标位置等情报信息;技术情报连,装备 AN/TPS - 80 陆上/空中任务导向雷达,主要接收陆上、空中情报信息并同步为火力打击营提供情报指示;通信连,装备 M1224 装甲卫星通信车,主要接收天基卫星情报信息并同步为火力打击营提供情报指示;无人机连,装备 MQ - 1C "灰鹰"无人机,对 500km 内目标实施侦察监视并同步为火力打击营提供情报指示;信息防御连,装备战术级电子干扰车、卫星通信车和战术网络空间作战车,主要遂行信息防御和网络攻防任务。

2. 战略火力营

战略火力营主要遂行联合火力打击任务,包括以下 3 个连。

(1)海玛斯连。装备 M142 "海玛斯"发射车携带 PrSM 精确打击导弹,JLTV 无人联合轻型战术车携带 NSM 海军打击导弹,可打击 500~800km 内敌方陆上和海上目标。"海玛斯"火箭炮连 8 辆发射车,每门可发射 1 枚现役导弹,2 枚精确打击导弹,1 个基数 16 枚。发射制导火箭弹射程 70~150km,现役战术导弹最大射程 300km,精确打击导弹射程可达 500~800km。

(2)中导连。装备 HEMTT 重型增程机动战术卡车携带 Block V 型 "战斧"导弹,可打击 1600km 内陆上和海上目标。陆基中导连 2023 财年部署,每连至少 4~6 辆发射车,装备 4~6 枚导弹,最大射程 1500km(一说每连配装 8 枚 "战斧"导弹和 8 枚 "标准" – 6 导弹)。

(3)高超声速导弹连。计划在 2023 财年完成实弹部署。装备 M1075 发射卡车携带的 LRHW 远程高超声速导弹,可打击 2250km 内陆上和海上目标。远程高超声速武器连含 4 辆发射车,每辆携载 2 枚弹,最大射程 2500km。

2021 年 3 月 19 日,美国 "驱动"网站《战争地带》专栏报道,美国陆军向其新组建的高超声速导弹连交付了第一批训练用发射筒。LRHW 将给陆军带来"一种新的能力,提供速度、机动性和高度的独特组合,以击败时间敏感、防御严密和高价值的目标"。

2021 年 10 月 5 日,美国 "五角大楼新闻局"报道,9 月 14 日已向陆军第 17 野战炮兵旅第 3 炮兵团第 5 营(刘易斯 – 麦科德基地,华盛顿州)交付了 LRHW 试验型高超声速导弹 "暗鹰"系统,即 2 套 LRHW 牵引式发射装置,称为 "亥伯龙神"和 "风暴克星"。"暗鹰"的牵引式发射装置是在 M870 半拖车("爱国者"地空导弹使用)基础上改进而成,1 个 "暗鹰"导弹连下辖 4 部发射装置,每部装置 2 枚导弹,计划采用最新版 7.0 的 AFADTS 通用连指挥车。LRHW 系统将采用先进的 AUR(战备弹)导弹,配备 C – HGB

（常规高超声速滑翔体）弹头，射程约 2500km。

3. 多域特遣部队主要装备作战性能

1）海玛斯连

（1）战术弹道导弹车：发射单元 8 套，总数 16 枚，射程 500km，发射车准备时间 30min，打击陆上固定实体目标命中毁伤概率 0.7 以上，再装填时间 1h 10min，机动速度 25km/h。

（2）"海军打击导弹"发射车：发射单元 8 套，导弹总数 16 枚，射程 300km，发射车准备时间 30min；打击中大型登陆舰、驱逐舰、护卫舰、补给舰 0.8 以上，各类扫雷艇、潜艇 0.5 以下；再装填时间 14s，导弹飞行高度 16～45m，机动速度 25km/h。

2）陆基中导连

"战斧"对地巡航导弹：发射单元 12 套，导弹总数 48 枚，射程 1600km；打击路桥、机场、指控中心等中大型陆上目标 0.7，小型目标、空中目标、防空导弹、雷达命中概率 0.5 以下，机动速度 25km/h。

3）高超声速导弹连

远程高超声速导弹：导弹总数 12 枚，射程 2500km，发射单元 6 套，再装填时间 1h，机动速度 25km/h。

（二）部队作用

多域特遣部队寻求在竞争环境下获取并保持与对手的联系，在危机环境帮助缓和局势，在冲突环境扰乱敌方的"反介入/区域拒止"部署，以支持联合部队作战。

1. 竞争环境

在竞争环境中，多域特遣部队获得并保持对手情报。通过在所有域的机动，多域特遣部队在竞争中获得优势地位，主要有两个作用：一是增强陆军和联合部队的威慑态势；二是为潜在冲突创造有利条件。

多域特遣部队在敌方"反介入/区域拒止"环境中可作为"内线部队"部署在前方，成为陆军统一网络的重要组成部分，将在潜在危机或冲突环境下发挥作用，主要包括：一是从卫星、空中平台、敌方通信和网络等平台搜集情报，为战斗指挥官提供所需信息，并辅助其做出快速反应，防止危机升级；二是干扰敌方雷达、干扰器、网络防御和地面装备，实现威慑效果。

2. 危机环境

危机环境是竞争环境升级的情况。在危机环境，多域特遣部队对信息的监测和塑造是至关重要的。通过使联合部队指挥官感知敌方在所有域的行动，多域特遣部队可提供先发制人的情报，并具备辨别敌方虚假信息的能力。在有足够态势感知的情况下，多域特遣部队将为战斗指挥官提供软硬武器打击决策，迫使敌方能力下降。

3. 冲突环境

冲突环境是危机环境升级的情况。多域特遣部队基于对抗对手的"反介入/区域拒止"能力整合武器效果。其体量小、分布广、机动强，具备更好的生存能力，因此可综合利用软硬武器的效果对目标的"反介入/区域拒止"能力实施打击，扰乱敌方指挥与控制系统、通信和网络，使用远程精确打击能力摧毁对方部队和武器系统。未来还会集成人工智能技术以加快战场决策能力，以迅速击败对手。

四、多域特遣部队的部署应用

基于美国国防战略，"多域特遣部队 – 1"和"多域特遣部队 – 2"分别部署于印太地区和欧洲，具体部署情况会因为地理位置、地区安全架构和对手能力而有所不同。

（一）印太地区

印太地区对多域特遣部队提出了挑战。首先，印太大部分地区是广袤的海洋，陆地点缀其中，这使得多域特遣部队发挥作用的区域很小。其次，由于该地区没有区域型的全面安全联盟，美国行动主要依赖与日本、韩国、澳大利亚、泰国和菲律宾等国的双边协议，这将使突发冲突时履行的政治进程变得困难。最后，大国的"反介入/区域拒止"相关系统在数量和质量方面的规模和实力，对美军将是一个重大挑战。因此，多域特遣部队部署受到以下因素影响：一是远程火力更多地依赖可能部署的陆军远程高超声速武器（Long – Range Hypersonic Weapon，LRHW）。远程高超声速武器在该地区众多地点有足够射程，使对手陆基设施面临风险。二是该地区的广阔空间也对通信弹性构成了挑战。多域效能营需要更多的卫星和其他信号平台支持部队作战，后续美国陆军计划在印太地区建立第二支多域特遣部队以解决该问题。

（二）欧洲地区

欧洲地区主要以陆地为主。受益于北约强大的基础设施，多域特遣部队的部署也将获得强大的支持。有利的地理位置和安全架构结合，部署多域特遣部队潜在地点的数量将会增加，但可能会危及对手的利益。对手受制于经济因素，在此地区一般会使用低成本的信息和网络攻击。由于上述因素，精确打击导弹和陆基中导可能会在"多域特遣部队 – 2"中发挥突出作用，因为其拥有足够射程，可多点瞄准对手军队。此外，"多域特遣部队 – 2"的多域效能营需要额外的信息保护来识别欺骗信息。随着对手相对军事实力的下降，这些低成本的网络和信息攻击将越发频繁。因此，"多域特遣部队-2"未来将基于这些态势做出相应改变。

五、多域特遣部队的关键推动因素

（一）联合全域指挥控制

多域特遣部队依靠数据集成来为作战指挥官提供决策选择，JADC2 将为其提供以下帮助：一是可通过 JADC2 的综合网络优化能力，使敌人面临多重困境；二是可通过 JADC2 的人工智能技术提高数据分析速度，以实现决策优势；三是可通过 JADC2 的综合网络实现远距离分布式作战，以实现体系架构的弹性优势。

但美国国防部能否完全实现 JADC2 尚未可知，美国陆军目前已经进行了"融合工程 21"等大型演习和试验，演示了不同平台间的数据采集和分析、共享能力，并展示了多军种联合"从传感器到射手"能力的演示，但能否在电子对抗环境中安全可靠实施尚未可知。

（二）作为"内线部队"作战

美国陆军设想将多域特遣部队作为"内线部队"，在对手的"反介入/区域拒止"环境中接近潜在的冲突点，使对手面临险境。然而，进入其他国家作战是一个军方和政府都无法直接控制的政治问题，各国会权衡美国军事存在的好处与对手可能施加的压力。美国陆军将努力通过高层军事接触与盟国和伙伴达成共识，以传达其能力和意图，并说明在敌方"反介入/区域拒止"环境中运用多域特遣部队的价值。

（三）与盟国的多域互操作性

实现多域互操作面临的挑战是相关数据共享难以兼容，主要表现在美国和其盟国缺乏统一的作战环境架构，缺乏支持人工智能应用的通用系统，缺乏实现数据共享的标准和基础。但经过"融合工程 21"与盟友的协作后，"融合工程 22"还将引入更多盟友，以便实现后续在印太地区和欧洲地区更大规模的协同作战。基于更深刻的共同理解，就更有能力引入兼容系统，并使相互的作战理念更趋同。

第二节　多域效能营的重要支柱——TITAN 项目

在未来复杂多变的作战环境下，情报、监视与侦察能力的强弱关系到武器装备性能的发挥、作战效率的高低和作战指挥的科学性，情报、监视与侦察能力占优的一方将在作战中拥有更多主动权。多域特遣部队的多域融合营是多域作战概念的核心支撑要素，美国陆军加快筹建"战术情报目标接入点"（Tactical Intelligence Target Auess, TITAN）项目，深度整合陆、海、空、天、电等多域传感器，逐步并行和取代美国陆军现有的分布式通用地面站和其他情报地面站，构建智能化、自动化、融合式的指挥、控制、情报、监视、电子战、太空战等作战能力，并将其优先部署于印太战区多域特遣部队，以提高该特遣部队的精确火力打击能力，抵消对手"反介入/区域拒止"作战优势，继续助美在西太平洋地区保持绝对的威慑态势。

一、TITAN 项目基本概况

为提升陆军精确打击能力和多域作战能力，在时任陆军参谋长、现任参联会主席马克·米利等陆军高层力推下，TITAN 项目建设突飞猛进，在2020—2022 年度的"融合工程"演习中，都作为重要的试验项目。TITAN 地面站是一种可扩展和模块化的地面站，由软件、硬件、载体等系统平台构成。该地面站将深度融合太空、空中、地面、海洋、网络等多个作战域的传感器，依托网络技术和分布式存储体系结构，辅以人工智能和机器学习技术，对情报、监视与侦察数据进行接收、分析、处理、传输、分发，实时提供信号、图像等目标数据，协助指挥官、作战部队和士兵了解战场态势，提高指挥、控制、通信以及情报、监视与侦察效率，支持远程精确火力打击。根据项目设计，TITAN 地面站在一段时期内将与现用的陆军分布式通用地面站（DCGS–A）并行，但最终取代后者以及目前陆军正在使用的战术地面站、作战地面站和高级轻型数据采集系统转发车。目前，TITAN 地面站搭载平台有两种考虑方案：一种是以 FMTV 中型战术车为平台，该平台可以装备较大型的收发传感设备，并携带独立的供电设备；另一种是小型化机动式平台，参考车辆为小型四座"悍马车"（High Mobility Multi–purpose Wheeled Vehicle, HMMWV）或者联合轻型战术车（Joint Light Tactical Vehicle, JLTV）。

二、TITAN 数据融合构想图

TITAN 地面站项目由美国陆军情报电子战与传感器项目执行办公室（PEO IEW&S）负责。根据陆军 TITAN 项目推进时间表，2017 年起就其概念及初始功能进行先期探索测试（如驻欧洲第 41 野战炮兵旅、驻印太第 17 野战炮兵旅等），2019 年 12 月和 2020 年 3 月，在马里兰州阿伯丁试验场召开 TITAN 工业会以加快项目建设，2020 年在"欧洲保卫者–20"（Defender–Europe20）军事演习中进行测试，2022 年初推出首款接入太空情监侦信息的 TITAN 地面站原型机，2028 年建成整合陆、海、空、天、电网多域传感器的

TITAN 地面站，完成陆军多域作战情报、监视、侦察层面的现代化建设愿景。

三、TITAN 项目的主要能力

（一）构建多域情报整合能力，打开对手防御缺口

为解决美国在西太平洋地区面临的广阔海洋和地理变量的挑战，实现将军事力量从欧洲、中东和非洲转移到太平洋、印度洋地区的长期目标，美国不断调集运用战略资源，制约对手空基侦察监视能力和远距离反舰导弹等"反介入"战略资产的发展。美国陆军部长罗恩·麦卡锡宣称，在亚太地区，介入和突破拒止的能力十分关键。"为抵消中俄在军事能力上的投资和发展"，强化情报能力建设，2020 财年，美国陆军重点推出"战术情报目标接入点"（TITAN）项目，以代替老旧、过时以及无法继续使用的情报搜集平台和系统，打造新的作战能力。TITAN 将提供及时和可靠的情报，以在"反介入/区域拒止"环境下提供目标定位和作战支援。TITAN 于 2023 财年推出，并将最先装备美国陆军印太司令部和欧洲司令部多域特遣部队下属的情报多域效能营。在陆军中将、情报副参谋长斯科特·贝里尔牵头下，陆军着手创建情报、监视与侦察特遣部队（ISR TF），以推动陆军情报、监视与侦察（ISR）作战概念的开发，整合信息搜集系统。美国陆军未来司令部还成立了陆军传感器集成产品团队（Integrated Product Team，IPT）。此外，美国陆军还将与国家侦察局合作，共同开发和管理情报侦察卫星，届时陆军战术单元将可直接从近地卫星获取情报。美军希望通过以上举措，整合太空、高空、空中和地面传感器，收集精确和及时的目标定位数据，实现对多域作战的支持。TITAN 整合多域情报获取能力，将掣肘对手"反介入/区域拒止"能力发挥。美国陆军未来司令部未来与概念中心负责能力开发与集成的主任罗伊·福克斯指出，TITAN 是新一代远征情报地面站，可在大规模战斗行动中支持多域战和远程精确打击，能够在对抗性多域战场中保持生存能力。根据 TITAN 计划书，TITAN 将统一的地面站联合多域情报监视侦察传感器，通过情报行动和目标支持，使支援单位能够校准兵力态势，整合陆地、海洋、空中、太空和网络空间 5 个领域的作战能力，迅速击退侵略，并立即渗透和瓦解对手的"反介入/区域拒止"平台。TITAN 将协助实现击败势均力敌对手国家的情报搜集、调用和非传统作战能力，保障在网络空间、电子战和太空领域实现反拒止。通过战场情报准备（Intelligence Preparation of the Battlefield，IPB），为作战环境准备（Operational Preparation of Environment，OPE）和拒止服务。TITAN 与遥测跟踪指挥项目同属陆军战斗管理、指挥与通信（Battle Management，Command and Communication，BMCC）项目，是陆军多域指挥与控制以及战斗管

理计划的基石。陆军预计将为 TITAN 和 BMCC 投入近 1 亿美元。TITAN 将结合大量的数据源，并支持多域作战、远程目标捕获、目标辨识定位、战斗伤害评估以及任务指挥（Mission Command，MC）等功能。TITAN 拟通过构建"量身定制的特遣情报地面站"，整合多域多平台信息节点，从而更好地提供来自全域情报、监视与侦察传感器所获取的信息，协助美国陆军在对抗性环境中对多域目标进行定位，为陆军的火力网提供目标瞄准数据，为远程精确打击能力提供数据支撑。

（二）运用人工智能等新兴技术融合多域情报，提升多域会聚能力

TITAN 是一款新型地面控制站，可综合调用太空、空中及地面能力。TITAN 能够为空中系统中的监视与侦察数据提供可靠的接入，包括太空（国家、服务与商业领域）、空中（陆军、联合作战部队与同盟国），以及地面传感器。TITAN 将囊括数据链、软件、天线、密码、卫星轨道数据、平台状态态势感知等系统，可直接对选定的传感器进行控制和任务分配，并对传感器数据进行处理。随着技术的不断成熟，未来 TITAN 将综合应用国家技术手段（National Technical Means，NTM）示范项目、"隼眼"项目（KE）、"烟枪"（Gunsmoke）、人工智能（Artificial Intellgence，AI）/机器学习（Machine Learning，ML）算法等，不断降低风险。

TITAN 能够解决多域作战现存缺陷，构建多域作战深度信息抓取、分析，以及处理、开发和传输功能。它将提供目标定位所需的数据接收、控制、分析、开发以及传输功能。TITAN 将逐步取代现有地面站，纳入现有的可提供高空和太空传感器支持的地面系统的功能，实现地面站现代化更新，以适配未来传感器的能力，如多域传感器系统（Multi - Domain Sensor System，MDSS）、"未来垂直起降飞行器项目"传感器和未来太空传感器。TITAN 还将通过对空中情报、监视和侦察（ISR）/MDSS 传感器的控制以及其与地面层系统（Terrestrial Layer System，TLS）的连接为地面作战提供支持。TITAN 将利用人工智能/机器学习等下一代自动化分析技术进一步完善情报处理，实现快速处理和精确结果告知。通过整合人工智能和机器学习，筛选大量数据，提高决策流程，向指挥官和作战人员快速交付参考数据，使其能在战场上快速做出决策。TITAN 将采用传感器-射手软件（Sensor Shooer Software，S2S），并与联合自动化深度作战协调系统和先进野战炮兵技术数据系统（Advanced Field Artillery Technical Data System，AFATDS）协同工作，实现自动定位潜在目标、触发用户警报、强化 S2S 任务线程、实施远程精确打击等强大功能。

（三）链接多域平台，共享目标数据

美国国防部提出了在战区使用卫星星座、气球和预警与控制飞机的综合侦察和目标指定系统的概念，以更快、更有效地指挥和控制战场上的部队。

TITAN 是未来联合全域指挥与控制（JADC2）网络的重要组成部分，将从地面、空中和太空传感器中获取数据。它不会涉及的其他两个领域是海洋和网络空间。TITAN 是一个"统一"地面站，不仅可以从卫星获取数据，还可以从空中和地面情报、监视与侦察（ISR）传感器获取数据，以直接将目标数据提供给陆军远程精确打击（LRPF）网络。TITAN 将提供一个可扩展、远征的战术地面站，将国防部、情报界和商业领域的情报数据、产品和服务集成在一起，主要包括基于太空的 ISR 功能，以及空中和地面系统，如多域传感系统（MDSS）和地面层系统（TLS）。

TITAN 使用人工智能和机器学习，并有望使美国陆军"在从竞争到危机再到武装冲突的整个冲突连续体中，以多域作战需求的速度探测、筹划和应对威胁"，第一批 TITAN 系统于 2024 财年投入使用。

第三节 "多域特遣部队"作战试验情况

2017 年 8 月，时任美国陆军参谋长的马克·米利上将宣布组建一支试验部队——多域特遣部队。目前有 2 支部队，分别在印太战区和欧洲战区进行部署试验，以应对中俄两个大国的战略竞争和未来高端战争。计划建立 5 支多域特遣部队，以满足陆军的全球作战需求。

一、力量构成

"多域特遣部队"的目标是反制对手的"反介入/区域拒止"能力，部队规模 1500 人左右。马克·米利上将称："虽然规模很小，但它将拥有现有陆军 4000 人基准规模旅所没有的能力。核心能力包括系统化、联合化、多国化能力，覆盖海、陆、空、天、网络、电磁、信息以及认知等各主要作战域，以支持空军、海军和海军陆战队。"

第 17 野战炮兵旅为首支多域特遣部队试验部队。该旅辖 2 个高机动火箭炮系统营（每个营编 16 门火炮），1 个情报多域效能营（2019 年 1 月组建，营长为中校，下属 4 个连，包括情报连、网络连、电子战连、空间和信号连），1 个支援营和 1 个附属信号连，由防空兵、炮兵、航空兵以及情报、网络、电子战和太空力量混合编组。规模可达 2200 人，核心人数为 500~800 人。在印太战区以兵棋推演和实兵演习开展试点计划。

太平洋陆军第 1 军隶属的第 17 野战炮兵旅第 3 野战炮兵团第 5 营组建了远程高超声速武器连（即"暗鹰"连），编配 1 辆指挥车和 4 辆发射车，每辆发射车携载 2 部发射器，每部装填 1 枚高超声速导弹，最大射程 2775km。美国陆军原计划于 2023 财年底部署首个远程高超声速武器连，最大射程近 2800km，最大速度等于或大于马赫数 5。但该连最为关键的导弹样弹发射试验于 2021 年 10 月至 2023 年 10 月"五连败"，2023 财年底无法列装。美国陆军采办、后勤与技术助理部长布什于 2023 年 12 月表示，发射器"机械工程问题"是造成最近测试失败的原因，并计划于 2024 年 4—5 月做好全面测试准备，如测试成功则宣布该连具备初始作战能力。

二、作战试验

（一）第 17 野战炮兵旅（印太战区）

2018 年 8 月，该试验部队参加了环太平洋军事演习，以第 17 野战炮兵旅为主组成多域特遣部队指挥部，指挥多域力量联合反舰。力量构成包括远程火力（"海玛斯""日本反舰导弹""海军打击导弹"），空中力量包括"阿帕奇"直升机、"灰鹰"无人机，防空力量包括"复仇者"防空系统、"哨兵"雷达。演习中，多域特遣部队成功地将"灰鹰"无人机系统，AH－64E"阿帕奇"攻击直升机与 P－3/P－8 巡逻机通过 Link 16 数据链有效整合，击沉登陆舰"拉辛"号，并使用"复仇者"防空系统和便携式防空导弹击落两架飞机。

通过兵棋推演和实兵演习，美国陆军对多域特遣部队的力量构成、作战编组和武器系统等方面进行了试验验证，为开发"多域作战"模式积累了试验数据、奠定了坚实的基础。同时，试验成果作为美国陆军由多域作战概念演变为条令的依据，为在 2022 年 10 月发布的新版 FM3－0《作战纲要》条令提供支撑。

（二）第 41 野战炮兵旅（欧洲战区）

2021 年 9 月 15 日，在挪威安多亚举行的"雷云"实弹演习期间，第 41 野战炮兵旅第 6 野战炮兵团第 1 营在进行"洛林 1918"多管火箭系统的演习。美国陆军驻欧洲和非洲的第 1 支多域特遣部队于 9 月 16 日启动，但新部队已经参与了在挪威的远程精确射击演习，并进行了高空试验，气球作为目标传感器。

在 2021 年 9 月 9 日开始并于 2021 年 9 月 20 日结束的挪威阿德内斯举行的首次"雷云"演习中，特遣部队和第 41 野战炮兵旅演练了整个传感器到射手的行动，展示了射手的瞄准和打击能力。第 2 信号旅也参加了演习，提供了网络和通信能力，将行动中的传感器和射手联系在一起。

欧洲的多域特遣部队在结构上类似于太平洋的多域特遣部队，大约有 380 人，包括 1 个总部直属队，1 个情报、网络空间、电子战和太空分遣队或营，以及 1 个旅支援连。但它解决问题不同，第 1 支多域特遣部队主要专注于与美国海军合作，但总部位于欧洲的特遣部队将更加关注与美国空军的联系。

"雷云"演习向多域特遣部队提供了如何管理跨欧洲边境移动武器和运输设备的试验。拜罗姆说，该部队将其设备从德国转移到挪威北部，包括"以相对快速的方式"在陆地和海上运输 MLRS。多域特遣部队接下来将参加第 5 军的作战人员演习，并且该部队将来可能会在适用的情况下参与任何欧洲防御者演习。

三、基于"多域特遣部队"开发"多域作战"模式

截至目前，通过"多域特遣部队"试验部队开发的"多域作战"模式，主要包括以下几种行动：一是侦察与欺骗。在竞争阶段，野战军负责协调收集与分析对手情报，随后向联合部队和陆军远征部队传递信息；通过部队态势的动态变化，利用演习、训练活动，误导对手，实施军事欺骗。二是压制与打击。在武装冲突阶段，按照压制远程系统、抗击前沿打击达成突破效果；打击远程系统、压制中程系统达成瓦解效果；击败中程系统、压制近程系统，以达成利用效果实施压制和打击行动。三是机动行动。师、旅在集团军和军的指挥下执行机动、火力、电磁频谱行动和空中支援的多域融合，适时将支援区域转移到近战区域，并通过跨域火力和独立机动作战来战胜敌军。

第四节　多域特遣部队可能部署情况

美国陆军多域特遣部队初步成立后，其在印太地区的可能部署情况成为关注的焦点，也反映出美军在印太地区的政策、战略和能力。

一、美国陆军计划在印太地区分散部署多域特遣部队

美国陆军正在推进一项强化亚洲存在的计划，其中包括建立一支具备陆基纵深打击能力的多域特遣部队。但陆军参谋长麦康维尔表示，在最终决定驻扎之前，还需要开展更多的外交工作。

美国陆军在印太地区建立的多域特遣部队已正式运营，但具体部署地点还未确定。该部队将提供远程精确打击能力，其配备的武器包括高超声速导弹、射程 500~1800km 的中程导弹、最大射程 700~800km 的精确打击导弹，同时编配情报、信息、电子战、网络和太空部队，能够渗透整个"反介入/区域拒止"环境，并具备反舰能力和一定的防空反导能力。

在特朗普执政期间，时任美国陆军部长罗安·麦卡锡曾提出，多域特遣

部队将分散部署于印太地区，而总部将位于日本。拜登政府目前正试图恢复全球军事存在，更加强调印太地区的作用，极力达成外交协议，其中包括向何处派遣多域特遣部队士兵的问题。

二、"太平洋捍卫者–21"演练部署多域特遣部队

"太平洋捍卫者–21"演习中，美国陆军计划从1个或多个全球预置预储点，即陆军预置仓库中调取装备，这些装备对于快速部署不易空运的重型部队至关重要。演习中将重点演练陆军舰船快速投送部署一支多域特遣部队，该部队是围绕远程导弹发射平台建立的试验性部队，具备太空、网络/电子战、信息战等作战能力。

在和平时期与大国竞争中，多域特遣部队可以在不使用致命武力的情况下创造远程效果，如使用网络和电子战。在公开的冲突中，多域特遣部队将提供远程精确火力，帮助摧毁"反介入/区域拒止"系统。

麦康维尔还指出，美国国防部最近发布了北极战略，要求在北极地区建立1支多域特遣部队、1个两星作战司令部、1个北极能力作战旅。俄罗斯是北极地区的传统威胁，但近年来其他大国在北极地区的活动变得更为活跃。

三、美国陆军首支多域特遣部队加强联合训练

美国陆军首支多域特遣部队正在制订未来发展规划，帮助陆军重塑作战样式，赢得未来战争。应对大国竞争多域特遣部队未来的首要任务是加速自身能力建设，应对俄罗斯等军事能力高速发展的世界大国的竞争，尤其是在联合作战领域。美军认为大国竞争需要一支能够完全融入联合作战的陆军，并在同美国潜在敌人的竞争中取得优势。为此，多域特遣部队参与的所有演习和评估都是在联合作战背景下进行的，并且始终坚持认真听取联合作战部队的意见和建议。

（1）加强部队战备训练。多域特遣部队由美国陆军在各个领域最优秀的士兵组成，他们不仅拥有过硬的专业技能，而且拥有独特的创造力，善于找到解决问题的创新方法。无论是在联合演习还是能力评估中，特遣部队的成员往往能够完成其他部队不可能完成的任务，并通过不断加强训练提高在联合作战环境中的规划和协同能力，为美国陆军创新作战概念与作战理论做出努力。

（2）提高联合作战能力。自多域特遣部队成立以来，每周都要与美国海军航空母舰打击群或美国空军进行联合作战训练，正是通过不断与其他军种进行高强度联合训练，才能发现陆军多域战特遣部队存在的不足并找到解决办法。美军认为，尽管当前在联合作战方面仍存在很多问题，但多域特遣部

队正在沿着正确的方向发展，在同其他军种进行联合作战训练的过程中，能够不断吸收联合作战新技术，为美国陆军现代化发展建设提供支撑。

第五节　美军多域特遣部队装备体系分析

多域特遣部队装备体系按照"势均力敌"对手的高端战争作战需求，围绕跨域杀伤链构建与闭合进行针对性设计，涵盖侦察预警、指挥控制、天网电致盲、对陆对海打击、防空反导和后勤支援等联合职能，以陆军现代化"六大优先事项"为支撑开发新装备，创造新的战术、技术与程序。

一、多域特遣部队装备体系总体分析

作为美军当前优先和重点打造的新型力量，美军在多域特遣部队装备体系构建上体现了"体系设计、优先发展、多域融合"的总体思路，具体表现为系统性、前瞻性、联合性、跨域性的特点，如图8－2所示。

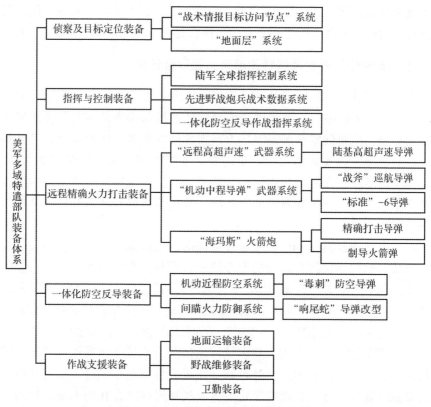

图8－2　美军多域特遣部队装备体系

一是系统性。美军多域特遣部队装备体系攻防兼备，包含侦察预警装备、火力打击装备、指挥控制系统、防空反导装备等类型。其装备体系支撑下的打击和防御能力，均形成了从近程、中程到远程的全覆盖，大大拓展了陆军的火力臂。

二是前瞻性。多域特遣部队是为应对大国竞争量身定制的。一方面作为试验部队开发新能力，如集成了以陆制海、天基致盲、网络攻防、远程精确打击等新型能力，通过作战需求牵引装备发展和技术革新；另一方面作为优先部署的前沿存在部队发挥战略威慑效果，在竞争、危机、武装冲突各阶段都可以发挥作用，为未来可能的高端战争培塑新能力，拓展新作战方式。

三是联合性。多域特遣部队装备体系可接受陆、海、空各军种的情报信息，并能够利用军用、民用卫星实施远距离侦察，同时配有自动化程度较高的情报处理与辅助决策系统。体现了陆上、太空、空中等多域力量的融合，并且注重与其他军种的联合。同时，其强化与盟友的互操作性和态势共享，为一体化联军、联合作战创造条件。

四是跨域性。多域特遣部队不仅具备对陆打击能力，还具备反舰作战、防空反导跨域作战能力；不仅具备跨传统域的动能作战能力，还具备压制卫星、网络攻击和信息欺骗等非动能作战能力，可以整合多个作战域的效果实施脉冲式作战，使敌陷入多重困境。

二、多域特遣部队侦察及目标定位装备体系

美军多域特遣部队侦察及目标定位装备，主要编配在多域效能营，也称情报、信息、网络、电子战和太空（I2CEWS）营。根据陆军未来司令部原司令约翰·默里将军的说法，"多域效能营（MDEB）是遂行多域任务的核心，也是多域特遣部队的核心"。多域效能营下辖军事情报连（聚焦陆、海、空情报侦察）、太空情报连（聚焦太空情报侦察）、信号连、远程探测评估连、信息防御连各1个，负责获取并整合各军种不同情报侦察与监视平台资源，具备基于太空传感器联结能力的电子战/网络战能力，具体包含天基、空基的侦察和目标定位装备。

（一）"战术情报目标访问节点"系统

由军事情报连编配，能接收陆、海、空多域传感器数据，采用人工智能算法开展情报处理与分发等，制订目标优先级列表和火力分配方案。

"战术情报目标访问节点"系统是美国陆军根据2018年《战术网络现代化战略》，为整合大量不同战术地面站和传输设施、集成多域传感器信息而研发的，如图8-3所示。2020年9月，原型系统在"融合工程2020"演习中，

成功接收和处理了来自低轨侦察卫星的目标数据，并将其传递给火控单元；在2021年10月的"融合工程2021"演习中，其关键技术得到进一步验证。

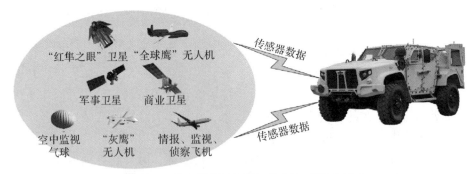

图8-3 "战术情报目标访问节点"系统示意图

该系统采用模块化单元和开放式体系架构，可根据任务需求组合定制，接收和处理陆、海、空、天网多域传感器信息，通过Web门户，实现驻地指挥官与全球各战区作战部队的情报信息交互共享，形成单个或多个战区的通用作战图。该系统可机动部署，利用人工智能和机器学习技术，对各域情报、监视与侦察传感器数据进行筛选处理，为美军远征作战行动提供快速响应、跨域联通、深度共享的情报保障与决策支撑，支持远程精确火力打击行动。

（二）"地面层"系统

"地面层"系统，由远程传感与效应连编配，可执行电子战、抵近信号情报搜集等任务，持续监视对手在电磁和网络领域的活动，并在大规模作战中破坏对手通信、网络和指挥控制系统，如图8-4所示。"地面层"系统是美国陆军为给机动部队提供信号情报侦察、电子战等能力而研制的。该系统安装在车辆平台上，采用电子战规划和管理工具，具备电磁规划、目标定位和电磁管理功能，并配有发射器、高功率放大器、信号发生器、天线阵等多种电子战装置，计划2025年交付首套系统。

"地面层"系统采用人工智能/机器学习技术辅助处理信号情报，自动化程度较高；采用模块化设计，可根据作战需求灵活配备电子战装置；可实施电子战侦察和攻击，也能通过干扰对手无人机、导弹等威胁的电子器件来为己方部队提供防御。

（三）战术云系统

战术云系统的出现正值陆军继续广泛的IT现代化努力，陆军试图将其企业和战术网络连接起来，为多域战场做准备，从而提高战场上士兵和指挥官的态势感知能力。

图8-4 "地面层"原型系统

(四) 旅以上梯队系统

陆上层系统——旅以上梯队 (Terrestrial Layer System - Echelons Above Brigade, TLS - EAB), 旨在为所有陆军师和军提供远程网络/电子战和信号情报, 即"旅以上梯队"。该系统可在竞争阶段监视敌方网络, 在武装冲突阶段实施网电攻击。

(五) "灰鹰"无人机系统

当前, 美国通用原子 - 航空系统股份有限公司首次按照"灰鹰"扩展射程 (Gray Eagle - Extended Range, GE - ER) 无人机系统的工厂升级, 以增强其支持多域作战能力。通过在"灰鹰"扩展射程无人机系统集成远程传感器和空射效果以及基于笔记本电脑和手持控制接口, 具有识别、定位和报告目标数据的能力, 以支持远程精确火力系统。

三、多域特遣部队指挥与控制装备体系

陆军正在建立"全域作战中心" (AU - Domain Operational Center, ADOC), 将多域特遣部队的不同组成部分整合在一起。"全域作战中心"的目的是作为指挥节点加强信息共享, 使指挥官能够看到来自实地的数据, 并提供更快的分析, 以确保多域特遣部队在原地和在前方部署时持续竞争。多域特遣部队是一支战区直属旅级机动部队, 其使用的指挥与控制系统可能包括陆军全球指挥控制系统、先进野战炮兵战术数据系统、陆军一体化防空反导作战指挥系统等陆军战术指挥控制系统。

（一）陆军全球指挥控制系统

陆军全球指挥控制系统是全球指挥控制系统的陆军部分，是陆军战略和战区级指挥控制系统。该系统既是美军全球指挥控制系统的组成部分，又是陆军作战指挥系统的关键组成部分，能够提供从联合全球指挥控制系统到陆军军和军以下部队的无缝连接，并与其他军种的指挥控制系统互有接口，共同构成自上而下的完整作战指挥体系。

陆军全球指挥控制系统主要由陆军全球信息系统、战略战区指挥控制系统和军以上梯队勤务支援控制系统组成。陆军全球信息系统为联合作战计划与执行系统的实施提供软件、硬件和数据库服务，能充分满足指挥控制的需求。战略战区指挥控制系统是陆军实现军以上梯队指挥控制的主要手段，是陆军全球指挥控制系统中的一系列软件模块，能够帮助战区指挥官在危机期间和战时对军以上梯队实施保障及作战机动功能。军以上梯队战斗勤务支援控制系统是用于协助指挥官和参谋人员计划和实施后勤活动的计算机软件系统，用于管理补给、维修、运输、医疗、人事和后勤活动，可迅速收集、分析和分发重要的战斗勤务支援信息，为指挥、控制和资源管理提供保障。

陆军全球指挥控制系统能够提供陆军战略指挥控制的基本要素，包括软件、硬件、执行联合作战计划和实施系统的数据库，以及支援联合司令部和联合参谋部、联合军种系统的数据库，可为部队部署的全过程提供支援。

（二）先进野战炮兵战术数据系统

先进野战炮兵战术数据系统是一种多用途自动机动指挥控制系统，可为地面部队提供从任务规划到执行的火力指挥和控制能力，可集成利用各种信息源创建通用作战图像，并用其规划和协调包括迫击炮、近距空中支援、海军炮火、攻击直升机、电子战攻击、野战炮兵、火箭炮和导弹在内的各种战场因素。

先进野战炮兵战术数据系统主要装配在战略火力营，是完全意义上的联合系统，能够协调并优化所有火力支援资源的使用，协助指挥官实现作战计划、机动控制、目标－武器配对、目标价值分析以及火力支援计划的自动化。使用中可以与海军海上火力控制系统、空军联合监视目标攻击雷达系统和战区作战管理核心系统连接，为各类兵种多种武器平台提供支持；能与英国、法国、德国等国炮兵火力控制系统互联互通；还能满足野战炮兵管理关键资源、支持人员派遣、搜集和提供情报、信息补给、保养和其他后勤职能方面的需求。

先进野战炮兵战术数据系统有两个比较重要的工具，分别是效应管理工具和火力支援协调同步工具。效应管理工具是提供远程先进野战炮兵战术数据系统用户使用的火力和效应指挥控制工具，其能力包括：显示该系统得到的火力支援态势；发起火力支援请求、空中支援清单以及集合结构的工作表。火力支援协调同步工具是效应管理工具发展的产物，能运行于窄带无线电链路，可替代火力支援军官的角色。

（三）一体化防空反导作战指挥系统

陆军一体化防空反导作战指挥系统将当前和未来的防空反导传感器、武器和任务指挥技术集成到一体化火控系统中，提供单一空情图，增大防御面积，并提供系统部署的灵活性。该系统提供火控与作战中心能力，比现有单一传感器火力单元结构所提供的防御效能更高。该系统根据多域特遣部队装备的每部传感器所提供的传感器测量数据编制合成轨迹，并根据合成轨迹数据计算武器射击解决方案。

陆军一体化防空反导作战指挥系统提供能够近实时在各组件之间分布火控质量数据、指令和信息的框架，以对同步化的复杂威胁突袭做出协调和综合响应。数据结构是一个自我修复系统，能够自动进行组件的故障转移和快速重新配置，从而提供更具弹性的防御，减少单点故障。该系统具备动态防御设计能力，能够根据支持的部队作战和机动方案保持最佳防御。该架构可以实现增程和非瞄准线打击各种防空反导威胁，能够尽可能消除覆盖空缺和单点故障，减少人力、使用与维护成本，同时提供训练能力。

防空营编有基于一体化防空反导作战指挥系统的营/连级作战指挥中心。由一系列软硬件组成的一体化防空反导作战指挥系统采用"即插即用"式模块化和开放式体系架构，于2022财年底形成初始作战能力。截至2020年底，用于进行有限用户测试的一体化防空反导作战指挥系统样机由4部分组成：一是作战指挥中心，即一个安装在系列中型战术卡车上的容纳了该系统所有软硬件的方舱式指挥所；二是1辆M1061系列中型战术卡车拖车；三是安装在M1061拖车上的一体化协同环境；四是一体化火控网中继站，用于提供一体化防空反导B套件（B-Kit）接口，旨在连接适应性传感器和防空反导武器系统。一体化防空反导作战指挥系统于2021年1月进入低速初始生产阶段，在2022年3月前完成初始作战试验与评估后于2023年5月开始初始列装。美国陆军共计划装备454套一体化防空反导作战指挥系统。

四、多域特遣部队远程精确火力打击装备体系

美国陆军多域特遣部队配装的远程精确火力打击装备主要包括"远程高

超声速"武器系统、"机动中程导弹"武器系统、"海玛斯"火箭炮三型及其配用的"战斧"巡航导弹、"精确打击导弹"等弹药。美军多域特遣部队的远程精确火力打击任务主要由战略火力营担任。

(一)"远程高超声速"武器系统

根据美国2020财年《国防授权法》,为形成压制对手的远程火力,应对"反介入/区域拒止"威胁,美国陆军在远程精确火力项目群下重点研发"远程高超声速"武器系统。该系统可用于打击高价值/时敏目标,计划2024年列装,2027年底前装备3个连,由于5次试验均以失败告终,计划推迟到2025年列装。

"远程高超声速"武器系统主要由陆基高超声速导弹、运输起竖发射车和连作战中心组成。陆基高超声速导弹采用"通用高超声速滑翔弹头"和直径876mm的两级助推固体火箭发动机;运输起竖发射车由M983A4牵引车和改装的M870拖车组成,每辆车可装载2枚高超声速导弹,每枚导弹约4.1千万美元;连作战中心搭载先进炮兵战术数据系统7.0。远程高超声速武器系统示意图如图8-5所示。

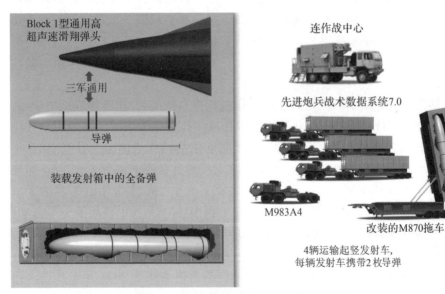

图 8-5 "远程高超声速"武器系统示意图

"远程高超声速"武器系统的战技性能特点主要包括:一是射程远,超过2775km;二是突防能力强,弹头速度超过马赫数5,可突破现有大部分防空反导系统的拦截;三是发射车可用C-17运输机部署。具体如表8-1所示。

表 8-1 "远程高超声速"武器系统主要性能指标

射程	超过 2775km
战斗部	通用高超声速滑翔弹头
飞速速度	超过马赫数 5
动力	两级固体火箭发动机
发射平台	运输起竖发射车

(二)"机动中程导弹"武器系统

根据美国陆军 2020 年 11 月发布的合同公告,为填补"精确打击导弹"和"远程高超声速"武器系统之间的火力空缺,打击对手纵深关键目标,美国陆军确定在海军现有中程导弹基础上研发陆基"机动中程导弹"武器系统。该系统由发射车、导弹和连作战中心组成,能够发射"战斧"巡航导弹以及"标准"-6 导弹改进型,可打击地面和海上目标,2022 年底列装首套系统,并于 2023 年 6 月开展实弹发射试验,2027 年底前装备 5 个连。其示意图如图 8-6 所示。

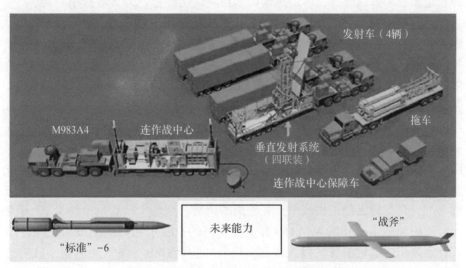

图 8-6 "机动中程导弹"武器系统示意图

"机动中程导弹"系统基于现有技术研制,能发射海军的"战斧"V 巡航导弹和"标准"-6 导弹改型两种导弹,射程可达 1800km。该系统由导弹、发射车和连指挥中心组成。现役的"战术战斧"导弹采用 GPS/惯性+地形匹配制导,射程 1800km,主要用于执行对地打击任务。美国海军正在对"战斧"

导弹进行改进，研制两种改型：一种为"战斧"Va，加装了多模导引头，具备远程反舰作战能力；另一种为"战斧"Vb，换装联合多效应战斗部，提升对加固建筑物、地下掩体等坚固目标的打击能力。这两种"战斧"导弹新改型未来也有可能配装"机动中程导弹系统"。"标准"-6导弹改型是在原有防空导弹基础上进行升级的，采用GPS/惯性中制导和主动/半主动雷达末制导，射程超过400km，能够打击舰船目标。机动中程导弹系统主要性能指标如表8-2所示。

表8-2 "机动中程导弹系统"主要性能指标

射程	500～1800km
配用导弹	"战斧"巡航导弹，"标准"-6导弹改型

(三)"海玛斯"火箭炮

为满足轻型快速部署部队对多管火箭炮系统的需求，美国陆军于1996年在M270式火箭炮的基础上，启动研制M142式"海玛斯"火箭炮。该火箭炮采用5t级中型轮式底盘，搭载M270火箭炮的一组发射箱，能发射制导火箭弹和地地战术弹道导弹，可由运输机远距离快速部署，2005年开始列装。

"海玛斯"火箭炮未来将主要发射"精确打击导弹"和增程型制导火箭弹两种弹药。"精确打击导弹"是一型战术弹道导弹，如图8-7所示，将替换现役的"陆军战术导弹"，战技性能较后者有大幅提升，主要体现在：一是射程远，达到550km，2030年前通过改进逐步提升至1000km。二是体积小，平台载弹量大，弹径432mm，约为"陆军战术导弹"的2/3，使火箭炮发射箱的载弹量从1枚提升至2枚，可连续发射，同时打击两个目标。三是具备打击地面和海上移动目标的能力，采用新型GPS接收器和惯导装置，可在GPS干扰环境下保证对静止目标的打击精度，2026年改进后加装红外成像/被动雷达导引头，能在弹道末段识别并锁定移动目标。四是采用预制破片杀伤战斗部，具备较大的杀伤范围。五是成本适当，批量生产后单价约为90万美元，约为"战术战斧"导弹150万美元价格的60%，可以大量发射使用。陆军计划采用多增量的研发模式来逐步提升"精确打击导弹"的性能，目前已规划了4个增量，其中增量1为基本型，射程达到550km，采用GPS/惯性制导，可打击地面静止目标；增量2为反舰型，加装红外成像/被动雷达导引头，具备打击地面和海上移动目标的能力；增量3为子母型，换用子母战斗部，内置具备协同攻击能力的制导子弹药，用于打击移动、分散、难以准确定位的目标；增量4为增程型，射程计划达到1000km。据防务新闻网站2023年12月报道，美国陆军首批"精确打击导弹""增量1"已经于12月8日交付，未来将取代装备多年的"陆军战术导弹系统"。在美国 2024 财年的国防预算中，美国陆军计划采购 110 枚"精确打击导弹""增量 1"导弹，总金额为 3.778 亿美元，并允许签署多年完成批量生产 1100 枚"精确打击导弹"的合同。美国陆军部还提出了在最短时间内将"精确打击导弹"生产速度增至年产 400 枚。"精确打击导弹"主要性能指标如表 8 − 3 所示。

图 8 − 7　"海玛斯"火箭炮发射"精确打击导弹"

表 8 − 3　"精确打击导弹"主要性能指标

弹径	432mm
弹长	3.9m
射程	550km（基本型），750~800km（增程型），1000km 以上（后期改型）
制导体制	GPS/惯性制导（基本型），GPS/惯性制导 + 红外成像/被动雷达末制导（改进型）
战斗部类型	预制破片杀伤战斗部
发射平台	M270A1 和"海玛斯"火箭炮、"自主多域发射车"
平台载弹量	4 枚（M270A1），2 枚（"海玛斯""自主多域发射车"）

增程型制导火箭弹是现有制导火箭弹的改进型，采用直径更大的固体火箭发动机，射程从 70km 提升至 150km，控制方式从鸭舵控制改为尾舵控制，

具备更强的机动能力；加装近炸传感器，提升炸高。新火箭弹仍采用 GPS/惯性制导，可配装现有的整体式战斗部和替代战斗部两种载荷，前者用于打击点目标，附带毁伤低，后者用于打击面目标，杀伤面积大。

五、多域特遣部队一体化防空装备体系

美国陆军多域特遣部队配装的一体化防空装备主要包括机动近程防空系统和间瞄火力防御系统。

（一）机动近程防空系统

机动近程防空系统是美国陆军为弥补陆军旅级部队野战防空能力不足，从 2018 年开始研制的一种近程防空系统（图 8 – 8（a）），基本型已于 2021 年列装部队，并首先部署于德国。

(a) 初始型

(b) 激光武器型

图 8 – 8　初始型和激光武器型机动近程防空系统

该系统采用"斯特赖克"装甲车底盘和可 360°旋转的无人炮塔，配装 4 枚"毒刺"防空导弹、2 枚"海尔法"反坦克导弹、1 门 30mm 自动炮、1 挺 M240 式 7.62mm 机枪，最大拦截距离 8km，如表 8 – 4 所示。2021 年 5 月，美国陆军发布机动近程防空营编制与部署评估报告：每营将编制 550 名官兵、40 辆

动能机动近程防空系统发射车和约 270 辆其他车辆；有 3 个陆军基地具备部署适合性。美国陆军计划到 2025 年 8 月采购 144 辆机动近程防空系统发射车，以完成首批组建 4 个机动近程防空营的初始目标，每营编制 3 个连，每连装备 12 辆机动近程防空系统发射车。

表 8 - 4　机动近程防空系统主要性能指标

拦截距离	8km
载弹量	4 枚（"毒刺"导弹），2 枚（"海尔法"导弹）

美国陆军正在研制机动近程防空系统的激光武器改型（图 8 - 8（b））。该系统采用"斯特赖克"装甲车底盘，配用 50kW 激光武器，主要用于对付无人机、直升机等威胁，2024 年前交付 12 套。2021 年 7 月，定向能机动近程防空系统完成发射试验，在试验中向无人机发射激光束产生灼热，造成发动机失灵，传感器失效，验证了反无人机能力。美国陆军计划于 2022 财年在欧洲部署 1 个配备 4 辆定向能机动近程防空系统发射车的防空排，编制在已装备动能机动近程防空系统排的防空连。美国陆军已在"融合工程 2021"试验演习中使用了该系统。

（二）间瞄火力防御系统

间瞄火力防御系统是美国陆军为构建和完善美国陆军区域防空体系而研制的，2010 年开始研制。间瞄火力防御系统计划 2026 年列装，如图 8 - 9 所示。

图 8 - 9　间瞄火力防御系统

该系统采用多任务导弹发射装置和基于 AIM-9X "响尾蛇" 导弹改装的拦截导弹，发射器具有较大的载弹量，可部署在车辆上，也可固定部署在要地附近，主要用于拦截巡航导弹、无人机、火箭弹、大口径炮弹和迫击炮弹等目标。

美国陆军还在研制间瞄火力防御系统的定向能改型，包括激光武器型和高能微波型，如图8-10所示。其中，激光武器型采用重型机动战术卡车底盘，配用300kW激光武器，可用于拦截巡航导弹、无人机等目标，计划2024年交付首套原型系统。间瞄火力防御系统主要性能指标如表8-5所示。高能微波型采用美国空军 "雷神" 高能微波武器的技术，可通过地面运输车辆机动部署，为重要区域提供对付小型无人机集群的能力，计划2024年交付首套原型系统。定向能改型具有作战成本低、发射速度快等优势，可作为美国陆军区域防空的有效补充。

(a) 激光武器型　　　　　　　　　(b) 高能微波型

图8-10　激光武器型和高能微波型间瞄火力防御系统

表8-5　间瞄火力防御系统主要性能指标

最大拦截距离	20km
载弹量	15 枚

六、多域特遣部队作战支援装备体系

多域特遣部队旅支援营为作战部队提供物资分发、装备维修和医疗救援等战场支援能力，其配备的装备应与陆军现有地面运输、野战维修和卫勤装备基本相同。

（一）地面运输装备

美国陆军旅保障营通常配备5t级的中型战术车或10t级的M900系列重型运输卡车和M977重型扩大机动性战术卡车来执行物资运输任务。中型战术车为 5t 级的卡车,用于执行通用再补给、弹药供应、维修和救援以及工程保障等任务。在战术环境下,还可用作战斗、战斗支援和战斗勤务支援部队的武器系统平台。M900 系列重型卡车是美国陆军的长途运输主力车型。M977 重型扩大机动性战术卡车是 10t 级 8 轮驱动车辆,能为作战人员提供多种保障,包括运送通用补给品、装备和弹药,为地面和飞机加油,以及抢修和后送重型轮式车辆和战斗系统。该车有多种车型,包括抢修车、油罐车、供水车、弹药运输车等。

(二) 野战维修装备

美国陆军野战维修装备主要包括汽车修理工程车(包括厢式和修理方舱)、修理挂车/半挂车、履带式装甲修理车等几种类型。汽车修理工程车主要用于机加工作业、钳工作业、故障检测诊断和损坏零部件的更换等。修理挂车/半挂车是汽车式修理工程车的重要补充,比较机动灵活,在公路发达地区使用较多。装甲修理车主要用于战时的抢修任务,能排除障碍到达作战装备所处位置,并进行现场换件抢修。

(三) 卫勤装备

美国陆军卫勤装备主要包括医疗救护车,主要用来后送伤员,其中多种装甲救护车。M998 型高机动多用途轮式车改装的救护车可后送 3~5 名担架伤员;"斯特赖克"装甲救护车可运载 6 名坐姿伤员或 4 名卧姿伤员,车厢内装有 4 个氧气瓶,配有担架提升装置协助搬运伤员。

第九章
美军其他"多域作战"力量

战争的基本目标和原则不会改变。战争的最终目标是摧毁敌人的战斗能力和意志,从而迫使敌人接受胜利者的意志。过去,这种征服通过施加陆上和海上压力来完成;在第一次和第二次世界大战期间,还包括施加空中压力。最佳压力要通过实际物理占领取得绝对控制来施加。这种最佳压力只有在陆域才能获得,因为在陆域物理占领能得到巩固和维持。

——切斯特·W. 尼米兹海军上将,FM3-0《作战纲要》

美国陆军除了多域特遣部队、5 种新型师等新型作战力量外,未来实施多域作战的力量还包括安全部队援助旅等,也是多域作战的重要组成部分。

第一节 《陆军安全部队援助旅》简报

2020 年 5 月 15 日、2021 年 7 月 1 日,美国国会发布两份《陆军安全部队援助旅》简报,从其成立的背景、基本情况,以及国会需要考虑的问题等方面予以阐述。

一、背景

安全部队援助(Security Forces Assistance,SFA)的定义是"为建立、使用和维持当地、东道国或地区安全部队所采取的统一行动,以支持合法当局"。根据定义,安全部队不仅包括军队,还包括警察、边防部队、准军事组织,以及其他地方和地区部队。安全部队援助涉及组织、训练、装备、重建,以及向外国安全部队(Foreign Security Forces,FSF)提供咨询等。

美国国防部指出,在伊拉克和阿富汗开展的军事作战及未来作战,将以发展东道国的能力为中心。目前,美国安全部队援助活动在非洲、欧洲、亚洲和南美已经开展。过去,特种部队负责大部分安全部队援助任务,但是随着对安全部队援助需求的不断增长,要求常规部队发挥更为积极的作用。

常规部队安全部队援助任务通常分配给陆军的主要战斗组织——旅战斗队。旅战斗队通常部署领导人员（军官以及高级和中级士官）执行安全部队援助任务，而初级士官和士兵驻守本地。虽然这种方式从资源的角度来看很实用，但是对留守原驻地的旅战斗队士兵而言存在许多战备问题。例如，由于旅战斗队领导被外派执行安全部队援助任务，留守的士兵只能开展单兵和班组层面的训练，从而导致作战单位只能维持较低水平的战备能力。

二、安全部队援助旅基本情况

陆军最初计划安全部队援助旅（Security Forces Assistance Brigade，SFAB）由大约 500 名士兵组成，主要是具有各种军事作战专长的高级别人员。如果需要，陆军还计划扩大 SFAB，使其成为能够开展重大作战任务的、具备完全作战能力的旅战斗队。每个 SFAB 都由 1 名准将领导，负责协调一个合作伙伴国家的所有 SFAB 作战。此外，陆军还在陆军部队司令部之下成立了一个安全部队援助司令部（Security Forces Assistance Command，SFAC），负责 SFAB 训练和战备监督。

（一）组织结构

SFAB 由大约 800 名人员组成，分成 36 个多功能顾问组。每个顾问组有 12 名顾问和 8 名安全人员，负责支持合作伙伴国家相关能力发展，每个顾问组还配有 1 名指挥官（由士官担任）、2 名策略顾问、1 名医务人员、1 名联合部队作战人员、1 名通信官、1 名机械师、1 名情报分析人员，以及后勤、作战和爆炸方面的专家。此外，SFAB 也可按照后勤、工程等不同领域设置成 18 个职能顾问团队。

（二）力量部署

2018 年 5 月，陆军宣布成立 6 个 SFAB，其中 5 个在陆军现役部队，另一个在陆军国民警卫队。位于佐治亚洲班宁堡的陆军第 1 SFAB 于 2018 年 3 月部署至阿富汗；位于北卡罗来纳州布拉格堡的第 2 SFAB 于 2019 年春部署至阿富汗，替代第 1 SFAB；第 3 SFAB 位于得克萨斯州胡德堡；第 4 SFAB 于 2020 年 4 月 28 日启动，驻守在科罗拉多州卡尔森堡；第 5 SFAB 于 2020 年夏启动，驻守刘易斯 - 麦克德联合基地；陆军国民警卫队第 54 SFAB 于 2020 年 3 月成立，在印第安纳、佐治亚、佛罗里达、得克萨斯、俄亥俄和伊利诺伊州成立下属作战单位。

（三）训练与装备

除在军事顾问训练学院进行训练外，SFAB 成员也要接受语言训练。士兵还要接受国外武器训练、先进医学训练、驾驶训练以及生存、逃避、抵抗和逃脱（Survival，Escape，Resistance and Escape，SERE）技术训练。SFAB 士兵配备标准个人装备（武器、防护装备等）以及各种战术轮式车辆。此外，SFAB 还具备指挥、控制、通信、计算机、情报、监视和侦察（Command，Control，Communication，Computer，Intelligence，Surveillance and Reconnaissance，C^{4}ISR）能力。

（四）主要活动

自 2018 年以来，SFAB 已部署至阿富汗、伊拉克和非洲等地援助国外合作伙伴。2020 年 1 月，SFAB 部署至非洲；2020 年 6 月，第 4 SFAB 计划在洛杉矶波尔克堡联合战备训练中心（Joint Readiness Training Center，JRTC）进行训练轮换，计划 2021 年夏末替代阿富汗的第 3 SFAB；据报道，陆军还计划在 2021 年将第 5 SFAB 部署至印太地区。

三、国会需要考虑的潜在问题

国会需要考虑以下几个问题：一是由于有限的军事存在，SFAB 是否是在高度对抗地区执行安全部队援助的正确解决方案；二是安全部队援助司令部的组织和任务是什么；三是如何启动 6 个 SFAB 和安全部队援助司令部相关的装备、车辆和军事建筑需求；四是是否有足够的符合资格的志愿者加入 SFAB，抑或采取与陆军常规作战单位相似的方式将士兵分配到这些单位；五是陆军在解决 SFAB 人员相关问题方面采取的举措；六是基于之前的部署情况，在 SFAB 组织、装备和训练方面做出的改进有哪些；七是如果将 SFAB 转变为旅战斗队，需要多长时间为其配备人员、装备并提供训练，才能使其有能力执行战斗任务。

第二节　第 5 安全部队援助旅

美军第 5 安全部队援助旅（5th SFAB）是驻扎在华盛顿州刘易斯·麦科德联合基地的一支部队。该部于 2019 年 6 月 16 日成立，并于 2020 年 5 月 28 日正式启用。实际上，该部营地位于刘易斯·麦科德联合基地西南方向，距离该基地机场有 7.4 英里之遥。

一、编制装备

5th SFAB 由 820 名经过特别挑选的军官和士官组成，这些军官和士官必须经过严格的筛选程序，有报道称，每一位经过仔细挑选的成员都拥有中士或以上的军衔。5th SFAB 是一个传统的作战旅编制，由 2 个步兵营、1 个装甲兵中队（营级编制）和1个炮兵营、1个工程兵营和1个后勤营组成。6个营和旅指挥部设为61个独立的顾问小组，规模为4~12人不等，通常每个顾问小组由上尉指挥官和一级军士领导。有报道称，该部820名官兵中有30%以上进行海外部署，其余人员继续待命，做好轮换准备。

二、指挥官

第5安全部队援助旅，绰号"前卫"。第一任旅长柯蒂斯·泰勒准将，任期为2019年6月至2021年4月，后被调往加州欧文堡的国家训练中心；第二任旅长安德鲁·沃森上校，其他军官为发言人利乌尔少校，第1营指挥官戴维·罗兰中校，第2营指挥官安东尼·戈尔中校，第3营（装甲兵中队）菲利普·德·罗萨上尉，第4营（火炮营）托德·马丁中校，第6营（后勤营）凯利·斯潘塞上尉。

三、大事记

1. 组建情况

2019年6月16日，第5安全部队援助旅组建开始接收人员和装备；2020年11月，在联合战备训练中心进行轮换训练；2020年5月28日，在华盛顿州刘易斯·麦科德联合基地沃特金斯场（Watkins Field）成军；2020年冬季开始轮流前往印太战区部署（每次派遣1/3兵力，海外部署周期为6个月）；2020年12月，首任旅长柯蒂斯·泰勒晋升为准将；2021年2月22日至26日，旅长柯蒂斯·泰勒率团前往华盛顿向陆军参谋长、国会议员和智库汇报交流工作。参会人员包括陆军参谋长詹姆斯·麦康维尔将军和副参谋长约瑟夫·马丁将军、参议员塔米·达克沃思、众议员达奇·鲁珀斯伯格，以及兰德公司和战略与国际问题研究中心相关人员；2021年4月下旬，副旅长安德鲁·沃森上校接替柯蒂斯·泰勒准将出任旅长。

2. 对外交流情况

2020年9月，第5安全部队援助旅大约60人与泰国陆军进行为期4周的合作。美军8月中旬前后抵达泰国，分别前往分布在泰国境内各处训练点。根据美军《陆军时报》9月8日报道，第5安全部队援助旅第1营马修·奥德上尉率队与驻北柳府泰军111步兵团进行合练，第1营第5110分队与泰国陆军在曼谷西北方向进行训练。

2021年5月22日至30日，第5安全部队援助旅16人与孟加拉国军事人员在华盛顿州刘易斯·麦科德联合基地进行了代号"闪电虎21"的演练。演练内容包括处理简易爆炸物，单兵无人机操作。

2021 年 3 月，第 5 安全部队援助旅大约 20 人由奥列格·希尼菲尔德上尉率领抵达菲律宾，与菲律宾陆军进行有史以来的首次伙伴轮训，双边训练活动于 2021 年 4 月至 6 月举行，期间在努埃瓦·埃西贾的马格萨伊堡进行了主题专家交流，内容包括通信、后勤和部队训练管理。菲律宾陆军第 1 旅战斗队、第 99 步兵营、训练和条令司令部、支援司令部和前方勤务支援部队部分成员与美军进行交流。

3. 官兵收入情况

安全部队援助司令部招募官凯文·菲尔德中校 2020 年公开称，加入该部的美军有 5.33 万美元底薪，此外还有 5000 美元额外的海外部署费用。在安全部队援助旅的服役经历也有助于以后派遣到其他美军部队（包括原先部队）获得更多的晋升机会。

第三节 安全部队援助旅参加"非洲狮 2021"演习

2021 年 2 月，美国国防部表示正在推进"非洲狮 2021"演习计划，陆军安全部队援助旅已经开始进行相关准备工作。欧洲和非洲司令部司令克里斯托弗·卡沃利将军在 2 月 23 日的一次虚拟圆桌会议上称，两个司令部合并后更容易把部队从一个大陆转移到另一个大陆，将为陆上部队提供更好更灵活的支援。但他并未透露部队态势可能发生的变化，仅明确要在摩洛哥、塞内加尔和突尼斯三个国家开展参演总人数达 10000 人的"非洲狮 2021"演习。副司令安德鲁·罗林少将补充称，参加人数会根据 6 月前新冠疫情的发展情况进行调整，但本次演习将为美军及所有参演盟友提供良好的训练机会。

"非洲狮"始于 2002 年美国海军陆战队和摩洛哥军方之间的演习，是美国在非洲开展的最大规模的演习，2021 年将有 9 个国家作为观察员参加，演练多国联盟对抗具备"均势对手"能力的准军事力量。卡沃利和罗林于 2 月 24 日前往突尼斯，讨论安全部队援助旅下辖的小型部队士兵如何为演习做好准备。这些士兵正在联合作战中心、炮兵学院和军事情报学院建立演习框架，并将成为"非洲狮 2021"演习期间安全部队援助旅的主力。

每个安全部队援助旅约有 800 名高级军官和士官。起初，陆军将 800 名人员部署在较近距离内，后来改为更小规模、更分散的部署方式。例如，2020 年陆军派遣了一支由 45 人组成的特遣队进入哥伦比亚，以顾问和助手的身份支持该国军队开展禁毒行动；2021 年初向洪都拉斯部署了大约 45 名安全部队援助旅人员开展为期 7 个月的行动。

在非洲，安全部队援助旅被编成 10～20 人的分队，主要任务是后勤、火力支援、任务指挥和维修，并以最适合盟国的方式与其合作开展演习。这种更小、更灵活的分队可帮助部队在"非洲狮 2021"和"太平洋捍卫者 2021"演习中做好准备。在大型演习中，安全部队援助旅可扮演先期预警的角色实施初期侦察。提前 2~3 个月向这些国家派遣该部队，有助于与伙伴国家开展能力建设，同时也可提高部队之间的互操作性。

第四节　其他多域作战力量

按照多域作战概念，美国陆军在战术末端同样组建了多元的作战力量，确保多域作战的体系化落地。

一、美国陆军计划组建新型北极旅

2021 年 1 月 19 日，美国陆军参谋长詹姆斯·麦康维尔上将在美国陆军协会召开的会议上表示，陆军希望成立一个以北极为重点的旅及其他作战部队，用于增强其在北极地区的力量。此举意味着美国也在向俄罗斯不断增加兵力的北极地区增兵。陆军已编写完成新的北极战略，战略中提到，因为北极冰层融化，导致各国在北极地区对自然资源和新的商业航线的竞争加剧。美国在北极也有着重要的国家利益，必须要加以保护，因此，美国陆军需要在这一地区更好地"威慑冲突"。

美国陆军计划组建一支新的北极旅，将现有的两星司令部转型为作战指挥部，并建立一支多域特遣部队。对美国陆军而言，多域特遣部队集多种装备于一体，包括远程精确打击导弹等，目标是应对更强大的潜在对手，如俄罗斯等。麦康维尔强调，对陆军而言，其北极战略将"通过联合演习和力量投送展示美国陆军的能力"。

2021 年 1 月 5 日，美国海军发布了新版北极战略。海军部长在文件发布后的采访中表示：在北极，美国面临来自俄罗斯等国家的竞争越来越大。在这个地区，美国必须保持有利的力量平衡。海军计划增加对北极附近地区的停靠，并增加冰雪条件下的作战训练。海军还在寻找各种方式，实现与该地区欧洲盟友的基地与基础设施共享。海军陆战队早就在挪威驻扎了较大规模的轮驻部队，也会派战舰前往北极水域。2020 年 3 月，美国海军 4 艘战舰前往白令海，这是冷战后美国海军首次向这一水域派遣水面作战舰艇。

二、美国陆军考虑在北极建立战斗训练中心

2021 年 3 月 16 日，美国陆军参谋长詹姆斯·麦康维尔上将表示，作为新

北极战略（"重获北极优势"）的一部分，陆军正考虑在阿拉斯加建立一个战斗训练中心。该中心将是一个战役级的两星总部，驻扎阿拉斯加的部队不需要再前往位于路易斯安那州波尔克堡的联合预备役训练中心进行轮换训练。

陆军新北极战略指出，北极已成为一个竞争领域，俄罗斯等美国的竞争对手会利用军事和经济力量寻求进入该地区的机会。对此，美国驻北极的士兵需要掌握在这种环境下作战的能力，在编部队要确保处于高度战备状态并做好准备。北极部队可部署在世界其他亚北极区、极端寒冷天气和山地环境下。

根据该战略，位于阿拉斯加州怀恩威堡的北方战争训练中心是陆军进行寒冷地区训练的主要地点。此外，阿拉斯加州的布莱克拉皮兹也建有北方战争训练中心的培训场地，开设寒冷天气领导课程和定向课程等培训课程。

美国陆军还考虑在阿拉斯加组建一支多域特遣部队。2021年初，陆军在华盛顿的刘易斯－麦科德联合基地组建了一支多域特遣部队。该部队配备情报、信息、网络、电子战和空间分队，具备对抗敌人"反介入/区域拒止"的能力。

北极能力的增强将提高陆军在极端寒冷天气、山区和高纬度环境下的作战能力。2019年，任职参议院武装部队委员会的阿拉斯加州共和党参议员丹·沙利文要求海军陆战队司令戴维·伯杰将军考虑实施一项计划，包括在安克雷奇郊外的麦肯齐港建立基地、在马塔努斯卡河沿岸的帕尔默建立山地战争训练中心、在阿拉斯加阿留申群岛的埃达克建立一个两栖训练基地。

三、美国陆军计划在欧洲组建战区火力司令部

2021年2月3日，美国陆军欧洲和非洲司令部司令卡沃利将军发表公开讲话时表示，在欧洲的美军需要成立新的"战区火力司令部"，纳入集网络、太空和电子战能力于一身的特遣部队，以及射程更远的火力，应对大规模冲突中的敌军。

过去几年，美国陆军一直在投巨资增强远程精确打击能力，使战时美国和盟国的地面部队士兵能够安全地远离战区。卡沃利称，战区火力司令部能让士兵从近战中抽身，在防区外巩固战斗力，以便使其确实需要进行近战时处于更加有利的形势。美军正在筹划战区火力司令部的组建，但未透露时间表，可能部署在欧洲。

四、美国陆军将建立全域作战中心

美国陆军已开始设计首个全域作战中心，该中心将部署在华盛顿州刘易斯－麦科德联合基地的多域特遣部队中。多域特遣部队和全域作战中心的目标是加强数据共享，将新型武器连接在一起，提高其射程和精度，加快指挥官的决策速度。

全域作战中心是美国陆军支持联合全域指挥控制作战概念工作的一部分，这一概念将通过军事物联网将所有领域和所有军种连接在一起。美国陆军战略、规划和政策管理办公室表示，新建的全域作战中心有助于指挥官查看来自战场的数据，并通过连接在一起的传感器进行快速分析，能为作战指挥官的全程快速决策提供支持。作战时，从一开始就建立联合作战系统，使其他军种而不仅是陆军指挥官对作战行动进行监督。

全域作战中心将作为监督大数据整合工作的端点。系统的后端是参谋长联席会议首席信息官和国防部数据社区中试图将多种类型的数据连接在一起的相关人员。通用架构和数据模型是大数据整合工作最大的障碍之一，如何能够快速、大规模地进行沟通是一个棘手的问题。

五、多域作战促进美国陆军第 1 太空旅转型

美国陆军希望其第 1 太空旅能在多域作战中更好地发挥作战指挥作用。为了实现这一目标，第 1 太空旅正在组建 6 人陆军太空支援小组和 4 人太空控制规划小组。其中，太空支援小组将整合进师或军一级的参谋团队，以提供与太空支援相关的专业知识和能力，并提升作战人员在攻击、机动和通信方面的效果和效率。而太空控制规划小组将联合海军、海军陆战队和太空军的能力，将太空攻防控制能力全面融入陆军和联合部队作战方案，如在作战中提供与破坏对手通信能力相关的情报，包括目标信息、有效手段等。该旅正将已有的 3 个陆军太空支援小组转化为太空控制规划小组，而保留其预备役和国民警卫队的太空支援小组。

第十章
“多域作战”引领下的美国陆军能力建设

> 除非部队具有战斗力，否则，就不可能有效履行职能。而且，部队战斗力的形成必须源自部队的上层，而不是下层。

> ——威廉·T. 谢尔曼中将

美国陆军多域作战，从作战理论到武器装备，从力量结构到组织编制，从演习训练到作战条令等各个方面，推动军种建设的体系化变革，最终落到美国陆军新型能力的发展，主要体现在以下六大领域。

第一节　指挥控制领域的能力建设

多域作战概念将联合兵种的理念延伸到融合——快速和持续整合所有域的能力。作为“多域作战”上位概念的顶层联合作战概念和联合作战介入概念，都对指挥控制领域提出了明确的能力需求。例如，《全球一体化作战：联合部队 2020》对指挥与控制领域提出了如下要求：一是通过联合职业军事教育来实现联合作战中的任务式指挥；二是为指挥官和参谋人员研发便携式的云终端指挥与控制技术；三是强化在系统功能降低情况下有效实施作战的能力；四是开发一种相互支援的指挥方式，有助于建立指挥关系以适应未来的特定威胁；五是使外部与内部的互操作成为常态；六是保持和强化常规部队与特种作战部队的一体化。《联合作战介入概念》要求实现分布式跨域指挥控制，具体来讲包括以下几个方面：一是在部署和行动过程中时刻保持可靠的联通性；二是在恶劣通信环境下有效开展指挥控制；三是提供通用作战图像，实现全域态势感知；四是整合跨域行动，实现太空和赛博空间行动完全一体化；五是采用任务式指挥，允许下级指挥官在与上级意图保持一致前提下独立行动。综合上述几份重要指导性文件和美军近期的建设发展情况，其在指挥控制领域的能力建设主要体现在以下几个方面。

一、将任务式指挥作为指挥控制的基本原则

根据美军的战争实践来看，现代战争中战场范围的广阔、战争节奏的加快常常导致高级别的指挥机构无法实时准确地掌握战场实际情况，不能在确保时效性的前提下直接实施精准指挥，所以往往需要适度下放权力，借助任务式指挥，指挥官调动并集成所有军事职能和行动去完成作战任务。任务式指挥也由此逐步发展为美军联合作战概念规定的基本指挥原则。

任务式指挥，即指挥官只向下级明确任务，不规定完成任务的具体方法，下级指挥官根据上级意图和战场实际情况，独立自主地指挥部队完成任务。美国陆军条令出版物（ADP 6-0）把任务式指挥定义为"由使用任务命令的指挥官行使权力和进行指导，支持在指挥官意图范围内发挥受有纪律意识的主动性，授权敏捷且适应力强的领导实施联合地面作战"。从任务式指挥的发展演变历程看，这一概念的理论研究和实践探索主要以陆军为主导。2003年，美国陆军颁布的 FM 6-0《任务式指挥：陆军部队的指挥与控制》，首次正式明确提出了任务式指挥的概念及通用理论框架，并把任务式指挥描述为陆军指挥的主要方式方法。2011年10月，美国陆军颁布了 ADP 3-0《联合地面作战》，再次强调了任务式指挥。2012年5月，美国陆军颁布了 ADP 6-0《任务式指挥》，集中阐释了任务式指挥的概念内涵，体现了任务式指挥的最新发展，从而奠定了任务式指挥的重要地位和法定权威性。

美国陆军之所以长期运用并不断发展任务式指挥，主要由于其始终面临着在广阔战场范围内执行多样化分散式任务的现实需求。美国陆军在战场上往往面对来自正规部队、非正规部队、恐怖分子、犯罪团伙等带来的多样化混合威胁。在这种传统威胁与非传统威胁相互交织的战场环境中，美国陆军所面对的作战对手更加多元，作战环境日益复杂多变。这种多样性和不确定性迫使美国陆军通常采用分散部署、机动作战的方式。另外，战场态势感知能力或者说是情报信息支援能力，也是制约指挥方式选择不容忽视的重要因素。相比空战场和海战场，陆战场所面临的环境复杂得多，战场透明度相对较低，上级指挥机构很难准确、实时地掌握一线战场的情况。因此，美国陆军认为，下级司令部由于位置靠前，对各种情况的了解比上级更加全面和及时，从而能比上级更快、更准确地决策。过度集中资源和权力反而会减缓决策和行动速度，并产生丧失主动权的风险。分散决策权，依据一线指挥官对战场态势的评估定下决心可能更有利于赢得主动。正是为了满足这些特殊的战场环境和作战需求，美国陆军一直以来特别强调任务式指挥的重要性，并且把它作为一种关键的职能和指导理念。

从美军的相关条令文件和实践经验来看，实施任务式指挥必须具备几个基本条件。一是需要在相互信任基础上构建有凝聚力的团队，美军强调，相互信任是"任务式指挥的基石"。这种信任包括指挥官对下级部队乃至每一名士兵的信任，同时也包括各级指挥官之间的充分互信。这需要在平时的训练中就要注重培养任务式指挥的理念，通过训练进一步增强官兵的互信和部队凝聚力，强化相互磨合。二是各级指挥官对关键问题保持相同的理解。这要求美军各级指挥官能够做到同步思考和换位思考。同步思考表现在各级指挥官能够站在同一层面思考问题，对战场态势、作战意图、作战目标和关键任务的理解保持同步、形成共识。战术指挥官发挥主动性的基础是能够理解战役、战略指挥官要达成的目标。战略、战役指挥官同样要具有较高战术素养性，能够充分理解并尊重前线指挥官依据战场形势变化的机断专行。此外，同级指挥官之间也能够保持对关键问题的相同理解。这对于指挥官的培养提出了更高的要求。三是各级指挥官积极充分发挥主动性。要求指挥官能够勇于担当，能够发挥主观能动性去把握稍纵即逝的战机，而不是所有问题都依赖上级。由此可见，美军未来在人才培养、团队建设以及体制机制调整等方面，都会把构建任务式指挥赖以实现的相关条件作为建设重点。

二、推进指挥信息系统建设，加强低层次跨域协同能力

纵观人类战争实践，军事需求、作战理论的创新对指挥手段发展具有巨大的牵引作用，而指挥手段的发展又往往推动着革新性作战能力的生成。要保证美军作战行动的充分自由，实现向既定作战区域实施力量投送，完成作战任务，其重要的基础是推进指挥信息系统建设，在互联互通互操作的基础上，加强低层级跨领域的协同能力。因此，美军要实现在"多域协同"概念下形成更强的联合作战能力，必然需要其指挥信息系统按新的军事能力需求进行革新与发展。

美军为实现在"多域协同"思想指导下更强的联合作战进入能力，必然需要不断革新与发展其指挥信息系统，加强低层级的跨域协同能力。在整个跨域协同行动中，美军各领域、各层级作战单元必须依托指挥信息系统全程掌握全面、及时、准确、一致的战场态势信息、任务需求信息和相互协同信息，才能实现高度协调的"多域协同"行动状态。其具体包括：在多层跨域协同行动开始前，支援单元和被支援单元需要依托指挥信息系统，从各域侦察单元获取实时、一致的战场态势信息，建立实时、一致的战场态势感知能力；在协同行动发起时，被支援单元要依托指挥控制系统和通信系统及时、准确地将协同请求（即任务需求信息）传递给指定的支援单元，支援单元则

需要依托信息系统实现快速判断和及时响应,三者才能及时建立协同关系;在协同行动实施过程中,支援单元和被支援单元要依托指挥控制系统、通信系统保持高效的信息互联互操作,为实施协同行动创造必要条件,直至完成行动。

为了满足低层次"多域协同"对指挥新系统的要求,美军指挥信息系统的众多子系统正以网络为中心相互融合、相互渗透,向更深层网络一体化方向发展。例如,"联合全球指挥控制系统"(Global Command and Control System – Joint, GCCS – J)是美军依托"全球信息栅格"(Global Information Grid, GIG)、光缆和通信卫星构建的跨陆、海、空各军种,融战略、战区、战术各指挥单元的一体化指挥控制系统。继 20 世纪 80 年代美军推出"全球指挥控制系统"(Command and Control System, CCS),美国国防部信息化系统局(Defense Information System Agency, DISA)目前已制定了加紧推动 GCCS – J 向联合作战与控制方向发展的策略。或者说,"联合全球指控系统"向跨域、各层级系统间互联互操作的无缝融合方向发展。着眼"跨域协同"所需的各域单元间高效互联互操作能力和全域、实时、一致的态势感知能力,未来美军将继续以"网络中心企业服务"(Network Center Enterprise Service, NCES)标准对 GCCS – J 进行升级改造,全面提升各领域各层级指挥信息系统间互联互操作功能,实现更高层的无缝融合。再如,"联合战术无线电系统"(Joint Tactical Radio System, JTRS)是美国三军联合研发的供联合部队使用的系列化战术数字无线电系统。着眼"跨域协同"所需的低层跨域协同需要,美军不断研发 JTRS,提升美军战略、战区、战术单元跨域移动中组网、互联互操作能力。

三、加强网络空间作战指挥机构建设,理顺指挥控制关系

为了有效整合网络空间相关能力,对抗敌方网络活动,保障关键任务网络,近年来美军加强了网络空间作战指挥机构建设,理顺了网络空间指挥控制关系。

1. 建立健全网络空间作战的各级各类指挥机构

早在 2002 年,美军就在战略司令部下组建了第一个网络空间作战指挥机构——网络战联合职能组成司令部,负责对网络进攻实施指挥控制,而网络情报侦察主要由国家安全局指挥,网络防御由国防信息系统局指挥下的网络联合特遣部队负责。2009 年,美军开始在战略司令部之下组建网络司令部,2010 年 5 月正式运行。美军网络司令部不仅整合了网络联合特遣部队和网络战联合职能组成司令部,还与国家安全局实行"双帽机制",网络司令部司令

兼任国家安全局局长，标志着美军在总部层面实现了网络空间作战的统一领导和指挥。目前，该司令部是美军战略司令部下属二级司令部，美军高层正在酝酿将其升级为一级联合作战司令部。由于军事实践的需要，各军种在网络司令部成立之前就已经根据需要组建了各自的网络空间作战部队。为了加强各军种对所属网络空间作战部队的统一领导和指挥，美军于 2009 年 12 月至 2010 年 5 月相继成立了空军网络司令部/第 24 航空队、海军舰队网络司令部/第 10 舰队、海军陆战队网络司令部和陆军网络司令部/第 2 集团军。各军种网络司令部作为美军网络司令部的军种组成司令部，对本军种未部署到战区的网络空间作战力量行使统一指挥权，在美军网络司令部的协调下，向各战区总部提供作战支援。为了将网络空间作战纳入各战区总部联合作战行动，特别是加强战区司令部对网络空间作战的统一指挥，美国国防部于 2012 年 5 月颁布《作战指挥控制过渡性作战概念》，明确要求各战区组建联合网络中心。

2. 明确各类机构的指挥控制权限

受全球军事战略和网络空间作战平战一体的影响，美军网络空间作战任务的类型多样，促使其不断发布政策条令调整指挥控制职权，以实现作战任务与指挥控制职权相匹配。作为规范各战区总部、各职能司令部职责使命的纲领性文件，2008 年版的《联合司令部计划》首次赋予战略司令部统一指挥全球性网络空间作战的职权，战略司令部按照总统或国防部长的指示，负责国防部信息网络的运维和防御，兼具与战区和国土安全部等政府机构的协调职能。美军网络司令部作为战略司令部的网络空间作战执行机构，具体负责总部层面上网络空间作战的计划、协调、整合、同步工作，指挥控制直属部队的作战行动，并向各战区总部提供作战支援。战区的指挥控制职权严格限制在责任区范围内。2011 年版《统一司令部计划》明确赋予战区指挥控制所属及配属网络空间作战力量在责任区范围内实施作战的职权。2013 年 2 月美军发布的《网络空间作战联合条令》进一步明确，网络空间作战的一阶效应处于一个战区的责任区范围内，战区司令就是受援指挥官，负责把网络空间作战集成到作战概念、计划、命令以及具体的进攻和防御行动之中。军种对所属部队行使一定的指挥控制职权。根据美军军政、军令双轨制，军种对所属部队只能行使行政管理、建设训练、后勤事务等军政职权。然而，随着美军网络司令部军种组成司令部的成立，加上各军种需要运行和防御各自的信息网络，美军赋予了军种对所属网络空间作战部队一定的指挥控制职权。

3. 理顺指挥控制关系

根据美国国防部《网络空间作战指挥控制过渡性作战概念》，当前美军网络空间作战的指挥控制关系主要包括作战指挥、作战控制、支援、直接支援4种。当前美军网络空间作战指挥控制框架中分配作战指挥关系主要有两种情况：一是上级直接对下级，如战略司令部对美军网络司令部、战区总部对本战区联合网络中心、军种网络司令部对其直属作战力量、国防部信息系统局对国防部信息网络联合部队总部等具有作战指挥权；二是紧急情况下联合作战司令部对临时配属的网络空间作战力量，如战区司令对临时配属的网络空间作战联合特遣部队具有作战指挥权。在指挥控制链条方面，美军网络司令部对其部署在战区的网络支援分队、各军种网络司令部、国防部信息网络联合部队总部行使作战控制权，军种网络司令部对其向战区部署的网络作战与安全中心、战区联合网络中心对战区计算机网络协调中心、国防信息系统局对部署在战区的计算机网络中心也具有作战控制权。战略司令部与战区总部之间、战区总部及其联合网络中心与国家安全局和国防信息系统局等国防部网络空间作战相关机构之间、战区联合网络中心与紧急情况下配属给战区总部的网络空间作战联合特遣部队之间、战区计算机网络协调中心与国防部信息系统局计算机网络中心之间等具有相互支援关系。此外，网络支援分队作为美军网络司令部向战区派驻的常态化前沿部署单元，向战区联合网络中心提供直接支援，成为美军网络空间作战指挥控制体系建设中的一项重要举措。

第二节　情报领域能力建设

美军2012年《联合作战顶层概念》就情报能力重点提出两个方面的需求：首先是提高更加广泛的情报分析能力，即为了应对未来威胁环境特点中更加广泛的安全挑战，联合部队应当发展分析能力，并向决策者提供更广泛的情报，包括对战争先兆、重大技术和文化知识与技能的关注；其次是发展新的技术手段，提高海量数据融合、分析与利用能力。

一、情报、监视与侦察同作战概念融合

情报、监视与侦察（ISR）是一项旨在帮助"决策者预测变化、降低风险和塑造结果"的军事行动。情报是通过搜集、处理、整合、评估、分析和解释有关外国、敌对或潜在敌对势力、或实际或潜在行动领域的现有信息而产生的产品。监视是通过视觉、听觉、电子、摄影或其他方式对航空航天、网络空间、地表或地下区域的人员或事物进行系统观测。侦察是通过目视观测或其他探测方法获取有关敌方或对手的活动和资源信息，或为获取有关特定区域的气象、水文或地理特征的数据而进行的任务。

各种各样的平台（卫星、飞机、船舶、人类等）和传感器（图像、通信、声学等）在多个作战领域收集、分析和共享数据、信息和情报。ISR 的重点是回答指挥官的信息需求，如在给定的战场空间内识别和定位对手的活动和意图。具体的情报学科包括但不限于信号情报、地理空间情报、测量和签名情报、公共可用信息和人类情报。根据美国国会研究服务机构 2020 年 6 月 4 日发布的《面向大国竞争的情报、监视与侦察设计》，报告指出目前美国国防部的 ISR 规划和相关的作战概念尚未形成与对手强大的竞争实力相抗衡的态势。自 9·11 事件以来，ISR 规划将重点放在反恐（Counter Terrorist，CT）和反叛乱（Counter Insurgency，COIN）上，形成了一种 ISR 能力和流程，专为在允许的环境下作战而设计，在这种环境下，美军可以相对较低的风险控制作战的时间和节奏。美国军方现在的目标是开发和部署一个具有弹性的 ISR 规划，该规划能够以机器速度执行数字时代的情报行动。

二、顶层设计，一体化发展情报机构

美军认为，随着安全环境的变化、技术的扩散以及对太空与网络领域深度开发和利用，陆地、海洋、空中、太空和网络这几大作战领域都广泛存在的安全威胁。为了应对新的战略环境和安全挑战，美国在 9·11 事件后情报体系改革的基础上，进一步加强情报领域的顶层战略设计，促进情报领域各力量的一体化建设。

1. 制定情报战略

2014 年 9 月 18 日，美国公布新版《国家情报战略》，这是美国自 2005 年以来历史上第三次颁布《国家情报战略》。新版《国家情报战略》报告主要为美国情报工作的未来发展确立了方向，在继续将一体化和融合作为主要的机构建设发展目标的同时，突出强调了情报界职业道德、预测性情报、网络情报、信息防护的重要地位与作用。新版《国家情报战略》重新界定了美国情报机构所要完成的 6 个任务，包括提供战略情报、预测性情报、支援当前行动提供网络情报、反恐、反大规模杀伤性武器扩散和反情报。其次，报告认为，要想成功完成上述任务，美国情报机构必须加强自身建设，提升完成任务所需的各项能力必须实现任务管理一体化和机构管理一体化，旨在实现机构的整合，实现能力最大化并提高资源利用效率。其中，任务管理一体化是根据任务的需要确定情报活动的重点，并对情报搜集、情报分析、反情报等职能活动进行统一协调，以提升情报活动的综合效益，提高完成任务的效率。机构管理一体化是指对情报界业务实践进行战略协调，统一标准与程序，加强通用核心能力的建设，目的在于优化业务程序，提高资源利用效率。

2. 建立专门的联合情报保障机构

为了保障联合作战的情报需求，美军建立了联合情报保障的相关机构体系来为联合部队指挥机构提供军事和国家情报保障能力，使其能够通过对不同来源的情报进行关联、印证和综合，形成了解敌方意图及作战环境的系统化视角。美军联合情报保障体系由军方和非军方两类情报部门组成。其中，军方情报部门提供军事情报保障，主要接受国防部长的领导，包括国防情报局、国家地理情报局、国家安全局、国家侦察局以及陆、海、空等军种情报机构；非军方情报部门提供政治、经济和外交等方面的国家情报保障，接受国家情报主任领导，由中央情报局、联邦调查局和国务院情报署等组成。国防部长与国家情报主任都直接对总统负责。

3. 军兵种开始加强情报能力建设

为了进一步加强情报活动的协调一致和有效共享，各军兵种开始加强情报能力建设，并对各自情报体制进行有针对性的调整。以美国空军为例，美国空军在 2015 年颁布的《美国空军战略总规划》中明确提出要提高美国空军多领域一体化情报、监视与侦察（ISR）能力，确保其能够有效探测、监视和识别威胁目标，并且要增强一体化 ISR 情报数据搜集与共享能力。

三、全源情报获取、融合和处理能力

美军认为，情报搜集、处理、加工等活动所面对的主要是单个情报门类的数据、信息或设备，可以由该门类的情报人员单独或集体完成，所有可用情报门类的信息经过融合、分析后的情报产品，可以称为"全源情报"。在具体操作层面主要从 4 个方面进一步提高情报能力。

1. 加强"反介入/区域拒止"环境中的情报获取能力

鉴于美军未来的联合作战将会面临严峻的"反介入/区域拒止"环境，在这一环境当中，当前的情报能力将会受到严重限制。因此，美军正在努力加强"反介入/区域拒止"环境的情报获取能力。除了加强专门的情报装备建设，美军还进一步发展装备平台的察打一体能力。联合部队必须做好通过战斗来获取情报的准备，而不是幻想着自由搜集情报，否则会在战斗开始就处于不利局面。美军正在将各种传统平台进行改造，整合情报侦察能力。例如，美国空军已对 F - 16 和 F - 15 等战机的传感器和雷达实施升级，使其能适应未来的跨域作战。空军正在发展的新型轰炸机，除了要求执行各种作战打击任务，还必须具备包括电子攻击、情报、监视与侦察等多种作战能力。美国海军也正在发展兼具侦察和打击能力的重型无人潜航器。

2. 加强"全源情报"的跨域融合，实施联合信息环境战略

美军认为，在"反介入/区域拒止"环境中，当前的 ISR 能力不足以应对

威胁，未来将融合陆、海、空、太空和网络空间的全球 ISR 能力以应对新的环境。美军认为，其全球一体化军事行动要依托于强大的信息能力，而这种能力在目前的信息系统架构之下受到众多问题的影响和制约。例如，在信息融合能力方面，美军目前依赖的数据中心有数千个，这些中心通常难以实现彼此间的连接，这意味着无法实现跨军种、跨任务域和跨机构的信息共享与协作。联合信息环境通过建立核心数据中心和联合信息环境云来提高情报信息层面的"跨城协同"。联合信息环境通过开发新的数据和信息交换流程，以及利用共享、优化的信息技术企业基础设施，能够创新性地提升传统信息技术能力。2013 年，美军先后公布了多份与联合信息环境相关的文件，从概念、战略到实施逐步推进联合信息环境。其包括《联合信息环境白皮书》《联合信息环境实施战略》《联合信息环境实施指导》等。

3. 提高情报的分析处理能力

美军联合作战的情报保障要在整合各军兵种和民用情报信息资源基础上，融合处理多源情报信息，形成各类情报产品，为战场各级各类用户提供全面、实时和连续的情报信息，以满足指挥系统和武器平台对战场情报的需求。情报信息系统对整个情报保障体系形成支持，确保计划与指导、搜集、处理与开发、分析与生产以及分发等流程顺利进行。为避免联合情报保障体系中形成情报计算瓶颈和信息孤岛，美军正在利用云计算、服务化和移动互联网等新技术对联合情报信息系统进行改造升级，以期建立一体化情报处理环境，提高联合情报保障效率。因此，从国防部到各个军种，都在寻求提高海量数据分析能力的解决措施。

4. 加强情报共享，注重保密防护

美国情报界在推进信息共享上取得了重大进展，但同时也暴露出诸多问题，频繁出现因信息防护不到位而发生失泄密事件和情报丑闻。这其中影响最大的就是维基解密事件。2010 年，维基解密网站 3 次大规模公开美国军事外交秘密，分别于 7 月 25 日公布 9 万多份阿富汗战争文件、10 月 23 日公布 40 万份伊拉克战争文件及 11 月 28 日公布 25 万份外交密电，这在美国乃至全世界范围内引起巨大反响，也促使美国政府开始反思信息共享工作，由偏重共享转为共享与防护并重。2012 年 12 月颁布的《国家信息共享与防护战略》从行动上对"有责任提供"情报信息的模式进行了进一步修正，正式将信息防护置于与信息共享同等重要的地位。

四、网络空间情报的获取与感知能力

网络空间所提供的信息能力对于美军的力量投送非常重要，它一方面支持其他传统领域的作战，同时自身也可作为一个重要的作战领域。实现网络空间的行动自由，保障自身网络完全，必须加强网络空间的情报信息获取与态势感知能力。为了应对网络空间日益发展的各种威胁，美国已经在其2009年的《国家情报战略》中将加强网络安全列入情报界任务目标，从维护网络安全层面要求通过探测和定性敌方的网络活动，加深对敌方能力、意图以及网络弱点要害的认识。2014年版《国家情报战略》则明确提出"网络情报"的概念，并将其列入任务目标。该战略指出，网络情报指的是"针对外国信息网络而开展的全面性信息搜集、加工、分析和分发活动，包括外国行为体的网络计划、意图、生力、研发、战术、活动和征候，它们对国家安全、信息系统、基础设施和数据的潜在影响，以及外国信息系统的网络特征、组成、结构、使用和弱点等"。2015年2月25日，美国总统指示国家情报总监建立网络威胁情报整合中心。网络威胁情报整合中心将提供有关影响美国国家利益的外国网络威胁和网络事件的全源情报分析；支持负责网络安全和网络防御的美国政府机构；并支持政府处置外国网络威胁的行动。

第三节　综合网络空间和电子战能力

根据美国陆军发布的《陆军未来网络空间和电磁指挥概念》，陆军部队作为联合部队的一部分，以集成和同步的方式开展网络空间和电子战作战，在多域、电磁频谱和信息环境内创造和利用优势窗口，以夺取、保持和利用主动权击败敌人。网络空间和电子战综合能力通过加强友好信息交换，同时抑制对手信息交换，直接提升决策周期的速度。为了支持友好的信息交换，军队依赖于一个综合通信架构，该架构连接全球的战略、战役和战术指挥官。为了保持军事技术优势并在多域作战中获胜，陆军必须不断进化、适应和创新。网络空间和电子战技术能力结合了自动化、人工智能和机器学习，以实现跨领域火力和跨领域机动，产生跨领域协同效应。网络空间和电子战作战提供的效果生成、集成和同步支持取决于以下过程和能力。

一、网络空间作战能力

进攻性网络空间行动（Offensive Cyberspace Operation，OCO），依靠系统化的流程来瞄准并与对手交战，以创造杀伤链的预期效果。进攻性行动包括网络空间攻击、电磁攻击、对基础设施和电磁学的物理攻击，以及对网络空间基础设施的利用型活动。防御性网络空间行动（Defensive Cyberspace Operation，DCO）包括防范、检测、表征、应对和减轻敌方网络空间行动产生的网络空间威胁事件的活动。防御性网络空间行动－响应行动（Defensive Cyberspace Operation－Response Action，DCO－RA）是 DCO 任务的一部分，是未经受影响系统所有者的许可，在被防御网络或网络空间之外进行的操作。

防御网络行动－内部防御措施（Defensive Cyberspace Operation－Internal Defense Measure，DCO－IDM）是指在网络空间的防御部分内进行授权防御行动的操作。大多数 DCO 任务都是 DCO－IDM，其中包括主动和积极的内部威胁搜索高级和/或持续威胁，以及用于消除这些威胁并减轻其影响的积极内部对策和响应。DCO－IDM 活动是对受防御网络中未经授权的活动、警报或威胁信息的响应，这些活动、警报或威胁信息根据需要利用情报、反情报、执法和其他军事能力。

二、电子战作战能力

电子战是任何涉及使用电磁或定向能来控制电磁频谱或攻击敌人的军事行动。电子战由电磁攻击（Electromagnetic Attack，EA）、电磁保护（Electromagnetic Protect，EP）和电子战支援（Electromagnetic Warfare Support，ES）三部分组成。网络空间和电子战相互支持，并保护网络空间基础设施和信息环境的使用。

（1）EA 用于防止或减少对手对电磁频谱的有效使用。这些行为包括但不限于干扰和电磁欺骗。EA 使用电磁能、定向能和反辐射武器来攻击与人员、设施或设备相关的射频能力，目的是降低、抵消或破坏对手的作战能力。

（2）EP 是指为保护人员、设施和设备免受友方、中立方或敌方使用电磁频谱的任何影响，以及一些自然发生的降低、抵消或破坏陆军作战能力的现象而采取的行动。EP 通过电磁屏蔽（过滤、衰减、接地、结合、空白和屏蔽不良电磁影响）、电磁干扰（系统地诊断干扰的原因或来源）和电磁频谱控制来促进网络空间基础设施防御和电磁安全（旨在拒绝未经授权的人员信息）。

（3）ES 涉及搜索、拦截、识别或定位电磁能量源的行动，以便立即识别威胁、瞄准、规划和开展未来行动。ES 使部队能够识别对手电磁设备和系统的电磁脆弱性。电子战系统收集数据并生成信息，证实其他信息或情报来源，进行或指导电子战行动，创建或更新电子战数据库，启动自我保护措施，支持信息相关能力，并瞄准敌人系统。

三、对信息环境中的作战提供综合支持

对信息环境中的作战（Operations in the Information Environment，OIE）进行综合支持。陆军应对对手的网络空间和电子战威胁，缓解降级的信息环境，

并针对敌方网络空间和电子战能力采取行动以支持信息环境中的操作。网络空间和电子战作战提供的能力可以增强对潜在对手在认知、物理和信息方面的影响，从而造成多重困境。

网络空间和电子战是支持 OIE 的主要技术推动者。执行 OIE 是为了支持指挥官的信息战略，而这反过来又与更广泛、更全面的信息战略保持一致。执行 OIE 是为了支持指挥官的信息战略，而这反过来又与更广泛、更全面的信息战略保持一致。

第四节 火力打击领域的能力建设

火力打击是多域作战的核心能力，也是延伸陆军远程火力打击的新型能力。

一、陆军火力在多域作战环境中的作用

为了更好地理解陆军火力在多域作战环境中的作用，理解多域作战概念中提出的战场框架至关重要，它将当前的纵深、近距离和后方理论框架扩展到可定义的领域，图 10 - 1 描述了友军和威胁部队如何以及在何处使用能力。

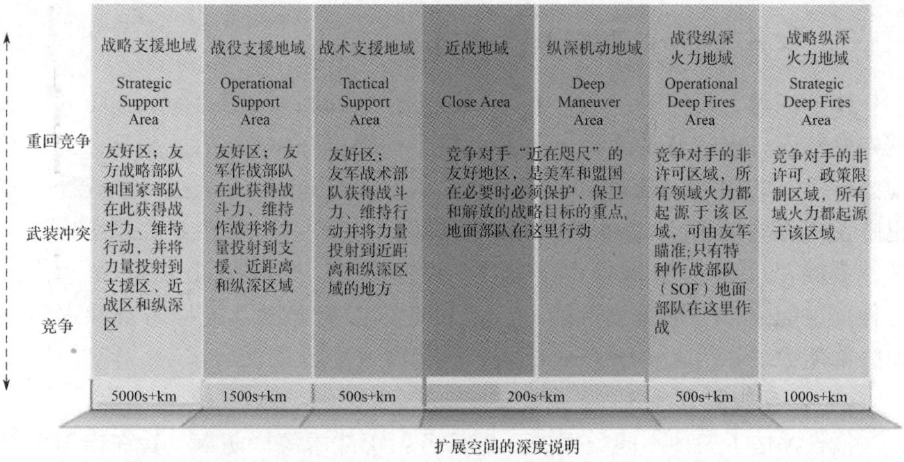

	战略支援地域	战役支援地域	战术支援地域	近战地域	纵深机动地域	战役纵深火力地域	战略纵深火力地域
	Strategic Support Area	Operational Support Area	Tactical Support Area	Close Area	Deep Maneuver Area	Operational Deep Fires Area	Strategic Deep Fires Area
重回竞争 武装冲突 竞争	友好区；友方战略部队和国家部队在此获得战斗力、维持行动，并将力量投射到支援区、近战区和纵深区	友好区；友军作战部队在此获得战斗力、维持行动并将力量投射到支援、近距离和纵深区域	友好区；友军战术部队获得战斗力、维持作战行动并将力量投射到近距离和纵深区域的地方	竞争对手"近在咫尺"的友好地区，是美军和盟国在必要时必须保护、保卫和解放的战略目标的重点，地面部队在这里行动	竞争对手的非许可区域，所有领域火力都起源于该区域，可由友军瞄准；只有特种作战部队（SOF）地面部队在这里作战	竞争对手的非许可、政策限制区域，所有领域火力都起源于该区域
	5000s+km	1500s+km	500s+km	200s+km	500s+km	1000s+km	

扩展空间的深度说明

图 10 - 1 多域作战框架

在多域作战中，支援地域分为战略、战役和战术三个子地域。这些地域也是敌人的纵深地域，他们可能会使用远程火力并试图破坏战略和战役部署、维持行动，以及关键的指挥和控制节点。支援领域需要受到充分保护，免受所有领域的各种威胁。近距离地域和纵深机动地域定义了空中、海上和地面部队最有可能发生冲突的空间。它包括必须防御或摧毁的关键地形和目标。

纵深地域细分为战役和战略纵深火力地域。正是在这个空间里，敌人将在对峙中使用高价值能力，而友军必须在远距离使用致命和非致命火力来对抗敌人的远程能力。框架的这种扩展有助于指挥官可视化战场，并可能有助于描绘梯队中陆军编队的作用和职责。整个扩展战场的程序性火力通过联合瞄准过程以及空中和导弹防御规划过程进行计划、资源配置和整合。陆军火力将通过在梯队上提供致命和非致命的效果，并实现跨多个域的效果融合以打击武装冲突中整个扩展战场的目标，从而支持联合作战。

二、将对方"反介入/区域拒止"能力作为主要打击对象

美军认为，"反介入/区域拒止"系统以及对这类能力的综合运用将使美军力量投送行动面临极大困难，有些情况下甚至会使美军无法实施力量投送，同时这又使那些在地区范围内和美军力量相匹敌对手、地区大国得以将其强制性力量延伸到国界之外。在过去几十年里，以上这些能力曾经只有军事强国才能拥有，而现在越来越多的中小国家，甚至非国家行为体也能够拥有。这些空中、海上、陆地、太空与网络部队彼此之间相互支持，如果美军破坏其中某种能力，那么还会遭到其他能力的攻击。应对敌方的"反介入/区域拒止"能力是多域作战等相关概念制定的重要出发点。

三、发展各种防区外远程打击火力

美军认为，要应对"反介入/区域拒止"威胁，发展能在敌方防区外实施先发制人打击的各种远程火力必不可少。根据2017年7月5日，美国兰德公司发布的题为《陆基、多域"反介入/区域拒止"力量在慑止或挫败侵犯中发挥哪些作用?》的报告提出，美国陆军应针对对手在亚太地区构建陆基、多域"反介入/区域拒止"力量。报告指出，"蓝军A2/AD"概念中的三种关键能力，分别是反舰能力、地对地打击能力以及近程防空和巡航导弹防御能力。

（一）反舰能力

报告评估了三种不同类型的反舰任务：①战术海岸防御，旨在击溃两栖登陆；②海上封锁，旨在拒止敌海上力量在广阔区域作战；③加强对特定港口的封锁。太平洋战区的局势要求美国及盟国必须具有反舰能力。目前，美国海军和空军承担了该职责，并负责整合和规划相关能力执行反舰任务。因此，在太平洋地区对美国地基反舰能力的需求较为有限。但是，盟国和合作伙伴可能在防御其领土免遭攻击时面临挑战。此时，美国陆军可从两方面发挥其作用：①帮助盟国和合作伙伴建立海岸防御能力以及制定相关概念；

②发展具有远程反舰能力的小型化、专业化陆军作战单位，以在危机出现前后或冲突爆发后快速部署。

（二）地对地打击能力

地对地打击能力是打击敌反舰导弹系统、远程防空导弹系统、空军和海军基地的一种关键能力。美军现有的"高机动性火箭炮系统"（HIMARS）连可用于提供地对地火力，执行压制敌方防空系统、破坏敌方空军基地以及攻击敌方两栖登陆部队等任务。该连队还可装备"陆军战术导弹系统"（ATACMS）和"制导型火箭弹"以及改进后的远程导弹（如射程499km的"远程精确火力系统"），进一步扩展该连队的作战范围。在ATACMS或GMLRS的反舰型研制成功后，执行反舰任务的作战部队和执行地对地打击任务的部队可以更灵活地分配和交换目标。

由于美军现役ATACMS的弹载通信系统、制导和导航系统技术陈旧，技术架构难以进一步提升，使导弹仅局限于地对地打击固定目标层面，无法适应网络中心战的协同，难以契合多域作战需求，发展升级换代产品的需求更为迫切。为此，在2016年对LRPF项目进行了细化，一边启动ATACMS导弹的延寿项目，令洛克希德·马丁公司重新启动其位于阿肯色州卡姆登的生产线，开始生产升级后的ATACMS导弹（现代化战术导弹系统（Modernized TACMS））；一边将ATACMS的升级替代品"精确打击导弹"（PrSM）。按照LRPF项目的技术路线规划，精确打击导弹PrSM发射装置不变，仍然依赖于M270和M142多管火箭炮系统，增能主要从提升火力覆盖范围、增强打击移动目标和时敏目标能力以及减小弹径提升载弹量三个方面入手。

（三）近程防空和巡航导弹防御能力

美军认为，鉴于对手在巡航导弹方面的高投入，西太平洋地区对防空和巡航导弹防御能力需求大幅提高。防空能力在对抗当前的低空飞机和巡航导弹方面至关重要。但随着威胁的发展，联合部队的防空能力已变得力不从心，当前战力与预期能力间尚存在差距。此外，在战时其他任务也会争夺空军（如战斗机）和海军（如"宙斯盾"驱逐舰）的作战资源，进一步降低低空防空和巡航导弹防御方面的能力。因此，能够提供高强度火力和战术机动性，不易被摧毁，且能及时部署的系统将非常有价值。美国陆军目前正在研发的"间接火力防护能力 – 增量2"（Indirect Fire Protection Capability – 2，IFPC – 2），具备更轻、更容易运输的发射器和较大的携弹量，可有效弥补上述能力差距。IFPC – 2也为盟国和合作伙伴实施自我防御提供了一个地基系统选项，使其可以一种更具进攻性的方式，实施防空和巡航导弹防御。

四、构建"多域协同"的火力打击能力

"多域作战"概念的中心思想是强调跨域协同，而其中一个最重要的方面就是火力的跨域协同。虽然美军当前的火力打击能力提供了一定的灵活性和快速反应能力，但"多域作战"等相关概念需要在此基础上进一步提高火力打击的跨域协同能力。因此，打击目标的确定必须要迅速而精确，必须要制定相应程序来减少确认和攻击目标期间的延迟与等待，在各军种以及作战司令部之间的火力请求、批准和协调上采取快速灵活的程序。同时，各军种的各类火力打击平台也必须具备协同打击的能力。基于网络化的信息系统，火指控一体化的作战力量包括参战的情报信息、指挥控制、火力控制、火力打击和综合保障等作战单元。这些作战力量可能从属不同指挥单位和层级，按照作战任务、作战职能进行组织协同，对多兵种、多武器平台参加作战的各作战力量进行控制。

火力打击能力的应用需要实现以下基本内容：

（1）针对火力运用的任务指挥应用程序。以在多域作战环境中进行火力支援计划、瞄准和执行火力控制，该环境感知作战环境，模仿认知功能以进行学习和解决问题，并采取行动以最小的速度实现目标错误，使火力部队能够快速计划、执行、评估和与联合、机构间、政府间和多国合作伙伴以及所有梯队的作战职能整合。

（2）使用陆基远程精确火力的能力。在整个战场和多域作战的所有梯队中提高射程、杀伤力和效率。具备相应的机动性、生存能力和防护能力，为所有梯队的部队提供支持。

（3）在多领域作战中进行近程防空的能力。与更高的防空炮兵梯队的区域防空计划相结合，以保护部队和关键资产，并保持战斗力。

（4）能够进行多域目标瞄准，以支持所有环境中的联合、机构间、政府间和多国（Joint Inter – agency, Intergovernmental and Multinational, JIIM）行动。

（5）在足够远的范围内探测、分辨和跟踪空中目标的能力，以便及时有效地识别威胁，并以精确、致命和速度为交战决策提供信息，以保护优先资产、防止误伤并最大限度地减少附带损害，同时进行跨域火力支援。

（6）在所有领域和电磁频谱对抗环境中，利用建制和非建制传感器，以精确和快速的远距离获取目标，这些传感器负责提供火力控制质量数据，以打击移动和静止目标。

（7）可部署的弹道导弹防御能力，以应对在 JIIM 环境中对国土、已部署

部队以及盟国和合作伙伴的区域和跨区域导弹威胁。这些能力用于在竞争、武装冲突和重返竞争中使用致命和非致命手段全面应对威胁（攻击行动、主动和被动防御）。

（8）在战区级别访问联合火力资源的能力，包括空域管理和控制，以便在担任支援司令部时渗透和瓦解敌"反介入/区域拒止"能力。

第五节 部队机动领域的能力建设

美国陆军条令将"机动"定义为与火力相结合的运动。有效的机动需要火力和行动的密切协调。随着时间的推移，机动已经演变为同步和同时使用兵种，以实现比单独或顺次使用每个要素更好的效果。

一、获取多域的物理、时间、虚拟和认知等协同效应

美国陆军认为，目前多个近乎对等的对手拥有跨多域作战框架和整个竞争连续体，运用持续方式感知、观察和使用跨所有域对美国编队影响的能力。为了在现代战场上克服防区外能力并在直接火力范围内接近以摧毁对手，机动需要跨多个梯队结合致命和非致命能力。这些梯队必须实时协同，以创造快速利用的机会。

机动能力强调在多个域、电磁频谱和信息环境中结合致命和非致命效果使用兵力，以取得相对优势位置，摧毁或击败敌方部队，控制区域和资源，并保护民众。机动直接获得或利用相对优势的位置。相对优势位置是在作战区域内机建立一个位置或有利条件，它为指挥官提供临时行动自由以增强对敌人的战斗力或影响敌人接受风险并转移到不利位置。相对优势的部署可以跨越多个领域，为部队提供机会来威慑敌人的决定或行动。

指挥官必须在多个域和环境中利用机动的物理、时间、虚拟和认知领域。例如，地面战术编队必须在其陆上作战区域上方或附近的相关空中和海上区域内行动，并了解可能影响友军作战的网络空间、电磁频谱（Electro-Magnetic Spectrum，EMS）、信息环境和太空活动。机动的物理、时间、虚拟和认知领域在重点和优先级方面会有所不同，具体取决于梯队、部队能力和作战环境。物理包括地理、地形、基础设施、人口、距离、武器射程和效果以及已知的敌人位置。时间包括何时可以使用能力、生成和使用需要的时限，以及达到预期效果的时间。虚拟主要是网络空间相关的活动、能力和影响。认知因素与人和行为有关，包括单位士气和凝聚力，以及观点和决策。

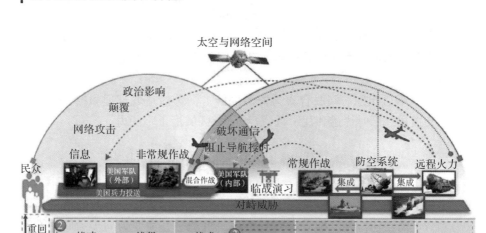

图 10 - 2　多领域作战中的跨域机动

二、旅级以上梯队的跨域机动

旅级以上梯队（EAB）概念将军和师描述为 MDO 行动的关键。EAB 概念将目前的 EAB 总部重新定位为具有持久、驻地能力的战斗部队，以对抗在竞争中挑战陆军部队的复杂和有能力的威胁。旅级以上的梯队使陆军部队能够快速应对危机，在冲突阈值以下展开竞争，击败侵略，并在大规模作战行动（Large - Scale Combat Operation，LSCO）中战胜能力相近的对手。

军指挥两个或两个以上的师，师是基本的机动梯队。旅战斗队（BCT）是师的主要联合兵种、近战部队和战术战斗编队。旅战斗队主要在近距离区域进行跨域机动，这是多域作战框架的一部分，在这一部分中，友军和敌军编队、部队和系统即将进行物理接触，并将争夺物理、时间、虚拟和认知空间的控制权，以达成战役目标。旅战斗队在多域作战框架内的纵深机动、近距离和战术支援等区域施加致命和非致命效果，摧毁或击败敌军，控制土地和资源，保护人口。旅战斗队的战备状态和展示的杀伤力为威慑对手、确保盟友和伙伴提供了支撑。

美国陆军将旅战斗队跨域机动划分为 4 个部分：一是执行指挥控制，即通过使下级领导能够夺取、保持和利用与指挥官意图一致的主动权来执行 C2，而不管信息网络或其他跨域使能器的状况如何；二是集成跨域侦察监视，即通过在多个领域和环境中同步与使用侦察监视编队和能力，整合跨领域侦察监视，以满足支持决策、实现机动和行动自由的信息需求；三是半独立操作，在最大保障范围内实施分散作战，在较长保障距离内实施持续作战，以取得相对优势；四是整合来自军团和师的支持，在多个领域、电磁频谱和信息环境之间不断聚合、同步致命和非致命效果，以使 BCT 能够进行跨领域机动。

三、发展网络和电磁空间机动能力

网络空间机动是美军在发展网络作战的过程中所提出的重要思想。网络空间机动同物理空间机动和电磁空间机动一样，都属于通过机动能力来提升作战效能的一种方式。网络空间机动能力指的是利用在赛博空间内的"位置"，中断、拒止、降级、摧毁、操纵计算或信息资源的一种能力。网络空间机动同物理空间机动和电磁空间机动相比有诸多不同的特点。第一，网络空间机动能力取决于计算机机器代码的生成与传播速度。在网络空间可实现力量快速集结，可从一个攻击源系统发出，迅速集结数万台乃至数百万台系统来共同发起攻击。第二，网络空间机动范围不受地理条件的制约，网络空间所到之处，均可视作网络空间的机动范围。第三，网络空间机动的前提条件是网络联通，即能够接入友方、中立方、敌方的网络系统。第四，网络空间机动可分布式并行实施，可同时发起针对多个目标的、涉及各个层次的攻击。

此外，美军还提出了"电磁频谱机动作战"理论，强调以网络化的"电子战管理系统"为平台，综合集成各类武器平台收集的电磁信息，以电磁欺骗和软杀伤为主要手段，阻遏对手在电磁空间的自由行动，达成破击对手"感知－杀伤"链的目的。美军传统电子战强调单独作战平台或作战系统的作战能力，而电磁机动作战强调建立网络化的电磁信息管理系统，集成和管理各类作战平台收集的电磁信息。美军认为，电磁作战不像核武器或是隐身战斗机，某个强国可垄断此类技术，电磁作战的关键是先进的软件系统和信息融合技术。美国海军研究实验室战术电子战主任弗兰克·克莱姆称："美国的优势不再是单个武器平台的技术，而在于将各类投资巨大的作战平台集成在一起，这是任何对手都无法比拟的优势。"基于此，美军提出建立覆盖所有军种和武器平台的"电磁作战管理系统"。

在敌方"反介入/区域拒止"能力不断提升的情况下，美军更加注重使用网络、无人机等新手段突破对方防御，从而为突破"反介入/区域拒止"作战体系寻找突破口。美军传统电磁作战主要依靠电子战飞机等专业电磁作战力量，"电磁频谱机动作战理论"强调电磁作战不再是某些特种作战飞机的专

利，如海军的 EA - 6B "徘徊者"或其替代者 EA - 18C "咆哮者"。而是应该
覆盖从无人机到有人机的所有作战平台，如新的 P - 8 "海神"、升级过的
E - 2D "鹰眼"等飞机，以及 MH - 60R 直升机和 F - 35 战斗机。也就是说，
美军当前电子战发展的重点是发展有效载荷而非平台，使用新技术增强各类
电磁作战平台的作战能力。

第六节　防御保障领域的能力建设

防御保障领域的能力强调如何保护部队免受所有领域的威胁，从而产生
对峙，以便指挥官能够使用完成任务的最大战斗力。美国陆军官方发布的
《2028 年陆军司令部防御概念》指出，陆军部队作为联合、跨机构、政府间
和多国团队的一部分，在所有领域、电磁频谱和信息环境中开展保护活动，
以保护指挥官的关键能力、资产和活动。其主要包括以下几个方面。

一是保护关键能力、资产和活动（Critical Capabilities, Assets and Activi-
ties, CCAA）。对于未来部队在多域作战的大规模战斗中生存和取胜是必要
的。CCAA 可以是单兵、与任务和目标相关的准备状态、部队投送、战斗力和
编队、进入决定性空间、决定点、持续性保障资产、设施、通信路线、主要
补给路线、信息、感知和基础设施等。

二是拒止威胁和敌人的行动自由。被动措施不足以保护 CCAA，并防止多
域威胁（包括障碍和危险），降低任务完成率。防御作战功能在目标定位、所
有领域指挥控制和作战过程中发挥作用。通过火力、机动和指挥控制协调所
有领域防御，积极剥夺敌人的行动自由，包括一系列保护措施，限制敌人进
入有利位置。

三是启用访问的能力。美军认为，未来部队可以通过从战略支援区域投
送力量、突破、瓦解和利用敌人的"反介入/区域拒止"体系，以及扩展到敌
人的对峙区域来进入被拒止的空间。随着友军向前推进，安全和保护将守住
所获得的区域，同时创造和利用优势窗口进一步对敌方防御施加压力。为了
实现访问，未来部队需要通过分布式和弹性网络访问太空、电磁频谱和信息
环境，以提供所有域感知能力，以持续检测和监控整个战场与竞争连续体的
敌人活动。这些系统与火力和快速反应部队相结合，使友军能够控制地形，
从而防止、扰乱、威慑和击败战场上任何地方的敌人行动。最终目标是保持
势头，巩固战果，并使对地形的临时控制永久化。

第十一章
美国陆军多域作战装备体系发展脉络

> 战争艺术有固定的要素和原则。我们必须形成理论，并把它牢记于
> 心——否则，我们永远不会走得很远。
>
> ——腓特烈大帝，FM3－0《作战纲要》

为推动多域作战概念在美国陆军落地落实，2017 年 10 月，美国陆军提出了六大优先装备研发项目群，按重要性依次为远程精确火力、下一代战车、未来垂直起降飞行器、机动通信指挥网络、一体化防空反导和士兵杀伤力，每一项目群都包含若干子项目。2018 年 8 月，美国陆军正式组建未来司令部以全力推进上述六大项目群的研发，确保形成多域作战能力。基于过去非对称作战和反恐行动的经验教训，未来司令部牵头组建跨职能小组，并拨付约 300 亿美元研发经费，以协调、管理和推动研发项目群。

第一节　远程精确火力项目群

远程精确火力项目群具体研发项目主要为增程火炮、精确打击导弹、陆基中程导弹和远程高超声速武器。

一、增程火炮是美国陆军遂行地面作战的战术利器

增程火炮项目包括三个子项目：一是研制配装精确制导组件的 XM1113 火箭增程榴弹和配装导引头、能在 GPS 拒止环境下使用并可打击移动目标的改进型"神剑"精确制导炮弹；二是为现役 M109A7 榴弹炮研制 58 倍口径 155mm 身管和自动装弹机，使最大射程从 40km 增至 70km，最大射速从 4 发/min 增至 10 发/min；三是发展最大射程达 130km 的身管，备选方案包括发展冲压增程炮弹、超高速炮弹、更长身管、更大口径身管等。增程火炮将列装师属炮兵营，为旅战斗队提供多域火力支持。

（一）项目发展现状

一是项目按计划稳步推进。由现役 M109A7 自行榴弹炮配用新型 155mm 58 倍口径 XM907 身管改进而来的命名为 XM1299 增程火炮的"增量 1"0 号样炮，分别于 2020 年 3 月和 2020 年 12 月在尤马靶场进行实弹发射试验，包括发射 XM1113 火箭增程榴弹和"神剑"精确制导炮弹。2020 年中，增程火炮项目进入"增量 2"样炮阶段，"增量 2"样炮的最显著技术特点是在"增量 1"基础上增加自动装弹机以提高射速和杀伤力，并于 2021 年 10 月 2 日在尤马靶场进行实弹发射试验，发射 XM1113 火箭增程榴弹。截至 2020 年 2 月底，BAE 系统公司已生产 18 门"增量 1"增程火炮样炮。2021 年 9 月 16 日，陆军为野战炮兵第 27 团 4 营交付 2 辆 XM1299"增量 1"火炮原型车，供部队试验。二是诸多技术难题需要克服。从几次实弹检验情况来看，存在的问题主要有：①火箭增程榴弹射程能达到 70km 要求，但精度不高；②改进型"神剑"精确制导炮弹对高空风力非常敏感，大风天气将为该炮发射带来较大不利影响；③身管设计尚不够成熟，易出现硬件故障；④在底盘不变情况下，58 倍口径身管使该炮重心变化较大，给机动与运输带来不便，导致重新设计工作增多；⑤"增量 2"样炮自动装弹机会严重影响火炮重心。

（二）项目发展趋势

该炮被认为是远程精确火力项目群的"标志性"项目，但却因在 2022 年 12 月子系统研发试验期间出现多项技术挑战而暂停研发。美陆军部长沃姆斯于 2023 年 6 月表示，该炮将推迟交付；陆军采办、后勤与技术助理部长布什于 2023 年 8 月表示，该炮是在现役 M109A7 榴弹炮底盘上配用更长身管的全新火炮，面临诸多技术挑战并不意外，陆军将根据后续试验情况确定何去何从。

二、精确打击导弹是美国陆军以陆制海的重要手段

精确打击导弹最大射程初始设计为 499km，可能增程至 550km，最终型可能增至 650～700km 甚至 750～800km。可由 M270A1 和"海玛斯"火箭炮发射，打击地面和海上移动目标，或投放侦察巡飞弹进行远距离侦察，增强了纵深精确打击能力，提高了火力密度与突防能力。

（一）项目发展现状

一是精确打击导弹阶段测试结果较为成功。2019 年 12 月 10 日，精确打击导弹项目承包商洛克希德·马丁公司在新墨西哥州白沙导弹靶场使用"海玛斯"火箭炮对精确打击导弹成功进行了第一次飞行测试，以验证导弹的飞行特性、射程、精度、软件性能及与"海玛斯"的兼容性。2020 年 3 月 10 日，

洛克希德·马丁公司在白沙导弹靶场完成精确打击导弹的第二次飞行测试，结果显示导弹的发射、弹道性能、制导、撞击效果都达到了设计要求。2020年4月30日，第三次试射成功击中85km外的目标，标志着其"技术成熟与风险降低"阶段结束，下一步将进入"增强型技术成熟与风险降低"阶段。2020年6月3日，美国陆军在亚拉巴马州红石兵工厂对精确打击导弹的先进多模导引头开展了首次系留飞行测试。在测试中，安装在测试飞机吊舱上的导引头成功探测到地面和海面上的大型目标。这次测试仅对导引头50%的能力进行了验证，未来计划在白沙导弹靶场进行针对典型目标的全能力系留飞行测试，旨在使美国陆军具备"以陆（岛）制海"的远程精确打击能力。2021年5月12日，"海玛斯"火箭炮发射精确打击导弹，在白沙导弹靶场成功完成第四次试射，即"增强型技术成熟与风险降低"阶段第一次试射。二是"海玛斯"火箭炮多次进行实弹测试以验证多域作战概念。美国陆军、海军陆战队近几年在西太平洋相关国家（如韩国、日本等）多次测试"海玛斯"火箭炮，以对"多域作战"概念进行实弹发射验证。2017年9月20日，美军使用C-17战略运输机从本土将陆军第18野战炮兵旅的"海玛斯"火箭炮营紧急空运至韩国，并于21日与驻韩美军在西海岸开展实弹射击。2017年10月22日，美国海军陆战队在"黎明闪电"联合演习中，首次试验了在两栖舰的直升机甲板上搭载"海玛斯"打击岸上目标的能力，该炮向70km外的岸上目标发射了多枚整体战斗部制导火箭弹，对"多域作战"概念成功进行了一次实弹发射验证。2019年7月，参加"护身军刀2019"演习的美国海军陆战队第3陆战师、美国陆军第2步兵师和澳大利亚国防军共同进行了"海玛斯"打击演习，展示了"海玛斯"联合作战的灵活性、快速渗透能力和远程精确打击能力。2019年9月在日本熊本县大矢野原举行的"东方之盾"美日联合岸对舰军事演习中，美国陆军可发射精确打击导弹的"海玛斯"火箭炮也登场亮相。

（二）项目发展趋势

一是2025年将具备打击地面和海上机动目标能力。美国陆军2023年（原计划是2027年）进行首批30枚精确打击导弹的生产和交付列装，首个精确打击导弹连将于2025年具备初始作战能力。在2021财年投资0.499亿美元采购首批导弹及配套的储存发射箱，之后几年计划共投资10亿美元采购1018枚，最终计划采购2478枚，项目研发与采购总经费约28.3亿美元。2023年交付的首批导弹为基本型，采用惯性/GPS制导方式和符合《集束弹药公约》的不敏感装药弹头，用于打击地面固定目标；计划于2025年前后交付的增强型导弹将通过标准接口集成新型导引头，具备打击地面和海上机动目标的能力。

该导弹还具备换装多种弹头以毁伤不同目标的改进潜力。二是精确打击导弹将对周边地区带来较大威胁。因美国已于 2019 年 8 月 2 日正式退出《中导条约》，在对竞标样弹进行严格测试后，最终型精确打击导弹射程可能提高到 650~700km，甚至是 750~800km，计划于 2025 年具备反舰能力。美国陆军精确打击导弹未来可能主要部署在韩国、日本本土四岛、琉球群岛等第一岛链关键位置，通过陆上机动部署的精确打击导弹封锁海上重要通道。

三、陆基中程导弹可有效填补精确打击导弹和远程高超声速武器之间的火力空白

陆基中程导弹是指射程为 500~5500km 的陆基巡航导弹和弹道导弹，美国 2019 年 8 月 2 日正式退出《中导条约》后相继对已有弹型改装的陆基巡航导弹和弹道导弹进行了试射，并授予洛克希德·马丁公司为陆军"中程能力"原型弹继续设计研发的合同。

（一）项目发展现状

在已有弹型基础上，融合新技术。2019 年 8 月 18 日，美国国防部在加利福尼亚州圣尼古拉斯岛试射 1 枚由"战斧"巡航导弹改装的常规陆基巡航导弹，导弹飞行 500 多千米后命中目标。2019 年 12 月 12 日，美军在范登堡空军基地成功试射 1 枚由反导靶弹改装的常规中程弹道导弹，射程超 500km。2020 年 11 月 6 日，美国陆军快速能力和关键技术办公室授予洛克希德·马丁公司 3.393 亿美元合同，为陆军设计研发"中程能力"原型弹，该原型弹在海军"战斧"巡航导弹和"标准"-6 防空导弹基础上，通过集成现役软硬件和新技术，成为射程为 500~1800km 的陆基中程导弹。

（二）项目发展趋势

陆基中程导弹连由 4 辆四联装发射车及其携带的 8 枚陆射型"战斧"巡航导弹、8 枚陆射型"标准"-6 多用途导弹和连级作战中心组成；"战斧"导弹射程 500~1800km，精度 10m 以内，主要用于打击地面目标，能填补精确打击导弹和远程高超声速武器之间的火力空白；"标准"-6 导弹最大射程 370km，最大射高 25km，主要用于防空作战，也可打击海上/地面目标。2022 年 12 月，首支多域特遣部队的战略火力营接收了首个陆基中程导弹连的装备样机，并在接收仪式上根据古希腊神话中可喷射火焰、名为"堤丰"（Typhon）的残暴蛇形巨人形象，将该连命名为"堤丰"。该连于 2023 年初和 6 月分别成功实弹试射 1 枚"标准"-6 多用途导弹和 1 枚"战斧"巡航导弹，根据计划应于 2023 财年底具备初始作战能力。其他 3 个陆基中程导弹连计划于 2026 财年前交付。但美陆军采办、后勤与技术助理部长布什于 2023 年 11 月确认，"堤丰"连正在朝具备初始作战能力前进，看来该连也未能实现于

2023 财年底具备初始作战能力的预期目标。

四、远程高超声速武器是美国陆军遂行战略火力打击的利器

远程高超声速武器将采用陆军正在与其他军种联合研制的"通用高超声速滑翔体"技术，用于打击防御严密的战略设施和坚固目标。1 个远程高超声速武器连计划编配 1 辆采用先进的野战炮兵战术数据系统的指挥车和 4 辆基于重型扩展机动性战术车辆的运输 – 起竖 – 发射车，该车携带 2 部高超声速导弹发射器，每部发射器装填 1 枚导弹，导弹长 10m，直径 0.87m，采用双发固体火箭发动机和高速滑翔弹头，最大射程 2500km。

（一）项目发展现状

该项目已进入样弹研发阶段。在 2019 年 8 月第 22 届年度"空间与导弹防御研讨会"上，洛克希德·马丁公司展示了"通用高超声速滑翔体"1∶1 模型；美国陆军则于 2019 年 9 月初授予该公司"通用高超声速滑翔体"3.47 亿美元原型研发合同。2020 年 3 月 19 日，美国陆军和海军在夏威夷考艾岛太平洋靶场联合成功进行了"通用高超声速滑翔体"的第二次飞行试验（首次飞行试验于 2017 年 10 月成功进行）。美国国防部表示，此次试验标志着技术验证阶段的结束和武器系统样弹研发阶段的开始，将为美国陆军和海军分别计划于 2023 年和 2025 年部署高超声速武器奠定重要基础。目前，美国陆军和海军正与工业界紧密合作开发高超声速滑翔体及用于陆地和海上发射的专用武器系统和发射器。

（二）项目发展趋势

一是列装时间尚未确定。预计到 2023 财年将部署 1 个装备首批 8 枚新型远程高超声速导弹的远程高超声速武器连（也称为"战略火力连"），根据拜登政府于 2021 年 5 月 28 日提交的 2022 财年预算申请，美国陆军计划于 2025 财年部署第二个连、2027 年部署第三个连。美国陆军于 2021 财年三季度、2022 财年一季度、2022 财年三季度多次进行"通用高超声速滑翔体"飞行测试，通过加快飞行测试程序推进高超声速武器的成熟和列装。"通用高超声速滑翔体"由桑迪亚国家实验室开发，是一种陆、海、空三军通用型高超声速滑翔体，将分别装载在陆军远程高超声速武器、海军常规快速打击武器上。其中，远程高超声速武器由两级陆基火箭助推器助推，射程超过 2200km，2023 年初始列装。但首个"暗鹰"连最为关键的导弹样弹实弹发射试验于 2021 年 10 月至 2023 年 9 月"四连败"，已不能于 2023 财年底列装。因在发射前的技术检测中再次发现故障，计划于 2023 年 10 月 26 日进行的实弹发射试验再次取消，"五连败"使该连也不可能于 2023 年 12 月底列装。

二是计划利用已有侦察卫星为高超声速武器导航定位。美国陆军高超声速项目办公室于 2021 年 8 月透露,陆军已将远程高超声速武器研发正式命名为"暗鹰"项目,在 2023 财年部署首枚高超声速导弹前,分别于 2022 财年第 1 季度、第 4 季度以及 2023 财年进行 3 次"通用高超声速滑翔体"飞行测试。美国陆军未来司令部未来与概念中心和美国空军国家侦察局曾于 2019 年 12 月初共同探讨利用卫星数据为陆军远程精确火力项目群提供目标信息的可行方案,侦察卫星在执行任务时会产生大量转储数据,将来如能访问这些数据,陆军作战人员就可从中挖掘出目标位置信息,从而使陆军无须为特定武器系统配备专用卫星。

第二节　下一代战车项目群

美国陆军 2019 年 3 月确定的下一代战车项目群的具体研发项目是可选有人战车、多用途装甲车、机动防护火力车、机器人战车 4 个项目。

一、可选有人战车在多方面优于"布雷德利"步兵战车

陆军可选有人战车在动力、重量、车载计算机能力等方面较"布雷德利"步兵战车都有大幅改进。新战车适用于城区作战,可自主驾驶,后勤负担小,具备较强的杀伤能力,能够与无人平台编队作战,可保证士兵在战场内的机动自由,当乘载员不在车上时能遥控操作。计划共采购 3590 辆,2026 财年开始初始列装,用于取代现役"布雷德利"步兵战车。

(一)项目发展现状

一是主炮将采用 50mm 自动炮。可选有人战车将不再采用 30mm 自动炮,而是采用 XM913 50mm 自动炮。该炮能发射曳光训练弹、空爆弹、高爆燃烧弹和穿甲弹 4 种弹药,射程为"布雷德利"现有 25mm 自动炮的 3 倍,杀伤力是后者的 8 倍,已于 2019 年 4 月进行了首次公开射击演示。截至 2020 年 10 月,研发公司已交付 11 门 XM913 自动炮,用于与可选有人战车的集成鉴定与测试评估。二是战车处于概念设计阶段。陆军已于 2020 年 12 月前后正式发布第一阶段需求建议书,并于 2021 年 7 月 23 日宣布授予通用动力公司、BAE 系统公司等 5 家承包商为期约 15 个月的概念设计阶段合同。

(二)项目发展趋势

项目当前进展顺利,可能提前完成。该项目制定的时间表是:陆军 2021 财年第 4 季度授予首份合同,2023 财年第 2 季度授予第 2 份合同,2024 财年第 2 季度开始进行关键设计评审,并选出承包商进行样车制造,2025 财年

第 2 季度开始进行样车试验；2027 财年第 2 季度选出 1 家承包商，2028 财年第 4 季度初始列装，2029 财年第 3 季度做出全速生产决策，根据陆军 2021 年 7 月 23 日宣布授予概念设计阶段合同研判，该计划可能提前完成。

二、多用途装甲车用于取代 M113 装甲人员输送车

美国陆军于 2012 年 4 月启动多用途装甲车项目，2014 年 12 月与 BAE 系统公司签订价值 12 亿美元的工程与制造研发合同，正式开始研制；2016 年 12 月生产出首辆多用途装甲车原型车，于 2017 年 10 月纳入下一代战车项目群，2017 年 12 月底 BAE 系统公司向陆军交付 29 辆全新研制的多用途装甲车原型车。

（一）项目发展现状

一是陆军已接收多辆信息程度较高的多用途装甲车。2020 年 8 月 31 日，首辆多用途装甲车（指挥车）正式下线交付美国陆军，该车将在装甲旅战斗队的未来现代化网络中发挥核心作用。BAE 系统公司声称："该车具有更好的空间、防护、动力和制冷能力，能提高数字化任务指挥能力，并为 C4 能力提供灵活性和未来拓展潜力。"其声称，该车已接受近 20 次陆军测试，一直达到或高于相关要求。截至 2021 年 3 月 11 日，美国陆军已接收 20 辆多功能装甲车，包括 2 辆通用车、7 辆指挥车、3 辆迫击炮车、5 辆医疗后送车、3 辆医疗车。二是受多种因素影响，项目列装时间将会推迟。由于生产中出现一些问题和新冠疫情影响，美国陆军再次推迟该车的初始作战试验与评估和列装，并决定将初始作战试验与评估和列装时间从原计划的 2021 年 4—6 月推迟到 2022 年 1—3 月，将首支部队列装时间从原计划的 2021 年 7—9 月推迟到 2023 年 1—3 月。

（二）项目发展趋势

应用先进技术提升装甲车性能。未来陆军可能对多用途装甲车加装遥控武器站；提高车辆机动性、杀伤力及全方位态势感知能力；增强多用途装甲车族的 C^4ISR 能力，使其在未来多域作战中发挥重要作用。

2023 年 3 月，美陆军第 3 机步师第 1 装甲旅战斗队第 69 装甲团第 3 营接收了首批 20 辆多用途装甲车，并于 2023 年 5 月宣布该车已从未来司令部跨职能小组移交给陆军能力经理，具备了初始作战能力，该旅到 2023 年 9 月已全部换装 131 辆多用途装甲车。这是 20 世纪 80 年代以来陆军列装的首个全新研制的履带式装甲车。陆军采办、后勤与技术助理部长布什 2023 年 8 月 1 日宣布，该车已由低速初始生产进入大批量全速生产，并于 2023 年 9 月 1 日授予主承包商 BAE 系统公司 7.97 亿美元全速生产合同。截至 2023 财年底，陆军

已接收 300 多辆多用途装甲车，计划于 2024 财年增至 450 辆并为下一个装甲旅战斗队全部换装该车。

三、机动防护火力车极大提升陆军轻型坦克的火力打击能力

机动防护火力车类似于轻型坦克，是具有较强火力打击能力的中型履带式装甲战车，能深入茂密丛林、狭窄街道等复杂地形，具备足够的装甲防护能力，配有 105mm 或 120mm 火炮和 7.62mm 同轴机枪，可打击混凝土掩体、重型坦克等目标，采用自动化技术和先进传感器，能满足步兵旅战斗队对机动直瞄火力的迫切需求。

（一）项目发展现状

一是项目处于样车竞标阶段。美国陆军于 2018 年 12 月选定 BAE 系统公司和通用动力公司地面系统分公司进入下一阶段研发工作，要求在 18～19 个月内各交付 12 辆样车，以进行研发试验和士兵评估。2020 年 4 月 22 日，两家公司都向麦卡锡展示了其研发的机动防护火力车实装样车。通用动力公司地面系统分公司的样车采用传统设计，结合了陆军现役最新改进型 M1A2C "艾布拉姆斯" 主战坦克的炮塔和该公司为英陆军研发的 "埃阿斯" 装甲车族的底盘，炮塔上除装备 M1A2C 的火控系统和车长独立热成像观察仪外，还装备 1 门 105mm 火炮与 1 挺 12.7mm 机枪。BAE 系统公司的样车充分利用 1996 年下马的 M8 型火炮系统的成果，包括其低轮廓设计和经过验证的 M35 型 105mm 火炮及自动装填系统，火炮射速 12 发/min。二是受多种因素影响，项目列装时间将会推迟。原计划 2021 财年进行有限用户试验，2022 财年选定一家公司授予低速初始生产合同，2025 财年开始全速生产并列装步兵旅战斗队。但受新冠疫情、集成技术障碍和供应链问题影响，通用动力公司地面系统分公司和 BAE 系统公司都未能在 2020 年 8 月底前按时完成 12 辆样车的交付。2020 年 12 月底通用动力公司地面系统分公司完成 12 辆交付，美国陆军 2020 年 12 月宣布已交付给位于北卡罗莱纳州布拉格堡基地的第 82 空降师进行士兵车辆评估（Soldier Vehicle Assessment，SVA）。BAE 系统公司则直至 2021 年 3 月才交付首辆样车，并开始参加在布拉格堡基地的士兵车辆评估。

（二）项目发展趋势

机动防护火力车将集成多种新技术。陆军对机动防护火力车采取既寻求利用现有或快速发展技术，也为其设计一种开放式架构，使其能快速集成未来新技术。故该车研发可能催生轻型复合装甲、主动防护系统、新一代高清晰瞄准传感器等关键技术，还可能催生计算机自主能力和人工智能的快速融合技术，以实现一个芯片可发挥多个芯片的功能，如前视红外雷达、电磁武

器、光电红外装置等都能在一个芯片上运转。机动防护火力车可能装备为已下马"未来战斗系统"设计的 XM – 360 式 120mm 轻型火炮,也可能装备可大大减小后坐力的大口径膨胀波火炮。

四、机器人战车能有效改变陆军未来地面作战态势

陆军计划研发轻、中、重三种机器人作战车辆(RCV),即轻型 RCV – L、中型 RCV – M 和重型 RCV – H。根据作战需要,它们适合装备陆军当前所有的基本作战编队里。轻型车重约 7t,与装甲旅战斗队保持同步并遂行侦察任务;中型车重约 10t,装备中口径机关炮或反坦克导弹遂行直瞄火力打击任务;重型车大于 20t,具有较强直瞄火力杀伤力和生存力,承担作战辅助作用,不能取代有人驾驶战车。

(一) 项目发展现状

一是战车样车已交付部队。美国陆军 2020 年 1 月 9 日宣布授予奎奈蒂克北美公司 4 辆 RCV – L 研发合同,授予德事隆系统公司 4 辆 RCV – M 研发合同。奎奈蒂克北美公司的 RCV – L 竞标方案是履带式远征模块化自主车辆,该车行驶速度 72km/h,自重 3.08t,载荷能力 3175kg。该公司已于 2020 年 11 月 5 日向美国陆军未来司令部作战能力发展司令部地面车辆系统中心交付首辆 RCV – L 样车。德事隆系统公司的 RCV – M 竞标方案是 M5 "粗齿锯"无人车,该车行驶速度大于 64.4km/h,自重 10.5t,载荷能力大于 3629kg;采用开放式架构和柴电混合动力传动装置,有一个可携载各种载荷的平甲板,还安装有"可调"装甲。美国陆军未来司令部下一代战车跨职能团队于 2021 年 5 月 26 日宣布,已完成 4 辆轻型和 4 辆中型机器人战车样车的接收。二是已完成战车排级作战试验。陆军于 2020 年 7 月初至 8 月初在科罗拉多州卡森堡完成为期一个月的机器人战车排级试验(阶段 1 试验),也是计划进行的系列士兵试验的首次试验。2020 年 11 月,陆军完成了为期一个月的 RCV – L 步兵排作战试验,试验了 4 辆替代型 RCV – L 如何融入地面作战编队。士兵在试验中使用了系留式无人机系统、反无人机系统干扰器、模块化烟幕遮蔽装置、安装有 12.7mm 机枪和"标枪"反坦克导弹的通用遥控武器站以及自主驾驶功能。

(二) 项目发展趋势

2022 年进行连级作战试验,2026 年以后视情做出采购决策。在未来,RCV – L 和 RCV – M 都将配备由陆军开发的软件,并在 2022 年和载人装甲车进行共同训练,以开发相应的战术。陆军于 2022 年夏天开展更大规模的连级士兵作战试验。连级士兵作战试验和其他相关试验将就机器人战车如何融入

地面作战编队为美国陆军"释疑解难"。连级士兵作战试验将用于为旅战斗队通过有人/无人编队提高杀伤力制定战术、技术和流程，为陆军了解士兵如何编队操作使用机器人战车、何时可进行生产型机器人战车的生产提供大量更为直观的反馈信息。完成 2022 年夏天的连级士兵作战试验后，机器人战车项目将进入下一个发展阶段，其中包括计划于 2026 财年进行的士兵作战实验，然后美国陆军将做出生产、采购和部署决策。

第三节 未来垂直起降飞行器项目群

未来垂直起降飞行器项目群包括未来攻击侦察直升机、未来远程攻击直升机、未来无人机和通用模块化开放式体系架构 4 个项目。其中的通用模块化开放式体系架构将研发一系列标准软硬件接口，使未来垂直起降飞行器平台都能根据需求"即插即用"来自不同承包商的软硬件，可降低研发费用、缩短研发周期、方便未来升级。本节重点阐述前三个项目的发展现状和趋势。

一、未来攻击侦察直升机是陆军遂行空中武装侦察的重要手段

美国陆军在 2018 年夏发布的未来攻击侦察直升机需求草案指出："当前陆军缺乏在大城市高楼大厦间实施武装侦察、轻型攻击和防区外巡逻安保且兼具杀伤与非杀伤能力的雷达隐身直升机。"2019 年 3 月陆军提出具体研发项目要求，未来攻击侦察直升机项目将研制轻型攻击/侦察直升机，填补"基奥瓦勇士"武装侦察直升机退役后留下的能力空缺，并替代部分"阿帕奇"直升机。

（一）项目发展现状

项目处于原型机开发阶段。美国陆军 2019 年 4 月向西科斯基公司、贝尔公司、波音公司、卡拉姆飞机公司和 AVX 飞机公司授予未来攻击侦察直升机竞标样机的研发与试验合同。2020 年 3 月 25 日，美国陆军选中西科斯基公司和贝尔公司的竞标样机进入未来攻击侦察直升机的原型机开发阶段，并要求这两家公司继续按合同研发其竞标样机。2021 年 4 月 13—15 日，西科斯基公司试飞员驾驶 S-97"突袭者"原型机完成一系列飞行演示，展示了该机优异的飞行性能及遂行各种作战及运输任务的能力。贝尔公司于 2020 年 10 月 8 日透露，该公司正在制造贝尔 360"坚强者"原型机。其关键性能包括：飞行速度超过 342km/h（测试中已达到 370km），作战半径 250km，续航时间超过 90min，可配备 20mm 航炮、可整合空射效应综合弹药发射器、未来武器以及现役弹药，可提供增强的态势感知和传感器技术等。

（二）项目发展趋势

计划 2028 年开始列装。陆军于 2023 年 11 月进行飞行试验，然后从西科斯基公司和贝尔公司中选出一家公司继续进行研发，2028 年开始列装未来攻击侦察直升机。新直升机可沿城市街道飞行以躲避敌方雷达，具备自主驾驶能力，可操控无人机进行有人和无人协同作战，具备在防区外对敌快速打击的能力。

二、未来远程攻击直升机是陆军执行多种空中任务的主要装备

未来远程攻击直升机项目将研制取代"黑鹰"系列通用直升机的新型直升机，航速、航程、续航能力和负载能力有显著提升，将用于执行空袭、两栖攻击、医疗后送、战术补给等任务，新直升机巡航速度将达到 463km/h 以上，作战半径超过 370km，外部可吊挂 3.6t 以上载荷。

（一）项目发展现状

项目处于原型机开发阶段。目前，竞标未来远程攻击直升机主要是贝尔公司研制的 V－280"勇敢者"原型机和西科斯基－波音公司联合研制的 SB－1"挑战者"原型机。两家公司原型机均处于竞争性演示与风险降低阶段的第二阶段。在该阶段，两家公司将分别进行原型机主要子系统和机载武器系统的初始预设计，并初步分析医疗后送、特种作战任务对该机的需求。2021 年 6 月 24 日，贝尔公司宣布已完成 V－280 原型机为期三年的飞行试验项目，并达到了在灵活性和飞行速度方面的所有性能指标。西科斯基－波音公司联合研制 SB－1"挑战者"原型机，截至 2021 年 10 月 13 日的水平测试飞行中，最高速度达到 457km/h，尚未达到陆军规定速度要求。

（二）项目发展趋势

计划 2030 年列装。陆军于 2022 年选定未来远程攻击直升机的主承包商。贝尔公司研制的 V－280"勇敢者"速度更快，是倾转旋翼飞机的优势，而西科斯基－波音公司则称 SB－1"挑战者"飞机在到达目标区后机动更为灵活，因为采取旋翼倒转方法迅速减速，两种飞机各有优劣。未来远程攻击直升机将具备更好的可靠性、可用性、可维修性、机动性、生存能力及信息联通性。未来远程攻击直升机计划于 2030 年开始列装，预计将服役至 2080 年。

三、未来无人机是陆军遂行战场侦察监视与打击的主要力量

未来无人机包括装备旅战斗队的未来战术无人机、装备陆航旅的先进无人机、可由直升机发射的低成本可消耗机载无人机，也称"空射效应"（Air－Launched Effect，ALE）微型无人机（简称 ALE 无人机）。

（一）未来战术无人机有效增强陆军战术级战场态势感知能力

未来战术无人机用于取代 RQ-7B（V2）"影子"200 近程战术无人机，采用无须跑道的垂直起降方式，以提高作战效能和生存能力。

1. 项目发展现状

项目处于样机试验，能力评估阶段。从 2020 年 4 月开始，美国陆军未来司令部已选定 5 个旅战斗队，对大角星无人机公司、洛克希德·马丁公司、德事隆系统公司、L3 哈里斯公司研发的未来战术无人机样机进行为期至少 6 个月的试验，目的是通过在作战训练中心轮流进行充分的实兵操作，最大限度获取全面真实的可用于后续研发的反馈信息。2021 年 3 月，美国陆军举办为期 4 天的未来战术无人机系统飞行演示中，4 种样机都能在大雨和潮湿天气下飞行，平均飞行时间为 10~12min。2021 年 9 月 2 日，美国陆军发布未来战术无人机系统白皮书，寻求不依赖跑道、点式起降、可快速部署的无人机系统能力。

2. 项目发展趋势

计划 2024 财年全速生产符合陆军要求的未来战术无人机。未来战术无人机为中低空无人机、装备现代数据链和光电、红外传感器、采用数据加密技术、具备有人、无人协同编队与自主操作能力，具备更加先进的侦察与监视能力，互联指挥多个无人机系统，并有通用作战图满足指挥官任务要求。研制成功后将取代现役 RQ-7B"影子"200 无人机，陆军计划于 2024 财年做出全速生产决策。

（二）ALE 无人机是陆军在敌纵深战场执行侦察打击任务的重要手段

ALE 无人机是可由直升机发射的低成本可消耗机载无人机，也称为"空射效应"无人机。ALE 无人机将由未来攻击侦察直升机携带到任务区域后，由机载通用发射管发射，发射高度为距地面 91m 以内，并与未来攻击侦察直升机协同作战，执行目标探测、干扰、诱骗和打击任务，扰乱对手防空系统，使己方平台能在战场安全飞行。美国陆军希望该机具备集群作战能力，能以 6 架无人机编队作战，并能与其他无人系统交互信息和联合作战。

1. 项目发展现状

当前项目处于样机测试阶段。2020 年 8 月 12 日，陆军发布 ALE 无人机及相关技术信息征求书。2020 年 11 月 5 日，陆军发布 ALE 无人机技术与费用信息征求书，共有 37 家公司参与 ALE 无人机的初步竞标，陆军从中选出几家公司开展技术成熟度研究后继续进行更复杂的测试。2021 年 3 月 16—18 日，洛克希德·马丁公司公布了"机动式射频一体化无人机系统压制器"概念。该概念实际上是直接使用"阿尔蒂乌斯"600 无人机，并携带高功率微波武器且对机体、航电和软件进行改造，用于反无人机和无人机蜂群，2018 年以来已完成 15 次试验。2021 年 5 月，通用原子航空系统公司表示正在研发一种新型 ALE 无人机，该小型无人机能协助 MQ-9 或 MQ-1C 无人机渗透、瓦解和对抗"反介入/区域拒止"防空区域，使大型无人机载机远离战术防空导弹打击范围以增强其生存能力。

2. 项目发展趋势

2025 年列装部队，增强陆军渗透打击能力。陆军在 2020 年底到 2023 年对 ALE 无人机进行更复杂的测试，其中在 2022 财年进行在复杂环境空射无人机承担诱饵和电子战任务的技术演示验证；在 2023 财年演示其突破综合防空系统的能力，并计划于 2025 年开始列装 ALE 无人机。未来，ALE 无人机蜂群可致盲敌防空系统，干扰敌通信链路，与有人直升机及无人机密切协同，扰乱敌防御态势。

第四节　机动通信指挥网络项目群

美国陆军于 2019 年 3 月确定的机动通信指挥网络项目群的具体研发项目包括统一网络、通用操作环境、互操作性、指挥所机动性与生存能力 4 个项目。

一、统一网络有效提升陆军机动作战部队互联互通能力

统一网络项目研发一种统合式任务式指挥网络，能在世界范围任何环境下使用，该网络具备基于标准的网络架构和统一的运输层，能够集成陆军现有的各种网络能力。通过采用路径多样性和动态路由等方法来提高可靠性，使部队能够在敌对环境下连接网络。其具备多种通信方式，使指挥官可在作战过程中选择通信方法和工具，并集成电子战能力。统一网络项目主要包括两个子项目：一个是对一体化战术网进行升级改进；另一个是对远征信号营进行升级改进。陆军通过每两年发布一次"能力集"（包括"能力集 21""能力集 23""能力集 25"和"能力集 27"）以引入新技术不断增强战术网络能力的方式，对现役战术网络及远征信号营持续进行一系列大规模改进升级。

（一）项目发展现状

一是"能力集 21"已开始在步兵旅战斗队列装。美国陆军于 2019 年 6 月在弗吉尼亚州迈尔-亨德森·霍尔联合基地举行了"能力集 21"演示活动。"能力集 21"聚焦于提升远征能力、界面直观性和操作简便，主要用于提升步兵旅战斗队的网络能力。2020 年 7 月决定在 2021 财年为 4 个步兵旅战斗队列装"能力集 21"。第 82 空降师第 1 旅战斗队已于 2021 年 4 月完成了对"能

力集 21" 的作战评估。"能力集 21" 于 2021 财年部署至 4 个步兵旅战斗队。二是 "能力集 23" 正处于开发阶段。陆军 "计划领导和集成、互操作性与服务" 办公室和机动通信指挥网络跨职能团队目前正在协同开发 "能力集 23"，使战术级组网能力扩展到 "斯特赖克" 旅战斗队，并计划首先装备驻德国的第 2 装甲骑兵团。"能力集 23" 重在提升网络容量、韧性、融合性及军兵种与盟军间互操作性，美国陆军已于 2020 财年底开始对 "能力集 23" 网络设计中需考虑的技术和能力进行原型设计和试验，并于 2021 年 5 月 4 日完成了 "能力集 23" 的预设计评审，于 2022 年 4 月进行初始设计评审，2023 财年交付。

（二）项目发展趋势

一是巩固基础，稳中求进。陆军于 2022 财年将 "能力集 21" 进一步部署至 5 个步兵旅战斗队，以提高远征能力，并使网络变得简单直观，使通信系统变得更小、更轻、更快、更灵活，应用程序和网络设备界面直观，操作简便，以更易于部队学习和使用。"能力集 21" 将使步兵旅战斗队的指挥官具有更多的网络连接选项，以确保其在任何环境中都能进行通信。二是规划未来，创新发展。当前，"能力集 25" 尚处于早期规划阶段，自动化与防护能力是其主要特点，主要聚焦于提升装甲旅战斗队的网络能力。陆军将通过 "能力集 27" 完全实现制度化。通过 "能力集 21""能力集 23""能力集 25" 和 "能力集 27"，美国陆军将在 2028 年使现役网络实现现代化，提高部队的任务式指挥能力和多域作战能力。

二、其他项目有效提升陆军部队多域作战指挥效能

机动通信指挥网络项目群其他项目包括通用操作环境、互操作性、指挥所机动性与生存能力三个项目。

（一）项目发展现状

三个项目均处在研发阶段，指挥所机动性与生存能力项目起步较早，其个别成果已开展作战试验。通用操作环境项目用于制定标准，研发计算机技术、一体化数据与数据库、通用图表，以及一套统一的任务指挥应用软件，使士兵能根据需求配置网络。陆军将对指挥所层级、作战平台层级和直至徒步士兵层级的通用作战图进行改进，涉及的装备包括战术突击套件、士兵杀伤力项目群跨职能团队正在研发的一体化视觉增强系统的先进护目镜和大量的共用基础设施。互操作性项目是为统一网络项目和通用操作环境项目提供互操作保障，确保美国陆军与其他军兵种和盟军之间的互操作性，使陆军能作为联合部队及盟军的有机组成部分遂行作战任务，并做到一旦部署到位，即能迅速投入作战。美国陆军目前正在建立持久任务伙伴环境，以做到在不

用新建网络情况下与盟军共享可发布信息，并在"保密"情况下遂行作战任务。指挥所机动性与生存能力项目将研发生存能力、机动能力和适应能力更强的指挥所，可制定和发布通用作战态势图，完成作战规划和协同，且电磁和物理特征信号较低，还可使用电磁频谱诱饵来降低敌人探测关键指控基础设施的能力。美国陆军通信电子研究发展与工程中心于 2018 年秋天表示，该中心在陆军"六大项目群"需求发布前就致力于改进机动指挥所、战术计算环境和电源系统，开发的多项技术已在四大洲的 12 场演习中进行了作战试验，并已开发出能快速组建和拆除的新型指挥所：一种是可在 30min 内组建或拆除的建筑物式指挥所；另一种是配备大多数必需指挥设备的车载式指挥所，可以随时实施机动，未来工作的重点将是减少指挥所的电磁信号特征。在 2019 年 10 月陆军协会年会上，美国埃尔比特系统公司展示了其研发的"犀牛"指挥所方舱，该方舱将为指挥所机动性/生存能力项目聚焦研发的指挥所一体化基础设施项目提供基础。

（二）项目发展趋势

改善指挥环境，提升多域作战指挥决策效率。通用操作环境即确保不同层级的通用作战图有相同的外观和手感，有一套通用的指挥官与参谋人员决策工具，以使他们在不同层级做出相应层级的决策，目的是加速指挥官和参谋人员的决策速度，即加速观察 – 判断 – 决策 – 行动链。在战术梯队，美国陆军可以在非密环境下能共享稍纵即逝的战术信息，并在信息安全环境下遂行作战任务。互操作性项目还将与联合信息环境和任务合作环境集成，使不同的部队能有效协同行动，实现战术、战役和战略目标。未来指挥所体积将更小，更加便于机动，使用起来也更灵活敏捷，还会降低电磁信号特征，以减小敌人对关键任务式指挥节点进行侦测和打击的可能性。

第五节 一体化防空反导项目群

美国陆军 2019 年 3 月确定的一体化防空反导项目群的具体研发项目是一体化防空反导作战指挥系统、机动近程防空系统、间瞄火力防护系统、低层防空反导传感器雷达 4 个项目。

一、一体化防空反导作战指挥系统提升陆军多域融合作战能力

一体化防空反导作战指挥系统（IBCS）可将现役和在研的多种防空反导系统及相关预警探测传感器整合为一体化防空反导网络。使防空反导部队通过一体化火控网采用任意传感器和武器系统来完成防空反导任务，实现"任

意传感器、最佳效应器"的防空反导作战理念。

（一）项目发展现状

IBCS已具备融合跨军种及有限跨盟友传感器能力。IBCS首套硬件设备于2010年8月由主承包商诺斯罗普·格鲁曼公司向美国陆军交付，2012年底进入正式研发阶段，在成功经过多次"士兵中心试验"和"有限用户测试"后，2021年7月15日，IBCS在白沙导弹靶场完成了最后一次研发试验，为后续开展的初始作战试验与评估奠定了基础。从多次拦截试验结果来看，IBCS已能集成海军陆战队AN/TPS-80地面/空中任务专用雷达、陆军"哨兵"雷达、陆军"爱国者"雷达、空军F-35战斗机传感器、欧洲MBDA公司研制的通用模块化防空导弹、瑞典萨博公司研制的"长颈鹿"防空雷达以及陆军"爱国者"-2/3型导弹。IBCS具有在一定电磁干扰情况下成功实施拦截的能力，并且陆军成功试验了"爱国者"-3系统超视距拦截能力和"一对一"拦截能力。

（二）项目发展趋势

美国陆军实现了军种内防空反导能力整合，融合了军种间、盟友间防空反导能力，向实现全球攻防一体大融合的目标迈进。陆军于2021年9月至2022年3月完成IBCS初始作战试验与评估，于2022财年第3季度实现与"爱国者"系统和"哨兵"雷达的完全一体化融合，形成初始作战能力，2023财年第1季度做出全速生产决策。美国陆军正在研发的低层防空反导传感器雷达、间瞄火力防护系统在初始阶段就设计了IBCS接口，现役"萨德"系统、正在研发的机动近程防空系统和从以色列采购的2套"铁穹"系统将需要通过升级后接入IBCS。未来IBCS将成为美军防空反导能力的"倍增器"，它将各种防空反导系统整合到一起，打破防空反导系统预警侦察传感器、指控系统和防空导弹等的火力单元限制，使不同类型防空系统之间的互操作能力大大增强；美军可针对不同对手和作战任务需求灵活定制交战火力，增强防空反导系统的战术使用灵活性；单个防空武器系统可利用远程视距外传感器信息，实现远程发射和远程交战，扩展防空反导系统的防御区域，提升对巡航导弹和无人机等目标的拦截能力。未来美军将进一步增强IBCS与空军、海军、导弹防御局、盟友等传感器和防空反导系统的整合，实现陆、海、空、天等全域指挥控制，提升防空反导作战能力。在未来，通过传感器网络将目标数据传送到一体化火控网后，一体化火控网可自动或按作战人员指挥选择合适的进攻或防御武器进行跨域作战，实现攻防一体大融合，显著提升陆军"多域作战"攻防能力。然而，美国陆军若想实现全球一体化防空反导和一体化攻防的目标并不容易，由于存在诸多技术瓶颈，其实现目标之路必定充满坎坷，绝不是一蹴而就的。

二、机动近程防空系统极大提升陆军伴随防空能力

机动近程防空系统项目将研发基于"斯特赖克"轮式装甲车的近程防空系统，以提升陆军机动部队的机动及伴随防空能力，该系统具有较高的机动性，初期将集成现役高炮和防空导弹等防空武器，未来将使用正在研发的高能激光器。

（一）项目发展现状

美国陆军正在研发生产过渡型机动近程防空武器系统（M－SHORAD）。M－SHORAD 系统以 M1126A1 "斯特赖克"轮式装甲车为基础，为其装备一系列炮塔式防空武器，用于击落或威慑旋翼飞机、固定翼飞机和起飞重量小于 599kg 的三级无人机。美国陆军原计划于 2020 年 6 月完成研发试验，并授予 32 辆样车的初始生产合同，但受新冠疫情影响，试验进度推迟，初始生产数量也将减少，加之遇到一些软件兼容性技术难题，导致初始生产决策推迟，但美国陆军目前并不计划推迟具备初始作战能力的时间。美国陆军 2020 年 6 月决定授予"斯特赖克"装甲车的生产商通用动力公司地面系统分公司 M－SHORAD 生产合同，并于 2020 年下半年授予该公司 120 亿美元生产合同。作为 M－SHORAD 项目的主承包商，该公司已于 2020 年 12 月授予莱昂多纳 DRS 公司一份生产 28 部可重组式一体化武器平台的初始合同，该合同是价值 6 亿美元的 5 年期生产协议的一部分。

（二）项目发展趋势

机动近程防空系统未来将以定向能武器为主，弹炮武器为辅。美国陆军期望到 2024 年编配装备定向能武器的排级分队，到 2034 年前后将把这一作战能力整合到更大型的作战编队中。M－SHORAD 未来装备 50kW 激光器后，将成为美国陆军正式的机动近程防空武器系统，具备更强的伴随式野战防空能力。根据美国陆军 2018 年底的计划，1 个近程防空营配备的装备近中期为 2/3 的弹炮合一系统和 1/3 的定向能武器；10 年后可能为 1/3 弹炮合一系统和 2/3 定向能武器，目标是使用激光器来实现低成本拦截，昂贵的拦截导弹不再浪费在廉价无人机的拦截任务中。在可预见的未来，弹炮合一的方式很可能长久存在。2021 年 4 月 23 日，美国陆军未来司令部宣布，首批 4 辆 M－SHORAD 发射车组成的防空排部署至驻德美军。

三、间瞄火力防护系统有效填补机动近程防空系统和中远程防空反导系统之间的能力空白

美国陆军从 2012 年开始研发的间瞄火力防护系统（Indirect Fire Protection

System，IFPC）将成为军、师级近程防空能力的主力装备，用于填补机动近程防空系统和"爱国者""萨德"中远程防空反导系统之间的能力空白，保护军、师级固定和半固定设施，主要负责要地防空。

（一）项目发展现状

一是项目以渐进采办方式进行发展。间瞄火力防护系统的需求更广，以"增量"渐进采办方式进行交付。美国陆军决定于 2019 年 7 月先采购 2 个连套"铁穹"反火箭弹系统，作为 IFPC "增量 1"系统（也称为 IFPC "增量 2"系统的"过渡性"系统）进行部署；于 2023 年实现"铁穹"系统与 IBCS 的一体化融合，将其改进成最终型 IFPC "增量 2"系统。与此同时，高能激光战术车演示项目也将应用在 IFPC "增量 2"系统中，以满足反火箭弹、炮弹和迫击炮弹的需求，并扩大列装数量。但以色列拒绝提供"铁穹"系统的基础计算机源代码，使该系统与美国陆军现役及未来防空反导系统存在兼容性挑战，引发了诸多不确定性。二是开展竞标，自主研发生产。陆军于 2021 财年第 4 季度进行承包商竞争发射试验，雷声公司已与"铁穹"系统的主承包商拉斐尔公司组成竞标团队参加竞标，莱窦斯公司的子公司戴奈提克斯公司也于 2021 年 6 月 3 日宣布参加竞标。竞争获胜者被授予 16 部发射架和 80 枚拦截弹的样机合同，2023 财年第 4 季度完成交付。如果后续进展顺利，美国陆军将授予获胜者 400 部发射架和相应数量拦截弹的量产合同。

（二）项目发展趋势

间瞄火力防护系统将编配至师机动近程防空营。在美国陆军的中远期计划中，每个机动近程防空营可能编配 1 个 IFPC "增量 2"连，因此每个师可能编配 3 个机动近程防空连和 1 个 IFPC "增量 2"连，IFPC "增量 2"连负责保护该师最重要的资产。美国陆军也可能为"爱国者"防空营编配 1 个 IFPC "增量 2"连，用于保护战役层级（军级）资产。

四、低层防空反导传感器雷达用于取代"爱国者"系统现役雷达

低层防空反导传感器雷达项目将取代由雷声公司研制的"爱国者"系统的现役 AN/MPQ－53 多功能相控阵多普勒扇扫雷达（主要配用于"爱国者"PAC－2 系统）及其改进型 AN/MPQ－65 雷达（主要配用于"爱国者"PAC－3 系统），能与一体化防空反导作战指挥系统兼容，并能为"爱国者"PAC－3 导弹提供制导支援。

（一）项目发展现状

项目处于样机研制阶段。美国陆军于 2019 年 10 月选中雷声公司为低层防空反导传感器雷达项目的中标方，标志着"爱国者"系统的新型雷达仍将由原主承包商研制。根据中标合同要求，雷声公司将首先生产 6 部雷达于 2022 财年列装试用；如试用成功，计划授予 16 部雷达的后续生产合同。

（二）项目发展趋势

低层防空反导雷达探测能力将有较大提升。新雷达部署后，其探测能力将更强大高效，使用维护成本更低廉，探测距离与现役雷达相比提高 1 倍以上，并能同时对目标进行全向搜索跟踪。但若是 1∶1 替换原雷达，因为造价过高，需要较长时间，一定时期将是新老雷达共用。

第六节　士兵杀伤力项目群

美国陆军于 2019 年 3 月确定的士兵杀伤力项目群的具体研发项目包括下一代班用武器——自动步枪（也称为"下一代机枪"）、下一代班用武器——步枪（也称为"下一代步枪"）、一体化视觉增强系统、增强型双目夜视镜 4 个项目。

一、下一代班用武器提高单兵火力杀伤能力

下一代班用武器——自动步枪和下一代班用武器——步枪，通常合称为下一代班用武器。下一代班用武器项目研发已取得较大进展，其中的自动步枪项目旨在替代 10 万名步兵使用的 M249 班用机枪；步枪项目计划替代旅战斗队使用的 M4/M4A1 卡宾枪。两款武器均发射 6.8mm 枪弹，并将配备下一代班用武器——火控系统。

（一）项目的发展现状

项目处于样机研发阶段。2019 年 1 月，美国陆军发布通知要求工业部门提交研发下一代班用武器的设计方案。2019 年 3 月，美国陆军发布关于配用于下一代班用武器的新型火控系统样机通知要求，5 月在联邦商机网站发布信息征求书。2019 年 8 月，美国陆军宣布进入下一代班用武器第二阶段研发工作的 3 家公司；当年计划在 2019 财年结束前签订 3 份下一代班用武器样机研制合同；2020 财年交付 53 支下一代班用武器——步枪、43 支下一代班用武器——自动步枪和 84.5 万发弹药，并提供装备和工程保障；2020 财年第 1 季度对武器样机的竞标样品进行评估，并持续到 2021 财年。美国陆军希望获得技术成熟度达到 6 级的火控和光学系统，系统需采用数字摄像机、先进目标识别和跟踪算法，包括带有数字叠加显示器的直视光学组件、激光测距机、弹道计算器及大气传感器组件，且可在无电源环境下使用，包括直视光学组件、数字成像仪、电池等。

（二）项目的发展趋势

预计 10 年内全面列装部队。根据美国陆军预算文件，2021 财年有关"下一代班用武器"的经费将用于开发系统的原型样机、交付测试硬件、进行称为"士兵交互"的用户评估、提出产品建议和选用申请。此外，美国陆军于 2022 财年底或 2023 财年初开始部署下一代班用武器，并计划在 2022—2027 财年对其进行不断提高性能的迭代发展。一旦陆军决定进行批量生产，预计将与 1~2 家公司签订合同，承包商在 10 年内共计划生产 25 万支下一代班用武器和 1.5 亿发弹药。陆军采购目标是 108568 支下一代班用武器——步枪、13205 支下一代班用武器——自动步枪，以及 121773 套下一代班用武器——火控系统。

二、一体化视觉增强系统提高单兵态势感知和情报处理能力

一体化视觉增强系统以微软公司的 HoloLens 头戴式显示器为基础，由美国陆军与微软公司联合研发，集数据信息显示、夜视与导航、目标定位、精确查看敌友部队位置等功能于一体，是美国陆军重点打造的高新技术装备。

（一）项目发展现状

项目经过多次测试，进展顺利。2020 年 10 月底，美国陆军和海军陆战队在弗吉尼亚州皮克特堡，对一体化视觉增强系统进行为期 3 天的连级初始作战演习，参演士兵采用该系统遂行瞄准、夜视、热成像、导航等任务，还发射小型无人机并通过该系统进行察看，在交战前可对障碍物进行短程侦察。演习还包括一项较为艰巨的单兵夜间战壕排查任务，以及测试面部识别和文本翻译功能。迄今为止，美国陆军特种部队、游骑兵、第 25 步兵师、第 10 山地师和第 82 空降师及海军陆战队都已测试了该系统。2021 年 5 月 1 日，美国陆军第 82 空降师 508 伞兵团第 1 营和科技人员一起，在美国犹他州达格威试验场进行的为期两周的"边缘 21"演习中使用并测试了一体化视觉增强系统，成功实现了空降兵与直升机数据互联的情报交流。

（二）项目发展趋势

提高连排级协同作战能力。2021 年 3 月 26 日，美国陆军与微软公司签订一项价值 218.8 亿美元的 10 年期生产合同，用于生产交付 12 万套一体化视觉增强系统，使该系统从快速原型阶段转入生产与部署阶段，并从 2022 年起初始采购 4 万套，大部分用于装备特种作战部队、步兵、侦察员等。该系统能为近战部队提供更先进的夜视和动态态势感知能力，改变了以往夜视圆形画面成像形式，将多目镜抓取画面以完整宽屏呈现在视野中，最大限度还原呈现完美实景，提供了更先进的态势感知、目标交战和必要的知情决策能力。

该系统能使地面单个步兵成为独立的情报信息中继站，并将步兵所感知的态势信息实时传输至空军等友军支援单位，可实现良好的军种间信息同步，为未来多域作战奠定基础。

三、增强型双目夜视镜提高陆军单兵夜战能力和武器操控能力

增强型双目夜视镜是基于美国陆军部队司令部的紧急作战需求研发，旨在通过立体双目深度感知技术，寻求兼具微光和热成像感应能力的装备，为近距离作战部队提供各种天气条件下突破伪装、在有限能见度和所有光照条件下进行观察和机动的能力。

（一）项目发展现状

项目已交付部队，并持续改进完善。增强型双目夜视镜已于 2019 年 9 月开始交付第 1 机步师第 2 装甲旅战斗队士兵使用，成为"六大项目群" 31 个子项目中首个交付使用的子项目。美国陆军于 2019 年 12 月初宣布，该旅战斗队将轮换驻韩国的第 1 骑兵师第 3 装甲旅战斗队。具体而言，该装备就是在可翻转的双目夜视仪中间，增加了红外观察系统，并将红外图像与夜视图像进行融合。其最大特点是可通过安装在武器上的武器瞄具家族——单兵（Family of Weapon Wights – Individual，FWS – I）系统，实现与枪械光电瞄具的无线连接，进而实现士兵在仅伸出枪械、不暴露自身情况下，通过武器瞄具观察到障碍物后面的情况，提高了隐蔽性、安全性和杀伤力。

（二）项目发展趋势

该项目将使陆军士兵成为全天候侦察传感器。美国陆军正在对已列装使用的增强型双目夜视镜进行改进和完善，第 10 山地师第 3 旅战斗队正在各种实战训练场景中对最新型增强型双目夜视镜进行鉴定和评估。该系统可增强诸如"奈特勇士"士兵系统、战术网络感知系统等的信息传输和态势感知能力，将显著提高美国陆军夜战条件下的信息获取能力，其夜间多域作战能力将有大幅度提升。

第十二章
基于能力建设的多域作战支撑技术研究

> 与敌部队相比，敌军的思想以及敌方领导的意志是更为重要的目标。
>
> ——赛缪尔·B. 格里菲思二世准将

美国陆军提出的多域作战概念，旨在进一步实现军队内部转型升级以及服务大国竞争需求。通过系统梳理美军多域作战相关支撑技术，并采用知识图谱的分析工具，从指挥与控制技术、网络空间及电磁频谱相关技术、跨域机动技术等方面展开具体分析，厘清多域作战相关技术布局发展的特征，为其转化为作战能力提供依据。

第一节　多域作战指挥与控制技术

多域作战对陆军感知、理解、决策和打击从近距离区域到战略纵深火力区域目标的能力提出很高的要求。未来的全域指挥与控制系统必须在适当的情况下，用机器速度进行数据和信息处理，取代耗时的人工流程，从而快速轻松地为领导者和士兵提供跨组织的全面态势感知和理解。未来新一代科技将使指挥官和士兵能够以越来越强大的方式进行指挥控制。自动化、轻松的用户界面、增强现实、沉浸式虚拟环境以及基于支持统一通信网络的异构技术的可靠连接，将以难以想象的方式为下一代军队指挥官和士兵改变指挥控制的艺术和科学。

一、系统内人员增强技术

指挥与控制系统最重要的组成部分是人员——指挥官以及协助他们并代表他们行使控制权的人。致力于 C2 系统的人员包括指挥官、参谋人员、联络官以及网络和网络空间操作员等。

本节提到的指挥与控制技术，侧重于直接影响人们作为指挥与控制系统、执行指挥与控制任务能力的增强功能，支持人类将传感器和信息系统中的数据与信息转化为知识和理解。以提高知识获取为目标的人类增强有多种形式，但都是以提高认知能力为目标的。本节并不讨论伦理、文化和实践，仅从科学角度分析对相关技术的需求，涉及那些旨在提高认知能力的支持人类增强的科技能力。

（一）认知增强

认知增强是旨在改善心理功能的干预措施。大多数认知增强策略可以认为是生化、物理或行为干预。在长时间部署期间，以及在 24h 作战期间，需要保持士兵的认知能力，这一点已得到充分证明。未来复杂、竞争激烈、过度活跃的物理和非物理运行环境的复杂性将需要士兵具备更高的认知能力。

（二）物理增强——基因工程、虚拟现实技术

这类认知增强包括人类基因工程和其他需要生物物理增强的技术。这项研究有可能通过提高士兵能力来影响陆军指挥与控制系统。美国国防高级研究计划局（Defense Advanced Research Projects Agency，DARPA）正在研究神经植入物，以帮助士兵治疗创伤性脑损伤。而且，同样的技术提供了提高记忆力和认知能力、控制复杂机器和加速健康士兵学习的潜力。

增强现实和虚拟现实系统提供了一种侵入性较小的方式来增强物理能力。①增强现实。增强现实系统将计算机生成的信息和图像叠加在现实世界的背景上，以创建人周围世界的增强视图。配备增强现实眼镜的士兵可以通过轻松的免提视觉界面接收消息、到达目的地的详细路线、友军人员的确切位置以及预期或报告的敌人位置的精确距离和方向信息。②虚拟现实。虚拟现实系统通过使用耳机创建一个完全模拟的环境，这些耳机通常会遮挡一个人周围的现实世界，让他们体验一个虚拟的三维世界。这些类型的系统目前用于小型单位行动和战术的沉浸式训练环境。随着分辨率的提高和耳机重量的减轻，虚拟现实耳机可以取代传统显示器。这种能力允许参谋人员查看可定制的战场空间可视化、开发知识产品、参加简报和会议、协作以及在虚拟环境中进行交流。

二、系统内流程和程序改进相关技术

本节重点介绍改进指挥与控制流程和程序的相关技术。指挥官及其参谋人员建立并使用流程和程序在其总部和整个部队中的组织活动，如总体作战流程，陆军各级还使用了许多其他流程、程序和活动。知识管理和信息管理是两项对决策非常重要的相互关联的活动，可帮助建立和保持对态势的理解。其分为 4 个层次，从最低层次到最高层次，包括数据、信息、知识和理解。在最低级别，人工处理将数据转化为信息，人工分析将信息提炼为知识，指

挥官和参谋人员运用判断将知识转化为理解。为了以未来作战经验所需的速度和准确性实现理解，陆军信息、信息管理和作战管理系统必须能够自动执行常规程序和流程，并快速将数据转化为信息。

（一）同时适用于人类和机器的书面文件

人类和机器必须协同行动以实现任务目标。目前的部队以人类可读的格式制作计划、命令、图形控制措施和其他产品。为了充分整合人类和自主机器，未来陆军部队需要以机器和人类可读的格式生成命令、图形控制措施、交战规则和其他指南。

（二）支持人工智能的信息路由和共享工具

在整个运行过程中，有效的信息共享能够使正确、及时的数据和信息高效流动。共享数据和信息使所有作战职能部门的指挥官、参谋和下属能够了解情况，并及时向部队传达决策。这些支持人工智能的指挥与控制信息系统可以使工作人员和统一行动伙伴在整个作战过程中共享信息。支持人工智能的信息、信息管理和作战管理系统可以促进组织内伙伴之间高效地传递与显示信息，以便在整个组织内更好地共享理解战场态势。

（三）支持人工智能的计划和执行工具

强化学习有助于必要的适应性规划和快速决策，以实现在未来运行环境中取得成功所必需的操作主动性。人工智能技术的应用可存在以下几种可能性。

（1）在深思熟虑的规划过程中创造和利用潜在的优势窗口。一种以强化学习为骨干的支持人工智能的决策支持工具，结合深思熟虑的作战计划，有可能为指挥官及其参谋人员提供新的行动方案。强化学习可以制订和提出尽可能多的模糊计划，为指挥官和参谋人员提供一种识别和理解与拟议行动方案相关的风险的方法。

（2）持续感知、识别和快速利用新出现的优势窗口。在作战过程中，优势窗口将出现在整个战斗空间的不同梯队，但识别和利用它们更多地依赖于持续的综合规划的能力。强化学习支持的信息、信息管理和战斗管理系统有可能对平台和能力进行快速资源分配，以更好地利用优势窗口。

（3）响应个人用户差异并推动定制化知识管理。旅级以上部队的行动规划需要收集和分析大量信息。通过包含反馈和适应机制的强化学习，减少指挥官和参谋人员了解作战环境所需的时间，同时减少认知负担。

（四）支持人工智能的数据分析工具

未来的战场环境为军队带来重大的新挑战。特别是在非实体战场上要求做到军队与新型数据和数据源进行交互。虽然收集这些数据是陆军以外机构的责任。然而，为了了解对手，这些数据集必须提供给作战部队。

目前，美国陆军已经开始相关技术研究，如国防情报局的"机器辅助分析快速存储系统"（Machine – aided Analysis Rapid Storage System，MARS）项目，它可以使现有数据库成为更灵活的数据环境的一部分。要在整个竞争连续体中开发全面的全领域态势理解的数据，需要高度重视开发人工智能工具和技术，以简化识别最佳数据来源进行接收和分析的过程。陆军将需要人工智能工具和技术来查找与分析数据所在位置和格式。由人类和人工智能组成的混合团队共同分析问题，应用大型复杂数据集，开发出机器或人类无法想象的富有想象力、有效的战术和战略行动方案。

三、支持通信网络的技术

通信网络对于多域作战的胜利至关重要。通信网络使指挥官能够传输数据和信息并控制部队。指挥官需要确定他们的信息需求并培训他们的参谋和组织使用通信网络来满足这些需求。这些功能使工作人员从常规数据处理中解放出来，并实现广泛的信息共享、协作计划、执行、监控和评估。通信网络包含所有军队通信能力和用于收集、处理、存储、显示、传播和管理信息的相关程序，是一个统一整体无缝运行的总和。通信网络由多路径网络传输组成：信息、信息管理和战斗管理系统，作战和商业应用，网络服务，传感器和其他网络存在点以及数据。

指挥与控制系统通过保持对特定情况和整体作战环境的认识和理解，实现各种作战功能和能力的整合、同步和融合。为了满足对多域作战的需求，未来全域指挥与控制系统需要开发应用程序以及信息、信息管理和作战管理系统。需在一个集成的智能生态系统内，运行指挥与控制系统需求的科技活动。

（一）适合用途的云

此架构策略通过使 IT 基础架构与其支持的业务线、产品或服务，从而优化连接和数据传输。关键单元可以获得更多的基础设施资源和更高的服务水平。

（二）区块链

区块链技术提供了一种去中心化、透明和不可变的分类账选项来保护数据。它验证用户对区块链的访问，为正在访问的数据提供高水平的可追溯性和信任。区块链使用密码学来保护数据分类账，防止数据被篡改，它消除了攻击系统的中心点，为在军事中与人工智能、机器学习和大数据一起使用创造优势。

（三）混合云计算堆栈

这项技术可以通过在大规模作战期间，提供对安全云技术的即时访问来改变战场。未来，参与多域作战的人员可以广泛、跨平台且安全地访问移动设备，以查看可定制的战场空间可视化信息，从而实时建立更准确的共享态势理解。

（四）战场物联网

战场物联网能够在不需要人与人或人与计算机交互的情况下通过网络传输数据。这使作战人员能够快速利用作战空间数据，识别可用的有人和无人系统，并将其部署到作战空间内的所需位置。

（五）人机界面改进

每个指挥与控制平台对人机界面的要求可能不同，需要在硬件、电源和驱动硬件的应用方面进行广泛的研究和开发。对人机界面进行改造，以实现以下操作需求。

（1）多任务。随着作战人员数量的减少，以及武器、传感器和应用程序数量的增加，作战人员将同时管理更多的系统。

（2）任务意识。士兵和领导人在专注于任务目标时，需要保持对环境的高度认识。快速变化的形势要求他们关注适用于多个指挥梯队和多个信息系统和设备的信息。

（3）系统监督控制。人们将越来越依赖计算机系统来执行程序功能，以减轻士兵的负担。随着自动化程度的提高，士兵的角色从数据采集器和分析器转变为与自动化设备协同工作的决策者。

（六）支持人工智能的信息系统交互模式

智能指挥与控制应用程序需要更好的用户界面和交互模式。AI 生成的结果、建议和分析结果的应用程序用户界面和交互仍然是新兴事物，操作用户并不熟悉。未来指挥与控制信息、信息管理和战斗管理系统需要先进的用户界面或交互技术。

（1）人工智能应用程序、基础模型和人机界面必须能够向用户解释检测的结果、建议或异常情况。需要对指挥与控制应用程序进行研究和开发，以实现模型透明度、可解释的 AI 生成结果。

（2）会话和行为用户界面功能让指挥与控制信息系统在士兵执行任务时得到实时训练，从而彻底改变人机协同工作。这种机会主义的感知和训练可以使系统更具适应性和可定制性，以满足每个士兵的需求和能力。

（七）5G 通信技术

目前，5G 通信技术已成为未来新一代信息基础设施的重要组成部分。从军事角度讲，5G 通信技术在传输速率和稳定性方面有了质的飞跃，可以完美匹配未来作战的通信需求。首先，5G 通信技术可能使军队拥有专用频率。由于 5G 通信技术不但充分利用了现有的通信资源，而且还在向毫米波通信资源扩展，从而使军队拥有专门频率成为可能。这将有效解决当前存在的军用移动通信系统与民用移动通信系统频段重叠共用、互相干扰的问题。其次，5G 通信技术将推动战场全域武器平台互联。5G 通信技术能够使更多的用户利用同一频率进行通信，从而在不增加基站密度的情况下大幅提高频率应用效率。最后，5G 通信技术将实现战场信息网络深度融合。5G 通信技术能够将应用于战场的各种异构信息通信网络进行深度融合，形成一张互相兼容的高速信息网络，以实现更高效的作战行动。

四、火力指挥系统

美国陆军设想了一个信息系统，使部队能够在所有领域实时规划、准备和运用火力，包括电磁频谱和信息环境。

中期战略是将所有野战炮兵和防空数字系统整合为一个单一的、基于角色的、用户定义的软件系统。目的是建立一个通用系统，能够提供必要的服务，以履行火力作战职能中的所有个人和单位职责。这将扩展到指挥与控制数字火力支援系统、前方观察员和目标火力支援系统以及防空指挥与控制的未来变体。

从长远来看，火力单元期望通过数据共享和网络集成来利用网络上来自联合、陆军、国家和多国资产的完整补充信息的覆盖范围和能力，从而显著提高态势感知能力、战斗识别和所有条件下的目标。最终，远期目标是开发一个由硬件、软件和基础设施组成的火力指挥系统。

五、支持通信网络的相关科学研究

（一）低地球轨道微型卫星和高空系统

可长期部署、可进行组网、相对廉价的低地球轨道微型卫星和无人高空飞行系统可以支持军队未来的通信网络。这些系统可以提供额外的服务，如低地球轨道微型卫星和高空系统能够提供连续的二维和三维地球测绘和遥感信息。

（二）极度异构网络

未来通信网络相关的极其复杂和多样的环境和要求，需要一套极其多样化的通信技术。这需要开发新的通信模式，以及优化通信系统所需的先决基础建模和特征描述这些模式的运作。极度异构的网络能够使用最适合给定任务和环境的通信技术，同时使用人工智能进行分散和自主的网络控制，以确保不同组件通信的互操作性。

第二节　多域作战网络空间及电磁频谱相关技术

当前作战，更加强调将网络空间作战和电子战作为一种综合战场能力的开发和支持，以增强态势感知、改进部队保护、实现主导机动并有助于精确杀伤力。

一、基础技术

（一）综合电子战技术

综合电子战技术将支持增强的频谱管理操作（Spectrum Management Operation，SMO），促成电磁频谱内运行的规划、管理和执行。支持 SMO 的技术增强了融合和网络空间基础设施管理活动。

（二）网络空间态势感知

在战略规划和机构改革的基础上，美军正在开发相应的新技术和手段来实现更强的网络情报和网络态势感知能力。美国国防信息系统局（Defense Information System Agency，DISA）正在开发网络"运行态势感知"项目。通过该项目，美国国防部能主动快速地检测军用网络问题，评估整个网络的健康状况。美国空军的"任务保障的感知能力"项目也正在开发网络态势感知新技术。此外，美军正在建设的"联合信息环境"（Joint Information Environment，JIE）不仅有利于情报信息的跨域融合，同时也提供了更加强大的网络监控和管理能力。"联合信息环境"建成后，国防部将拥有一个更为高效、安全和更易于维护的单一网络，进而影响该网络的其他区域。"联合信息环境"标准安全架构可使得信息系统的管理者更方便地监控和发现潜在安全威胁，并更迅速地应对。

（三）自主主动网络空间防御

自主性是系统通过独立组合和选择不同的行动方案来应对情况的能力，以便根据知识和对世界，本身和情况的上下文理解来实现目标。自主主动网络防御系统可在人类操作员做出反应之前对网络事件进行检测、评估和响应。这些技术包括基于传感器的人工智能，它可以学习和管理网络拓扑、识别和管理受信任的用户、检测网络异常、识别威胁以及采取缓解和响应行动。这组技术为网络空间基础设施提供了网络攻击、识别对手行动，以预定行动做出响应及确保任务连续性的能力。

（四）电磁防护和电磁伪装

电磁防护和电磁伪装可以保护陆军车辆免受敌方多光谱传感器侵害，如免受近红外、短波红外、中波红外和长波寻热传感器，以及射频和微波雷达波的影响，并使自身不被敌方探测到。

二、先进技术

（一）自主认知无线电频率

尽管自主认知无线电频率（Radio Frequency，RF）本质上是认知的，但需严重依赖建立标准来支持自适应和可重新配置的射频架构无线电。这些无线电具有认知能力，可在硬件支持的任何频带中自主运行。

（二）量子数据处理

量子数据处理提供了增强的处理和计算能力，支持高度复杂的加密和解密方法，以及复杂和快速的建模和模拟，可以实现复杂的运营和组织决策。这些技术进步的重点是密码学、计算、精确导航和计时、传感和成像以及通信。

（三）极端射频条件下的通信

这些技术增强了应对严重干扰的能力，提供了适应各种干扰和干扰源的能力，技术目标是创新和整合所有领域的自适应干扰抑制能力。

第三节　多域作战跨域机动技术

成功进行跨域机动的关键技术包括在移动性和维持性、机器人和自主系统（Robotic and Autonomous System，RAS）、欺骗和遮蔽、致命性和生存能力以及人工智能和机器学习启发能力方面的广泛改进。

一、移动性与维持性技术

旅战斗队需要足够的机动性和建制维持能力，以便在最大保障距离下开展分散作战，并在较长的保障距离内维持作战。因此，要求能够有效使用作战区域内可用的多种燃料和电源。这些能力包括快速交换和共享能源、不受干扰地发电、从车辆接收能源以及从当地电源获取能源的能力。其包括以下关键技术。

（一）气动弹性无共振空气增压和轻型涡轮增压发电机

对气动弹性无共振空气增压和轻型涡轮增压发电机的研究将在机器人自主系统平台中产生额外的动力，从而扩大运行范围。

（二）混合电力推进模块化工具

混合电力推进系统将减少车辆对补给的依赖并扩大作战范围，同时在电力运行期间减少可听信号，从而提高近战中的生存能力。

（三）固态能源转换技术

研究高效、高功率的固态能源（如热光电和热离子）转换技术，将提供比当前电池技术大数倍的功率和充电能力。轻型、便携式、多燃料发电将使旅战斗队和下属部队能够以最低的成本进行补给。

（四）卡车辅助电气化套件

综合性经济型卡车辅助电气化套件，包括锂离子 6T 电池、电子转向、电子加热、通风和空气冷却设备，以及智能启停装置，可以使战术轮式车辆平台上的燃油使用量减少 15% 以上。

（五）动力系统技术

成熟的动力系统技术，包括先进的发动机、变速器和发电机，使子系统燃油效率至少提高 20%，平台发电量增加 10 倍。

（六）轻量化履带

先进的轻量化履带可提供更低的滚动阻力、噪声和振动，并将耐用性提高 20%，从而减轻履带系统的维护负担。

二、机器人和自主系统

在整个旅战斗队中部署和使用集成的机器人系统，将完成通常分配给士兵的肮脏、枯燥和危险的任务，为旅战斗队提供早期预警，增强对远距离潜在威胁的监测，并协助预测未来敌人的行动。其中，包括以下几项突破关键技术。

（一）观察、评估和预测算法

预测人工智能的恢复力和鲁棒性将使陆军能够部署具有更大智能能力、更大独立性和自主性、更长寿命的系统，同时减轻士兵的负担，以便在未来的旅战斗队中部署和使用机器人自主系统。

（二）用于情报、监视和侦察的建制无人机系统

开发机载计算、人工智能和机器学习等，支撑情报、监视和侦察的建制无人机系统，为营以下指挥官收集关键信息。

（三）人机交互策略方法

人机合作和人机交互的发展正在产生新的技术策略和方法，使人工智能在从"人类工具"向"队友"发展的过程中能够持续顺利地集成，而无须重新部署或重新设计系统。发展人工智能伙伴关系的生态系统将使蓝军能够更

快地升级到最先进的人工智能，显著减少操作员的负担、培训难度和系统停机时间。

三、欺骗与遮蔽相关技术

旅战斗队需了解其士兵、车辆、指挥所（Command Post，CP）和编队的电子签名，掩盖其电光/红外（Electro-Optical/Infrared，EO/IR）特征。其相关支撑技术如下。

（一）软件定义的无线电技术

研究先进的软件定义的无线电技术，可将微型射频系统集成在芯片上，提供对自发射和射频信号的全射频频谱态势感知。通过信号可视化，监控来自多个分布式位置的友军射频信号的能力，实现信号管理和后续操作。

（二）高导电性，各向异性新材料

多光谱和双光谱遮蔽物将在电磁频谱的大部分区域增加对高价值资产的保护，以抵御先进的威胁传感器技术，并在作战行动期间实现隐蔽。

（三）多光谱伪装技术

为士兵和设备开发先进的多光谱电磁伪装解决方案对于隐蔽友军信号至关重要。先进的多光谱伪装在全频谱范围内都是有效的，这将有助于提高敌方传感器识别和瞄准己方设备和士兵的难度。

第四节　基于知识图谱的多域作战支撑技术分析

为了更好地分析认识美军布局多域作战相关技术发展的特征规律，本节采用知识图谱的分析工具，运用其文本挖掘功能，通过从指挥控制技术、网络空间及电磁频谱技术、火力打击技术、跨域机动技术、一体化防御技术5类技术中，提取各项技术关键字，通过导入带有关键字信息的技术文本数据，进行网络关系可视化（Network Visualization）分析。

采用 VOS viewer 软件工具，构建和可视化从大量科学文献中提取的重要术语的共现网络关系。其中，圆圈节点和标签代表一个关键字（主题），关键字（主题）的大小取决于词频次数，连线数量的多少代表关键字（主题）之间相互关系的强弱。关键字（主题）的颜色代表其所属的聚类，不同的聚类用不同的颜色表示，通过该视图可以查看每个单独的聚类。图 12-1 所示为多域作战支持技术知识图谱的整体内容呈现。其中，部分高频关键词的局部放大图见附录，具体分析结果如下。

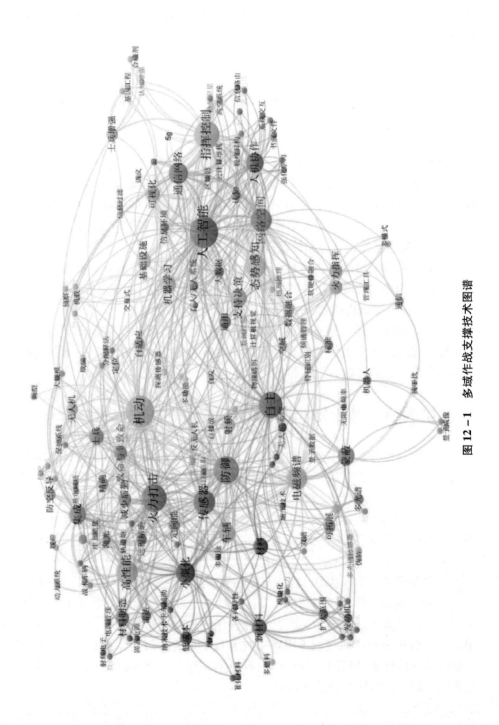

图 12 – 1 多域作战支撑技术图谱

本节共梳理 5 大类、19 小类，共计 100 余项多域作战相关支撑技术，每项技术根据具体情况提取 3 ~ 10 个关键词，关键词提取的原则重点聚焦于技术特征、运用领域、关键限定、高频共现等方面词汇。

通过分析可知，图谱主要呈现以下几方面特征。

（1）以人工智能为核心关键代表的智能技术大量应用于军事领域。人工智能技术在军事领域的应用重点，目前聚焦于态势感知、指挥控制、网络通信、决策支持、人机协作等方面。在火力打击及一体化防御方面涉及较少。与人工智能技术相关联较多的技术包括大数据、机器学习、区块链等。可以预见，各类智能化无人系统与作战平台将在陆域、空域、海域、太空、网络空间以及人的认知空间获得越来越多的应用，深刻改变着未来战争人工智能的技术比重。

（2）机动、人工智能、防御、火力打击、指挥控制词频次数较高，整体呈现突出性，且各高频相关词之间同样具有较高的关联关系。通过对图谱高频词位置分布可知，态势感知、指挥控制具有明显的关联效应；跨域机动、火力打击、防御具有明显的关联效应。

（3）多域作战相关技术更加关心强调技术的集成性、小型化、可拓展、低成本等关键属性特征。通过前述分析美国陆军六大现代化发展优先事项可知，士兵杀伤力是未来一段时间美国陆军发展的重点，而士兵杀伤力的核心关键不在于对单兵军事能力素养的培训，而是强调为士兵配备更加适宜多域环境的单兵认知层面、生理层面属性增强装备。加强提升底层士兵作战能力是多域作战的关键核心之一。

第十三章
多域作战概念的开发与转化

在准备战斗中，我总是发现规划是无用的，而规划又是必不可少的。

——德怀特·D. 艾森豪威尔

美军通过开展"融合工程 202×"系列演习，组建专项开发部门、构设典型作战场景，推动多域作战概念的开发与转化。

第一节 "融合工程"——多域作战转型的驱动点

2021 年 10 月 12 日至 11 月 10 日，美国陆军在亚利桑那州尤马试验场组织了"融合工程 2021"演习。该演习是美国陆军在联合作战顶层概念《联合部队 2030：全球一体化作战》牵引下，瞄准实现联合全域作战、融入联合全域指挥与控制架构，通过"变革性变革"推动陆军多域作战转型的重要工程。该工程着眼提升未来高端战争中陆军新质能力，落实《2018 年陆军战略》《2019 年陆军现代化战略》和"多域作战"概念，由陆军未来司令部主导，旨在运用人工智能等新兴技术缩短杀伤链闭合时间，集成陆军新质力量与其他军种力量，通过跨域协同和多域作战击败对手。演习重点围绕印太地区第一、第二岛链高端战争作战场景，持续推进多域指挥与控制能力生成。

一、"融合工程"提出背景及发展情况

（一）提出背景

为有效支撑"联合全域作战"，2021 年 5 月，美国国防部发布了《联合全域指挥与控制战略》，提出将作战网络范围进一步扩大，全面纳入陆、海、空、太空、网络空间等作战域、盟友、非军事机构数据和资源，形成由人工智能技术辅助管理的去中心化军事物联网。为开发此概念，美国国防部与各军种纷纷在技术与系统装备层面研发各项有可能成为联合全域指挥与控制基

础的跨域指挥控制与作战管理能力，同时开展各类演示验证以快速交付新技术，开发工作如图 13 – 1 所示。其中，陆军通过"融合工程"支撑该概念。

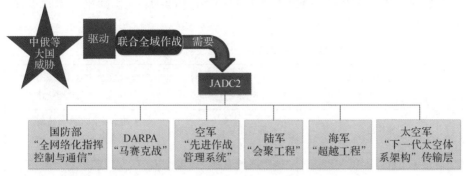

图 13 – 1　联合全域指挥与控制（JADC2）概念开发工作

（二）发展情况

"融合工程"是美国陆军为支撑联合全域指挥与控制概念，融入联合全域指挥与控制架构实施的"变革性变革"，旨在压缩人工智能驱动的"从传感器到射手"时间，使指挥官比对手更快地做出正确决策。该项目由美国陆军未来司令部主导，集成陆军六大优先事项，通过"融合工程 202 ×"系列演习演示验证、迭代开发多域指挥与控制方式，形成打赢未来高端战争的新型作战能力。美国陆军计划按年度周期实施"融合工程"，通过全年频繁的技术、设备试验及士兵反馈实现目标，并开展年度演习或展示。

1. "融合工程 2020"

2020 年 8—9 月，"融合工程 2020"演习在美国亚利桑那州尤马试验场举行，目标为连接"所有传感器、最佳射手和正确的指挥控制节点"。主要聚焦排级规模，旨在将人工智能技术、空中与地面的自主技术和机器人技术三种现有关键技术结合用于多域作战。演习测试了 34 种人工智能赋能的武器和工具，验证了战术情报目标接入点（TITAN）完成多域 ISR 数据收集、"普罗米修斯"系统处理多域情报数据、"火力风暴"（Fire Storm）人工智能系统智能推荐多域打击方案等多项跨域指挥控制能力，成功演示利用太空传感器支援地面火炮实现远程精确打击，将"从传感器到射手"时间由 20min 缩短至 20s，演示了未来"美国陆军在战场任何地方及时准确地开火、打击和击败时敏目标的能力"。

2. "融合工程 2022"

按照陆军军种内部、多军种联合、联盟一体化作战的步骤，美国陆军于 2022 年开展"融合工程 2022"演习，目标是引入联盟及联合全域指挥与控制（Coalition and Joint All – Domain Control and Command，CJADC2）概念聚焦吸纳盟友新技术，提高互操作性，促进美国陆军和联盟伙伴的进一步整合。邀请英国、澳大利亚、加拿大和新西兰等盟国与伙伴国参加，并将演习扩大到联军联合特遣部队级别，将更多技术和资产用于战场。美国陆军"融合工程"战略框架如表 13 - 1 所列。

表 13 - 1　美国陆军"融合工程"战略框架

项目	2020 年 8—9 月 加强近战		2021 年 10—11 月 驱动联合集成		2022 年 8—9 月 利用联合和联盟伙伴
行动科目重点	• 多域作战 • 渗透 • 瓦解 • 利用		• 联合全域指挥与控制 • 联合作战概念 • 多域特遣部队作战与组织概念		• 联合全域指挥与控制 • 联合作战概念 • 多域特遣部队角色和职责 • 情报/火力/网络；电子战/信息作战空间功能概念
演习	"欧洲防御者"/ JWA 20	"融合工程"20	"太平洋哨兵"/ JWA 21	"融合工程"/ PNTAX 21	"防御者"22（"融合工程"+ 联合作战评估）
概念聚焦	• 人工智能赋能的决策代理，用于顶层感知，以实现远程火力 • 人工智能目标识别 • 复杂团队合作和自主操作 • 空中重传以扩展战术网状网络		• 继续整合"31 + 4" • 与美国空军先进战斗管理系统连接 • 集成第 5 代战斗机（作为传感器和射手） • 在有争议/被拒绝的环境中运行 • 边缘云技术（验证）		• 捕获、评估和传播联合/多国部队的目标数据 • 在最底层利用低轨能力 • 定向能 • 边缘云技术（规模）
编组重点	• 旅战斗队 • 航空战斗旅 • 增强型远征信号营		• 师部 • 多域特遣部队 • 旅战斗队		• 联合特遣部队（军/师） • 多域特遣部队 • 旅战斗队 • 任务伙伴指挥单元
未来司令部研究性成果	• 瑞典轻武器瞄准器生产公司 2035 发展情况 • 验证陆军数据战略 • 优先考虑科技投资 • 生成/细化需求		• 熟悉联合作战概念 • 共享态势理解 • 通知联合架构 • 通用数据模型 • 边缘的能力和权限 • 生成/细化需求		• 熟悉联合作战概念开发 • 熟悉部队部署；多域特遣部队作战与组织 • 与联合架构的集成 • 将传感器到射手操作流程演变为新兴技术 • 生成/细化需求

二、"融合工程2021"演习基本情况及主要特点

(一)演习基本情况

1. 演习时间、地点

2021年10月12日—11月10日,美国亚利桑那州尤马试验场。

2. 演习目标

"融合工程2021"聚焦联合集成,通过联合各军种进行多域作战来测试和评估新兴技术。其包括三个问题:一是联合作战问题,找出可突破高端对手"反介入/区域拒止"能力的技术,并为未来全域作战测试新技术、能力和作战概念;二是新兴技术与架构结合问题,将人工智能、机器学习、自主技术、机器人技术以及通用数据标准和架构结合起来,以更快地做出正确决策形成作战优势;三是联合网络建立问题,建立可以满足信号延迟、断开、间歇和有限连接环境中的网络带宽和操作要求,并评估现有技术如何在这些环境中工作。

3. 演习力量规模

演习聚焦联合特遣部队层级,约7000人,有900多名数据收集人员。参演力量包括陆军第82空降师、多域特遣部队、海军陆战队地面/空中任务雷达、海军"标准"-6防空导弹、空军F-35战斗机和B-1轰炸机。

4. 验证技术装备

演习聚焦联合数据共享,大幅拓展指挥与控制网络,将空军、海军节点纳入联合作战网络,测试验证100多种技术;引入电子战和更多对抗性战场环境,试验其新技术在没有卫星生成全球定位系统信号情况下如何运行;在中近地轨道上用大量低成本卫星增强传统的地球同步轨道卫星通信能力,中近地轨道卫星将成为向射手传输目标数据的作战网络的一部分,以抵御敌方反卫星武器。

5. 开发武器系统

一是指挥控制系统。拓展"汇聚工程2020"验证的"火力风暴"系统至整个联合部队使用。该系统可利用传感器数据选择最佳攻击目标的武器,根据当前敌情和友军情况更新操作画面。二是目标瞄准系统。在战术情报目标接入点(TITAN)运用"同步高作战节奏目标定位"系统,该系统将传感器数据应用于目标选择、攻击制导矩阵以及野战火炮和火力支持的基础上,使用人工智能和系统自主能力来挑选最佳目标。三是多个作战系统协同工作。陆军试验"一体化作战指挥系统"(IBCS)与陆军火控网络"高级野战炮兵战术数据系统"(AFATDS)协同工作,以更有效地利用系统、高效作战。

6. 作战场景

演练 7 个场景，重点模拟在印太地区第一岛链和第二岛链执行任务的场景，前 3 个场景有联合部队参加，其余 4 个场景以地面部队为重点。7 个场景分别为：场景一，关注联合全域态势感知能力，包括利用近地轨道空间传感器的探测能力；场景二，对手导弹攻击后的联合防空反导行动；场景三，部队从危机过渡到冲突时的联合火力行动；场景四，关注半自主补给能力；场景五，试验人工智能和自主化侦察任务；场景六，复现"北方边缘 2021"演习，即探索改进后的综合视觉增强系统（Integrated Visual Augmentation System，IVAS）在空中突击任务中的应用；场景七，验证人工智能赋能的攻击能力。

7. 演习评估

演习结束后，美国陆军未来司令部进行了全面的演习评估，得出以下评估结论。一是继续完善联合网络，确保定位、导航与授时/太空能力，这些能力对于推进联合全域指挥与控制至关重要；二是重点关注实现竞争优势所需的速度、射程与多域作战的融合性；三是通过 7 个场景测试陆军与国防部和其他军兵种技术的互操作性，指挥控制网络显著扩大，作战范围与战场能见度得到提高；四是提升人工智能、机器人与自主技术等新兴技术的精度与杀伤力，可降低作战部队风险，并影响未来的作战方式和军队重组。

存在的主要挑战包括："从传感器到射手"的每个环节极度依赖电磁频谱环境，一旦数据传输受阻，作战能力将大幅下降；红外、雷达、电磁、声光信号易被发现识别；预算受限可能会影响新技术开发的速度。

（二）演习主要特点

1. 多场景和任务模拟

与"融合工程 2020"相比，此次演习场景由 3 个增至 7 个，每个场景设置若干子任务，聚焦第一岛链及第二岛链的作战行动。总体来看，场景设置重在解决如何突破敌"反介入/区域拒止"以及如何实现"联合全域作战"问题。因此，人工智能、机器学习、自主性和机器人技术大量融入演习场景，并使之与通用数据标准和架构结合，以便指挥官更快地在多个作战域做出决策。可以说，紧贴高端战争的场景设计可有效提高联合部队的态势感知、情报共享、决策分析和火力打击能力。

2. 多力量和平台联合

此次演习的作战力量包括陆军的多域特遣部队、第 82 空降师，武器平台有海军"标准"–6 导弹、空军 F–35 战斗机和 B–1 轰炸机以及海军陆战队的地/空多任务雷达等。根据不同场景，对力量和平台有效组合，从而实现跨域联合。此外，为应对对手可能的拒止通信，无人机和低轨卫星联合承担高带宽网络数据传输任务。

3. 多系统和技术融合

多军种指挥控制系统融合是此次演习的测试重点。根据演习计划，海军和陆战队传感器数据尝试嵌入陆军"综合空中和导弹防御作战指挥系统"和"先进野战炮兵战术数据系统"，从而实现多军种联合导弹防御能力。但是，此次系统融合试验尚未完全实现既定目标，因此，导弹防御局将进一步开发指挥控制系统以协调这些火力。此外，目标自动选择技术"火力风暴"进一步得到测试，该技术可利用传感器数据选择最佳攻击目标，根据当前敌情和友军情况更新数据信息，为指挥官提供最优选项。

第二节 "多域作战"概念开发机构

为应对未来战争挑战、保持绝对领先优势、支撑多域作战能力，2018年7月，美国陆军组建未来司令部，与陆军部队司令部、训练与条令司令部、装备司令部并列形成陆军四大司令部格局。2019年2月，美国陆军未来司令部在机构重组方面取得关键性进展，于2019年夏具备完全作战能力，陆军现代化转型步伐提速。陆军未来司令部主要职责包括制定未来作战概念、通过研究与创新获得创新解决方案、建造下一代作战系统等，确保作战人员在当前和未来能够更加有效地作战并更具杀伤力。陆军未来司令部下设未来与概念中心、战斗能力发展中心和战斗系统局三个二级机构。具体而言，未来与概念中心基于威胁分析进行需求评估；战斗能力发展中心负责制定概念和正式需求文件；战斗系统局负责新系统的完善、工程设计和生产。

自运行以来，未来司令部陆续成立现代化优先事项跨职能团体、陆军应用研究实验室及陆军人工智能工作组等机构。同时，司令部还积极接收各转隶单位。2019年2月3日，随着陆军研究、发展与工程司令部（Research Development and Engineering Command，RDECOM）的正式转入，陆军完成自1973年以来（当年设立了陆军部队司令部和陆军训练与条令司令部）最大的一次机构重组。

一、成立跨职能团体，负责开展现代化工作

针对现代化优先事项，陆军未来司令部成立了8个跨职能团体，其中6个团体分别负责远程精确火力、下一代战车、未来垂直起降飞行器、机动通信指挥网络、一体化防空反导，以及士兵杀伤力等领域发展，另有2个跨职能团队专注于两项基础技术研发，分别是定位导航与授时（Positioning，

Navigation and Timing，PNT）及合成训练环境。跨职能团队的权限主要限于试验、技术演示验证和原型研究，真正的研发和生产项目仍由项目经理负责。跨职能团队由来自需求、采办、科学与技术、试验与鉴定、资源、合同、成本与保障等领域的专家组成，在规模、编成及办公地点上有较大的灵活性，汇报对象是陆军副部长和副参谋长。

二、成立陆军应用实验室，推动创新能力发展

为加快科技创新、保持军事技术优势、有效增强与外部创新型公司的合作，2018 年 10 月，陆军未来司令部在其总部奥斯汀附近成立陆军应用实验室，旨在充分利用私营部门的创新能力，快速研发能够转为正式项目的产品和技术。该实验室已启动 4 个重大试点项目：一是"催化剂"试点项目，重点针对不成熟的想法开展基础研究；二是"陆军能力加速器"项目，主要致力于应用研究；三是"合作开发基金"项目，将为项目工程阶段提供大规模投资；四是"光环制造加速器"项目，致力于开发真正可部署的武器、传感器和其他系统。

三、成立陆军人工智能工作组，全力推进人工智能发展

2018 年 10 月，陆军部长马克·埃斯珀签署陆军指令 2018 - 18《陆军人工智能任务工作组支持国防部联合人工智能中心》，正式成立陆军人工智能工作组（Army - Artificial Intelligence，A - AI TF）。根据该指令，A - AI TF 由陆军未来司令部领导，负责领导陆军的人工智能工作并为国防部的人工智能项目提供支持，缩小人工智能领域现有能力缺口。目前工作组配置 20 人，其中约 2/3 为陆军军人，1/3 为文职人员。作为联络机构，A - AI TF 可将陆军与学术界和工业部门先进的人工智能研发活动有效联系起来。2019 年 2 月 1 日，陆军在皮茨伯格举行仪式，将人工智能工作组正式纳入陆军未来司令部。目前，A - AI TF 初步具备运行能力，并选址卡内基梅隆大学开展业务，陆军所属各部门均需全力协助配合 A - AI TF 工作。这是自国防部联合人工智能中心成立后组建的首个军种人工智能管理机构，表明陆军已全面推进人工智能研究及应用工作。

四、接管陆军能力集成中心，加强未来作战概念研究

2018 年 12 月 10 日，未来司令部正式接管原陆军训练与条令司令部下属的陆军能力集成中心（Army Capability Integration Center，ARCIC），并将其更名为未来与概念中心。ARCIC 负责规划未来战争，转隶后仍继续留在训练与

条令司令部总部所在地，以建立未来司令部和训练与条令司令部之间的紧密联系。此次转隶表明陆军关注未来、未来概念和未来能力，由 ARCIC 制定的"多域作战"概念将整合至陆军的编队、指挥部、军事设施和其他单位。目前，"多域作战" 1.5 已于 2018 年 12 月发布，2019 年秋将发布新版概念"多域作战" 2.0。

五、接管陆军研究、发展与工程司令部，强化作战能力研发

2019 年 2 月 3 日，未来司令部正式接管原陆军装备司令部下属的研究、发展与工程司令部，并将其更名为作战能力发展司令部（Combat Capability Development Command，CCDC），是未来司令部作战发展机构中一个非常重要的组成部分。陆军研究、发展与工程司令部是最后一个整合到陆军未来司令部的重要机构，意味着陆军完成了自 1973 年以来最大的一次机构重组。该司令部现拥有约 14000 名人员，分布于全美 36 个地区，转隶后不会搬离其原有办公地点，将成为未来司令部未来与概念中心和作战系统局之间一个重要的联络纽带。CCDC 由陆军研究实验室、7 个中心和 3 个国际中心组成，覆盖的能力领域包括军备、航空与导弹、化学生物、C^5ISR、数据与分析、地面战斗系统和士兵。3 个区域国际中心分别是美洲中心、大西洋中心和太平洋中心。CCDC 将致力于基础科学研究、技术开发及工程与分析，以支持陆军的六大现代化优先事项。其任务宗旨是加速能力交付，以及将技术集成至现有武器系统。

第十四章
联合全域指挥与控制概念与多域作战

> 两栖作战需要所有作战军种在制订和实施作战计划时进行最密切的合作，还需要一个在所有作战阶段为主要决策明确分配职责的指挥机构……
>
> ——亨利·K. 休伊特海军上将

为赢得高端战争，2019年下半年，美军联合参谋部提出联合全域作战（JADO）概念，即"为获得优势并完成任务，联合部队在陆、海、空、太空、网络空间以及电磁频谱的'全域'经整体筹划并协同实施的作战行动"，同时将联合全域指挥控制（JADC2）作为实现JADO的核心。

JADC2旨在使用"全新架构、相同技术"，连接"每一个传感器，每一个射手"，构建面向无人化、智能化作战的"网络之网络"，通过将各要素高度融合带来全域打击能力的倍增，让所有领域的平台与武器之间共享目标数据，确保美军做出最有效、最致命的响应，实现跨域机动自由、火力压制和技术优势，将美军的"联合能力"提升到一个新的水平，重新建立全球军事绝对领先优势。

目前，在美国国防部高层强力推进与各军种通力配合下，美军已从组织管理、作战条令、系统研制、技术开发和演习试验等各个层面积极推进JADC2能力建设，并取得了多项重要突破。但是，JADC2不是一个单纯的技术解决方案，其实现需要全面改革作战组织方式、指挥权限和指控架构，从根本上改变各个领域下级指挥节点"烟囱式"的作战模式。然而，或因囿于军种矛盾和利益纷争，以及太空、网络与传统领域的指挥控制在融合上的困境，国防部在提出JADC2概念后，并未立即制订明确的发展目标和计划，也未提出可行的作战运用，在自上而下统筹规划和变革指控权限、架构及流程方面的工作明显滞后于各军种的JADC2能力发展。整体来看，JADC2概念还处在军种各自为政，国防部坐观其变的状态，各军种根据各自的发展需求，聚焦成熟技术分别开展JADC2能力建设，未来如何集成为一个完整的联合系统将是一个难题。因此，JADC2在战略、战役层面引起的后继变化还有待观察。但不可否认的是，JADC2对美军组织机构、指控流程、作战模式、装备建设等已经带来了一系列影响。图14-1所示为JADC2高级作战视图。

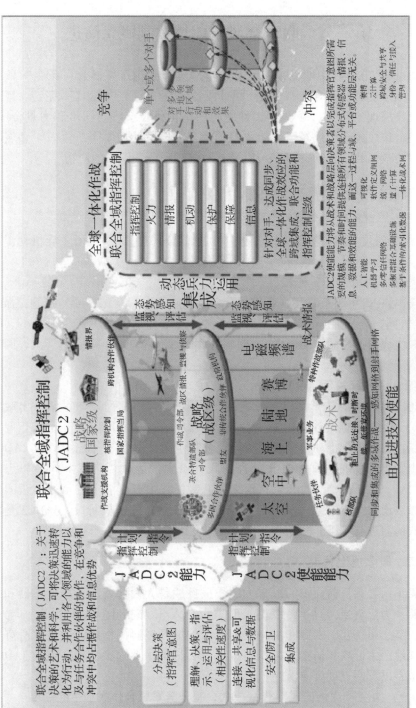

图 14-1 JADC2 高级作战视图

第一节　联合全域指挥与控制概念演进

20 世纪 90 年代中期以来，美军逐步形成了"构想－概念－条令"依次衔接、滚动发展的联合作战理论研发机制，构建起了一整套体系完整、规范的联合作战理论体系，强调军兵种之间的结构优化、行动同步和力量合成。美军联合作战概念大致经历了从"军种联合"向"跨域协同"再向"多域融合"的发展历程。JADC2 概念可以说是"多域融合"阶段的产物。

一、概念演进经历三个阶段

（一）"军种联合"阶段

美军通过《2010 联合构想》和《2020 联合构想》，明确了主导机动、精确作战、聚焦后勤、全维防护等联合作战概念。

（二）"跨域协同"阶段

美军 2012 年颁布的《联合作战介入概念》提出"全球公域"概念，强调"跨域协同"是联合作战介入的重要基础。2015 年底，美军初步完成了《联合跨域作战指挥控制行动概念》，明确将"跨域"指向陆、海、空、天、网等领域。

（三）"多域融合"阶段

2016 年，美国陆军提出多域战并于同年 11 月将其列入陆军条令出版物《作战》，标志着联合作战进入"多域融合"阶段。"多域融合"不仅拓展了作战域，更着重于推动力量要素从"联合"走向"融合"。而 JADO 和 JADC2 的提出则将多域战从军种概念上升到联合概念，是对"跨域协同"思想和"多域战"等作战理论的继承、延续和升级，并很有可能上升至战略级的概念，可以说将美军的"多域融合"推进到了一个新的发展阶段。JADC2 是联合形式的演进与升级，其核心在于最大限度地发挥所有域的整体优势。

二、概念提出背景

美军认为其目前面临的最重大的作战挑战是大国部署的远程传感器和打击武器，为应对强大对手持续增长的"反介入/区域拒止"（A2/AD）能力，需要在陆、海、空、太空和网络空间 5 个领域开展协同作战，通过在所有领域无缝地产生进攻和防御效果是达成这一目标的重要途径。美军提出 JADC2 主要基于以下两点现实需求。

（一）为变革"烟囱式"作战模式，提升美军联合作战水平的需要

根据美军当前的联合作战理论，每个领域都由一名指挥官负责，即作战

部门根据各自领域的专业知识提供部队和装备，以监管在该领域中、从该领域以及通过该领域产生的作战效果，如空军司令负责联合空中行动。这确保了在每个领域内实现统一指挥，但也导致了在该领域的下级指挥节点形成了"烟囱式"的作战模式，集成多个领域需要多个步骤和批准环节，联合规划人员并不具备领域的专业知识或信息访问权限。这种"烟囱式"作战往往会延迟跨域能力整合，从而限制各个领域之间的协同，无法以大国竞争需要的速度规划、同步和开展联合行动。

此外，发展 JADC2 是将太空、网络等新兴领域与传统领域深入融合的需要。由于太空和网络空间部队与传统领域在能力运用方式、向联合部队指挥官提供能力的方式、指控权限、规划周期等方面有较大差异，美军太空和网络空间部队在领域融合程度上远低于陆、海、空领域。例如，美国空军主要运用的是空中力量，而太空和网络空间的能力则处于辅助地位。而 JADO 的实现取决于对所有领域的整合能力，美军必须把太空和网络空间纳入统一的规划周期以集成和同步所有领域的感知、目标选取和执行活动，从而提升六大作战领域的融合水平，通过在所有领域实现协同效果来对抗对手。

（二）为实现全自动跨域机动，应对未来高速、复杂作战的需要

美军认为目前使用的指挥控制手段已经丧失优势，主要体现在：一是难以实现战场态势感知数据的跨域集成，美军当前的跨域态势感知能力依赖于数量相对较少的昂贵高科技专用系统，不支持在所有领域充分的交互和数据融合，各军种之间缺乏简便安全的数据共享机制。二是难以实现跨军种的一体化指挥控制，美军现行跨军种远程目标选取和火力支援过程未实现全自动的机器到机器通信，军种之间需要通过持续监控大量基于互联网的多线程沟通程序，再手动将数据转移或输入军种各自的系统中才能完成跨域目标打击，这一过程耗时长且易引入人为错误。三是难以应对未来作战的高速度和复杂性，美军当前战区级集中式指挥控制架构限制了人工智能技术及自主系统的应用，从而阻碍美军以大国竞争所需的速度为对手制造复杂性和多重困境；同时，以参谋为驱动的作战筹划无法从速度和规模上满足现代战争中与大量时敏、动态目标交战的需求。

为解决上述问题，美军需要一种跨军种和作战域的高效信息共享与分析决策能力，以支持联合全域作战。

第二节　联合全域指挥与控制目标能力与实现路径

现代战争的形态正在发生变化，逐步从传统的"正规战争"向界限更加模糊、作战样式更为融合的"混合战争"、灰色地带形态发展。世界主要国家均把信息和决策作为未来冲突的主战场，而美军现有面向战区级高端冲突的想定不适应未来以决策和信息为主战场的新型冲突。因此，美军意图通过联合全域指挥与控制提升未来战争中的体系作战能力。

一、目标能力

为适应未来以决策为中心的冲突形式，美军认为应采用全新的制胜机理和作战概念，重点在于比对手做出更快、更好的决策，而不是与敌方打消耗战。JADC2 正是关于决策的艺术和科学，其目标是能够在竞争连续体中达成作战和信息优势。美国空军参谋长戴维·戈德费恩上将表示，"JADO 的目标是给对手制造多重困境，最好的结果是对手考虑 JADO 将为他们带来如此多的困境，以至他们从一开始就放弃与我们作战"。这一策略明确体现了 JADO 将作战目标由最大限度地消灭对手的有生力量转变为剥夺对手的决策能力与决策权限，从而击败对手。

JADC2 的主要特点是"全域感知、动态规划、跨域协同"。基于 JADC2，美军未来可获得以下作战优势：一是全域全维信息融合能力。JADC2 聚焦实现全域无缝"机器－机器"消息转换与通信，使各军种能够灵活调用非自身建制的传感能力，通过掌握陆、海、空、天、网等各域态势，形成及时、精确、统一的通用作战图，为后续作战行动提供信息优势。二是智能主导态势认知能力。通过分布部署更广泛的情报搜集平台，结合人工智能技术的深度赋能和天基互联网的信息交互，使决策者能够清晰洞察多域数据之间的相互关系，以及对联合部队行动的影响，极大改善 OODA 环中的感知和判断环节。三是"人在回路"的高效智能决策。利用人工智能、机器学习等前沿技术，借助持续的信息优势和信息共享，通过任务式指挥，解决在对抗环境中高级别指挥官无法持续对战术边缘提供反馈与指挥的困境，加深对不可预测和不确定战场环境的理解，加快决策和多域行动速度，同时保证人工智能决策的可靠、可控。四是按需聚合、智能控制。美军各军种无人作战系统通过在共用"武器池"统一注册，实现身份认同和敌我识别；在对抗作战环境中，根据作战任务可在广域战场空间按需聚合；通过综合运用人工智能、自主性技术等进行人机协作、自主决策，实现智能控制。

二、实现路径

JADC2 是美军联合形式的演进，将以创新的体系架构，打造全域一体的联合作战能力，其实现关键有三个：一是改革组织编制，实现力量结构向全域要素融合转型；二是建立以动态云环境为基础的关键支撑体系，提升美军分布式作战能力；三是优化指挥控制机制流程，实现一体化、全自动化的分布式指挥控制。

（一）面向任务，全面改革兵力设计、作战方式、指挥权限、指控架构和采办模式

兵力设计方面，美国国防部目前还没有构建和实施作战司令部所需联合能力的机制。每个军种都是针对其领域特有的问题而设计的，在缺乏通用部队设计的情况下，各个军种在为 JADO 开发系统与技术时，主要关注的还是各军种自身的特定需求。

在指挥权限和作战方式方面，美军基于军种/领域的指挥权限和作战方式阻碍了无缝联合作战的实施。各个军种组成部队不愿放松对其自身能力的控制，很难将自身领域的资产控制权交给另一个域的指挥官。

采办方面，美国国防部以平台为中心的采办对于无形的"联通性"和"数据"的开发缺少支撑。此外，开发通信网络以及开发平台与利用这些平台的指挥控制能力之间的"连接"对于军工生产厂商来说往往不是一件利润丰厚的买卖，而"通信""连接"与"数据"对实现 JADO 却是至关重要的。

JADO 要求打破传统军种之间的界限，面向战场任务，从所有作战域中精选可用作战要素进行快速组合或重组，追求作战效果最优化。为此，JADO 将全面改革兵力设计和采办模式、作战组织方式、指挥权限和指挥架构，从单一军种和聚焦于作战域的兵力设计和指挥控制方式转变为面向任务的方式，建立分布在全球各地作战区域的联合全域作战中心（ADOC），ADOC 也必须连接到军种提供的多域兵力包和作战管理团队。ADOC 和作战管理团队利用共享的、情境相关的全域、各军种以及所有合作伙伴的态势理解，取代由孤立的作战域或军种架构产生的碎片化态势感知。JADO 从作战规划时就充分考虑所有领域的融合，并在整个执行过程中在全域范围内动态调整和再分配任务，推动美军联合作战进入全域融合的新阶段。

（二）推进统一数据架构设计和安全数据共享环境建设，构建以动态云环境为基础的关键支撑体系

联合全域指挥控制从根本上讲是一个数据问题，最大限度地实现基于云的安全数据共享是实现决策优势的基础和关键。为缩短数据处理时间，需将指挥控制架构中不必要的层级扁平化，将数据集成到基于云的体系结构中，在使用数据的各级作战梯队间实现纵向和横向开放访问，最终以全域共用作战图的形式展示数据，提供各种可定制的可视化视图，实现最佳的理解和决策。

根据国防部规划，JADC2 的理想状态是提供类似 Uber 拼车服务的云环境：未来战场就如同"市场"，指挥官或作战人员作为"买方"，各作战能力作为"卖方"，买方可以向众多卖方提出能力"竞标"，"交易物"为作战能力，"交易平台"就是指挥控制平台。这种新型的指挥控制架构通过利用不同的通信路径和机器到机器的数据传输构建全域杀伤网，以此克服单域和跨域杀伤链的脆弱性，将所有领域的传感器与射手互联，增强武器平台之间的可组合性，创造出更丰富的杀伤效果，使美军的作战行动更加不可预测，从而让对手陷入多重困境。

（三）利用人工智能、自主性等新兴技术实现分布式作战和任务式指挥

人工智能等新兴技术是实现 JADC2 分布式指挥控制架构及任务式指挥的关键引擎。人工智能一方面能够大幅提升决策支持工具的效率，使指挥官尤其是缺乏资源的低级别指挥官能够管理快速、复杂的作战，控制分布式部队，从而实现任务式指挥；另一方面，随着 JADO 中作战空间的延伸，战场要素和数据量爆发式增长，人工智能技术可作为人脑的辅助和延伸，显著提升指挥官判断和决策的效率与科学性。自主性技术能够支撑更加分散的兵力设计方案，使美军能够运用更多数量的无人平台。

第三节　联合全域指挥与控制概念建设举措

自 2019 年下半年起，美军从作战条令、系统研制、技术开发和演习试验等各个层面积极推进 JADC2，已取得多项突破。

一、在国防部层面统筹 JADO/JADC2 的组织管理工作

2019 年，美国国防部组建了联合跨职能团队来专门研究 JADC2，团队成员包括国防部首席信息官、研究与工程的副部长和负责采购与维护副部长。联合跨职能团队的首要任务是集中管理各个军种的 JADC2 工作，确保所有军种朝着同一个方向努力。

2020 年 10 月，美国国防部发布数据战略，要求国防部数据部门为未来技术制定明确的数据标准和互操作性要求，以实现联合全域作战。

2020 年 12 月，美国国会发布《2021 财年国防授权法案》，要求国防部长、国防部首席信息官、参谋长联席会议副主席和各军种高级代表每季度向国会国防委员会汇报 JADC2 发展情况，进一步明确联合跨职能团队、国防办公室和各军种的职责以及在联合作战概念研究、解决方案提出、试验测试等方面的具体工作。

2021年5月，美国国防部长签发了JADC2战略文件，确定了各军事部门如何连接空中、陆地、海洋、太空和网络空间传感器，使用网络化方法开展作战，目标是将各军种的计划项目协调成一个可互操作的技术和行动框架。战略明确了5个努力方向：①数据体系；②人力体系；③技术体系；④核指挥控制与通信（Nuclear Command Control and Communication，NC3）；⑤任务伙伴信息共享。

二、将 JADO/JADC2 纳入军种条令

美国空军是首个也是目前唯一将JADC2概念纳入条令的军种部队。2020年3月，美国空军发布《空军条令说明1-20美国空军在联合全域作战中的作用》，定义了JADO和JADC2，从OODA环的角度出发阐述了如何开展JADO，为JADO和JADC2的条令制定做好了准备。

2020年6月，美国空军发布空军条令附件3-1《联合全域作战中的空军部职责》，首次将JADC2写入军种条令（根据空军条令体系命名规则，附件就是正式条令），详细论述了空军部在JADO中的指挥控制、信息、情报、火力、运输与机动、保护及后勤领域中的职责。通过将JADO的远景和近期的实际方法结合起来，该条令为支持JADO的空中和太空组成部分建立了框架。

2021年4月，美国空军发布《空军条令出版物1：空军》（AFDP-1），首次明确将任务式指挥作为空中力量指挥控制理念，指出将通过集中指挥、分布式控制和分散执行来实施任务式指挥。这是美国空军对一直以来集中控制和分散执行的空中力量运用原则的重要演进，体现了美国空军聚焦JADC2赋能的联合作战概念的重大转变。

三、积极发展支撑系统和技术，开展能够快速交付新技术的演示试验

2019年以来，美国国防部与各军种纷纷在技术与系统装备层面上研发各项有可能成为JADC2基础的跨域指挥控制与作战管理能力，同时开展各类演示验证以快速交付新技术。

（一）美国国防部

目前，美军的指挥控制与通信系统由各军种独立开发和采办，整体能力仍是分散和不兼容的。为此，美国国防部于2020年启动"全网络化指挥控制与通信"项目，以实现跨军种访问、处理和分发信息的能力，在所有部门和作战环境中，实现所有平台和系统的可靠互联和互操作性。国防部前研究与工程副部长迈克尔·格里芬表示，该项目代表了JADC2的中长期愿景，其正在开发的技术将在3年后成为JADC2不可分割的一部分。

（二）美国国防高级研究计划局

为支撑 JADC2 的实现，DARPA 及各军种正在重点发展异构平台互联互通、弹性网络通信和动态任务规划能力。在基础设施方面，DARPA 开发数据转换技术联通异构平台，利用分布式计算在前沿节点处理数据，发展可自主配置通信，实现敏捷、自愈型网络，典型项目包括"异构电子系统的系统技术集成工具链"（System of Systems Technology Integration Tool Chain for Hetergeneous Electronic System，STITCHES）、"分散计算""任务集成网络控制"（Mission Integrated Network Control，MINC）和联合全域作战软件（Joint All-Domain Warfighting Software，JAWS）等。在筹划决策领域，DARPA 开展了自适应分布式概率任务分配（Adaptive Distributed Allocation of Probabilistic Tasks，ADAPT）、自适应跨域杀伤网（Adapting Cross-domain Kill-Webs，ACK）等项目研制，利用智能化决策辅助工具为指挥官提供跨域资源选择能力。

（三）美国空军

2019 年 11 月，美国空军的先进作战管理系统（Advanced Battle Management System，ABMS）被确定为 JADC2 的首要技术解决方案和核心支撑系统，其最终目标是构建军事物联网，以机器速度将每个传感器实时连接至战场上的每个射手。

ABMS 是一个以网络为中心的分布式多域作战体系，充分利用数字工程、人工智能和机器学习等前沿技术，向联合作战部队提供关键监视、战术边缘通信和作战管理指控能力，支持大国竞争下 JADC2 的愿景。ABMS 系统族的组成架构包括数字体系结构、标准和概念开发，传感器集成，数据，安全处理，联通性，应用，效果集成 7 种技术类别共 28 种产品。

ABMS 的核心基础是 CloudONE、PlatformONE 和 DataONE。CloudONE 是实现 ABMS 全域态势感知的数据共享能力的关键基础；PlatformONE 是基于云的互操作软件开发环境，同时提供快速、简单的云端接入；DataONE 是基于云的可发现数据库和数据管理器，最终将包括各作战域的各类传感器数据。

美国空军于 2019 年 12 月至 2021 年 7 月联合各军种开展了 5 次 ABMS 演示试验，成功测试了基于安全云的多军种无缝连接及态势共享、基于人工智能的指挥控制应用及敏捷战斗运用等新概念（图 14-2）。

2021 年 5 月，美国空军宣布 ABMS 项目进入新的发展阶段，由过去的关注快速技术试验和开发过渡到重视作战能力部署，明确了将从数字基础设施投资和"能力发布"两个方面重点发展安全处理、联通性、数据管理、应用、传感器集成、效果集成 6 种能力，通过"能力发布"交付缩短杀伤链和作战人员急需的作战能力。

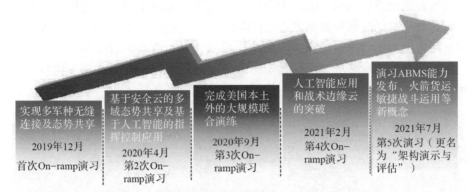

图14-2　美国空军牵头开展的5次ABMS演示试验

（四）美国陆军

2020年上半年，美国陆军提出发展"融合计划"（Project Convergence），围绕五大核心要素——士兵、武器系统、指挥控制、信息和地形设计，通过全年频繁的技术、设备试验、士兵反馈及年度演习发展陆军JADC2能力。2020年8月开展的最新演习测试了34种人工智能赋能的武器和工具，演示了陆军跨海、陆、空、天和网络领域的多个平台进行快速作战的能力，将传感器到射手的过程由20min缩短至20s，演习验证了战术情报目标接入点（TITAN）完成多域ISR数据收集、"普罗米修斯"系统处理多域情报数据、火风暴系统智能推荐多域打击方案等多项跨域指挥控制能力，成功演示利用太空传感器支援地面火炮实现远程精确打击，显示了"美国陆军在战场任何地方及时准确地开火、打击和击败时敏目标的能力"。

（五）美国海军

2020年10月，美国海军启动"超越计划"，旨在建立一个能够支持分布式海上作战概念的海军作战架构（Naval Operational Architecture，NOA），利用人工智能和机器学习将最佳感知数据传递给最佳动能或非动能平台，使海军提供同步化的致命和非致命效果，以形成海军的JADC2能力。海军要求在10年内部署NOA，不能出现任何时延。海军于2023年在"罗斯福"号航空母舰打击群上部署"超越计划"交付的新一代作战网络雏形，促进网络化舰队的形成。

（六）美国太空军

由20颗低轨小卫星组成的"国防太空架构"（National Defense Space Architecture，NDSA）的传输层将构成JADC2太空领域的网络部分，为JADC2提供实时、无缝的全球信息获取能力（图14-3）。一旦NDSA传输层"0期"在2022年被送入轨道，将提供一个全球低轨卫星星座网络以联通天基传感器和各军种的地面战术网。美国太空发展局期望传输层卫星网络能够从空基传感器，如空军的红外导弹预警系统获取数据，然后通过 TITAN 和 Link 16 战术网络将数据直接传送给任意位置的地面作战人员。这意味着美国空军传感器的数据能够传送给陆军射手，甚至国家侦察局传感器的数据能够发给空军射手，从而实现 JADC2 "连接所有传感器和射手"的愿景。

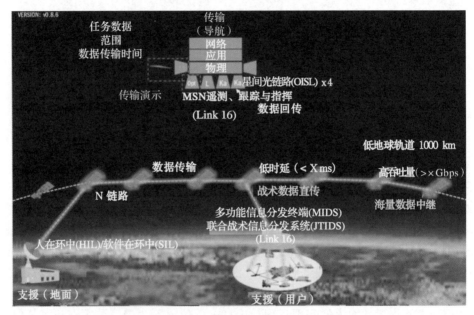

图 14 – 3   NDSA 传输层架构

第四节   联合全域指挥与控制概念开发及发展趋势

美军着眼提升大国竞争中的全域作战能力，通过增加经费投入、研发支撑作战概念、组织全球一体化演习验证，持续迭代演进、循环发展全域作战概念。

一、概念开发

2019 年以来，美国推出了新版顶层概念《联合部队 2030：全球一体化作战》，提出"全域作战"核心理念，将其作为实现全球一体化作战的重要途径。该理念强调融合未来作战可能涉及的所有领域，整合美军陆、海、空、天、网、电等各领域军事能力，在全球范围内与中俄等实力相近对手在不同层级的冲突中展开竞争和作战行动。其主要包括 6 个要素："全球兵力管理"

"全球火力""全球计划""全球行动""全球信息整合"和"全球一体化威慑"。联合全域作战着眼大国高端战争，瞄准未来 10 ~ 15 年作战方式变化，牵引美军军队结构转型，从根本上提升美军联合作战能力。

（一）增加经费投入推动联合全域作战概念落地

尽管美国国防部向国会提交的 2022 财年预算请求没有给出联合全域指挥与控制（JADC2）项目的具体预算数字，但各军种的支出提案提供了相关线索。美国空军为先进作战管理系统（ABMS）申请了 2.04 亿美元的预算，相较于美国国会 2021 财年实际拨款增加了 4600 万美元。美国陆军 2022 财年预算请求关于多域作战"融合计划"投入 1.068 亿美元进行项目演示。美国陆军网络跨职能团队为"融合计划"和 JADC2 提供网络骨干，在 2022 财年获得 27 亿美元总预算，较 2021 财年国会拨款增加 5.37 亿美元。美国海军有关JADC2 战略开展的"超越计划"公布信息极少，2022 财年的信息战预算请求达到 58.7 亿美元，较 2021 财年国会拨款增加 2.56 亿美元。美国太空军对JADC2 基础设施的一个主要贡献是统一数据库（Unified Data Library，UDL），这是一个基于云的数据存储平台，在 2022 财年为 UDL 项目申请了 1710 万美元预算。美国国防部要求为指挥、控制、通信、计算机和情报系统提供 127 亿美元资金，高于 2021 年的 119 亿美元。同时，增加对 JADC2 战略新兴技术的投资（如人工智能 5G 网络）预算投入。2022 财年，美军预算提案包括 600 项独立的人工智能项目，预算达到 8.74 亿美元，较 2021 财年增长 50%。在 5G技术方面的预算投资约为 4 亿美元。

（二）体系化开发支撑性作战概念

联合全域作战以"联合全域指挥与控制"概念为核心支撑。在整个概念体系驱动下，军种协力开发新型作战概念。陆军开发"多域作战"概念，海军开发"分布式海上作战"概念，空军开发"穿透性制空"概念，海军陆战队开发"远征前进基地"概念，为联合作战顶层概念提供有力支撑。

（三）组织全球一体化演习验证

为逐步试验验证联合全域作战概念，2021 年，美国组织多项相关演习，最为重要的是 2021 年 8 月 3—16 日，美国海军在全球多个地区同时举行"大规模演习 – 2021"（LSE21）。此次演习在全球 17 个时区同步开展，主体力量由海军和海军陆战队组成，参演舰船包括航空母舰、驱逐舰、潜艇等，美国媒体称其为近 40 年来最大规模的演习。演习最重要的一个课题即推进新型作战概念首次实战验证，主要包括"分布式海上作战"（Distributed Maritime Operations，DMO）、"对抗环境中的濒海作战"（Littoral Operations in a Contested Environment，LOCE）、"远征前进基地作战"（Expedition Advance Base

Operation，EABO）等。同时，演习还实施了网络战、信息战、无人作战系统等攻防演练，并检验了全域作战条件下的保障能力。

二、发展趋势

（一）美国国防部或将从战略层面加大力度统筹各军种 JADC2 能力建设工作

美国国防部提出 JADC2 概念后，虽然成立了跨职能团队，但还是主要由各军种结合自身作战能力目标，分别发展各自的 JADC2 能力。除美国空军 ABMS 的演示试验在一定程度上联合了陆军和海军力量外，陆军"融合计划"和海军"超越计划"到目前为止还局限于军种内部的活动。国防部后续即将发布 JADC2 的态势评估和实施计划，预计将为各军种现有 JADC2 项目提供更加明确的指导，通过建立可互操作的技术和行动框架，深入协调各军种正在开展的相关项目，同时支撑人工智能、机器学习、预测分析和其他新兴技术在 JADC2 项目中的持续快速集成。

（二）积极建设企业云和统一数据环境，为跨军种数据共享和人工智能应用提供重要基础

云计算环境是实现 JADC2 的重要基础。2021 年 7 月，美国国防部取消联合企业国防基础设施（Joint Enterprise Defense Infrastructure Contract，JEDI）云计算项目，同时启动新的多云计划——联合作战人员云能力（Joint Warfighting Cloud Capability，JWCC）。国防部这一举动的其中一个重要原因是 JADC2 对云计算环境提出了更高要求。JWCC 将在三个涉密等级（非密、机密和绝密）上提供一体化的跨域解决方案，包括战术边缘的全球可用性和增强的赛博安全控制措施。国防部正着手建立统一的数据管理环境，采用通用标准并提供相应的管理工具，支持跨军种的数据共享和数据管理。此外，美军还将推动任务伙伴环境建设，建立美军和盟国共享信息的通用平台，将联合全域作战拓展至盟国。

（三）寻求零信任网络安全，为 JADC2 提供安全保障

美国国防部为提升网络安全层级，将基于零信任原则组织管理和使用国防部的信息网络，降低美军信息网络可能受到的威胁和损害。美国国防部信息化系统局（DISA）于 2021 年 5 月公开发布国防部零信任参考架构，并宣布于 2021 年秋季成立零信任投资组合管理团队，还计划发布《零信任战略2021》。DISA 正在研究实现零信任架构的关键技术——企业级身份、认证和访问管理工具，将支持对各类用户访问各种安全等级的云环境进行身份验证，保障作战人员特别是战术边缘的作战人员能够连接至 JADC2 网络，利用云计算环境进行信息共享。

第十五章
其他主要国家军队"多域作战"发展综述

只有一件事比与盟友战斗更糟糕，那就是没有他们的战斗。
——温斯顿·丘吉尔，FM3 - 0《作战纲要》

每一个作战域的开辟，必将引发新一轮作战方式的变革。在以智能、泛在、融合为特点的新一轮科技革命和产业革命的加速推动下，太空、网络空间、电磁频谱、认知空间等新兴作战域对未来作战影响日益增大，通过与传统陆、海、空作战域跨域协同实现优势互补、体系增效的"多域作战"概念应运而生，成为适应战争形态演进的新型作战理论。"多域作战"概念由美国陆军率先提出，其他军种积极响应，逐步成为未来联合作战顶层概念——"全域作战"概念的支撑概念。英国、法国以及其他北约成员国均以不同形式开发"多域作战"概念，以色列率先将"多域作战"概念运用于实战，俄军从对手视角创新提出了自己的"多域作战"理论。总之，"多域作战"概念已经成为引领外军未来作战的重要概念，正在引发新一轮陆上作战方式变革与转型。

一、英国等北约国家基于借鉴和融入视角，积极参与美军"多域作战"概念的开发与试验，并结合实际提出自己的作战概念

英国国防部提出了"多域融合"概念，与美军"多域作战"概念机理相一致，着重于整合不同领域和不同层次的战争，为2030年及以后发展一支联合部队、保持竞争优势擘画愿景。英国国防部指出，"通过信息系统整合不同领域和不同层级的能力，创造和利用协同效应，以获得相对优势，是多域融合概念的制胜机理"。该概念强调夺取信息优势、塑造战略态势、构设多域作战环境、创造和利用协同效应。该概念提出4个具体目标：定义英国的"多域融合"概念，以在2030年及以后为现役部队提供超越对手的优势；概述国防部如何在与盟友、政府和民事部门合作的背景下，实现跨域融合；提出"多域融合"概念涉及的政策问题；促进国防概念、能力和战争发展方面的研究。以此为推动，英军开启了多方面、分步骤、体系化的军事转型。

其他北约国家也在不同程度联合开发和创新运用"多域作战"概念，以联合演习、盟国协作等形式组织"多域作战"概念转化落地。2019年，美国陆军领导开展的、旨在评估印太司令部多域特遣部队作战能力的"联合作战评估（2019）"演习中，法国、加拿大、澳大利亚、新西兰等国部队组成多国任务组织参与其中，评估了2025—2028年作战环境下的多域作战概念、能力、编队。2019年10月，北约联合空中力量竞争中心召开了"塑造北约未来的多域作战态势"会议，为塑造北约未来多域作战态势，从军事思想、多域作战力量、多域作战行动和训练联合部队等方面进行了探索和研究。2020年6月，北约指挥控制卓越中心发布了多域作战指挥控制演示平台白皮书，旨在通过弥合技术和作战人员、战术和战役层面、学术界和军方之间的指挥控制鸿沟，以分散、数据驱动的综合环境来应对多个作战域的威胁与挑战。

二、以色列率先运用"多域作战"概念于加沙战场，将集成了陆、海、空、网络空间、电磁频谱等多域作战力量的"幽灵"部队作为打击哈马斯的主要作战力量，形成对敌非对称优势

以军认为，多域联合作战是未来战争发展的必然趋势，对于以地面作战为主的以色列而言，通过整合陆上、空中、网络空间、电磁频谱和海上精锐力量，迅速识别、追踪和摧毁敌方目标，能够进一步提高以色列国防军的杀伤力。这一理念与美国陆军提出的"多域作战"概念一脉相承。在这一理念的指导下，以军组建了"幽灵"部队，并率先在加沙战场上进行了实战检验。

在2021年5月的巴以冲突中，以色列在对哈马斯的代号为"城墙卫士"行动中首次运用"幽灵"战斗营实施了多域作战，称为世界第一场"人工智能战争"。以军在这场战争中主要依靠机器学习和数据收集，人工智能首次成为作战的关键组成部分和力量倍增器。在对哈马斯地道网的清除行动中，以军通过大数据融合技术进行预先识别和瞄准，而后出动战机160架次进行精确打击，极大破坏了哈马斯的地道网，实现以空制地；在对哈马斯火箭发射装置的打击中，战斗机飞行员、地面情报部队和海军部队之间使用指挥和控制系统，快速发现目标并进行即时精确打击，迅速塑造有利战局。

据以色列国防军的说法，"幽灵"部队在作战编成、武器配置和作战方式等与传统部队迥然不同。该部队编制暂属以色列第98伞兵师，包括旅侦察营、伞兵旅的地面部队，装甲旅、工程兵、特种部队，F–16中队和"阿帕奇"直升机，"苍鹭"无人机和"赫尔墨斯"450无人机等多域作战力量，通过使用多域传感器和精确打击武器，实现跨域机动与打击，"在极短时间内改变战场局势"。该营成立于2019年7月，虽然是一支地面部队，但它集成了空中打击、网络侦防、精确火力、电子对抗、情报互联以及海上突击等多域作战力量，是具备师旅级作战能力的营级作战单元。该部队组建以后，不断通过演习提升多域融合和跨域打击能力，并在新开发的人工智能技术平台的支撑下迅速发挥两大功能：一是在战场上作为精兵利器，以非对称方式对敌以沉重打击；二是作为试验部队，不断创新和发展新型作战概念、作战理论和技术装备，随时将成功经验推广到其他部队。

三、俄军基于对手视角，一方面寻求破解之道，另一方面基于"跨域作战"制胜机理，结合自身安全威胁特点和作战方式创新提出新型作战理论

一方面，俄军积极寻求对美军"多域作战"概念的破解之道。2020年12月，俄罗斯《空天力量理论与实践》杂志刊发"论证运用航空力量打破敌方多域作战中大规模联合空袭"的文章，认为大规模联合空袭是北约国家实施多域作战的初始阶段，将对俄罗斯最为重要的关键设施实施大规模协同作战，为北约联合武装力量后续决定性行动创造条件，俄军必须综合运用战区部队的航空力量组成的侦察打击系统，给敌造成无法承受的损失，迫使北约多域作战初始阶段目标无法实现，致使北约政治军事领导层放弃继续实施多域作战的企图。

另一方面，俄军针对"跨域作战"这种新型作战方式，提出了"军队统一信息空间"理论，其核心思想是：利用现代信息技术建立网络化的指挥控制系统，实现全军指挥、通信、侦察、火力、保障等所有要素的深度融合，进而提升战场态势感知能力与作战指挥效率。围绕实现跨域作战能力，俄军持续开展以下工作：一是依托军队统一信息空间，建立网络中心指挥模式；二是将人工智能引入指挥控制系统，实现物理域与认知域的统一；三是发展网络、太空和水下作战力量，争取新兴作战领域优势；四是建立统一的军事标准体系，提升兵力兵器互操作能力。

总的来看，西方主要军事强国虽然在"多域作战"概念具体推进落实过程中，面临军种利益矛盾、经费投入限制、盟友协调困难等掣肘因素，也有许多反对和批判的声音，但"多域作战"概念顺应了战争形态演进的总体趋势，正在推动外军理论发展、条令制定、编制调整、装备研发、概念验证和联盟协作等一系列变革。

参考文献

［1］ United States Department of Defense. FY 2019 Defense Budget［Z］. 2019：Overview.

［2］ Headquarters department of the Army. FM 3 – 0 Operations（FM 3 – 0）［Z］. 2008.

［3］ Headquarters Department of the Army. AR 525 – 29 Army Force Generation［Z］. 2019.

［4］ 付征南. 透析美军认知战的"拳脚套路"［N］. 解放军报，2021 – 12 – 02（7）.

［5］ 王璐菲. 美军《多域战：21 世纪合成兵种》白皮书［J］. 防务视点，2017（9）：60 – 61.

［6］ 高端装备产业研究中心. 美军联合全域作战探索路线浅析［EB/OL］. （2020 – 10 – 09）［2023 – 1012］. https://www. secrss. com/articles/26074.

［7］ The Army′s Project Convergence：IF11654［EB/OL］. （2021 – 09 – 27）［2024 – 10 – 15］. https://crsreports. congress. gov/product/pdf/IF/IF11654/5.

［8］ 黄国志. 美国陆军六大优先发展装备项现代兵器［Z］. 2020 – 01 – 08.

［9］ 悉德尼·J. 小弗瑞德伯格，毕忠安，刘家健，等. 美陆军 2021 年将正式启动"六大"现代化优先事项［J］. 坦克装甲车辆，2019（11）：15 – 17.

［10］ 詹姆斯·麦康维尔. 陆军多域转型：准备在竞争和冲突中获胜［R］. 美国陆军部，2021 – 03 – 16.

［11］ 泰克. 多域战特遣队："改变游戏规则"的试验部队！［EB/OL］. （2019 – 05 – 08）［2023 – 10 – 15］. https://mp. weixin. qq. com/s?＿biz = MzU2NDQxMDQ4MA = = &mid = 2247486235&idx = 1&sn = 8e9d877b822c7b50696b35c6f21af34c&chksm = fc4a2a04cb3da3121c98721ac3752642b75ec0f293e91b 9494e7be9e1a4b4b4f9ea0c0d96cc3&scene = 21#wechat_redirect.

［12］ The Army′s Multi – Domain Task Force（MDTF）：IF11797［R/OL］. Congressional Research Service. （2021 – 03 – 29）［2023 – 10 – 15］. https://crsreports. congress. gov/product/pdf/IF/IF11797/2.

［13］ The Army′s Modernization Strategy：Congressional Oversight Considerations［R/OL］. Congressional Research Service. （2020 – 02 – 07）［2023 – 10 – 15］. https://crsreports. congress. gov/product/pdf/R/R46216.

［14］ 褚睿，刘玮琦. "多域作战"的外军视角［N］. 解放军报，2021 – 07 – 29（7）.

［15］ 海鹰资讯. 日本防卫省公布《多域综合防卫力量构建研究开发愿景》［R］. （2019 – 09 – 11）［2023 – 10 – 15］https://www. secrss. com/articles/13621.

［16］ HORNUNG J W, SAVITZ S, BALK J, et al. Preparing Japan′s Multi – Domain Defense Force for the Future Battlespace Using Emerging Technologies［R］. RAND, 2021 – 07 – 29.

［17］ 侯广华，钟伟，郭永恒. 联合防空反导作战指挥应对"多域作战"对策研究［C］//中国指挥与控制学会. 第八届中国指挥控制大会论文集. 北京：兵器工业出版社，2020：89 – 93.

［18］ 全球技术地图. 2023 年将是美陆军现代化的试金石［EB/OL］（2022 – 03 – 25）.［2023 – 10 – 15］https://www. sohu. com/a/532713236_120319119.

［19］ 张剑龙. 美军多域战研究及对我军直升机装备发展的启示［J］. 直升机技术，2019（2）：1 – 5.

附录 图谱关键词局部图

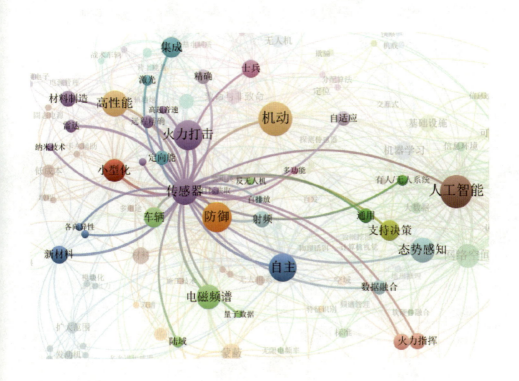

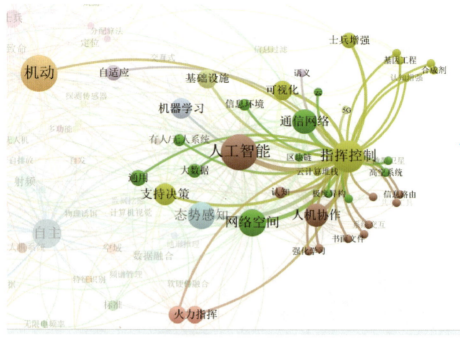

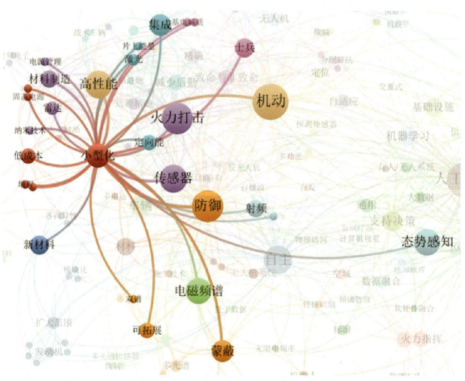

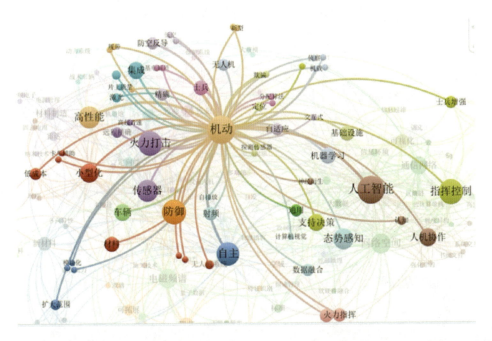

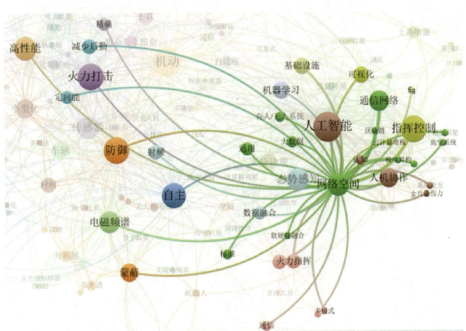

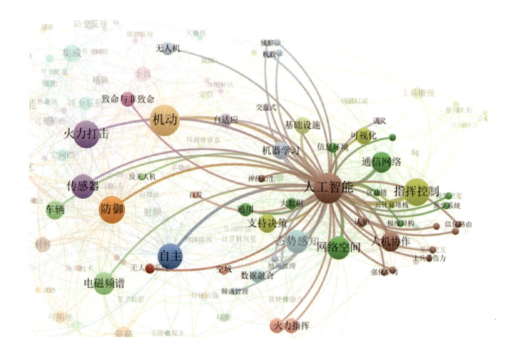

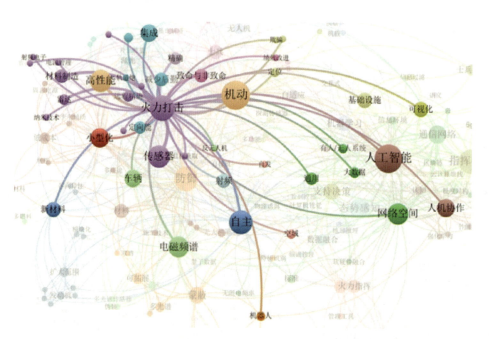

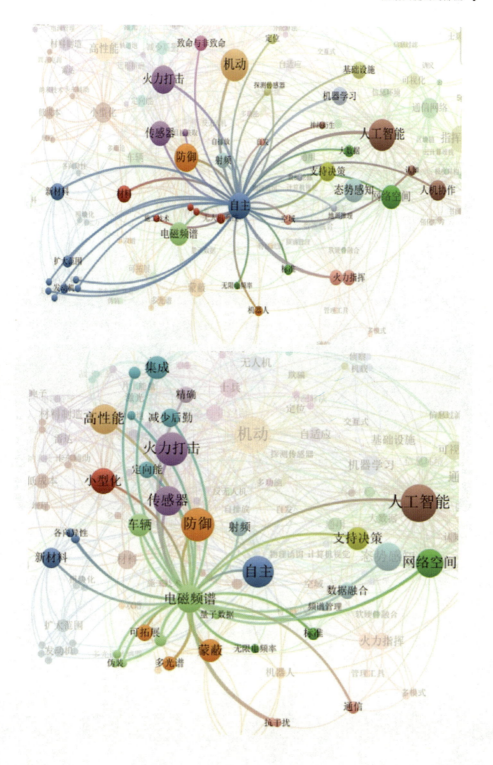

图 3 – 5　海洋环境下军级部队作战地域